沈阳考古文集

（第6集）

张连兴　主编

沈阳市文物考古研究所　编

科学出版社

北　京

内 容 简 介

本文集共收录考古调查、发掘报告、简报等资料性文章9篇，学术论文10篇，反映了沈阳市文物考古研究所近两年来配合城市基本建设、主动性考古发掘和文物保护等工作取得的成果。文章作者主要是沈阳市文物考古研究所的在职业务人员，还有曾参加过工作的省内同仁。

本书可供考古学、历史学研究者，尤其是沈阳地域性考古学文化和沈阳地方史研究者，以及其他相关专业师生参阅。

图书在版编目（CIP）数据

沈阳考古文集. 第6集 / 张连兴主编；沈阳市文物考古研究所编. —北京：科学出版社，2017.12

ISBN 978-7-03-055882-4

Ⅰ.①沈… Ⅱ.①张… ②沈… Ⅲ.①考古工作-沈阳-文集 Ⅳ.①K872.311-53

中国版本图书馆CIP数据核字（2017）第305537号

责任编辑：刘 能 / 责任校对：邹慧卿

责任印制：肖 兴 / 封面设计：张 放

科学出版社出版

北京东黄城根北街16号

邮政编码：100717

http://www.sciencep.com

中国科学院印刷厂 印刷

科学出版社发行 各地新华书店经销

*

2017年12月第 一 版 开本：889×1194 1/16

2017年12月第一次印刷 印张：18 1/2 插页：9

字数：500 000

定价：180.00 元

（如有印装质量问题，我社负责调换）

《沈阳考古文集》（第6集）

编辑委员会

目　录

沈阳忠和南山旧石器地点发现的石器研究

沈阳市文物考古研究所
吉林大学边疆考古研究中心
江苏师范大学历史文化与旅游学院

2011年，沈阳市文物考古研究所和吉林大学边疆考古研究中心合作开展沈阳早期古人类探源课题研究，沈阳地区旧石器时代考古调查即为研究内容之一。2012年4月23日，考古工作人员对沈阳市东陵区高坎镇进行调查时，在高坎镇忠和村南山的Ⅲ级阶地上发现一处典型的旧石器地点。

一、地理位置、地貌与地层

（一）地理位置

忠和南山地点位于沈阳市高坎镇忠和村南山的Ⅲ级侵蚀阶地上，海拔120.9米（图版一，1）。北距忠和村500米，东北距友爱水库3200米，东距胡家沟1200米（图一）。地理坐标为北纬41°55′33.486″，东经123°43′13.986″。

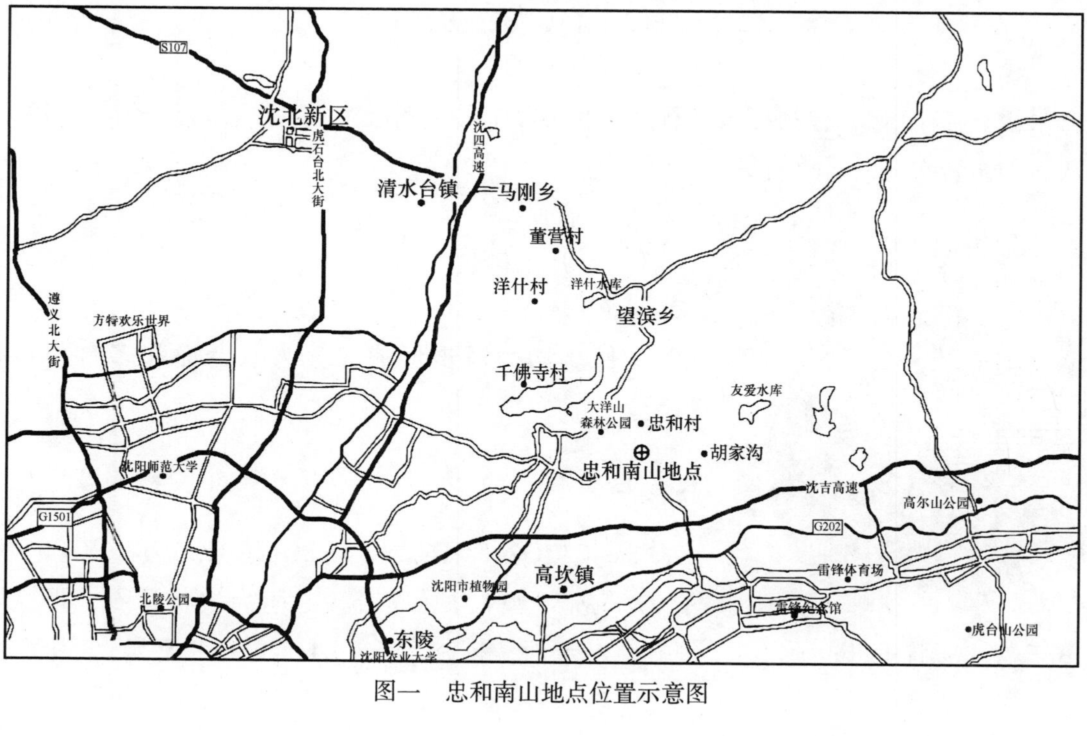

图一　忠和南山地点位置示意图

（二）地貌

高坎镇东邻抚顺，南临浑河，地理条件优越，境内交通发达。忠和南山地点周围均为丘陵，丘陵最高点海拔211.9米，Ⅰ、Ⅲ级阶地发育，Ⅱ级阶地缺失（图版一，2）。该地点东侧有一小河，为浑河支流，由北向南汇入浑河。

（三）地层

无地层，石器分布在花岗岩风化壳上（图二）。

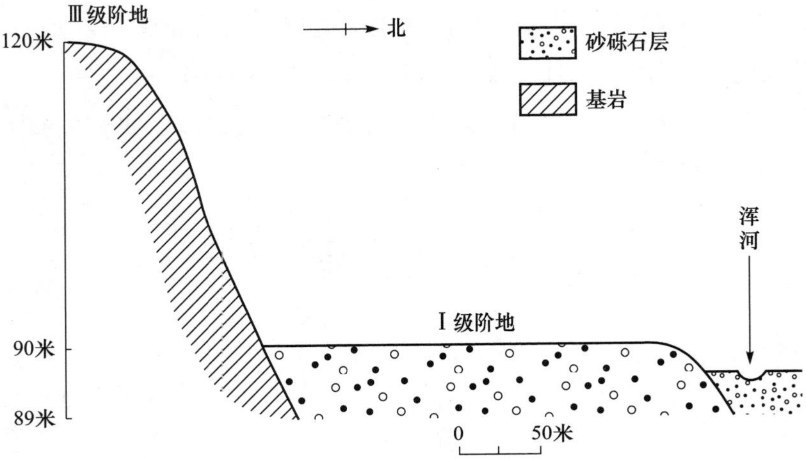

图二　河谷剖面示意图

二、石器分类与描述

采集石器19件，包括石核、石片、断块和工具（图版二）。原料以板岩为主，玛瑙、凝灰岩和角岩次之，石英岩最少（图三）。

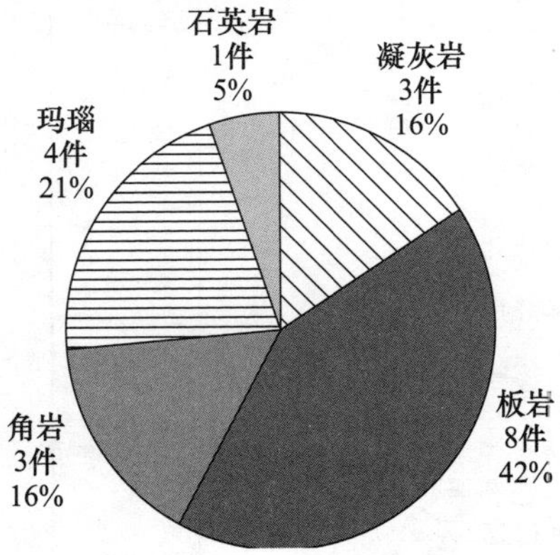

图三　石器原料百分比示意图

（一）石核

2件。均为锤击形成，分为双台面和多台面石核两类。

1. 双台面

标本12GZN：16，长45.2、宽31.5、厚28.9毫米，重67.1克。原料为凝灰岩。毛坯为块状砾石，形状不规则。A台面，打制，长44.4、宽18.9毫米。1个剥片面，台面角 76.3°。有 1 个明显的剥片疤，编号为 AⅠ，阶梯状，疤痕内凹，打击点集中，放射线可见，同心波不明显。疤痕长 17.8、宽 16.1 毫米。根据片疤延伸程度的三个等级（疤痕占石核长度的 1/4 者为短，占 1/4～1/2 者为中等，占 1/2 以上者为长）[1]，疤痕占核体长度的 1/2，延伸程度为中等，且有一定厚度，推测剥片可做二、三类工具的毛坯。B 台面，打制，长 28.3、宽 19.6 毫米。1 个剥片面，台面角 81.5°。有 1 个较大且内凹的剥片疤，编号为 BⅠ，鱼鳞状，打击点集中，放射线可见。疤痕长 35.3、宽 26.6 毫米，大于核体长度的 1/2，延伸程度为长，推测剥片可做二、三类工具的毛坯。转向剥片（图四，4）。

由于 AⅠ剥片疤打破了 B 台面，可知石核的剥片顺序为：先从 B 台面开始剥片，再将核体调转 90° 对 A 台面进行剥片。

标本的剥片有一定厚度，疤痕延伸程度为中等和长，剥片较为成功。但剥片少且分布零散，砾石面约占核体面积的 30%，石核消耗程度低，利用率不高。

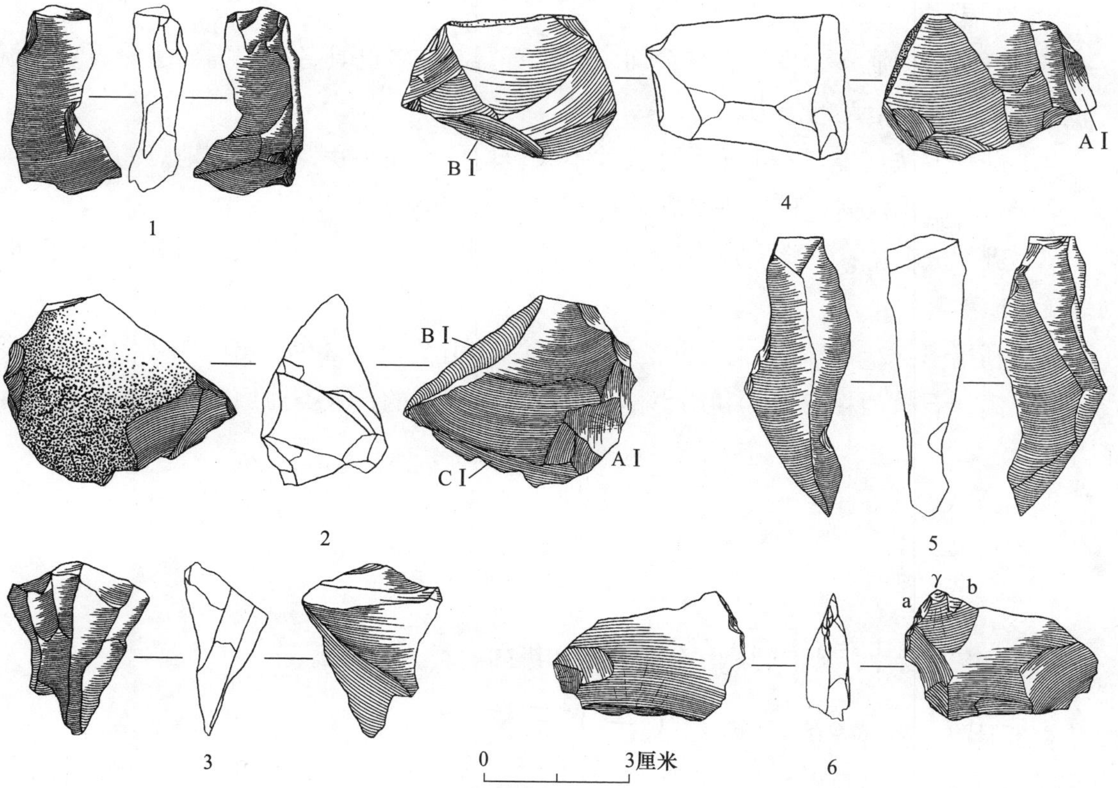

图四 石核、石片和工具

1、5. 纵向断片（12GZN：10、12GZN：12） 2. 多台面石核（12GZN：15） 3. 横向断片（12GZN：6）
4. 双台面石核（12GZN：16） 6. 尖刃器（12GZN：13）

2. 多台面

标本 12GZN：15，长 47.6、宽 38.4、厚 25.3 毫米，重 39.7 克。原料为板岩，石质细腻。毛坯为块状砾石，呈不规则状。3 个台面，3 个剥片面。A 台面，自然，长 42.6、宽 36.8 毫米。1 个剥片面，台面角 68.9°。有 1 个明显的剥片疤，鱼鳞状，疤痕微凹，打击点集中，放射线可见，同心波不明显。疤痕长 13.3、宽 10.6 毫米，占核体长度的 1/4，延伸程度为短，推测剥片为废片。B 台面，打制，长 25.1、宽 18.3 毫米。1 个剥片面，台面角 72.9°。有 1 个微凹的剥片疤，打击点散漫，放射线和同心波均不明显。疤痕长 33.5、宽 25.5 毫米，大于核体长度的 1/2，延伸程度为长，推测剥片可做二、三类工具的毛坯。C 台面，打制，长 42.4、宽 16.4 毫米。1 个剥片面，台面角 101.5°。有 1 个内凹的剥片疤，鱼鳞状，长 30.6、宽 12.8 毫米，大于核体长度的 1/2，延伸程度为长，推测剥片可做二、三类工具的毛坯。复向剥片（图四，2）。

标本剥片疤的延伸程度多为长，且有一定厚度，可做工具的毛坯，剥片较为成功。但片疤少而零散，残存石皮约占核体面积的 40%，石核尚有较大利用空间，利用率不高。

由上可知该地点石核的特征：

（1）原料为凝灰岩和板岩，均为天然砾石，表明该地点的原料种类丰富。

（2）形状均为不规则多面体，均为锤击石核。硬锤剥片，造成其“个性”鲜明，大小不一，不甚规整。

（3）打制台面居多，偶见自然台面。表明石器制作者已具备根据需要去除石皮或调整台面以获取理想毛坯的能力。

（4）剥片方法与方式：由于毛坯尺寸不大，均呈不规则状，所以该地点的古人类均采用锤击剥片法，根据石料的不同情况采取转向或复向剥片法生产石片。

（5）剥片成功率：石核剥片疤的延伸程度多为长，且有一定厚度，可做工具的毛坯，剥片较为成功。

（6）利用率：2～3 个台面，2～3 个剥片面，剥片疤最多 3 处，且分布零散。砾石面残存比率高，石核消耗率低，利用率不高。可见该地点的古人类对原料进行充分利用的压力不大。

（二）石片

3 件。均为断片，锤击剥片。分为横向和纵向两类。

1. 横向断片

1 件，中间断片。标本 12GZN∶6，长 34.9、宽 29.3、厚 16.1 毫米，重 7.7 克。原料为角岩，石质不均。近三角形。劈裂面较为光滑平坦。背面有 3 条纵脊，布满内凹的疤痕，疤痕间棱脊分明，应为硬锤剥片所致。上部断面呈三角形，下部从左侧斜向断裂，断面亦为三角形（图四，3；图版二，1）。

2. 纵向断片

2 件。分为左、右两类。

（1）左边。标本 12GZN：12，长 57.1、宽 21.7、厚 16.8 毫米，重 11.7 克。原料为板岩。近月牙形。打制台面，石片角 92.5°。劈裂面弧起，放射线和同心波均不明显。背面均为石片疤，疤痕凹深，棱脊分明。同向剥片。断口呈“S”形，上凸下凹，非人为截断，由于石质细腻，推测是用力过度或操作失误所致（图四，5；图版二，6）。

（2）右边。标本 12GZN：10，长 39.1、宽 22.7、厚 11.4 毫米，重 7.1 克。原料为板岩。近月牙形。打制台面，石片角 95.7°。劈裂面凸，不见放射线，同心波明显。背面全疤，疤痕内凹，同心波隐约可见，右下部有磕碰微疤。同向剥片。断面较平齐（图四，1；图版二，5）。断片未发现人为截断痕迹，均为自然断裂。推测与原料存在瑕疵或用力过度、操作失误有关。

（三）断块

7 件。长 11.4～32.9、平均 20.9 毫米；宽 12.7～28.7、平均 19.6 毫米；厚 2.9～9.2、平均 6 毫米；重 0.6～5.2 克，平均 2.7 克。原料以玛瑙居多，凝灰岩次之，板岩和石英岩最少。均呈不规则状，尺寸均属小型。断块是石器加工的副产品，无法将其归于某种特定的石器类型。

（四）工具

7 件。均为三类工具[2]。以刮削器为主，尖刃器、雕刻器和残器为辅。

1. 刮削器

4 件。分为单刃、双刃和复刃三类。

（1）单刃。1 件，单直刃。标本 12GZN：17，长 42.4、宽 39.3、厚 13.5 毫米，重 26.6 克。原料为板岩。片状毛坯，近长方形。顶端经人为截断，打掉石片多余部分，控制器形和刃缘形态，应为修形。疤痕凹深，分 2 层，棱脊分明，应为硬锤修理。a 处经复向修理呈直刃，修疤细密，叠鳞状，大小不一，几片大的打片减薄器身，近刃缘处的微修调整刃缘形态，修理细腻，应为修刃。刃长 27.1 毫米，刃角 33.5°。加工深度指数（刃缘修疤终止处的厚度与毛坯中部最大厚度的比值）[3]为 1，修疤超过中脊，纵向加工程度高，原料利用充分。加工长度指数（刃缘长度与其所在有效边缘长度的比值）[4]为 1，该有效边缘已被全部加工成刃，横向修理亦很彻底，加工细致。a 刃相对一侧和底缘光滑圆钝，抓握方便，不经修理可直接用作把手（图五，4；图版二，8）。

（2）双刃。2 件，均为直凹刃。长 32.9～49.3、平均 41.1 毫米；宽 26.1～34、平均 30.1 毫米；厚 5.6～8.6、平均 7.1 毫米；重 3.4～12.8、平均 8.1 克。原料均为板岩。均为片状毛坯。反向、复向修理各 1 件。

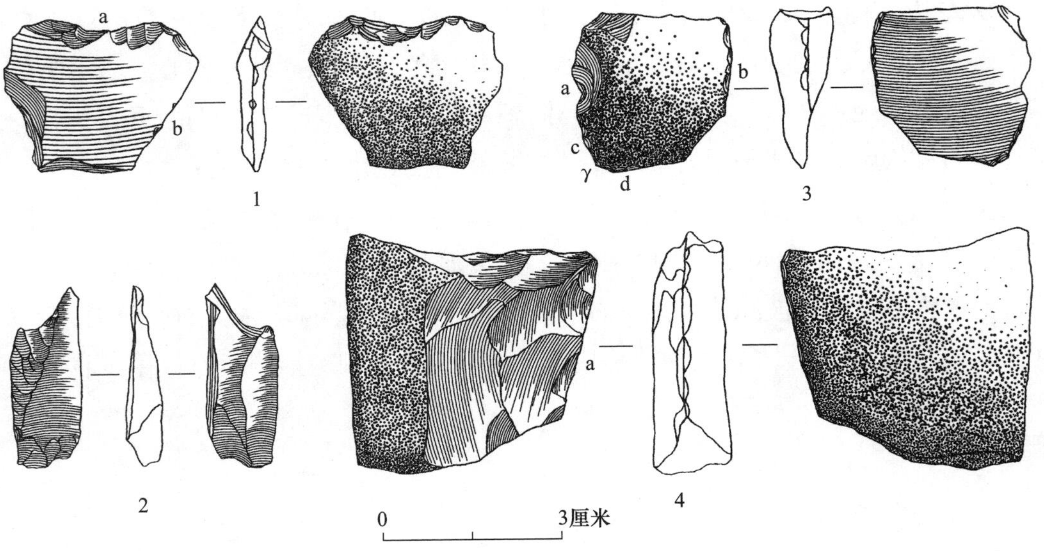

图五　工具

1. 双直凹刃刮削器（12GZN：8）2. 雕刻器（12GZN：7）3. 复刃刮削器（12GZN：9）4. 单直刃刮削器（12GZN：17）

标本 12GZN：8，长 32.9、宽 26.1、厚 5.6 毫米，重 3.4 克。近梯形。石片劈裂面微弧，背面除修疤外均为砾石面。顶端 a 刃经复向修理在两侧均留有 1～2 层修疤，叠鳞状。此处经修理薄锐内凹，应为修刃。刃长 28.2 毫米，刃角 29.2°。加工深度指数小于 0.5，纵向加工程度低，原料利用不充分。加工长度指数接近 1，该有效边缘大部分已被加工成刃，横向修理较细致。左缘 b 刃薄锐笔直，未经修理直接使用，有个别崩疤。刃长 18.9 毫米，刃角 29.2°。右缘经反向修理，于劈裂面产生 2 片修疤，分 2 层，阶梯状，推测是打片时遇到劈裂面弧起部分且用力不够所致。此处修疤明显大于刃缘修疤，减薄器身，方便抓握，应为修把手。底缘有一光滑断面，因石料细腻均质，推测此处是人为截断，目的是打掉石片多余部分，方便抓握，实为修把手（图五，1；图版二，3）。

选择石器薄锐笔直的刃缘，不经修理直接使用，体现了该地点的石器制造者具体问题具体分析的思想；当毛坯背面为砾石面时有意选择反向修理，体现了其修理技法的灵活、变化；反向和复向修理的结合，提高了石料的利用率，体现了其聪明机智。

（3）复刃。1 件，尖直凹刃。标本 12GZN：9，长 26.8、宽 26.4、厚 10.7 毫米，重 7 克。原料为角岩。片状毛坯。劈裂面微弧，背面除修疤外均为砾石面。顶端有一光滑平齐的断面，应为打掉多余部分所做的有意截断，抓握手感好，为修把手。左缘 a 处经正向修理内凹，应为修刃。修疤分 3 层，叠鳞状，大小不一。刃长 4.3 毫米，刃角 47.9°。加工深度指数和加工长度指数均小于 0.5，纵向、横向加工均不彻底。此处应为加工骨针等微小加工对象所有意设计的极小凹刃。右缘 b 经复向修理形成直刃，在两侧均留有单层鱼鳞状修疤，疤痕微小、细密。刃长 15.2 毫米，刃角 41.1°。加工深度指数小于 0.5，纵向加工不彻底。加工长度指数较接近 1，横向加工比较彻底。左下部 c、d 两直边经两面修理，交会形成尖刃 γ，29.4°，可用来钻孔。c 边长 9.5 毫米，刃角 29.4°；d 边长 7.4 毫米，刃角 26.7°（图五，3；图版二，4）。

2. 尖刃器

1件，凸凹边。标本12GZN：13，长39.6、宽26.6、厚8.9毫米，重6.4克。原料为角岩。毛坯为完整石片。劈裂面微凸，背面均为石片疤，复向剥片。a、b两边交会形成喙嘴状尖角 γ，17.1°。凸边a经复向修理在两侧均留有1～2层鱼鳞状修疤，疤痕细小连续。刃长14.7毫米，刃角19.6°。加工深度指数远小于0.5，纵向加工程度低。加工长度指数接近1，横向加工彻底。凹边b未经修理，直接使用产生1个鱼鳞状崩疤。刃长8.8毫米，刃角38.9°。石片台面齐整光滑，有一定厚度，抓握方便，未经修理直接用作把手（图四，6；图版二，7）。

3. 雕刻器

1件，修边斜刃。标本12GZN：7，长30.3、宽12.2、厚6.6毫米，重2.2克。原料为玛瑙。以石叶为毛坯。劈裂面微弧，背面全疤，有1条纵脊。标本上部经人为有意打掉一截，以截面为台面斜向打下1片，形成厚刃。左缘有一齐整光滑的断面，应为规整器形所做的有意截断，为修形。右缘采取反向压制修理进行修边，在劈裂面留有多层叠鳞状修疤，疤痕较浅平，棱脊不明显，加工细致。底缘经修理削去部分台面，控制器形，易于抓握（图五，2；图版二，2）。标本加工细腻，为精致工具。

4. 残器

1件。标本12GZN：19，残长20.9、残宽13.8、残厚3.7毫米，残重1.1克。原料为板岩。片状毛坯，呈等腰三角形。劈裂面和背面均较平坦。顶端经复向加工，修疤层叠细密。左缘经人为截断，断面平齐。推测是要加工单直刃刮削器。

由上可知该地点工具有以下特征：

（1）均为三类工具，可见对工具进行修理已成为一种普遍和必需的行为，体现了石器制造者认知水平以及对原料利用水平的提高。

（2）类型多样，包括刮削器、尖刃器、雕刻器和残器。

（3）毛坯均为片状，这与该地点工具均为轻型工具有关。

（4）石器加工理念：①根据工具的不同用途，制造不同的器形。例如，刮削器用于切、割、刮、削等运动；尖刃器用于钻孔等运动；雕刻器用于骨、角、玉、石和木头等物体的雕刻加工，还可用来刻划开槽、凿、钻以及利用雕刻器小面的侧缘进行刮削[5]。②使用刃与修理刃的有机结合。对于坯材薄锐的边缘不经加工直接使用，修刃则挑选相对薄锐且长的边缘进行加工，修理出直刃、凹刃、凸刃和尖刃以满足加工不同物体的需求。

（5）工具以刮削器为主，单刃与双刃—复刃刮削器的比为1：2，说明该地点的石器制造者在生产新工具和继续加工利用原来的坯材之间，更偏爱后者，物尽其用。

（6）权宜工具（如刮削器）与精致工具（如雕刻器）并存。

（7）修理的灵活、变化：①根据毛坯的不同情况进行针对性修理，即修刃、修形和修把手的有机结合，其中以修刃为主；②以硬锤修理为主，出现压制修理；③正向、反向和复向修理的灵活运用，提高了石料的利用率。

（8）横向加工与纵向加工。工具有较高的加工长度指数和较低的加工深度指数，说明石器制造者具有对石料的一条有效边缘在横向上尽可能加以利用的意识，但对该边缘在纵向上的充分加工则缺乏热情，对原料进行充分利用的压力不大。

（9）修疤大小不同。工具刃缘的修疤较小，利于控制刃缘形态；修形和修把手的疤痕明显大于刃缘的修疤，利于充分打薄器身、规范器形。

三、结语与讨论

（一）石器工业特征

1. 原料

种类多样，以板岩为主，占石器总数的42%；玛瑙次之，占21%；再次为凝灰岩和角岩，各占16%；石英岩最少，占5%。坯材以小型为主，多较优质，说明古人类在加工石器前已经对原料进行了选择，符合我国北方旧石器时代晚期小石器工业类型原料种类多样、优质原料比例高的特点。

2. 大小

根据石器重量，将其分为小型（≤50克）和中型（>50克、≤200克）2个等级。经数据统计分析，石器以小型占绝对优势，占石器总数的94.7%；中型仅占5.3%。

3. 类型

种类丰富，包括石核、石片、断块和工具。其中，工具和断块最多，石片次之，石核最少（图六）。工具均为三类工具，包括刮削器、尖刃器、雕刻器和残器。

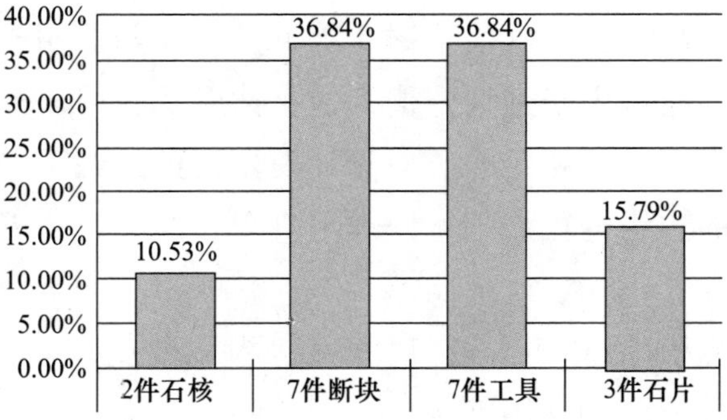

图六　石器类型百分比示意图

4. 石核

少量，占石器总数的10.53%。分为小型、中型，均长35毫米，均重53.4克。均为锤击石核，形状均不规则。双台面采取转向剥片，多台面采取复向剥片。打制台面居多，偶见自然台面，除石皮或调整台面的思想成熟。石器上最多3个台面、3个剥片面、3个剥片疤，片疤少且零散，石核残存石皮率高，利用率低，说明对原料进行充分利用的压力不大。

5. 石片

较少，占石器总数的15.79%。均为断片，硬锤剥片。人工台面居多，石核预制台面技术发达。背面全疤者居多，连续剥片常见。同向剥片居多。

6. 工具

数量最多，占石器总数的36.84%。均为三类工具，对坯材进行修理已成为一种普遍和必须行为。工具组合类型丰富，包括刮削器、尖刃器、雕刻器和残器。其中，以刮削器为主，尖刃器和雕刻器为辅。均为轻型工具、片状毛坯。修刃、修形和修把手结合充分，修刃居多。硬锤修理为主，出现压制修理。复向修理居多，正向、反向修理次之。刮削器刃角平均30.9°，等级为斜[6]，可继续使用。具有中国北方旧石器时代小石器工业的特征。

（二）与周边遗址的对比

有学者根据文化特点、工业传统和分布地区将我国东北地区的旧石器划分为三种类型：第一种类型是主要分布在东部山区的以大石器为主的工业，包括庙后山地点、新乡砖厂、抚松仙人洞和小南山地点等；第二种类型是主要分布在东北中部丘陵地带的以小石器为主的工业，包括金牛山、小孤山、鸽子洞、周家油坊和阎家岗；第三种类型是主要分布在东北西部草原地带的以细石器为主的工业，包括大布苏、大坎子、大兴屯和十八站等地点[7]。根据忠和南山地点石器的特征可将其归入小石器工业类型。

小孤山遗址石器原料丰富，剥片方法以锤击法为主，修理方式以硬锤修理居多，工具类型以刮削器为主，另有尖刃器、雕刻器，这都同该地点的石器有高度一致性，但小孤山遗址以脉石英为主要原料以及砸击剥片法的应用在该地点均未发现[8]。

金牛山遗址以小型石片石器为主，剥片方法主要为锤击法，这些特征与忠和南山地点的石器特征相似，但是在金牛山遗址发现的砸击剥片法在该地点却未发现[9]。

喀左鸽子洞遗址的石器以中小型为主，剥片方法为锤击法，工具以片状毛坯为主，刮削器居多，且刮削器中有一定比例的尖状器，两面加工占多数。与该地点的石器特征吻合度较高[10]。

（三）地点性质

笔者根据宾福德（Binford）的聚落组织论[11]、库恩（Kuhn）的技术装备论[12]和安德列夫斯基（Andrefsky）的原料决定论[13]，对该地点的性质作出推测：该地点位于Ⅲ级阶地上，有可供人类活动的空间，临近浑河，水源充足，便于采集狩猎，是一个理想的居住场所。石料种类多样，质地较优。石器类型丰富，有石核、石片、断块和工具。工具均为三类工具，包括刮削器、尖刃器、雕刻器和残器。可见当时的古人类在此进行了短期的生产活动。故推测该地点是一处居住兼石器加工的临时性场所。

（四）年代分析

该地点的石器以小型占绝对优势，包括尖刃器、刮削器和小石器等典型器形，另有加工精细的雕刻器，明显具有旧石器时代晚期北方小石器工业的特征。此外，在该地点附近未发现新石器时代以后的陶片和磨制石器，故推测该地点年代为旧石器时代晚期。

附记：本文是沈阳早期古人类探源课题研究项目成果之一，也是教育部人文社会科学重点研究基地重大项目（批准号：11JJD780001）研究成果，并得到科学基础性工作专项“中国古人类遗址、资源调查与基础数据采集、整合”（2007FY110200）、“吉林大学‘985 工程’项目”资助。在调查期间，得到沈阳市文物考古研究所和吉林大学边疆考古研究中心领导的大力支持，在此一并致谢。

执笔：付永平　陈全家　万晨晨

注　释

[1] 王幼平：《石器研究：旧石器时代考古方法初探》，北京大学出版社，2006 年。

[2] 陈全家：《吉林镇赉丹岱大坎子发现的旧石器》，《北方文物》2001 年 2 期。

[3] Kuhn S L. *Mousterian Lithic Technology: An Ecological Perspective*. Princeton University Press, 1995.

[4] 同［3］。

[5] 王益人、王建：《下川雕刻器研究》，《文物季刊》1998 年 3 期。

[6] 李炎贤、蔡回阳：《贵州白岩脚洞石器的第二步加工》，《江汉考古》1986 年 2 期。

[7] 陈全家：《旧石器时代考古（东北）》，《东北古代民族·考古与疆域》，吉林大学出版社，1997 年，196～197 页。

[8] 张镇洪、傅仁义、陈宝峰等：《辽宁海城小孤山遗址发掘简报》，《人类学学报》1985 年 1 期；黄慰文、张镇洪、傅仁义，等：《海城小孤山的骨制品和装饰》，《人类学学报》1986 年 3 期。

［9］ 金牛山联合发掘队：《辽宁营口金牛山旧石器文化研究》，《古脊椎动物与古人类》1978 年 2 期；吕遵谔：《金牛山人髋骨的研究》，《文物季刊》1995 年 2 期；吕遵谔：《金牛山人的时代及其演化的地位》，《辽海文物学刊》1989 年 1 期；崔德文、李有升：《辽宁营口藏山洞穴地点试掘报告》，《人类学学报》1994 年 3 期。

［10］〔日〕加藤真二著，苗丽英译：《中国辽宁省鸽子洞石器文化小考》，《辽海文物学刊》1995 年 2 期；傅仁义：《鸽子洞遗址时代的再研究》，《北方文物》1992 年 4 期。

［11］ Binford L R. Willow smoke and dog's tails: hunter-gatherer settlement systems and archaeological site formation. *American Antiquity*, 1980(1): 2-7.

［12］ 同［3］。

［13］ Andrefsky W. Raw material availability and organization of technology. *American Antiquity*, 1994(1): 21-34.

沈阳市郝心台遗址2011年发掘报告

沈阳市文物考古研究所

郝心台遗址是2011年8月沈阳市文物考古研究所对“沈阳四环快速路”工程进行考古调查时发现的[1]，位于沈阳市沈北新区道义街道郝心台村西北约600米的台地上，当地人称之为“北台”。郝心台遗址是地处蒲河北岸的青铜时代遗址，附近还有全胜堡遗址、黄土坎遗址、郭七遗址（也称“道义遗址”），其中郭七遗址在2007年、2013年经历了两次考古发掘[2]（图一、图二）。

郝心台遗址面积大约4万平方米，在地表可以看到散落的夹砂陶片、器足等。因沈阳市的四环快速路拟东西向横穿遗址区，为了进一步了解郝心台遗址的文化内

图一　郝心台遗址地理位置示意图

涵、聚落结构，沈阳市文物考古研究所于2011年9～11月对遗址进行了抢救性的考古发掘，共布置10米×10米的探方23个，2米×11米的探沟1条，发掘区中心位置的地理坐标为北纬41°58′11″，东经123°23′23.2″，海拔68米。此次发掘共发现新乐上层文化的房址5座、墓葬6座、灰坑37个、灰沟7条，出土了大量的陶、石等质地的遗物（图三；图版三，1）。本文在发掘简报[3]的基础上，全面介绍此次发掘的考古资料，以供学界研究。

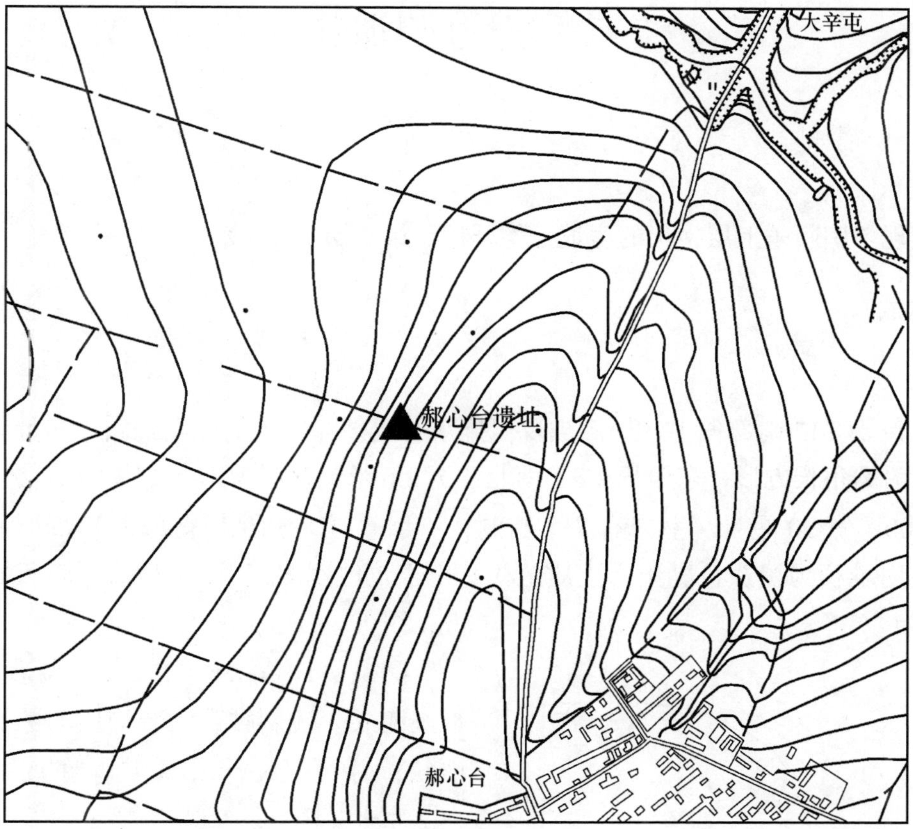

图二 郝心台遗址地形图

一、地层堆积

遗址现在为农田，由于早年取土，加之沈阳市四环快速路的前期施工，已经遭到了严重的破坏。地层堆积较为简单，可分2层，以T3北壁为例说明如下（图四）。

第1层：现代耕土层。灰褐色黏土，土质疏松。厚15～25厘米。除现代遗物外，也见少量的夹砂陶片、石器等。在此层下开口的有H3、H4。

第2层：深褐色黏土层，土质疏松。深15～25、厚10～15厘米。出土大量夹砂陶片、少量的石器等，为新乐上层文化层。

第2层以下为黄褐色黏土，为生土。

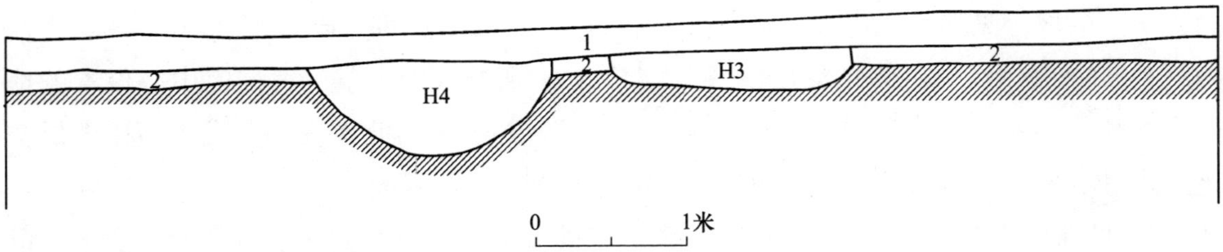

图四　T3北壁剖面图

二、遗迹与遗物

（一）房址

共发现5座新乐上层文化的房址，均开口于第1层下。

1. 半地穴式

1座。

F3　位于T12南部偏中，局部被现代排水管道破坏，未能完全揭露。房址为半地穴式，推测为圆角长方形，东西长2.8、南北残宽2.6米，存深为10～15厘米。方向330°。门道长100、宽90厘米。室内有7个柱洞，一般直径8～10、深20厘米，填土为灰色黏土。室内堆积为黑灰色黏土，土质疏松。出土1件残陶甗、1件残直背弧刃石刀（图五；图版三，2）。

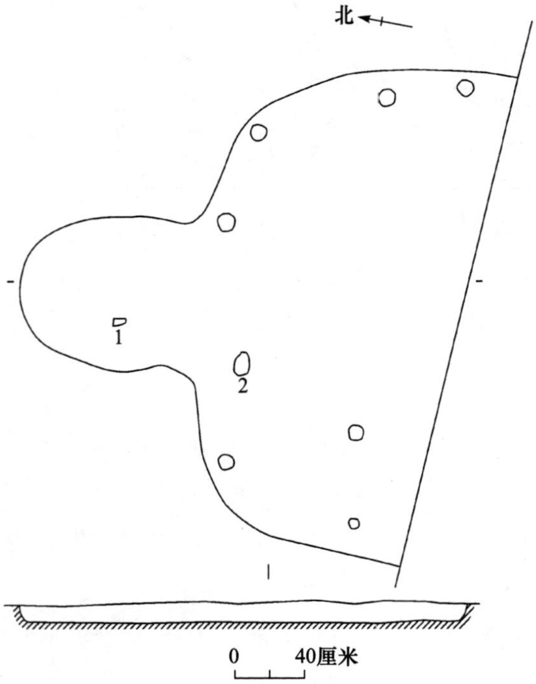

图五　F3平、剖面图
1. 石刀　2. 陶甗

陶甗　1件。F3：2，残。夹砂灰陶胎，带红陶衣。残剩腰部，装饰压印圆窝状附加堆纹，并可见一个小袋足，底近平。残高15.2厘米（图六，1）。

石刀　1件。F3：1，残。青灰色板岩。通体磨制。直背，弧刃，双面刃，中部有1个对钻的圆孔。孔径1、刀残长7.5、宽2.6～4.7、厚0.6厘米（图六，2）。

2. 地面式

4座。仅存若干组柱洞，从柱洞的排列来看，应为椭圆形，未发现灶址等，推测为窝棚式建筑。

（1）F1　位于T12的北部，开口于第1层下。现存9个柱洞，其中外围8个，中间1个，

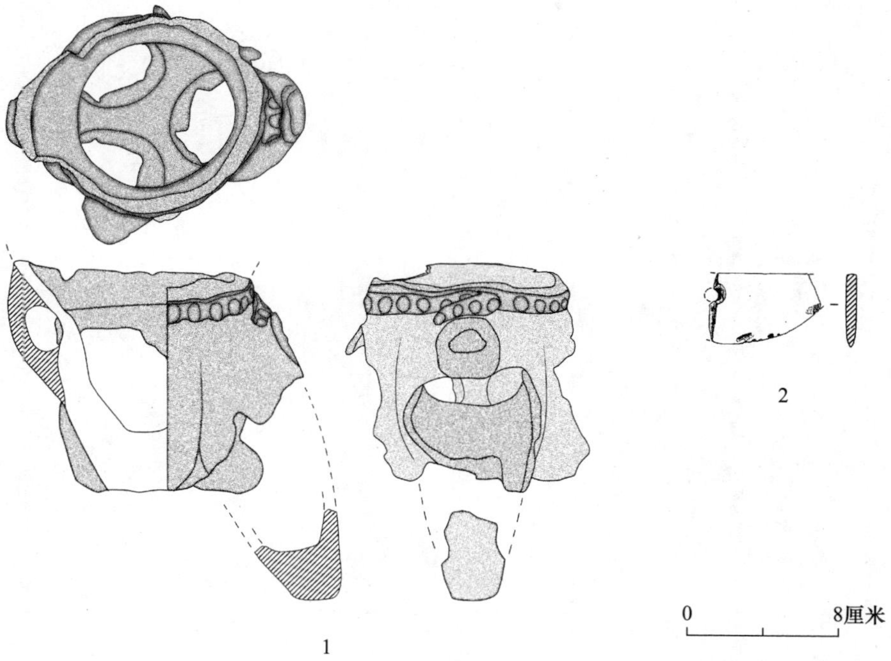

图六 F3出土器物
1. 陶甗（F3：2） 2. 石刀（F3：1）

柱洞内填土为灰色黏土，土质疏松。柱洞直径为10～30、深16～25厘米。在房址近中部发现一片呈椭圆形的草木灰堆积，堆积宽110～118厘米。地面上未发现遗物（图七）。

（2）F2 位于T12中部偏东，开口于第1层下。发现10个柱洞，直径为14～20、深16～26厘米。其中有1个柱洞由红烧土、陶片等组合成窝状。柱洞内填土多为灰色黏土，个别的有几片夹砂陶片。根据柱洞的排列方式，推测房址的形状为椭圆形，长径4.15、短径3.5米。地面出土了少量的夹砂陶片（图八；图版三，3）。

壶底 1件。F2：1，残。夹砂红黄陶。平底。素面。底径9.3、残高6.8厘米（图九，1）。

鼎足 1件。F2：2，残。夹砂红黄陶。锥状足。最大直径3.3、残高10.8厘米（图九，2）。

（3）F4 位于T10的东北部，开口于第1层下。现存10个柱洞，其中外围9个，中心1个。柱洞内堆积为灰色黏土，直径26～34、深25～40厘米。在房址的中部存在一片草木灰，宽1.7～2.2米。从柱洞的排列方式来看，房址呈椭圆形，长径4.5、短径4.1米。出土了少量的夹砂陶片（图一〇）。

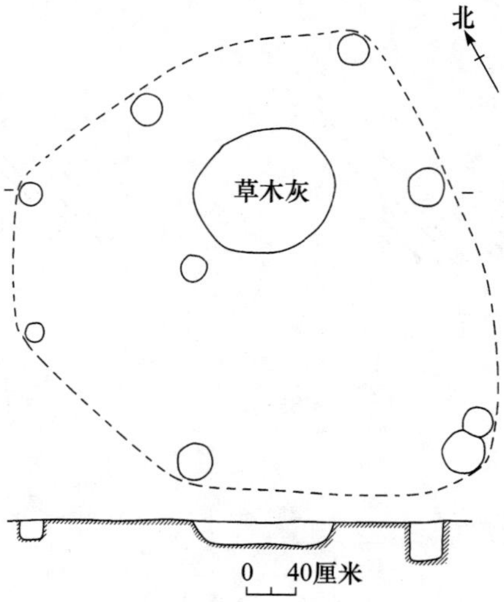

图七 F1平、剖面图

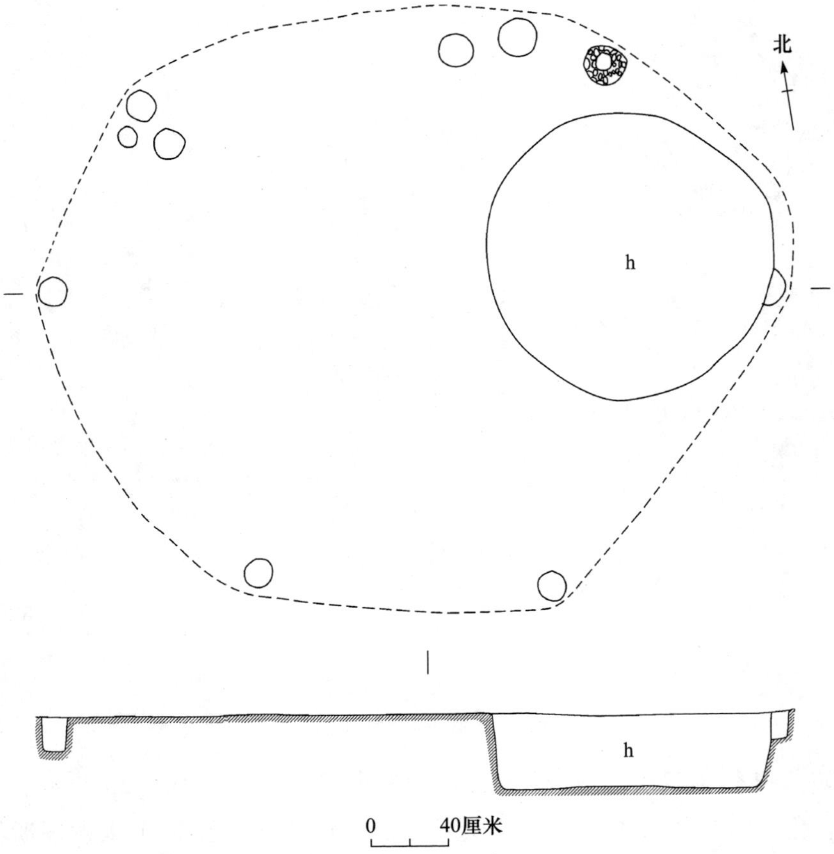

图八　F2 平面图

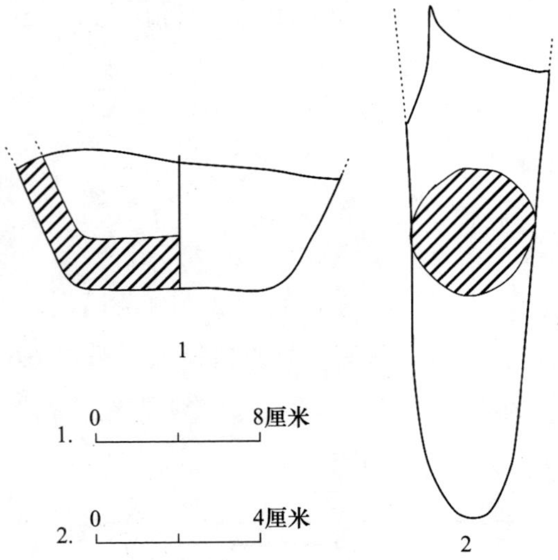

图九　F2 出土陶器

1. 壶底（F2∶1）2. 鼎足（F2∶2）

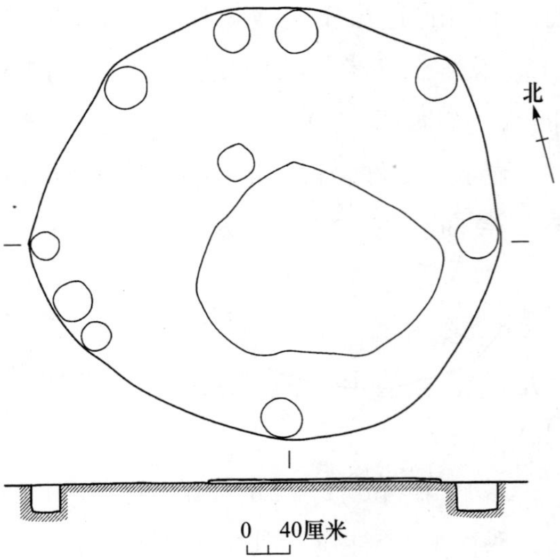

图一〇　F4 平、剖面图

甗腰　1 件。F4∶1，残。夹砂红褐陶。腰部装饰窝状附加堆纹。残长 3.4、宽 4.3 厘米（图一一，1）。

鬲足　1 件。F4：2，残。夹砂红陶。素面。柱状。直径 3～5.5、残高 9.4 厘米（图一一，2）。

（4）F5　位于 T17 的东南部，开口于第 1 层下。现存 12 个柱洞，其中外围 9 个，中部 3 个。柱洞内堆积为灰色黏土，直径 14～37、深 30～50 厘米。从柱洞的排列方式来看，房址平面呈椭圆形，长径 6.8、短径 4.8 米。出土了极少的夹砂陶片。

陶壶　1 件。F5：1，夹砂红褐陶。圆唇，敞口，束颈。素面。在颈部残留竖桥耳的一部分。口径 10.8、残高 6.5 厘米。

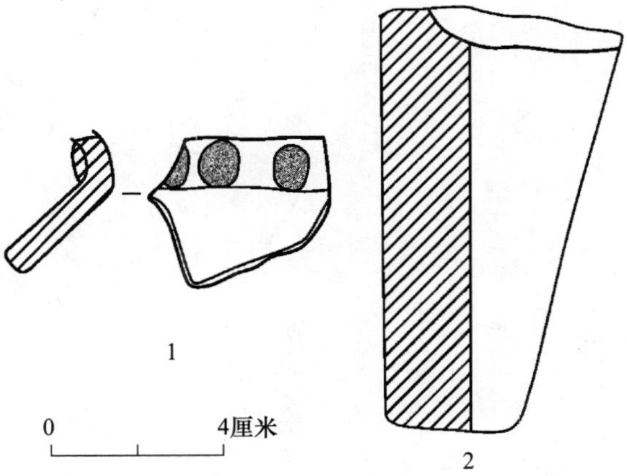

图一一　F4 出土陶器

1. 甗腰（F4：1）　2. 鬲足（F4：2）

（二）灰坑

共发现灰坑 37 个。灰坑的平面有椭圆形、圆角长方形、不规则形等，出土了大量的夹砂陶片，少量的石器等。

1. 椭圆形

（1）H1　位于 T3 的西北部，开口于第 1 层下。平面呈椭圆形，近圜底。长径 1.38、短径 1.04、深 0.28 米。坑内堆积为灰色黏土，土质疏松。出土了较多的夹砂陶片，可辨器形有鬲等（图一二）。

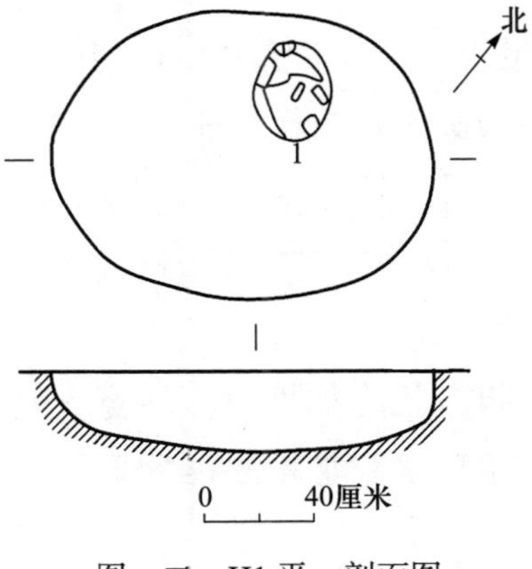

图一二　H1 平、剖面图

1. 陶鬲

陶鬲　3 件，其中 2 件口沿、1 件鬲足。H1：1，陶鬲上部，残。夹砂红陶。近直口，尖唇，外叠唇，筒腹。素面。腹中部有对称分布的舌状及带三角形口的鋬耳各一对。口径 31、残高 22.5 厘米（图一三，1）。H1：2，陶鬲口沿，残。夹砂红陶。近直口，尖唇。素面。复原口径 18、残高 6.6 厘米（图一三，2）。H1：3，鬲足，残。夹砂红褐陶。柱状足。素面。直径 1.4～4.1、残高 8.7 厘米（图一三，3）。

器耳　1 件。H1：4，残。夹砂红褐陶。桥状鋬耳，横置。素面。耳长 3.8、宽 3.1、厚 2.5 厘米（图一三，4）。

（2）H2　位于 T2 的西部，部分延伸到 T3 内，开口于第 1 层下。平面呈椭圆形，壁近直，底不平。长径 3.15、短径 2.61、深 0.56 米。坑内堆积为灰色黏土，土质疏松。出土了较多的夹砂陶片，可辨器形有鬲、鼎、壶、甗、甑等（图一四）。

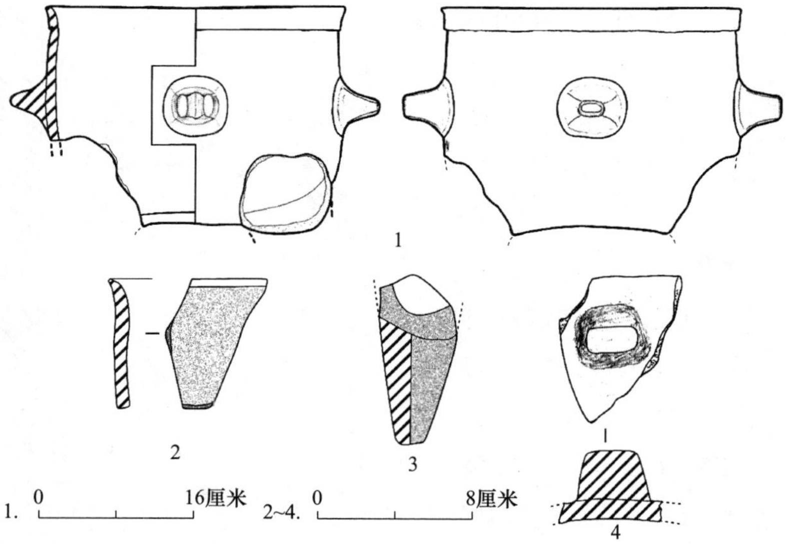

图一三　H1 出土陶器

1～3. 鬲（H1∶1、H1∶2、H1∶3）4. 器耳（H1∶4）

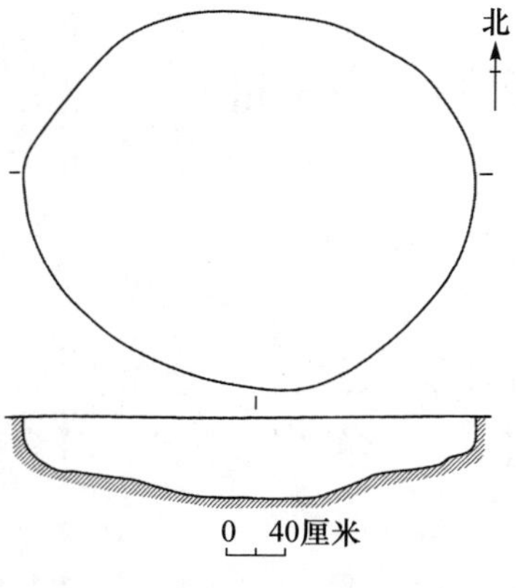

图一四　H2 平、剖面图

鼎　1 件。H2∶9，残，夹砂红陶。柱状足。素面。直径 3.9～7.4、残高 16 厘米（图一五，1）。

耳　2 件。H2∶2，桥耳，残。夹砂红陶。横置。素面。残长 12、宽 6.9 厘米（图一五，2）。H2∶7，盲耳，残。夹砂红陶。横置，舌状鋬耳。素面。耳长 3.2、宽 1.5～2.1 厘米（图一五，3）。

鬲　1 件。H2∶10，鬲口沿，残。夹砂红陶。近直口，圆唇，沿部有叠唇。素面。残宽 7.2、残高 5.5 厘米（图一五，4）。

壶　3 件。H2∶11，壶口沿，残。夹砂红黄陶。直口，尖唇。素面。残剩 1 个竖桥耳。耳宽 3.2～3.3、口径 10.6、残高 8.1 厘米（图一五，5）。H2∶8，壶底，残。夹砂红黄陶。弧腹，近平底，底稍内凹。素面。底径 5.6、残高 2.2 厘米（图一五，6）。H2∶1，壶耳，残。桥状，竖置。素面。耳宽 2.1～4.8、残高 11.8 厘米（图一五，7）。

甗　2 件。均是甗腰。H2∶5，残。夹砂红陶。装饰压印窝状附加堆纹。残宽 5.9、高 4.9 厘米（图一五，8）。H2∶6，残。夹砂红陶。装饰压印窝状附加堆纹。残宽 5.6、高 4.2 厘米（图一五，9）。

甑　1 件。H2∶4，甑底。残。夹砂红褐陶。近平底。素面。底部可见数个甑孔。孔径 0.3、底径 6.6、残高 3.1 厘米（图一五，10）。

（3）H3　位于 T3 的北部，开口于第 1 层下。平面呈椭圆形，斜壁，近平底。长径 1.78、短径 1.32、深 0.32 米。坑内堆积为灰色黏土，土质疏松，出土了少量的夹砂陶片，

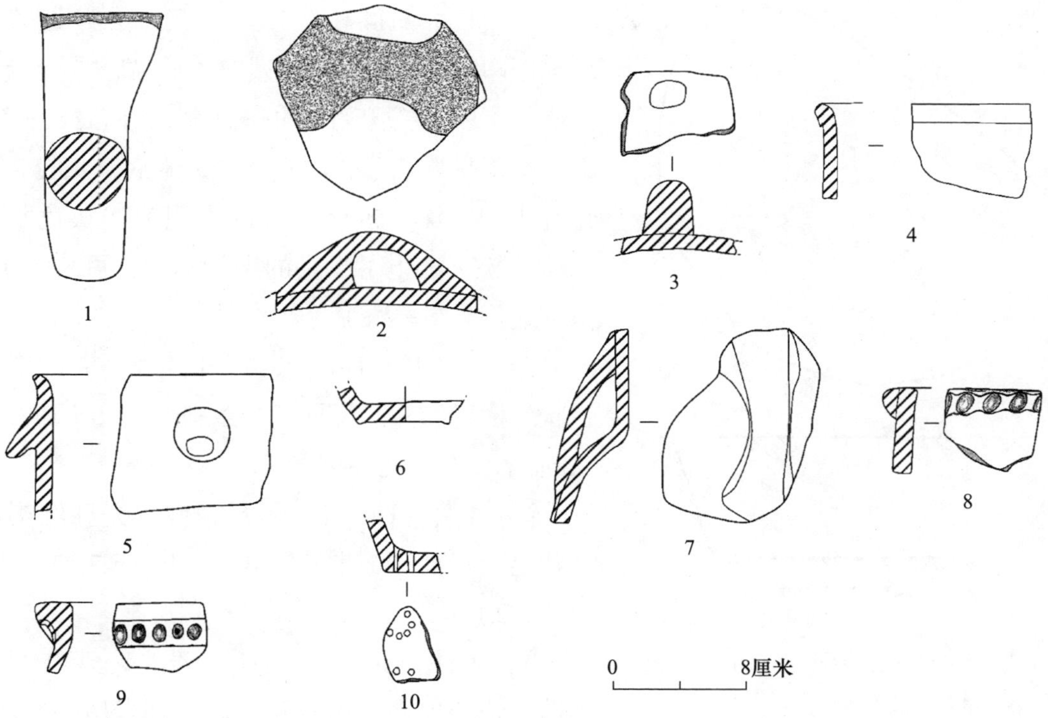

图一五 H2 出土陶器

1. 鼎足（H2：9） 2、3. 器耳（H2：2、H2：7） 4. 鬲（H2：10） 5～7. 壶（H2：11、H2：8、H2：1）
8、9. 甗（H2：5、H2：6） 10. 甑（H2：3）

未挑出陶器标本（图一六）。

（4）H4 位于 T3 的北部，开口于第 1 层下。平面呈椭圆形，弧壁，圜底。长径 1.86、短径 1.82、深 0.7 米。坑内堆积为灰色黏土，土质疏松，出土了少量的夹砂陶片，器形有甗等（图一七）。

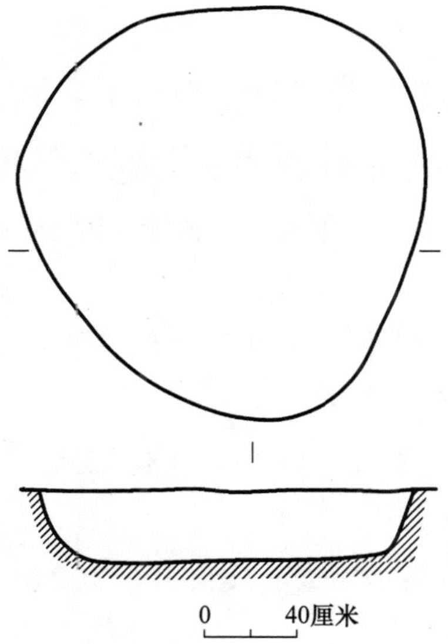

图一六 H3 平、剖面图

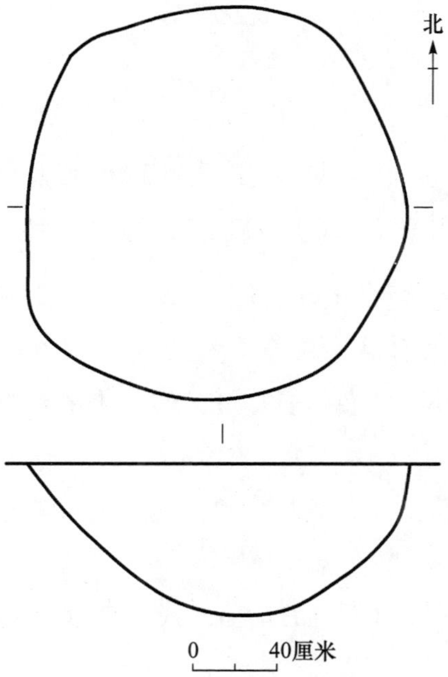

图一七 H4 平、剖面图

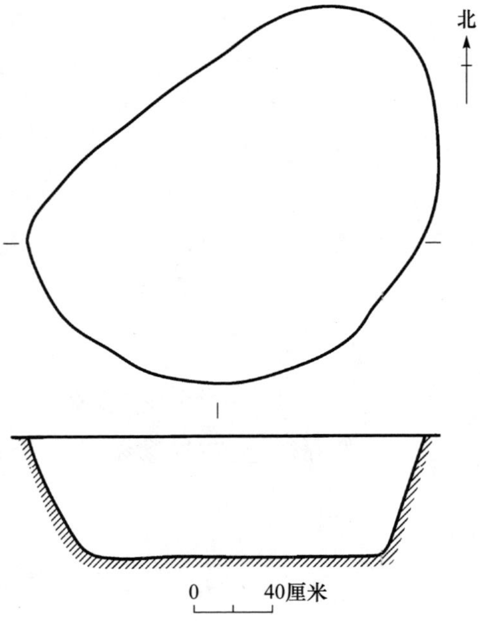

图一八　H6 平、剖面图

甗　1 件。H4∶1，甗腰，残。夹砂红黄陶。装饰压印窝状附加堆纹。残宽 4.6、高 4.7 厘米。

（5）H6　位于 T4 的东北角，开口于第 1 层下。平面呈椭圆形，斜直壁，近平底。长径 2.15、短径 1.52、深 0.59 米。坑内堆积为浅灰色黏土，土质疏松，出土了少量的夹砂陶片，可辨器形有鬲、甗等（图一八）。

器耳　1 件。H6∶1，盲耳，残。夹砂红陶。舌状，横置。耳部可见三个戳刺纹。耳长 3.7、宽 3.3 厘米（图一九，1）。

鬲　1 件。H6∶2，鬲足，残。夹砂红褐陶。柱状足。素面。最大直径 4.3、残高 8.3 厘米（图一九，2）。

甗　1 件。H6∶3，甗腰，残。夹砂红黄陶。腰部装饰压印窝状附加堆纹。腰部残留一个竖桥耳。素面。耳长 7.2、宽 3.2～5 厘米，甗腰残宽 8.2、高 8 厘米（图一九，3）。

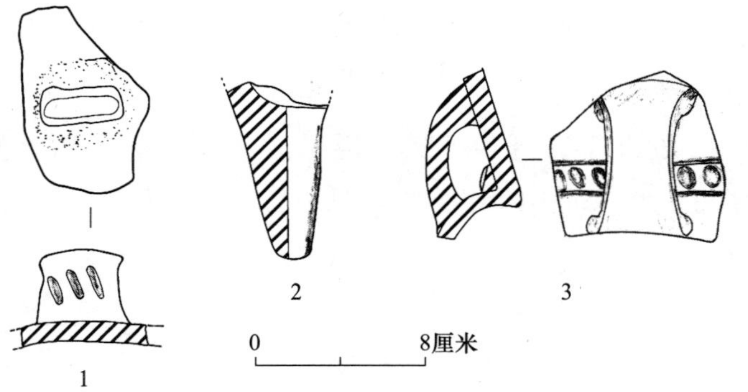

图一九　H6 出土陶器

1. 器耳（H6∶1）　2. 鬲足（H6∶2）　3. 甗腰（H6∶3）

（6）H7　位于 T5 的西南角，开口于第 1 层下。平面呈椭圆形，弧壁，近平底。长径 1.51、短径 1.46、深 0.7 米。坑内堆积为浅灰色黏土，土质疏松，出土少量夹砂陶片，可辨器形有鼎、鬲等（图二〇）。

鼎足　1 件。H7∶1，残。夹砂红陶。四棱柱状。素面。宽 0.7～2.5、残高 6.8 厘米（图二一，1）。

鬲足　1 件。H7∶2，残。夹砂红褐陶。柱状足。素面。宽 1.7～3.8、残高 7.2 厘米（图二一，2）。

器耳　1 件。H7∶3，残。夹砂红陶。桥状耳，横置。素面。耳长 10、宽 2.8～5.8 厘米（图二一，3）。

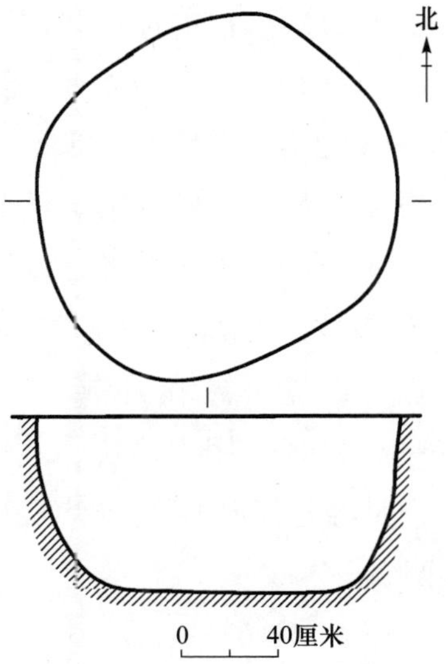

图二〇 H7平、剖面图

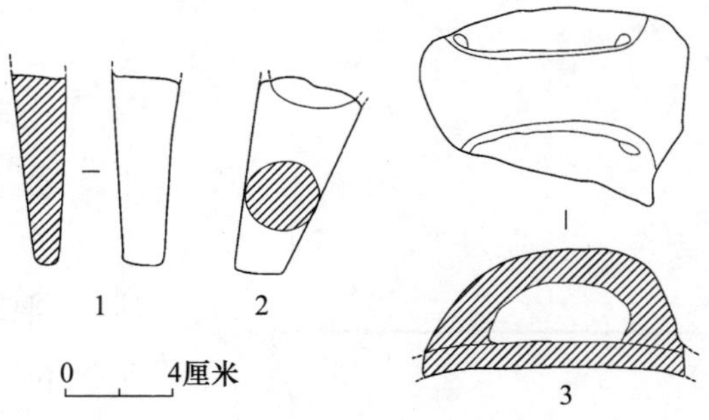

图二一 H7出土陶器

1. 鼎足（H7：1） 2. 鬲足（H7：2） 3. 器耳（H7：3）

（7）H9 位于T5的东南部，开口于第1层下。平面呈椭圆形，弧壁，近平底。长径1.64、短径1.52、深0.49米。坑内堆积为灰色黏土，土质疏松，出土少量的夹砂陶片，可辨器形有鼎、壶等（图二二）。

鼎足 2件。H9：1，残。夹砂红陶。柱状足。素面。直径1～2、残高11.5厘米（图二三，1）。H9：2，残。夹砂红褐陶。扁平状足。素面。宽4.9、残高12.1厘米（图二三，2）。

壶底 1件。H9：3，残。夹砂红褐陶。平底。素面。底径9.5、残高3.6厘米（图二三，3）。

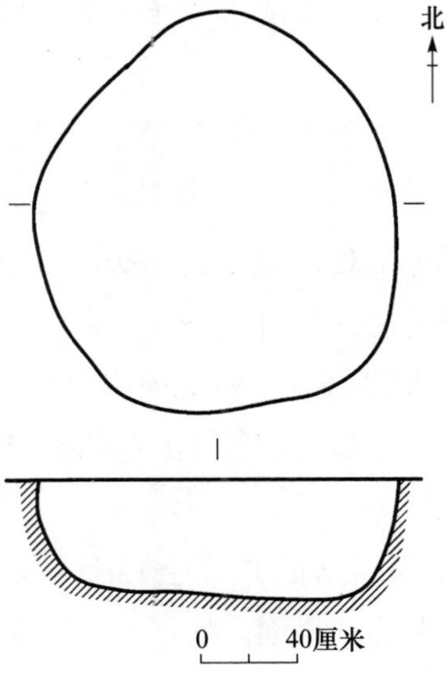

图二二 H9平、剖面图

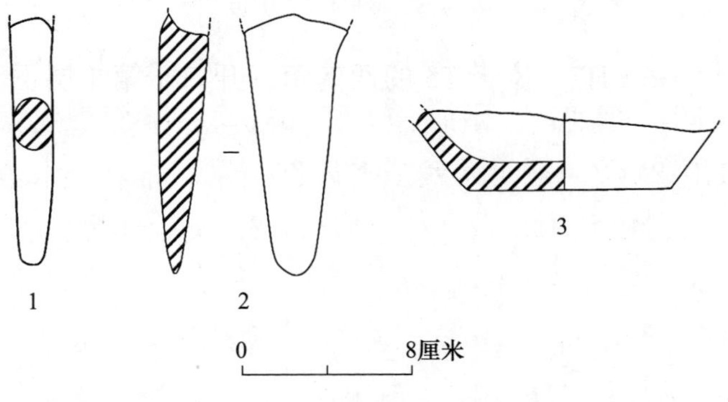

图二三 H9出土陶器

1、2. 鼎足（H9：1、H9：2） 3. 壶底（H9：3）

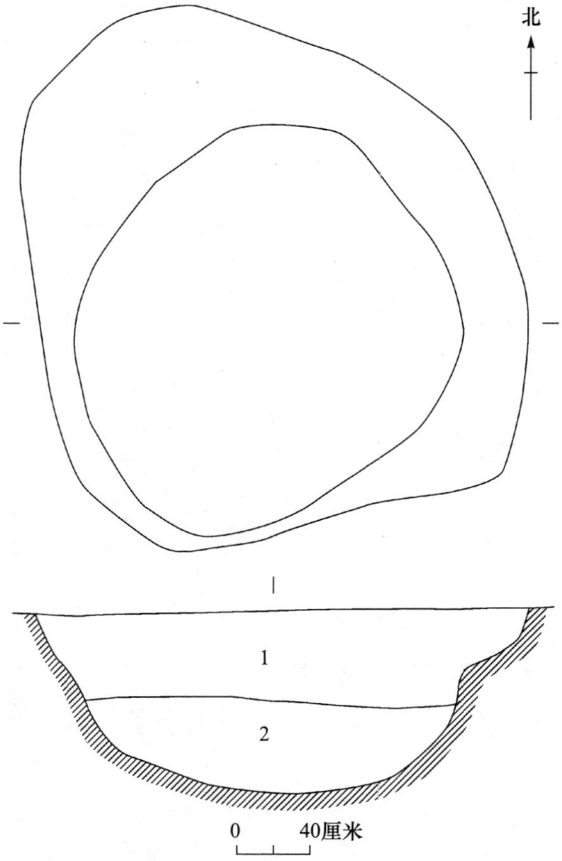

图二四　H10平、剖面图

（8）H10　位于T13的西北部。椭圆形，近圜底。长径3、短径2.7、深1米。坑内堆积分为2层：第1层为浅灰色黏土，土质疏松，厚0.5米；第2层为黑灰色黏土，土质疏松，厚0.5米。填土中出土较多夹砂陶片，可辨器形有陶鼎、鬲、甗、碗、壶、纺轮、罐和石钺等。此外，在H10底部，发现了用火痕迹，其中有一片红烧土，是经过了长时间的灼烧而形成的（图二四）。

壶底　3件。H10①：2，残。夹砂红陶。近平底。素面。底径10.2、残高4.5厘米（图二五，1）。H10①：3，残。夹砂红陶。近平底。素面。底径7.2、残高4.5厘米（图二五，2）。H10①：8，残。夹砂红陶。近平底。素面。底径5.8、残高2.8厘米（图二五，3）。

鼎足　1件。H10②：13，残。细泥陶。锥状足。素面。足径3.3、残高15.8厘米（图二五，5）。

器耳　1件。H10②：8，残。夹砂红陶。桥耳，横置。素面。耳残长8.4、宽3.7厘米（图二五，6）。

纺轮　1件。H10②：2，残。夹砂红陶。剖面呈近梯形。有一圆孔。孔径0.6～0.8、直径4、通高2.4厘米（图二五，7）。

鬲　5件，其中有2件鬲足。H10①：4，残。夹砂红陶。近直口，圆唇，上腹部较直。素面。残宽9.5、残高3.9厘米（图二五，8）。H10②：12，残。夹砂红陶。近直口，尖唇。素面。残宽6.6、残高6.4厘米（图二五，9）。H10②：14，残。夹砂红陶。近直口，圆唇，上腹部较直。素面。残宽7.8、残高7.2厘米（图二五，11）。H10②：7，鬲足，残。夹砂红黄陶。锥状足。素面。最大足径4、残高9厘米（图二五，12）。H10②：9，鬲足，残。夹砂红陶。锥状足。素面。最大足径5.1、残高13.9厘米（图二五，13）。

罐　2件。H10①：5，残。夹砂红陶。侈口，圆唇，鼓腹。素面。口径12.2、残高6厘米（图二五，10）。H10①：6，残。夹砂红陶。弧腹，平底。素面。底径7、残高4厘米（图二五，14）。

碗　4件。H10①：7，夹砂灰褐陶，夹砂较少，近细泥质陶。圆唇，敞口，弧腹，

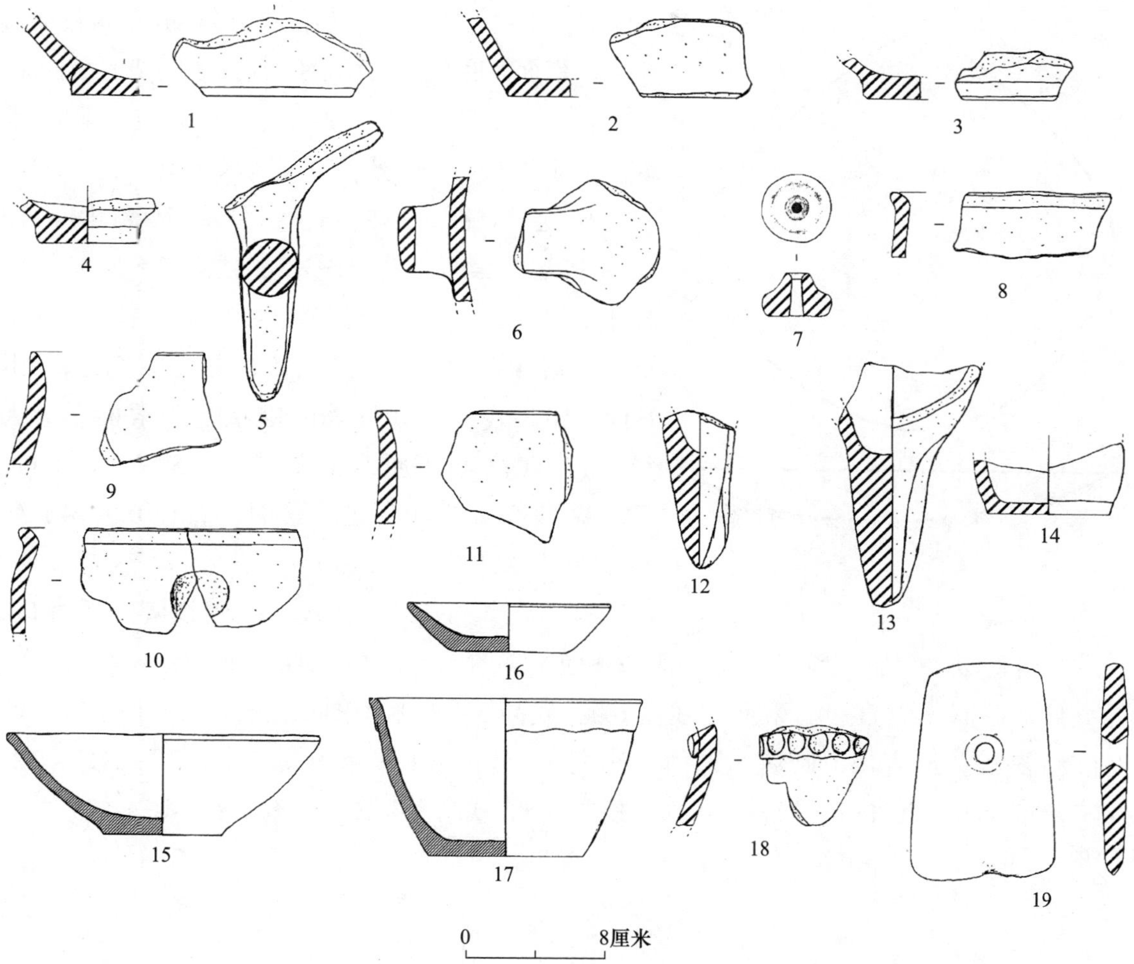

图二五 H10出土器物

1～3. 陶壶底（H10①：2、H10①：3、H10①：8） 4. 陶碗底（H10①：10） 5. 陶鼎足（H10②：13） 6. 陶器耳（H10②：8） 7. 陶纺轮（H10②：2） 8、9、11. 陶鬲（H10①：4、H10②：12、H10②：14） 10. 陶罐（H10①：5） 12、13. 陶鬲足（H10②：7、H10②：9） 14. 陶罐底（H10①：6） 15～17. 陶碗（H10①：7、H10①：11、H10①：12） 18. 陶甗腰（H10②：11） 19. 石钺（H10①：1）

平底。素面。口径17.8、通高5.8厘米（图二五，15）。H10①：11，夹砂红褐陶。敞口，斜直腹，平底。素面。口径11.6、底径6.6、通高2.7厘米（图二五，16）。H10①：12，夹砂红褐陶。敞口，叠唇，弧腹，平底。口径15.8、底径8.8、通高9厘米（图二五，17）。H10①：10，碗底，残。平底。底径5.6、残高2.5厘米（图二五，4）。

甗腰 1件。H10②：11，残。夹砂红陶。腰部装饰压印窝状附加堆纹。残宽6.1、残高5.8厘米（图二五，18）。

石钺 1件。H10①：1，较完整。磨制。刃部有长期使用形成的凹槽，中部有一个对钻的圆孔，孔径1厘米。钺长12.5、宽6.3～8.2、厚1.2厘米（图二五，19）。

（9）H12 位于T9的西部，探入T10内，开口于第1层下。平面呈椭圆形，弧壁，圜底。长径2.12、短径2.02、深0.25米。坑内堆积为浅灰色黏土，土质疏松，出土了大量的夹砂陶片，可辨器形有鼎、鬲、甗、碗、杯、壶，另有石刀等（图二六）。

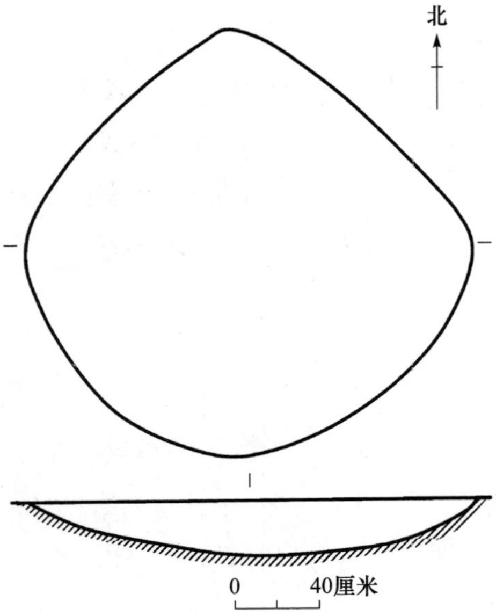

图二六　H12 平、剖面图

杯　1 件。H12：2，残。夹砂红褐陶。斜直腹，平底。素面。底径 3、残高 3.1 厘米（图二七，1）。

器底　1 件。H12：3，残。夹砂红褐陶。平底。素面。底径 5、残高 2.5 厘米（图二七，2）。

鼎足　4 件。H12：8，残。夹砂红陶。四棱柱状足。素面。宽 1～1.8、残高 7.5 厘米（图二七，3）。H12：9，残。夹砂红陶。柱状足。素面。直径 1.4～4.4、残高 11.5 厘米（图二七，4）。H12：10，残。夹砂红陶。锥状足。素面。最大径 3.3、残高 11.1 厘米（图二七，5）。H12：11，残。夹砂红陶。柱状足。素面。直径 0.9～4、残高 11.9 厘米（图二七，6）。

鬲　4 件。H12：4，残。夹砂红陶。近直口，尖唇，斜直腹。素面。残宽 6.5、残高 7.4 厘米（图二七，7）。H12：6，残。夹砂红陶。近直口，圆唇，斜直腹。素面。残宽 6.9、残高 5.4 厘米（图二七，8）。H12：7，残。夹砂红褐陶。近直口，圆唇。素面。残宽 5、残高 6.1 厘米（图二七，9）。H12：12，残。夹砂红陶。近直口，尖唇。素面。残宽 8.9、残高 9.4 厘米（图二七，10）。

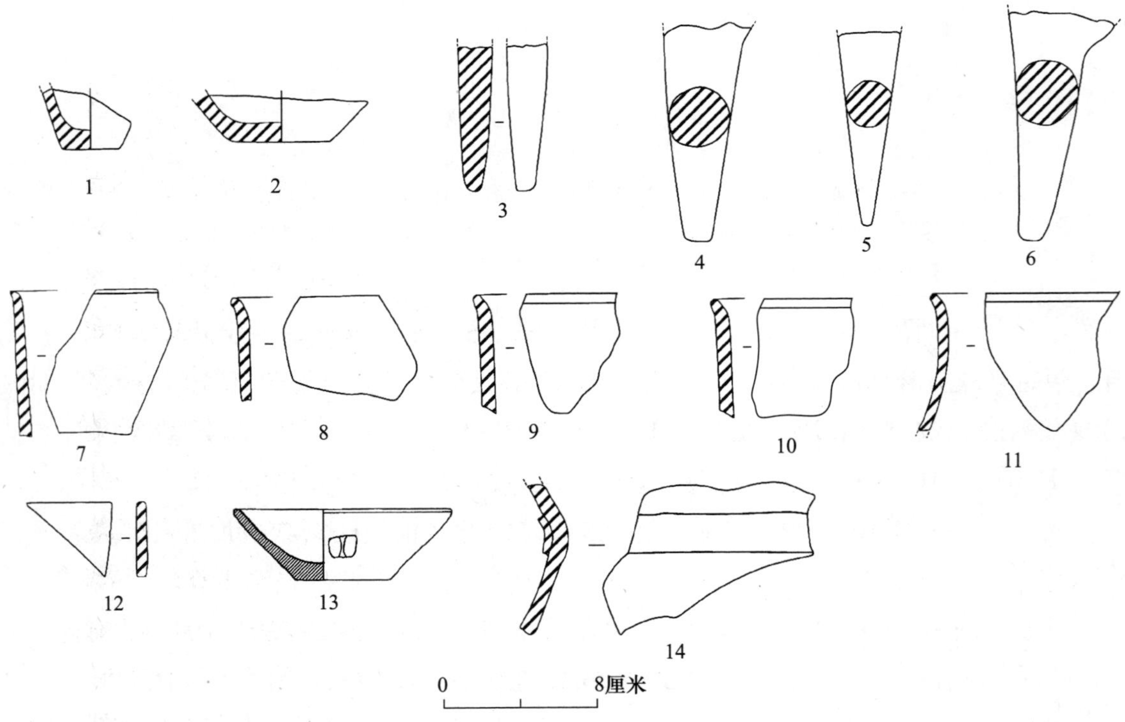

图二七　H12 出土器物

1. 陶杯（H12：2）　2. 陶器底（H12：3）　3～6. 陶鼎足（H12：8、H12：9、H12：10、H12：11）　7～10. 陶鬲（H12：4、H12：6、H12：7、H12：12）　11. 陶壶（H12：5）　12. 石刀（H12：1）　13. 陶碗（H12：14）　14. 陶甗腰（H12：13）

壶　1件。H12：5，残。夹砂红陶。敞口，圆唇，束颈。素面。口径12、残宽6.8、残高7.3厘米（图二七，11）。

碗　1件。H12：14，基本完整。夹砂红陶。敞口，斜直腹，平底。中腹部残剩1个纽状盲耳。口径11.2、底径4.8、通高3.6厘米（图二七，13）。

甗腰　1件。H12：13，残。夹砂红褐陶。腰部装饰条形附加堆纹。素面。残宽10.9、残高7.8厘米（图二七，14）。

石刀　1件。H12：1，残。磨制。长3.7、宽4.4、厚0.6厘米（图二七，12）。

（10）H13　位于T10的西北部，开口于第1层下。平面呈椭圆形，斜直壁，近平底。长径1.25、短径1.02、深0.29米。坑内堆积为灰色黏土，土质疏松，出土了少量的夹砂陶片，未能挑选出标本（图二八）。

（11）H16　位于T10中部，开口于第1层下。平面呈椭圆形，弧壁，圜底。长径1.52、短径1.34、深0.21米。坑内堆积为浅灰色黏土，土质疏松。出土了少量的夹砂陶片，未挑选出标本（图二九）。

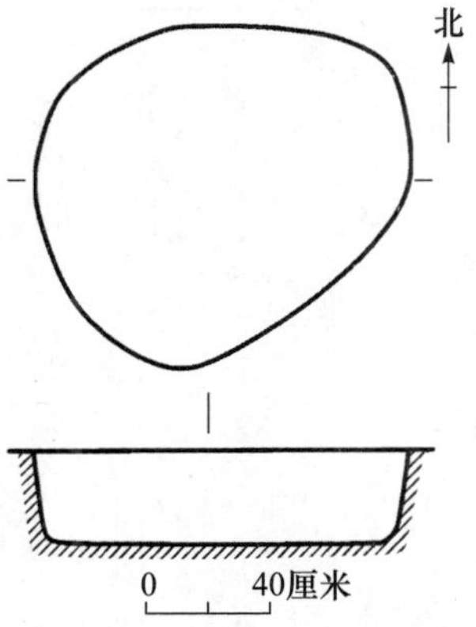

图二八　H13平、剖面图

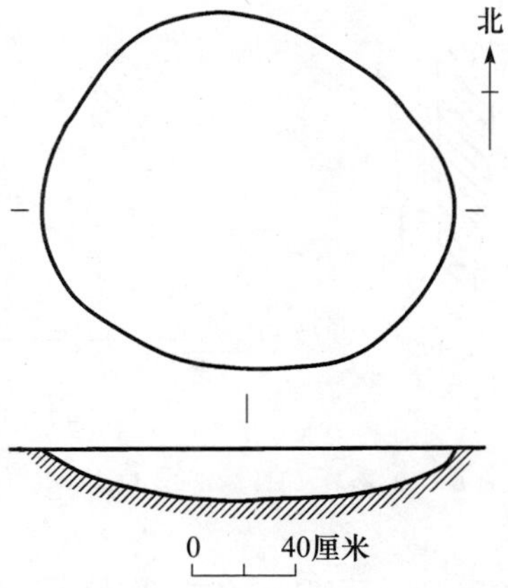

图二九　H16平、剖面图

（12）H17　位于T12西北角，开口于第1层下。平面呈椭圆形，弧壁，近平底。长径1.9、短径1.81、深0.22米。坑内堆积为灰色黏土，土质疏松，出土了少量的夹砂陶片，可辨器形有鼎、鬲、甗、甑等（图三〇）。

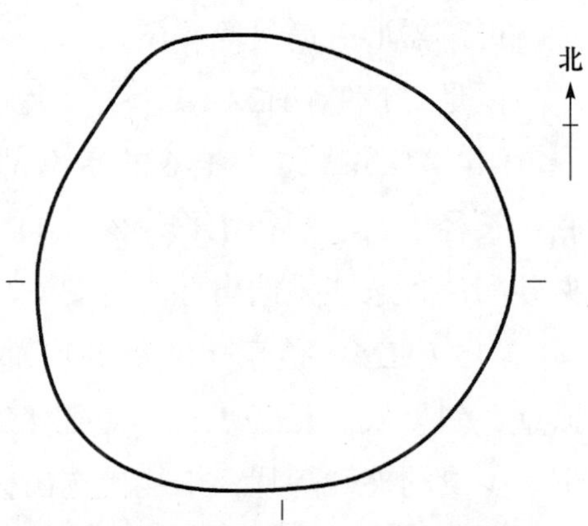

图三〇　H17平、剖面图

鼎足　1件。H17：6，残。夹砂红陶。柱状足。素面。直径2.2～4.7、残高13.5厘米（图三一，1）。

器耳　1件。H17：3，残。夹砂红褐陶。桥状耳，横置。素面。耳长10.6、宽3.5～6.4厘米（图三一，2）。

鬲　2件。H17：4，鬲口沿，残。夹砂红褐陶。

近直口，尖唇，近直腹。素面。残宽 10.7、残高 7.5 厘米（图三一，3）。H17：5，鬲足，残。夹砂红陶。柱状足。素面。直径 1.7～4.5、残高 9.8 厘米（图三一，4）。

甗腰　1 件。H17：2，残。夹砂红陶。腰部装饰一圈条形附加堆纹。素面。残宽 5.6、残高 3.1 厘米（图三一，5）。

甑　1 件。H17：1，残。夹砂红陶。圈足。甑孔孔径 0.3、底径 8、残高 2 厘米（图三一，6）。

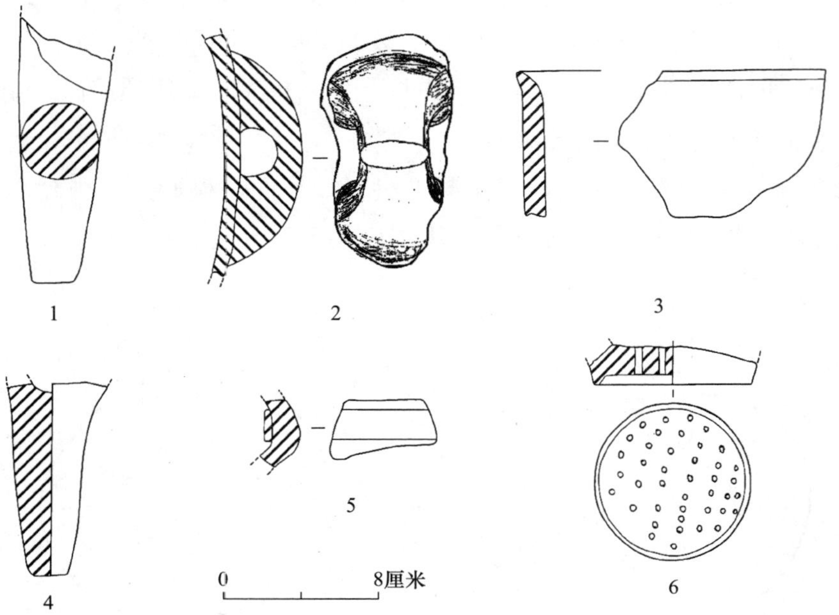

图三一　H17 出土陶器

1. 鼎足（H17：6）2. 器耳（H17：3）3. 鬲（H17：4）4. 鬲足（H17：5）5. 甗腰（H17：2）6. 甑（H17：1）

（13）H22　位于 T15 的中部，开口于第 1 层下。平面呈椭圆形，弧壁，近平底。长径 1.08、短径 0.76、深 0.24 米。坑内堆积为灰色黏土，土质疏松，出土了少量的夹砂陶片，可辨器形有鬲足等（图三二）。

鬲足　1 件。H22：1，残。夹砂红陶。柱状足。素面。足径 3.4、残高 7.3 厘米。

（14）H24　位于 T16 的东南部，开口于第 1 层下。平面呈椭圆形，斜直壁，近平底。长径 1.21、短径 1.14、深 0.44 米。坑内堆积为灰色黏土，土质疏松，出土了少量的夹砂陶片，未能挑选出标本（图三三）。

（15）H25　位于 T16 的西南部、T17 的东南部，开口于第 1 层下。平面呈椭圆形，弧壁，斜平底。长径 1.63、短径 1.22、深 0.56 米。坑内堆积为灰色黏土，土质疏松，出土了少量的夹砂陶片，未能挑选出标本（图三四）。

（16）H26　位于 T17 东南角，开口于第 1 层下。平面呈椭圆形，斜直壁，近平底。长径 1.52、短径 1.45、深 0.57 米。坑内堆积为灰色黏土，土质疏松，出土了少量的夹砂陶片和石器，器形有陶鬲、磨制石器等（图三五）。

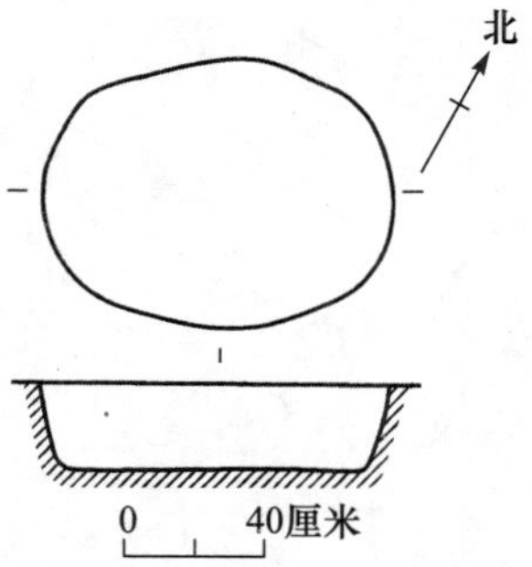

图三二　H22平、剖面图

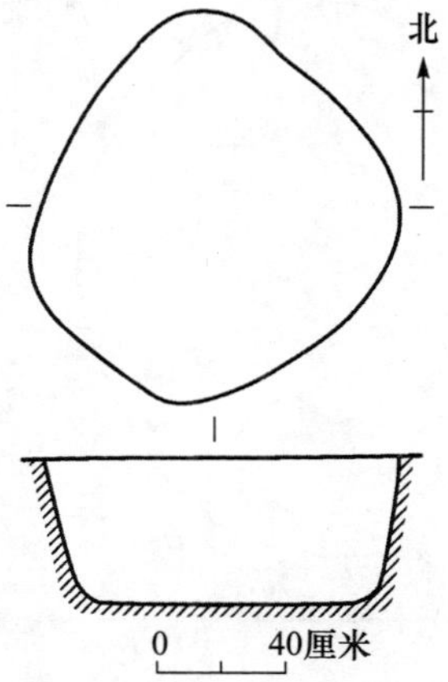

图三三　H24平、剖面图

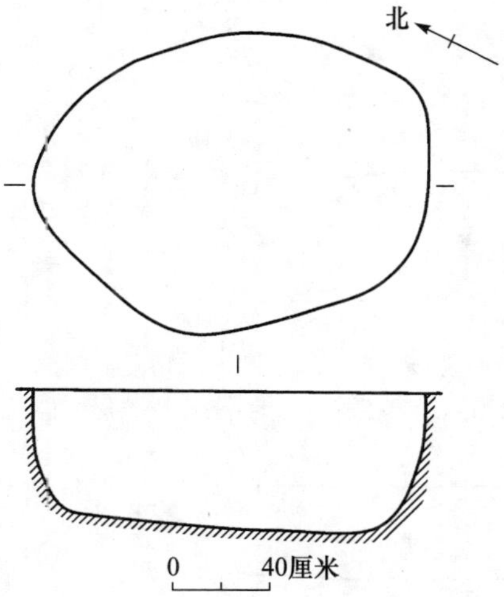

图三四　H25平、剖面图

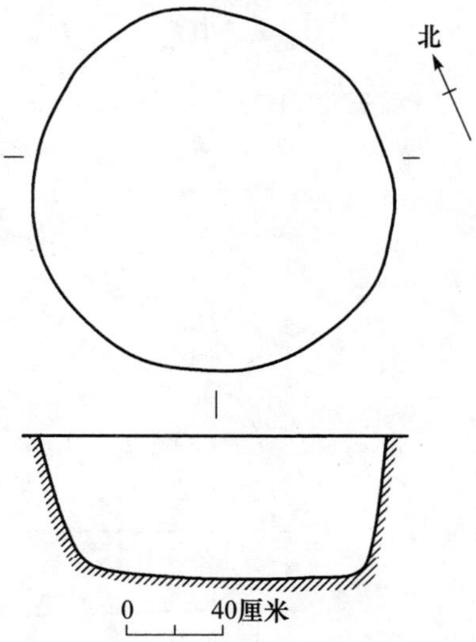

图三五　H26平、剖面图

鬲　1件。H26：2，残。夹砂红陶。近直口，圆唇。残宽5、残高4.3厘米。

磨制石器　1件。H26：1，残。磨制，残剩一段，似乎是石斧的一部分。残长8.1、残宽5.1、厚0.8厘米。

（17）H27　位于T17的中部，开口于第1层下。平面呈椭圆形，斜直壁，近平底。长径1.75、短径1.51、深0.72米。坑内堆积为灰色黏土，土质疏松，出土了少量的夹砂陶片（图三六）。

（18）H28　位于T18的南部，开口于第1层下。平面呈椭圆形，斜直壁，近平底。长径1.56、短径0.89、深0.5米。坑内堆积为灰色黏土，土质疏松，出土了少量的夹砂陶片，未能挑选出标本（图三七）。

（19）H29　位于T18的南部，开口于第1层下。平面未完全揭露，从形状看应为椭圆形，近直壁，坡底。东西长2.68、南北宽1.32、深0.36米。坑内堆积为灰色黏土，土质疏松，出土了少量的夹砂陶片，未能挑选出标本（图三八）。

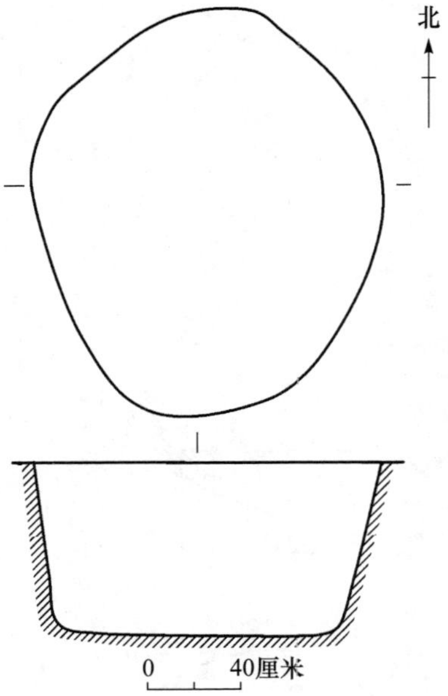

图三六　H27 平、剖面图

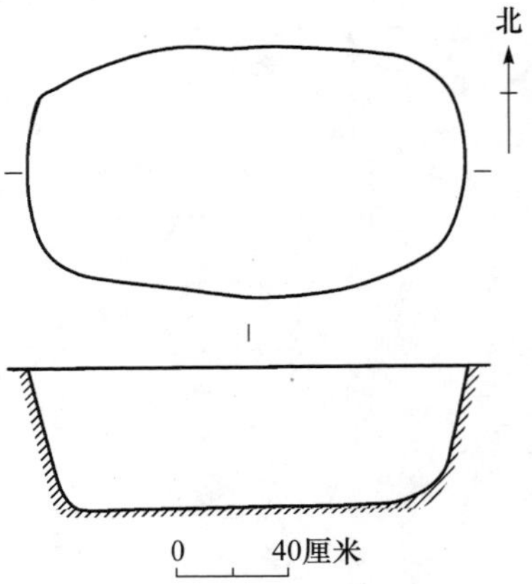

图三七　H28 平、剖面图

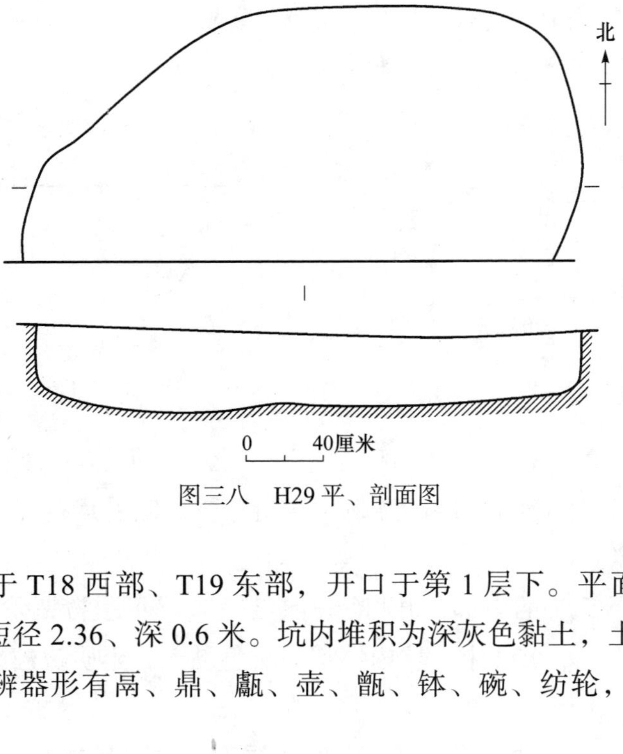

图三八　H29 平、剖面图

（20）H34　位于 T18 西部、T19 东部，开口于第 1 层下。平面呈椭圆形，弧壁，坡底。长径 3.48、短径 2.36、深 0.6 米。坑内堆积为深灰色黏土，土质疏松，出土了大量的夹砂陶片，可辨器形有鬲、鼎、甗、壶、甑、钵、碗、纺轮，另有石刀、石镞等（图三九）。

鬲　4 件。H34：5，可修复。夹砂红褐陶。尖唇，唇部经抹斜处理，外叠唇，筒腹，三足外撇较大，高实足跟。中腹部对称装饰 2 个横桥耳和 2 个横錾耳。素面。口径 35.1、通高 34.3 厘米（图四〇，1；图版五，1）。H34：7，残。夹砂红陶。尖唇，鼓腹，足部外撇较大，高实足跟。中腹部残片上有一个盲耳。高 29.7 厘米（图四〇，2）。H34：9，残。夹砂红陶。尖唇，唇部经抹斜处理，筒腹，在上腹部可见一个横置

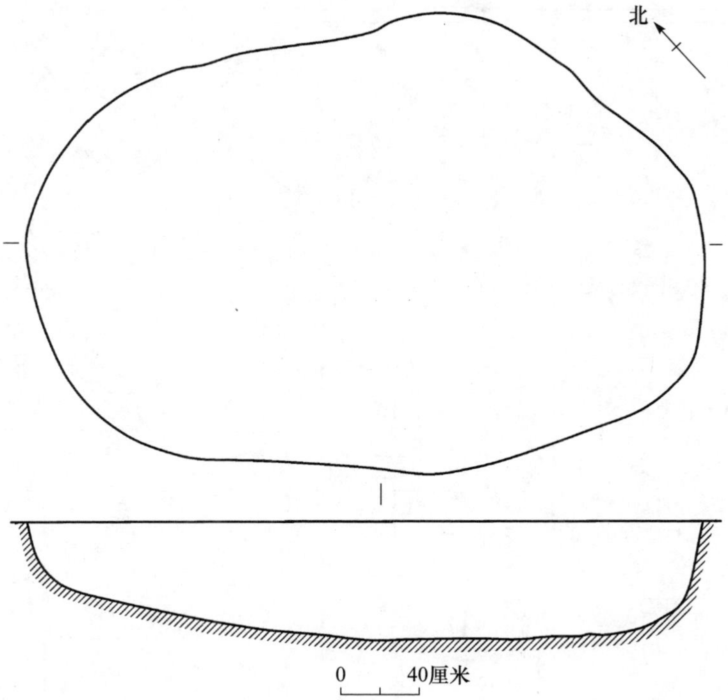

图三九　H34 平、剖面图

桥耳的痕迹。素面。口径 36、残高 14.7 厘米（图四〇，3）。H34：8，残。夹砂红褐陶。尖唇，筒腹。中腹部可见 4 个器耳，其中有 2 个鋬耳。素面。口径 30、残高 9.5 厘米（图四〇，4）。

壶　5 件。H34：21，残。夹砂红黄陶。敞口，圆唇，束颈，溜肩。肩部对称分布 2 个竖桥耳及 2 个纽状盲耳。素面。口径 10.5、残高 9.6 厘米（图四〇，5）。H34：10，残。夹砂红陶。斜直腹，平底。素面。底径 10、残高 9.7 厘米（图四〇，6）。H34：14，残。夹砂红褐陶。敞口，圆唇，束颈，残见 1 个纽状盲耳。素面。残宽 7.9、残高 6.9 厘米（图四〇，7）。H34：20，残。夹砂红陶。桥耳，竖置。素面。耳宽 3～4.3、残高 8 厘米（图四〇，8）。H34：16，残。夹砂红陶。桥耳，竖置。素面。耳宽 1.6～2.7、残高 7.4 厘米（图四〇，9）。

甗　3 件。H34：6，夹砂陶。外表有一层红陶衣，陶胎为夹砂灰陶。残剩上腹部。尖唇，唇部经抹斜处理，弧腹，在上腹部中部对称装饰 2 个横桥耳和 2 个横鋬耳。在甑与鬲连接处有一周附加堆纹。此外，还对称装饰 2 个竖桥耳。口径 32、残高 34.5 厘米（图四〇，10；图版五，2）。H34：17，甗腰，残。夹砂红褐陶。腰部装饰压印窝状附加堆纹。残宽 8.9、残高 5.1 厘米（图四〇，11）。H34：26，甗腰，残。夹砂红陶。腰部装饰条状附加堆纹。残宽 9.2、残高 5.5 厘米（图四〇，12）。

钵　1 件。H34：13，残。夹砂红陶。敛口，尖唇，鼓腹。素面。残宽 7.7、宽 6.5 厘米（图四〇，13）。

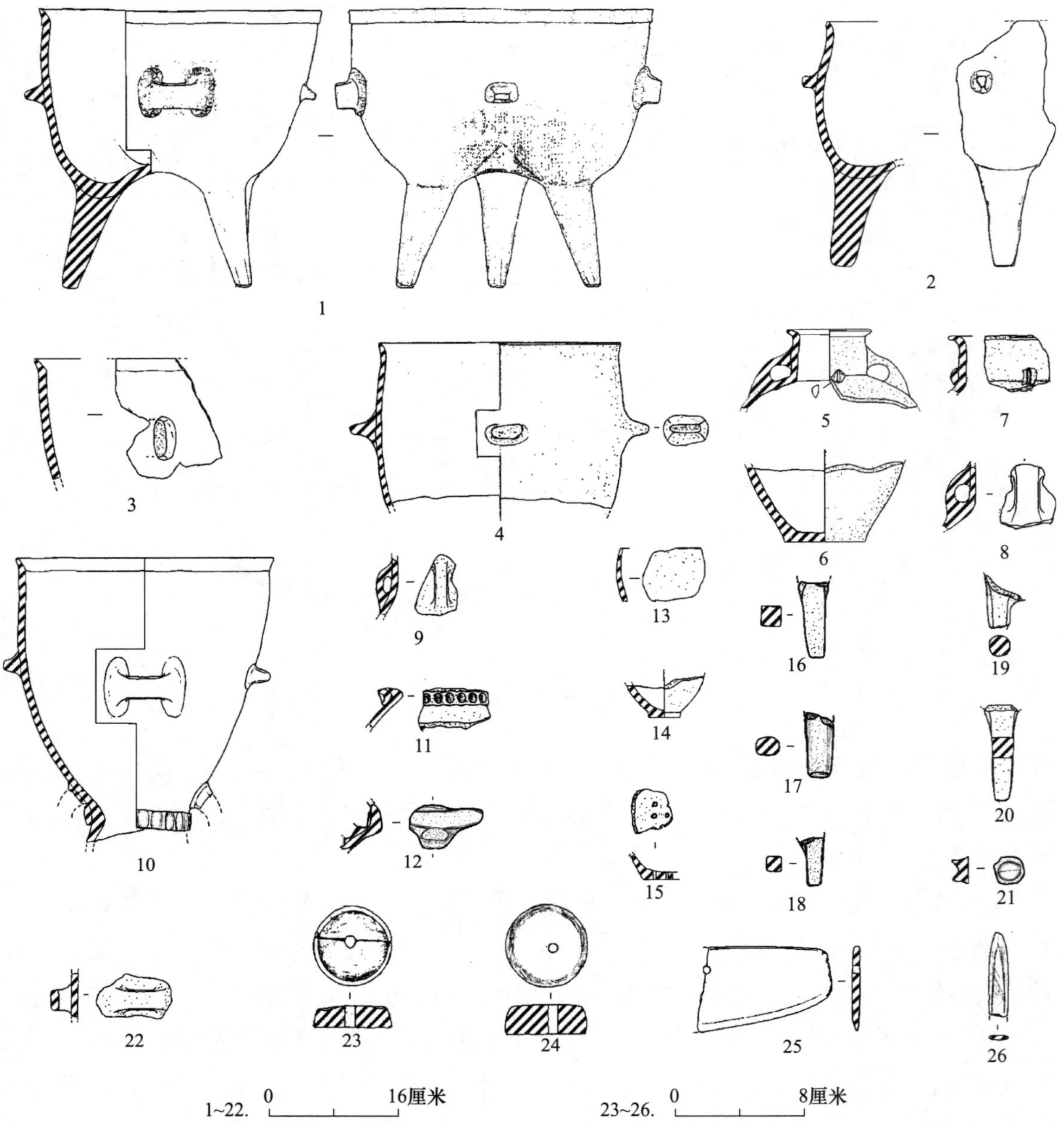

图四〇　H34 出土器物

1～4. 陶鬲（H34：5、H34：7、H34：9、H34：8）　5～7. 陶壶（H34：21、H34：10、H34：14）　8、9. 陶壶耳（H34：20、H34：16）　10～12. 陶甗（H34：6、H34：17、H34：26）　13. 陶钵（H34：13）　14. 陶碗（H34：11）　15. 陶甑（H34：15）　16～20. 陶鼎足（H34：22、H34：23、H34：24、H34：18、H34：19）　21、22. 陶器耳（H34：25、H34：12）　23、24. 陶纺轮（H34：2、H34：4）　25. 石刀（H34：3）　26. 石镞（H34：1）

碗　1 件。H34：11，残。夹砂红陶。弧腹，平底。素面。底径 3.8、残高 5 厘米（图四〇，14）。

甑　1 件。H34：15，残。夹砂红陶。平底。素面。甑孔孔径 0.3、甑残高 3 厘米（图四〇，15）。

鼎足　5 件。H34：22，残。夹砂红陶。四棱柱状足。素面。宽 1.7～3.5、残高 9.1

厘米（图四〇，16）。H34：23，残。夹砂红褐陶。扁柱状足。素面。宽2.3～3.3、残高7.9厘米（图四〇，17）。H34：24，残。夹砂红陶。四棱柱状足。素面。宽1.4～3、残高6厘米（图四〇，18）。H34：18，残。夹砂红陶。柱状足。素面。足径2.5、残高6.5厘米（图四〇，19）。H34：19，残。夹砂红褐陶。四棱柱状足。宽1.4～4.2、残高11.8厘米（图四〇，20）。

器耳　2件。H34：25，残。夹砂红陶。口状鋬耳，或是鬲的耳。耳长2.5、宽2.7厘米（图四〇，21）。H34：12，残。夹砂红陶。桥耳，横置。耳宽2.3～3.4、长9.3厘米（图四〇，22）。

纺轮　2件。H34：2，基本完整。夹砂红陶。剖面呈梯形，一面稍内凹，一面近平。中部有1个圆孔，孔径0.6、直径4.3～4.7、高1.3厘米（图四〇，23）。H34：4，基本完整。夹砂红陶。剖面呈近梯形。两面近平。中部有1个圆孔，孔径0.6厘米。直径4.2～4.8、高1.7厘米（图四〇，24）。

石刀　1件。H34：3，残。磨制。直背弧刃，单面刃。刀身残剩1个圆孔，孔径0.4厘米。刀残长8.3、残宽5.2厘米（图四〇，25；图版四，3）。

石镞　1件。H34：1，残。磨制。近三角形，尾端残。两侧两面刃。残宽1.2、厚0.2、高5.2厘米（图四〇，26）。

（21）H35　位于T20的东部，开口于第1层下。平面呈椭圆形，斜直壁，近平底。长径1.16、短径0.88、深0.36米。坑内堆积为灰色黏土，土质疏松，出土了少量的夹砂陶片，未能挑选出陶器标本（图四一）。

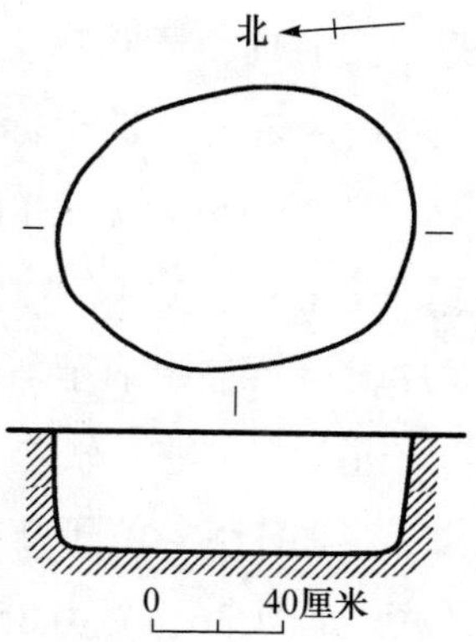

图四一　H35平、剖面图

2. 圆角长方形

（1）H11　位于T9的中部偏东，开口于第1层下。平面呈圆角长方形，弧壁，近平底。长1.72、宽0.92、深0.33米。坑内堆积为灰色黏土，土质疏松，出土了少量的夹砂陶片，可辨器形有鼎等（图四二）。

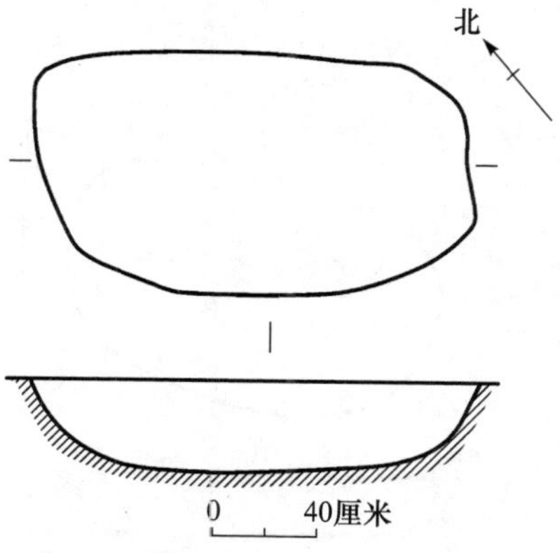

图四二　H11平、剖面图

鼎足　1件。H11：3，残。夹砂红陶。四棱柱状足。素面。宽4.9～6.9、残高14.4厘米（图四三，1）。

器耳　3件。H11：1，残。夹砂红褐陶。桥耳，耳部有戳刺纹。耳宽2.5～4.9、残长3.6厘米（图四三，2）。H11：2，残。夹砂红陶。桥耳。素面。耳宽2～4.9、残长9.6厘米（图四三，3）。H11：4，残。夹砂红陶。桥耳，耳部有对称的戳刺纹。耳宽3.8～6.9、残长11.3厘米（图四三，4）。

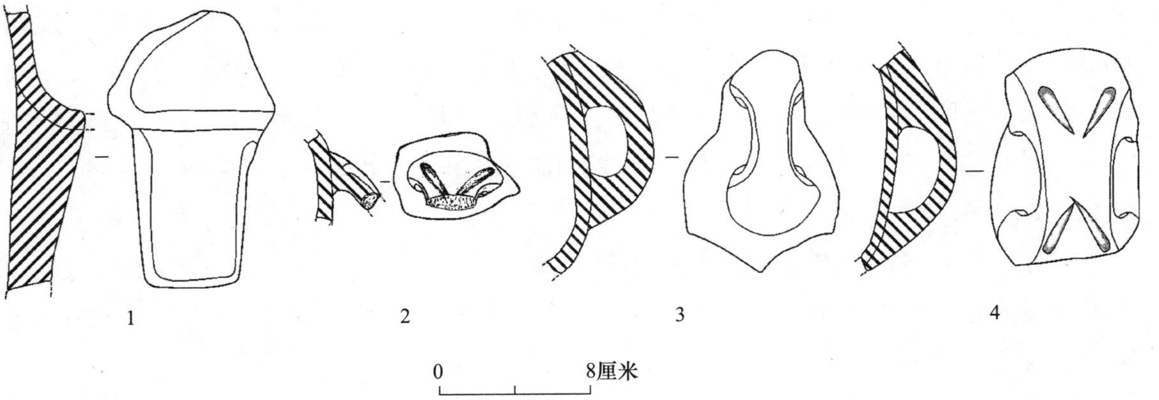

图四三　H11 出土陶器

1. 鼎足（H11：3）　2～4. 器耳（H11：1、H11：2、H11：4）

（2）H14　位于 T12 的西南角，开口于第 1 层下。平面呈圆角长方形，弧壁，近平底。长 1.31、宽 0.75、深 0.33 米。坑内堆积为浅灰色黏土，土质疏松，出土了少量的夹砂陶片，未能挑选出标本（图四四）。

（3）H15　位于 T12 的东南角，开口于第 1 层下。平面呈圆角长方形，斜直壁，平底。长 1.37、宽 0.94、深 0.4 米。坑内堆积为灰色黏土，土质疏松，出土了少量的夹砂陶片，可辨器形有壶等（图四五）。

壶耳　1 件。残。夹砂红黄陶。桥耳。素面。耳宽 2～2.5、长 7.5 厘米。

（4）H18　位于 T12 的中部偏西，开口于第 1 层下。平面呈圆角长方形，弧壁，近平底。长 1.36、宽 0.85、深 0.21 米。坑内堆积为灰色黏土，土质疏松，出土了少量的夹砂陶片，可辨器形有鬲等（图四六）。

鬲足　1 件。残。夹砂红褐陶。柱状足。素面。足径 1.3～7、残高 8.5 厘米。

（5）H19　位于 T12 的中部偏西，开口于第 1 层下。平面呈圆角长方形，弧壁，圜底。长 1.14、宽 0.89、深 0.46 米。坑内堆积为灰色黏土，土质疏松，出土了少量的夹砂陶片，可辨器形有壶等（图四七）。

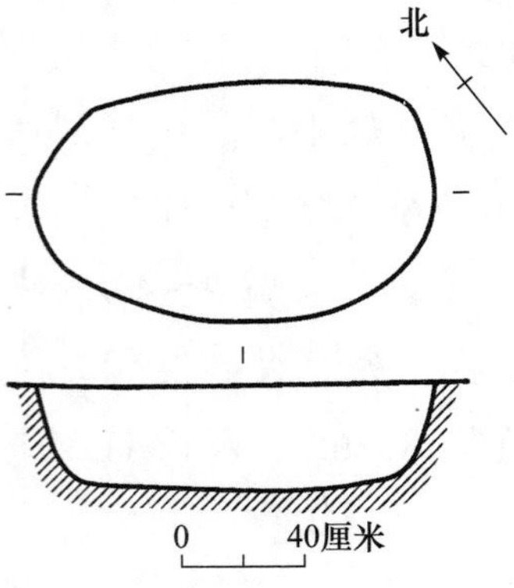

图四四　H14 平、剖面图

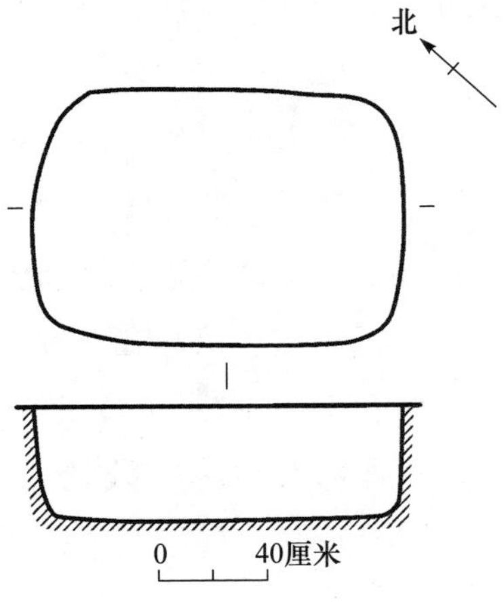

图四五　H15 平、剖面图

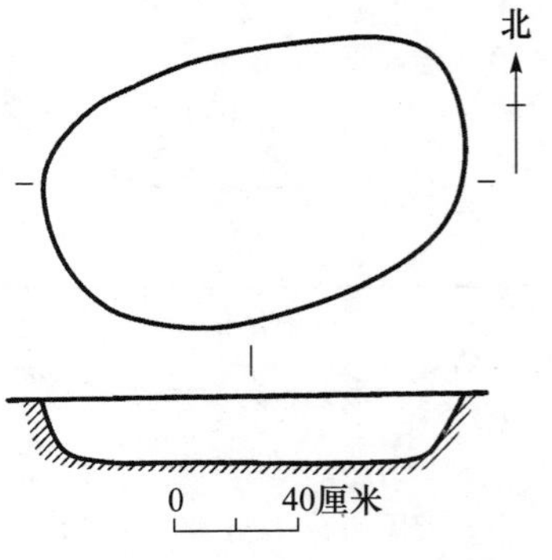

图四六　H18 平、剖面图

壶底　1 件。H19：1，夹砂红褐陶。斜直腹，近平底，外底稍内凹。底径 7.1、残高 4.5 厘米。

（6）H23　位于 T16 的中部偏东，开口于第 1 层下。平面呈圆角长方形，斜直壁，近平底。长 1.55、宽 0.76、深 0.56 米。坑内堆积为灰色黏土，土质疏松，出土了少量的夹砂陶片，未能挑选出陶器标本。在坑底有一层硬土面（图四八）。

（7）H30　位于 T19 的东部，开口于第 1 层下。平面呈圆角长方形，弧壁，近平底。长 1.16、宽 0.41、深 0.54 米。坑内堆积为灰色黏土，土质疏松，出土了少量的夹砂陶片，未能挑出陶器标本（图四九）。

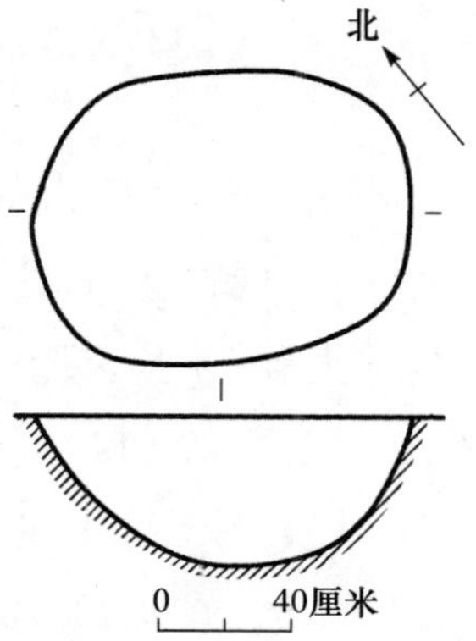

图四七　H19 平、剖面图

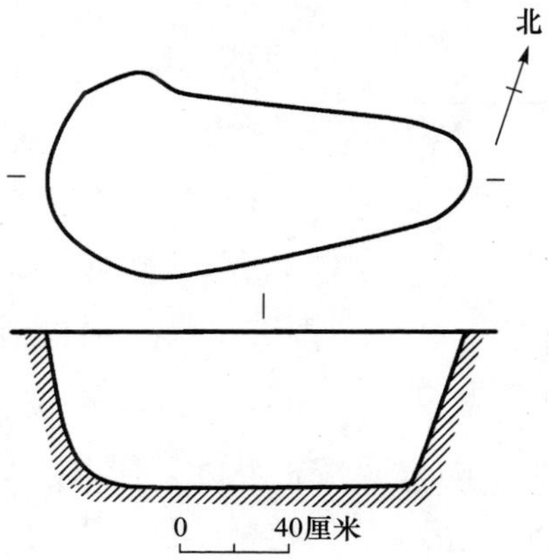

图四八　H23 平、剖面图

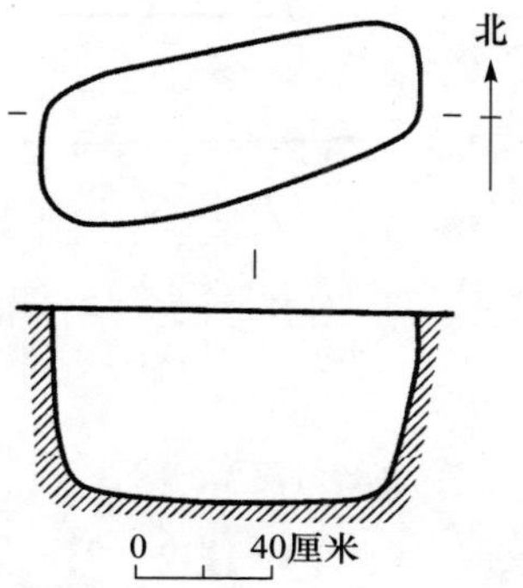

图四九　H30 平、剖面图

（8）H31　位于 T16 的西南部，开口于第 1 层下。平面呈圆角长方形，弧壁，近平底。长 1.52、宽 0.56、深 0.36 米。坑内堆积为灰色黏土，土质疏松，出土了少量的夹砂陶片，可辨器形有罐、壶等（图五〇）。

罐　1 件。H31：2，残。夹砂灰褐陶。敛口，圆唇，鼓腹。上腹部残留一个桥状耳。素面。口径 13.6、残宽 7.3、残高 7.2 厘米（图五一，1）。

壶底　1 件。H31：3，残。夹砂红陶。平底。底径 6、残高 2.5 厘米（图 五一，2）。

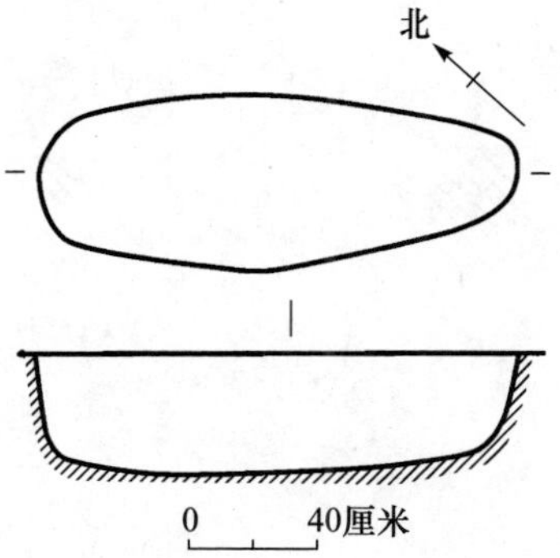

图五〇　H31 平、剖面图

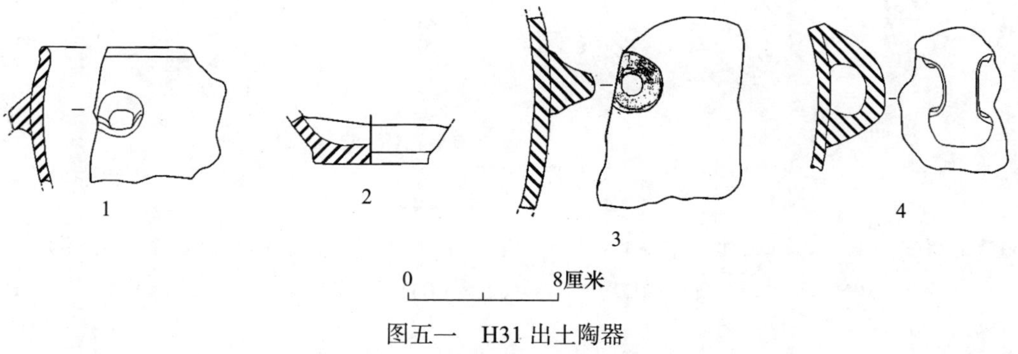

图五一　H31 出土陶器

1. 罐（H31：2）2. 壶底（H31：3）3、4. 器耳（H31：1、H31：4）

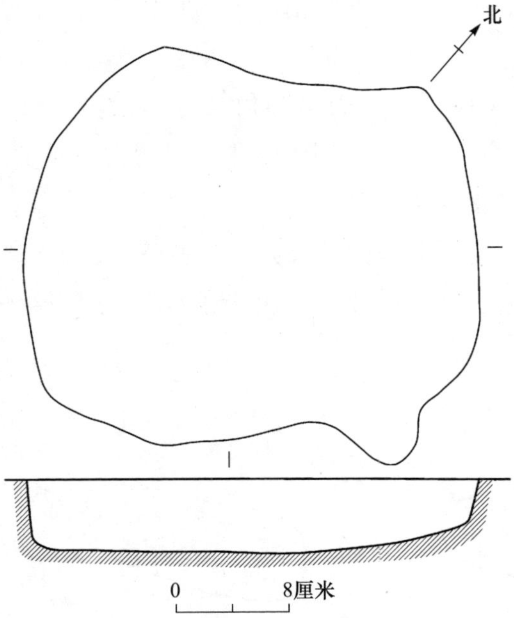

图五二　H32 平、剖面图

器耳　2 件。H31∶1，残。夹砂红陶。纽状盲耳。素面。耳宽 3、高 2.4 厘米（图五一，3）。H31∶4，残。夹砂红陶。桥状耳，横置。素面。耳宽 1.8～3.4、残长 6.2 厘米（图五一，4）。

（9）H32　位于 T17 的西部，开口于第 1 层下。平面呈圆角长方形，弧壁，坡底。长 3.23、宽 2.96、深 0.53 米。坑内堆积为灰色黏土，土质疏松，坑的底部有一层深灰色黏土。坑内出土了大量的夹砂陶片和少量的石器，可辨器形有陶鬲、鼎、甗、壶、钵、纺轮，石钺等（图五二）。

鼎足　4 件。H32∶11，残。夹砂红黄陶。柱状足。素面。足径 1.5～3.8、残高 11.1 厘米（图五三，1）。H32∶12，残。夹砂红陶。四棱柱状足。素面。足宽 1.2～3.3、残高 8.9 厘米（图五三，2）。H32∶13，残。夹砂红陶。四棱柱状足。素面。足宽 1.7～3.7、残高 9.1 厘米（图五三，3）。H32∶8，残。夹砂红褐陶。四棱柱状足。素面。足宽 2.5～3.8、残高 13 厘米（图五三，4）。

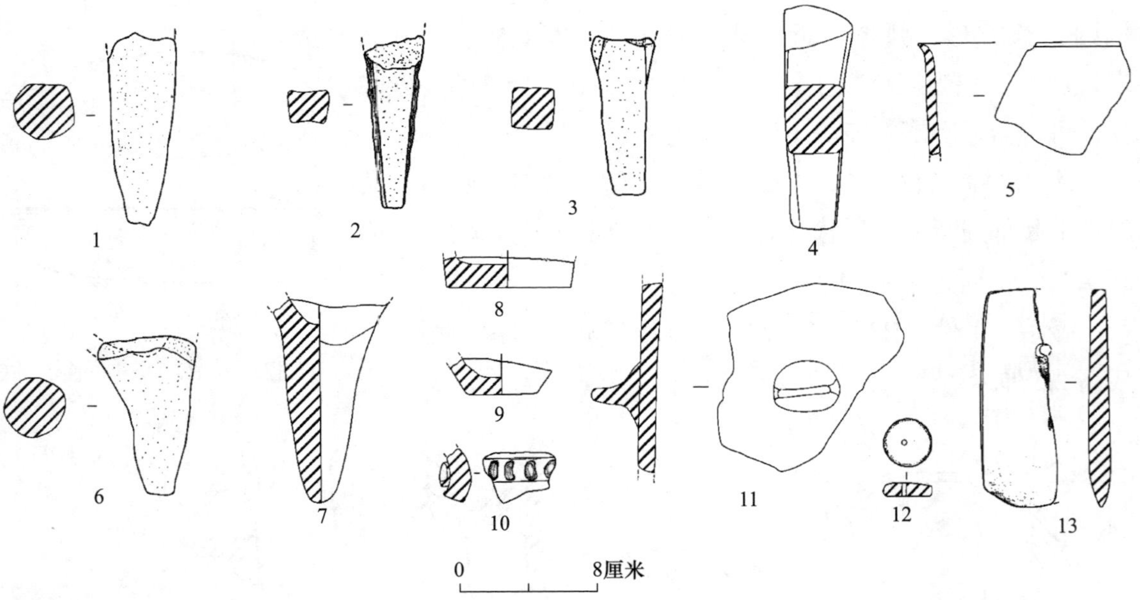

图五三　H32 出土器物

1～4. 陶鼎足（H32∶11、H32∶12、H32∶13、H32∶8）5. 陶鬲（H32∶7）6、7. 陶鬲足（H32∶6、H32∶9）8. 陶壶底（H32∶3）9. 陶器底（H32∶4）10. 陶甗腰（H32∶5）11. 陶器耳（H32∶10）12. 陶纺轮（H32∶1）13. 石钺（H32∶3）

鬲 3件。H32：7，残。夹砂红褐陶。口微敞，尖唇。素面。残宽7.9、残高6.5厘米（图五三，5）。H32：6，残。夹砂红黄陶。柱状足。素面。足径1.6～5.6、残高9厘米（图五三，6）。H32：9，残。夹砂红陶。锥状足。最大径5.5、残高11厘米（图五三，7）。

壶底 1件。H32：3，残。夹砂红褐陶。平底。素面。底径7.2、残高1.6厘米（图五三，8）。

器底 1件。H32：4，残。夹砂红陶。平底。素面。底径4、残高2厘米（图五三，9）。

甗腰 1件。H32：5，残。夹砂红褐陶。腰部装饰压印窝状附加堆纹。残宽4.3、残高3厘米（图五三，10）。

器耳 1件。H32：10，残。夹砂红陶。舌状盲耳。素面。耳宽2.8～3.8、长2.7厘米（图五三，11）。

纺轮 1件。H32：1，基本完整。夹砂红陶。圆形，剖面呈圆角长方形，中部有一个圆孔，孔径0.2厘米。纺轮直径2.9、高0.7厘米（图五三，12）。

石钺 1件。H32：3，残。磨制。双面刃。上部有一个对钻的圆孔，孔径0.6厘米。残宽4.4、高12.5厘米（图五三，13）。

（10）H33 位于T17的东南部，开口于第1层下。平面呈椭圆形，斜直壁，近平底。长1.84、宽0.84、深0.41米。坑内堆积为灰色黏土，土质疏松，出土了少量的夹砂陶片，可辨器形有壶、钵等（图五四）。

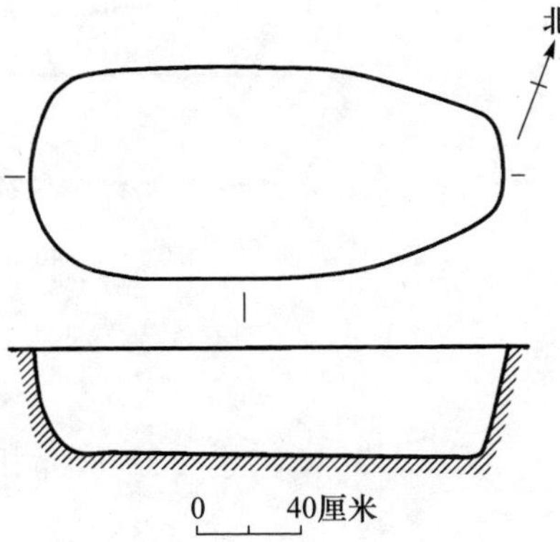

图五四 H33平、剖面图

钵 1件。H33：2，残。夹砂红褐陶。敛口，尖唇，鼓腹。素面。口径13.6、残宽4.5、残高6厘米（图五五，1）。

壶耳 1件。H33：3，残。夹砂红陶。桥耳，竖置。素面。耳宽1～1.8、残长4.9厘米（图五五，2）。

器耳 1件。H33：1，残。夹砂红陶。桥耳。有戳刺纹。耳宽2～2.6、残长4厘米（图五五，3）。

器底 1件。H33：4，残。夹砂红陶。底稍内凹。素面。似是碗（钵）的底部。底径4、残高1.1厘米（图五五，4）。

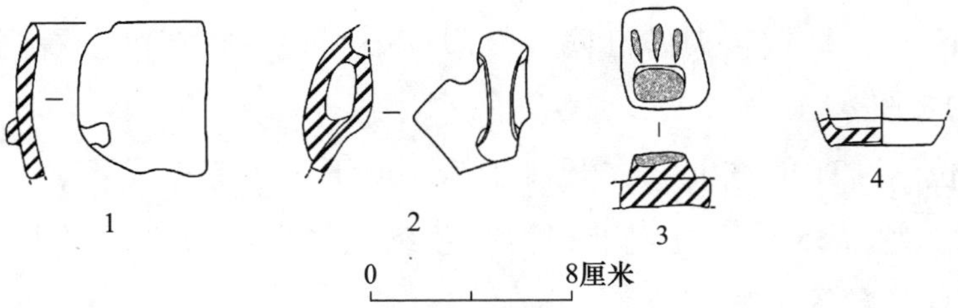

图五五 H33出土陶器

1. 钵（H33：2） 2. 壶耳（H33：3） 3. 器耳（H33：1） 4. 器底（H33：4）

（11）H38　位于 T20 的北部，开口于第 1 层下。平面呈圆角长方形，斜壁，近平底。长 1.6、宽 1.2、深 0.38 米。坑内堆积为灰色黏土，土质疏松，出土了少量的夹砂陶片，未能挑选出标本（图五六）。

3. 不规则形

（1）H5　位于 T4 的西南部，开口于第 1 层下。未完全揭露，有 2 层台，弧壁，近平底。残长 1.35、宽 1.05、深 0.65 米。坑内堆积为浅灰色黏土，土质疏松，出土了少量的夹砂陶片，未能挑选出标本（图五七）。

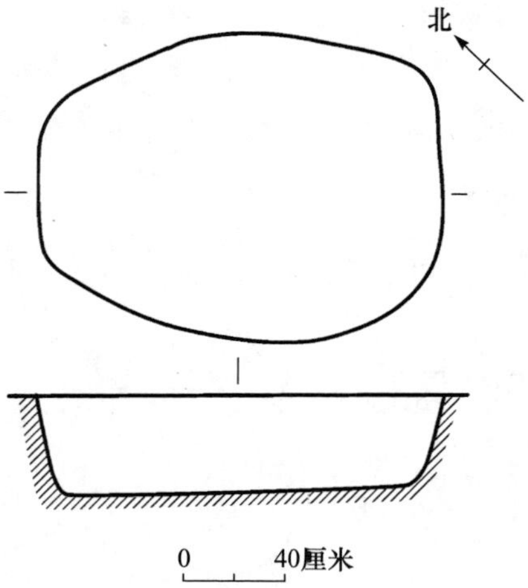

图五六　H38 平、剖面图

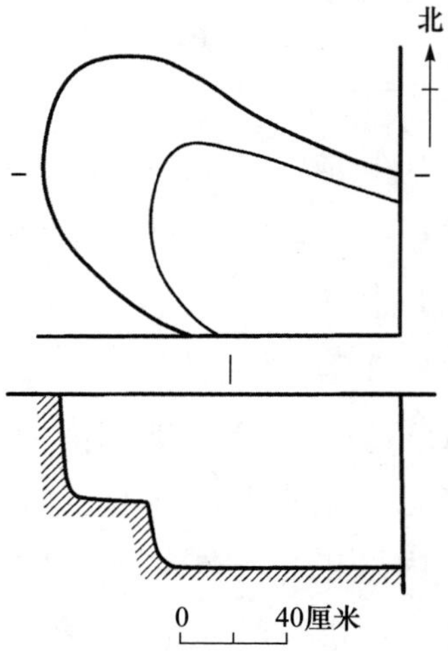

图五七　H5 平、剖面图

（2）H20　位于 T12 东部和 T11 的西部，开口于第 1 层下。平面呈不规则形，弧壁，近平底。长 1.63、宽 1.35、深 0.33 米。坑内堆积为灰色黏土，土质疏松，出土了少量的夹砂陶片，发现 1 个器耳（图五八）。

器耳　1 件。H20∶1，残。夹砂红陶。桥耳。有戳刺纹。耳残宽 4～4.4、残长 3.9 厘米。

（3）H21　位于 T10 的西南部，开口于第 1 层下。平面呈不规则形，弧壁，近平底。长 2.31、宽 1.95、深 0.39 米。坑内堆积为灰色黏土，土质疏松，出土了少量的夹砂陶片，可辨器形有壶等（图五九）。

壶　1 件。H21∶1，残。夹砂红陶。鼓腹，平底。在腹部可以看到竖桥耳的痕迹。底径 6.4、残高 9.2 厘米。

（4）H36　位于 T21 的东北部，开口于第 1 层下。未完全发掘，斜直壁，近平底。长 1.98、宽 1.12、深 0.35 米。坑内堆积为灰色黏土，土质疏松，出土了少量的夹砂陶片，可辨器形有鼎、甗等（图六〇）。

鼎足　1 件。H36∶2，残。夹砂红褐陶。柱状足。足径 1.6～4、残高 7.7 厘米。

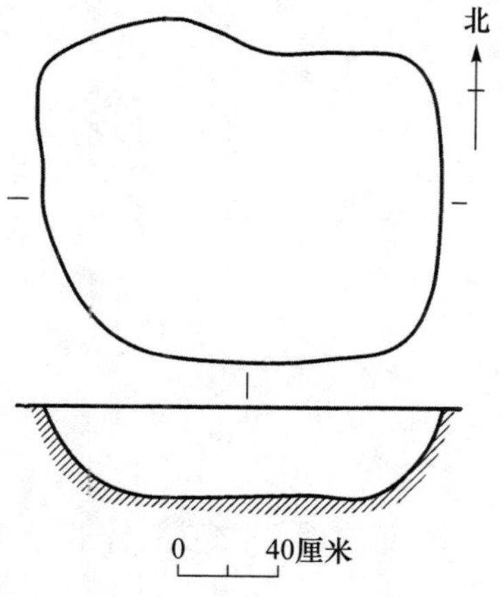

图五八 H20 平、剖面图

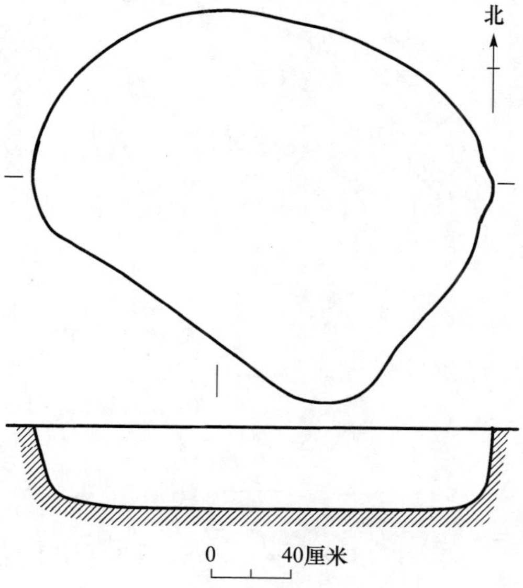

图五九 H21 平、剖面图

甗腰 1 件。H36∶1，残。夹砂红黄陶。腰部装饰压印窝状附加堆纹。残宽 6.1、残高 4.6 厘米。

（5）H37 位于 T21 的东部，开口于第 1 层下。未完全发掘，弧壁，近平底。长 1.93、宽 1.7、深 0.31 米。坑内堆积为浅灰色黏土，土质疏松，出土了少量的夹砂陶片，可辨器形有鼎、纺轮等（图六一）。

鼎足 1 件。H37∶4，残。夹砂红褐陶。柱状足。足径 2.3～3.5、残高 8 厘米（图六二，1）。

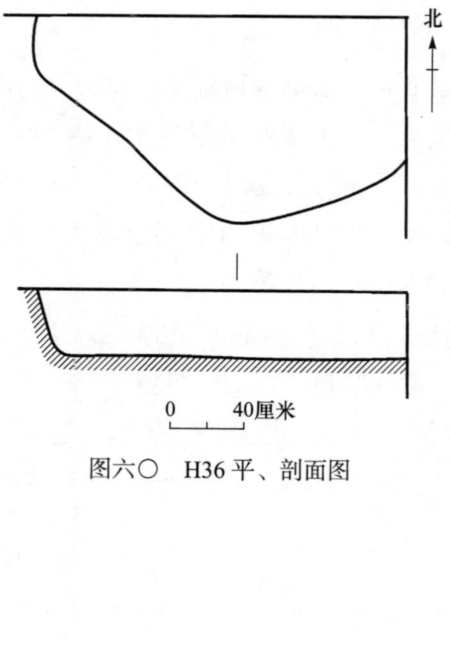

图六〇 H36 平、剖面图

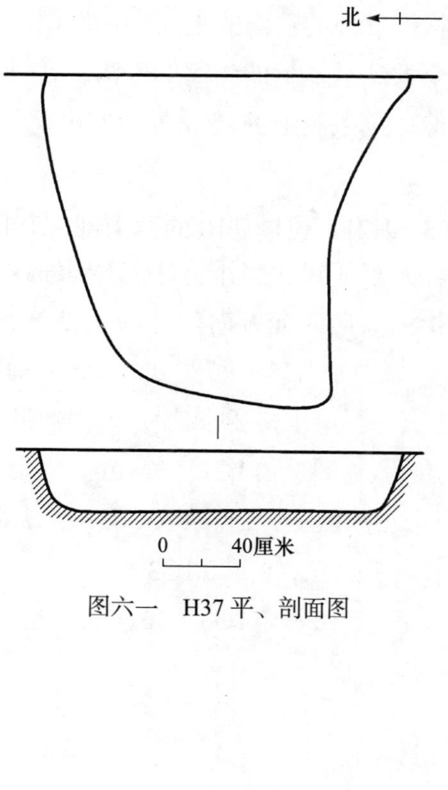

图六一 H37 平、剖面图

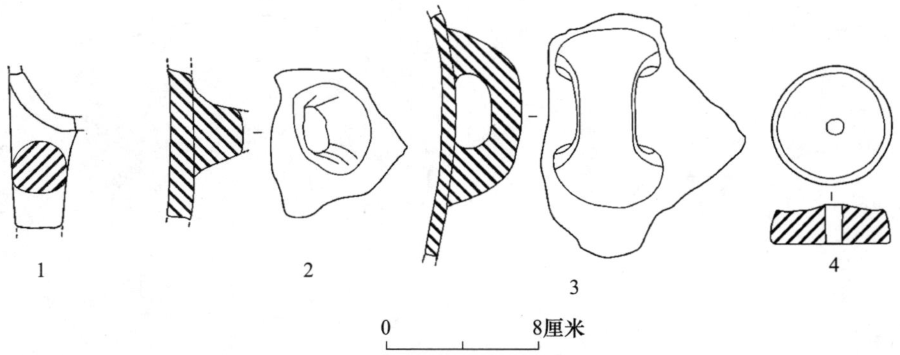

图六二　H37 出土陶器

1. 鼎足（H37：4）　2、3. 器耳（H37：2、H37：3）　4. 纺轮（H37：1）

器耳　2 件。H37：2，残。夹砂红黄陶。桥状耳。素面。耳宽 4.9、残长 3.9 厘米（图六二，2）。H37：3，残。夹砂红黄陶。桥状耳。素面。耳宽 3～5.6、长 9.4 厘米（图六二，3）。

纺轮　1 件。H37：1，基本完整。夹砂红陶。圆形，剖面呈梯形。中部有 1 个圆孔，孔径 0.9 厘米。纺轮直径 5.5～6.3、高 2 厘米（图六二，4）。

（三）灰沟

发现 7 条灰沟，均开口于第 1 层下。

1. 围沟

根据发现的灰沟的走向，在发掘区外进行了考古勘探，确认 G3、G4、G5、G6 形成了一个大致呈菱形的封闭的围沟，在某些节点还继续向外延伸，G7 就是 G4 向西南方向的延伸。这条菱形的灰沟周长 370 米，剖面口大底小，圜底。围沟各部分的宽度和深度并不一致。

（1）G3　位于 T1 中部、T2 的北部、TG1 的东部，与 G5 相邻，两者填土堆积近乎一致。开口于第 1 层下。G3 口大底小，斜壁，底近平，经发掘的长度为 14.4 米，经过勘探推测其向西北方向延伸约 31.3 米，向东南方向延伸的长度由于被破坏而无法得知。G3 上口宽 1～1.25、底宽 0.5～0.6、深 0.6～0.65 米。沟内堆积为浅灰色黏土，土质疏松，出土了大量的夹砂陶片，可辨器形有鼎、鬲、壶、甗、罐等。

鼎足　7 件。T1G3：9，残。夹砂红陶。四棱柱状足。素面。足宽 1.2～2.2、残高 5.3 厘米（图六三，1）。T1G3：10，夹砂红陶。四棱柱状足。素面。足宽 1.9～3.2、残高 8 厘米（图六三，2）。T1G3：11，残。四棱柱状足。素面。足宽 2.3～5.7、残高 14.6 厘米（图六三，3）。T1G3：15，残。夹砂红陶。柱状足。素面。足径 2.6～5.9、残高 11.7

厘米（图六三，4）。T1G3：18，残。夹砂红陶。柱状足。素面。足径1～1.9、残高5厘米（图六三，5）。TG1G3①：3，残。夹砂红褐陶。四棱柱状足。足宽2.2～4.3、残高5.5厘米（图六三，6）。TG1G3②：3，残。夹砂红陶。柱状足。素面。足径1.1～2.4、残高6.5厘米（图六三，7）。

鬲　2件。T1G3：5，残。夹砂红陶。近直口，圆唇。素面。残宽7.8、残高5厘米（图六三，8）。T1G3：13，鬲足，残。夹砂红陶。袋足。素面。残高9.1厘米（图六三，9）。

壶　7件。T1G3：3，残。夹砂红陶。敞口，尖圆唇。素面。口径12、残宽5.5、残高4.1厘米（图六三，10）。T1G3：4，残。夹砂红陶。敞口，尖唇，束颈，颈肩结合处残见一个横置纽状盲耳。素面。口径14.4、残高7.4厘米（图六三，11）。TG1G3：17，残。夹砂红陶。近直口，圆唇，束颈。颈部残见一个桥耳。素面。残。宽6.5、残高7.1厘米（图六三，12）。TG1G3②：4，残。夹砂红褐陶。敞口，尖唇，束颈。颈部残见一个竖桥耳。口径8、残宽5.7、残高5.5厘米（图六三，13）。T1G3：14，壶耳，残。夹砂红陶。桥状耳，竖置。耳下部可见戳刺纹。耳宽2.1～3.4、残长7.2厘米（图六三，14）。TG1G3①：2，壶底，残。平底。素面。底径10.7、残高3.9厘米（图六三，15）。TG1G3②：1，残。平底。素面。底径10、残高2.9厘米（图六三，16）。

罐　1件。T1G3：1，残。细泥陶。弧腹，近平底。素面。底径5.4、残高3.4厘米（图六三，17）。

甗腰　4件。TG1G3①：4，残。夹砂红褐陶。腰部装饰压印窝状附加堆纹。残宽5.1、残高2.9厘米（图六三，18）。TG1G3②：2，残。夹砂红陶。腰部装饰压印窝状附加堆纹。残宽6、残高5.5厘米（图六三，19）。T1G3：16，残。夹砂红陶。腰部装饰压印窝状附加堆纹。残宽8.4、残高5.4厘米（图六三，20）。T1G3：19，残。夹砂红褐陶。腰部装饰压印窝状附加堆纹。残宽5.5、残高4厘米（图六三，21）。

器耳　3件。T1G3：7，残。夹砂红陶。桥耳，横置。素面。耳宽1.2～2、残长3.3厘米（图六三，22）。T1G3：8，残。夹砂红陶。桥状耳，竖置。耳部有戳刺纹，或为陶壶耳部。耳宽3.2、残长4.1厘米（图六三，23）。T1G3：12，残。夹砂红陶，桥状耳，竖置。耳部有戳刺纹。耳宽4.7、残长4.5厘米（图六三，24）。

（2）G4　在T6、T21、T22、T23内有分布。开口于第1层下。G4口大底小，圜底，经发掘的长度为28.6米，经勘探的长度为54米，上口宽2～2.75、深0.57～0.8米。G4北部与G3、G5相接，呈东北—西南走向，在T22内，向西南与G7相接，而在T21内，G4转向东南约25米后至尽头。沟内填土为浅灰色黏土，土质疏松，出土了大量的夹砂陶片，可辨器形有鼎、鬲、壶、甗、碗、甑等。

鼎　8件。T22G4：9，残。夹砂红陶。敞口，尖唇，弧腹。腹部装饰一个纽状盲耳。素面。口径16.4、残宽9.9、残高7厘米（图六四，1）。T6G4：4，鼎足，残。夹砂红陶。四棱柱状。素面。足宽1.3～3.1、残高8厘米（图六四，2）。T6G4：6，鼎足，

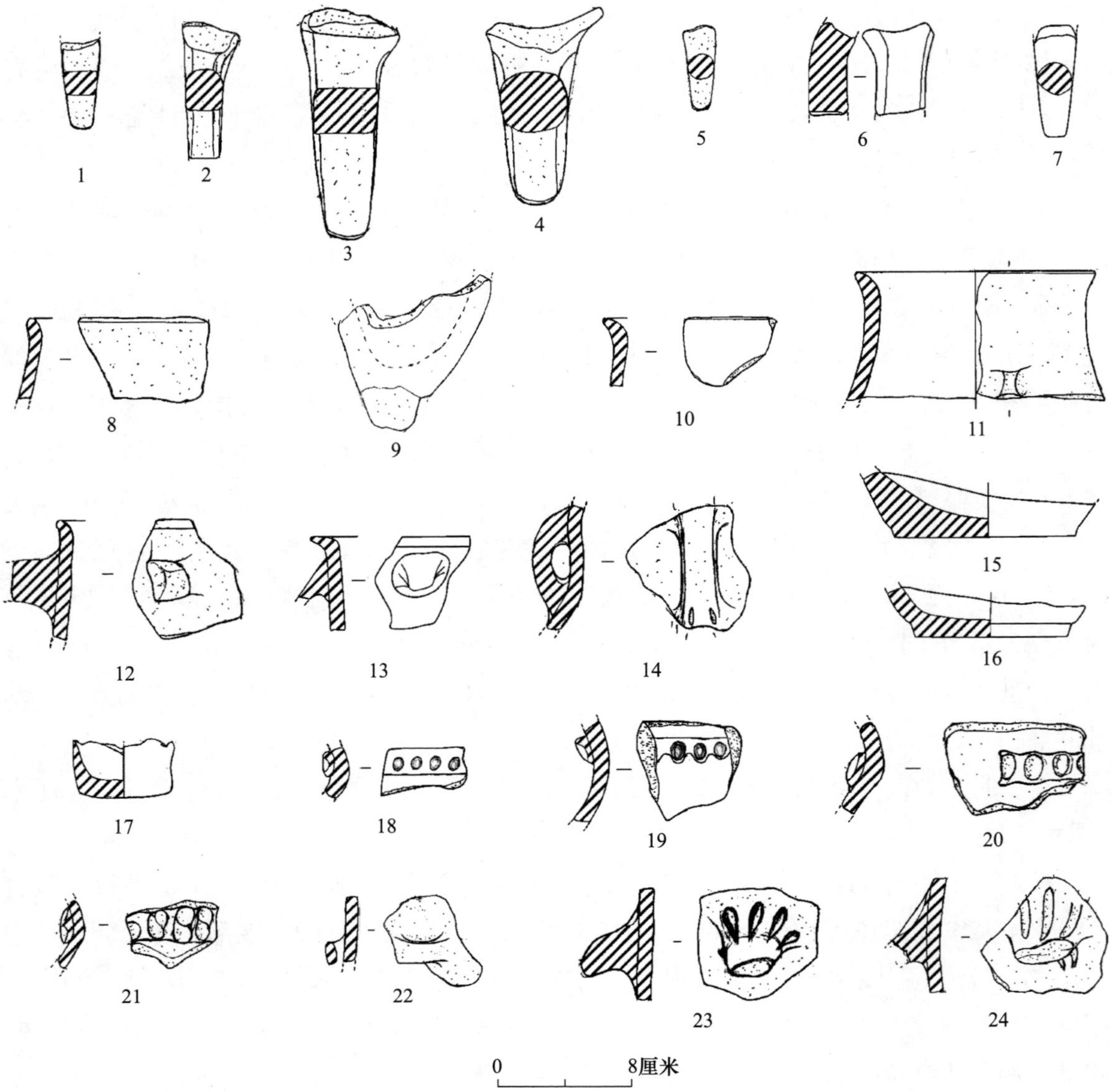

图六三　G3 出土陶器

1～7. 鼎足（T1G3：9、T1G3：10、T1G3：11、T1G3：15、T1G3：18、TG1G3 ①：3、TG1G3 ②：3）8. 鬲（T1G3：5）9. 鬲足（T1G3：13）10～16. 壶（T1G3：3、T1G3：4、TG1G3：17、TG1G3 ②：4、T1G3：14、TG1G3 ①：2、TG1G3 ②：1）17. 罐（T1G3：1）18～21. 甗腰（TG1G3 ①：4、TG1G3 ②：2、T1G3：16、T1G3：19）22～24. 器耳（T1G3：7、T1G3：8、T1G3：12）

残。夹砂红陶。四棱柱状足。足宽 1.1～3.1、残高 11.1 厘米（图六四，3）。T21G4：1，鼎足，残。夹砂红陶。柱状足。素面。足径 1.1～2.7、残高 7.5 厘米（图六四，4）。T21G4：2，鼎足，残。夹砂红褐陶。四棱柱状足。足宽 1.6～3.8、残高 8.7 厘米（图六四，5）。T22G4：1，鼎足，残。夹砂红陶。柱状足。足径 1.5～3、残高 3.8 厘米（图六四，6）。T22G4：6，鼎足，残。夹砂红陶。四棱柱状足。足宽 2.3～4.6、残高 14.3 厘米（图六四，7）。T22G4：7，鼎足，残。夹砂红陶。四棱柱状足。足宽 2.1～4.8、残高 11 厘米（图六四，8）。

鬲 7件。T6G4：1，残。夹砂红陶。近直口，尖唇，近直腹。素面。残宽8、残高5.5厘米（图六四，9）。T6G4：2，残。夹砂红陶。口微敞，尖唇。素面。口径18.4、残宽7.2、残长7厘米（图六四，10）。T6G4：3，残。口微敞。尖唇。素面。残宽8.3、残敞6.6厘米（图六四，11）。T22G4：4，残。夹砂红陶。近直口，尖唇。素面。残宽9.4、残高9.9厘米（图六四，12）。T6G4：11，鬲足，残。夹砂红陶。柱状足。足径2～6.2、残高11.2厘米（图六四，13）。T23G4：6，鬲足，残。夹砂红陶。柱状足。足径3.2～4、残高6.3厘米（图六四，14）。T22G4：7，鬲足，残。夹砂红陶。柱状足。足径2～6.2、残高11.9厘米（图六四，15）。

壶 3件。T21G4：5，残。夹砂红陶。近直口，尖唇，束颈。素面。口径10.5、残宽7.2、残高6厘米（图六四，16）。T21G4：6，残。夹砂红陶。近直口，束颈。素面。口径13、残宽6.4、残高5.5厘米（图六四，17）。T23G4：1，残。近直口，尖唇，束颈。颈部有2个对称的舌状鋬耳。素面。口径10.5、残高6.1厘米（图六四，18）。

碗底 1件。T21G4：3，残。夹砂红黄陶。弧腹，平底。素面。底径7.5、残高5.2厘米（图六四，19）。

甗腰 3件。T21G4：7，残。夹砂红陶。腰部装饰压印窝状附加堆纹。残宽6.5、残高6.1厘米（图六四，20）。T22G4：2，残。夹砂红陶。腰部装饰压印窝状附加堆纹。残宽5.8、残高5.7厘米（图六四，21）。T23G4：3，残。夹砂红陶。腰部装饰压印窝状附加堆纹。残宽5.1、残高5.4厘米（图六四，22）。

甑底 1件。T23G4：9，残。夹砂红陶。平底，底部有21个甑孔。孔径0.3、甑底径6.5、残高2.3厘米（图六四，23）。

器耳 10件。T6G4：5，残。夹砂红陶。舌状盲耳。素面。耳宽3.9～4.8、长19厘米（图六四，24）。T6G4：7，残。夹砂红陶。桥耳，横置。素面。耳宽2.1～3、残长6.3厘米（图六四，25）。T6G4：8，残。夹砂红陶。桥耳，横置。素面。耳宽2.5～3.8、长7.4厘米（图六四，26）。T6G4：9，残。夹砂红陶。桥耳，横置。素面。耳宽2.7～5.1、残长9.2厘米（图六四，27）。T21G4：8，残。夹砂红陶。桥耳，横置。装饰刻划纹。耳宽2.5～4.2、残长5.7厘米（图六四，28）。T22G4：5，残。夹砂红陶。桥耳，横置。素面。耳宽2.5～3.8、残长6.3厘米（图六四，29）。T22G4：8，残。夹砂红陶。桥耳，横置。素面。耳宽3.7～4.8、残长10厘米（图六四，30）。T23G4：4，残。夹砂红陶。桥耳，横置。装饰戳刺纹。耳残宽1.5～3.4、残长4.2厘米（图六四，31）。T23G4：5，残。夹砂红褐陶。舌状盲耳。素面。耳宽1.9～3.1、长2.5厘米（图六四，32）。T23G4：8，残。夹砂红陶。桥耳，横置。耳宽2～4.3、残长7.7厘米（图六四，33）。

器底 4件。T6G4：10，残。夹砂红陶。平底。素面。底径5.5、残高2.2厘米（图六四，34）。T21G4：4，残。夹砂红陶。平底。素面。底径10.4、残高3厘米（图六四，35）。T22G4：3，残。夹砂红陶。平底。素面。残宽6.4、残高2.3厘米（图六四，36）。T23G4：2，残。夹砂红陶。平底。素面。底径10.5、残高3.7厘米（图六四，37）。

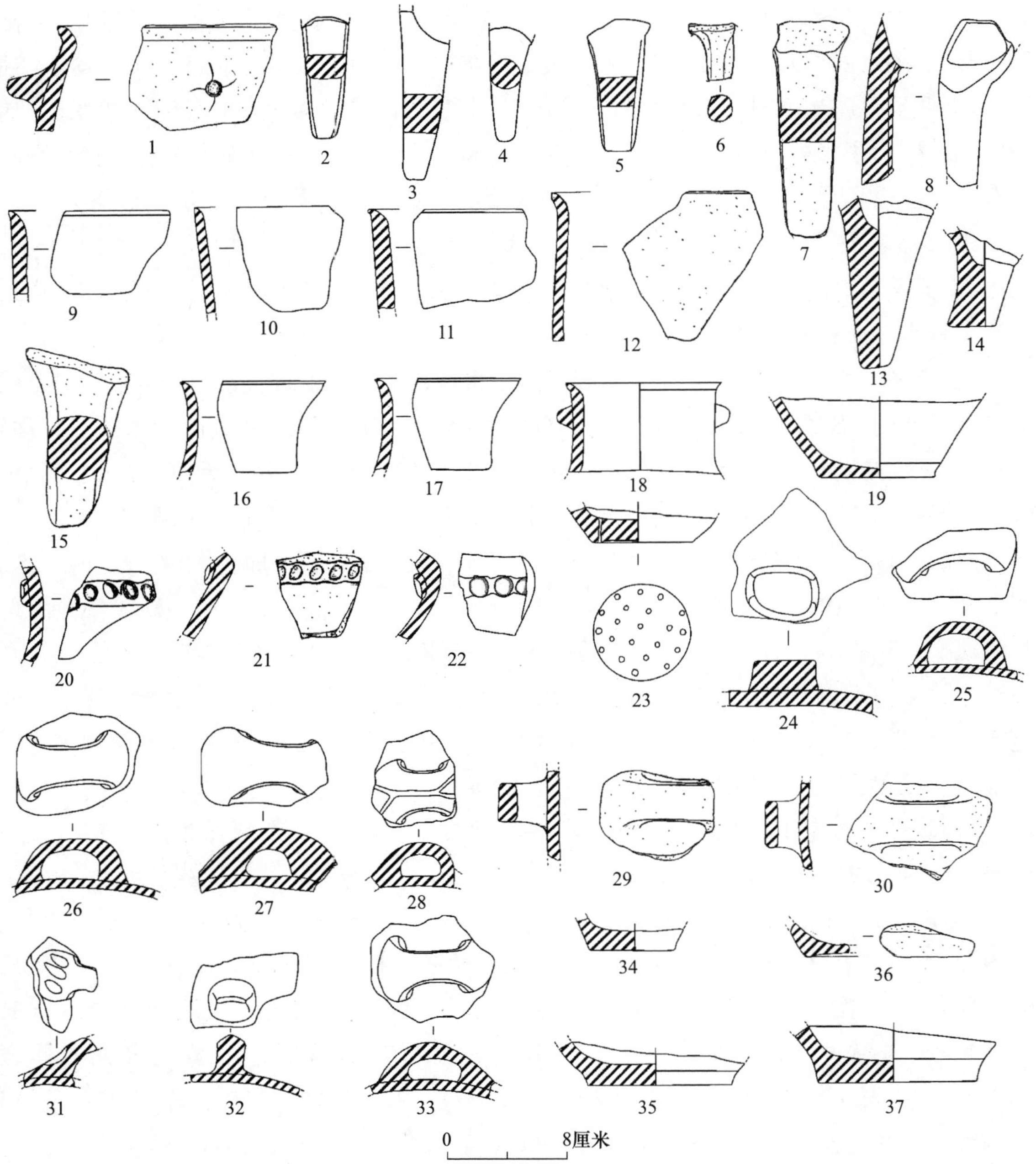

图六四　G4 出土陶器

1. 鼎（T22G4：9） 2～8. 鼎足（T6G4：4、T6G4：6、T21G4：1、T21G4：2、T22G4：1、T22G4：6、T22G4：7） 9～12. 鬲（T6G4：1、T6G4：2、T6G4：3、T22G4：4） 13～15. 鬲足（T6G4：11、T23G4：6、T22G4：7） 16～18. 壶（T21G4：5、T21G4：6、T23G4：1） 19. 碗底（T21G4：3） 20～22. 甗腰（T21G4：7、T22G4：2、T23G4：3） 23. 甑底（T23G4：9） 24～33. 器耳（T6G4：5、T6G4：7、T6G4：8、T6G4：9、T21G4：8、T22G4：5、T22G4：8、T23G4：4、T23G4：5、T23G4：8） 34～37. 器底（T6G4：10、T21G4：4、T22G4：3、T23G4：2）

（3）G5　在 T1、T2、TG1 内有分布。开口于第 1 层下。G5 口大底小，圜底，经发掘的长度为 17.2 米，经勘探推测其向西北方向延伸的长度为 27.6 米，向东南方向延伸的长度由于被破坏而无法得知。G5 上口宽 2.65、深 1.15 米。沟内堆积为浅灰色黏土，土质疏松，出土了大量的夹砂陶片，可辨器形有鼎、鬲、壶、甗、罐、碗等。

鼎足　7件。T2G5①：2，残。夹砂红陶。柱状足。素面。足径2.1～3.5、高9.6厘米（图六五，1）。T2G5①：6，残。夹砂红褐陶。柱状足，可见刮削痕迹。素面。足径1.4～2、残高8.9厘米（图六五，2）。T2G5①：7，残。夹砂红陶。扁平形足。素面。足宽2～3.6、残高5.9厘米（图六五，3）。T2G5①：8，残。夹砂红陶。四棱柱状足。素面。足宽1.8～3.8、残高9.5厘米（图六五，4）。T2G5①：9，残。夹砂红陶。四棱柱状足。素面。足宽1.3～2.3、残高12.6厘米（图六五，5）。T2G5②：3，残。夹砂红陶。柱状足。素面。足径0.9～2.3、残高8.7厘米（图六五，6）。T2G5②：4，残。夹砂红陶。四棱柱状足。素面。足宽1.3～3.4、残高7.2厘米（图六五，7）。

鬲　4件。T2G5①：5，残。夹砂红陶。口微敞，尖唇。素面。残宽6.8、残高4.5厘米（图六五，8）。T2G5②：10，残。夹砂红陶。口微敞，尖唇。素面。口径34.6、残宽13.5、残高10厘米（图六五，9）。T2G5①：11，残。夹砂红陶。口微敞，尖唇。素面。残宽6.6、残高4.7厘米（图六五，10）。T2G5②：2，鬲足，残。夹砂红陶。柱状足。素面。足径1.7～5.3、残高7.3厘米（图六五，11）。

罐　1件。T2G5②：6，残。夹砂红褐陶。侈口，圆唇，束颈，鼓肩。口径15、残高4.2厘米（图六五，12）。

壶　8件。T2G5①：3，残。夹砂红陶。直口，尖唇，束颈，溜肩。颈部残见一个竖桥耳。素面。口径8.8、残高9厘米（图六五，13）。TG1G5：2，残。夹砂红陶。口微敞，尖唇。素面。口径10.5、残高3.8厘米（图六五，14）。T2G5①：12，壶底，残。夹砂红陶。平底。素面。底径7.3、残高2.3厘米（图六五，15）。T2G5①：14，壶底，残。夹砂红陶。平底。素面。底径14、残高2.4厘米（图六五，16）。T2G5①：15，壶底，残。夹砂红陶。平底。素面。底径7.6、残高1.8厘米（图六五，17）。T2G5①：16，壶底，残。夹砂红陶。平底。素面。底径9.6、残高2.5厘米（图六五，18）。T2G5②：5，壶底，残。夹砂红陶。平底。素面。底径9.4、残高2.5厘米（图六五，19）。TG1G5：1，残。夹砂红陶。平底。素面。底径11.5、残高2.5厘米（图六五，20）。

碗底　1件。T2G5②：7，残。夹砂红褐陶。弧腹，平底。素面。底径5.6、残高3.2厘米（图六五，21）。

甗腰　2件。T2G5①：10，残。夹砂红陶。腰部装饰压印窝状附加堆纹。残宽9.3、残高9.9厘米（图六五，22）。T2G5②：1，残。夹砂红陶。腰部装饰压印窝状附加堆纹。残宽4.5、残高3.9厘米（图六五，23）。

器耳　4件。T2G5①：13，残。夹砂红褐陶。桥耳，横置。素面。耳宽3.1～5、残长7.6厘米（图六五，24）。T2G5②：8，残。夹砂红陶。桥耳，横置。素面。耳宽3.4～6.5、残长12.1厘米（图六五，25）。T2G5②：9，残。夹砂红陶。桥耳，横置。装饰戳刺纹。耳残宽2.6～5.8、残长9.8厘米（图六五，26）。TG1G5：3，残。夹砂红陶。鋬耳。耳宽1.1～3.5、耳长2.1厘米（图六五，27）。

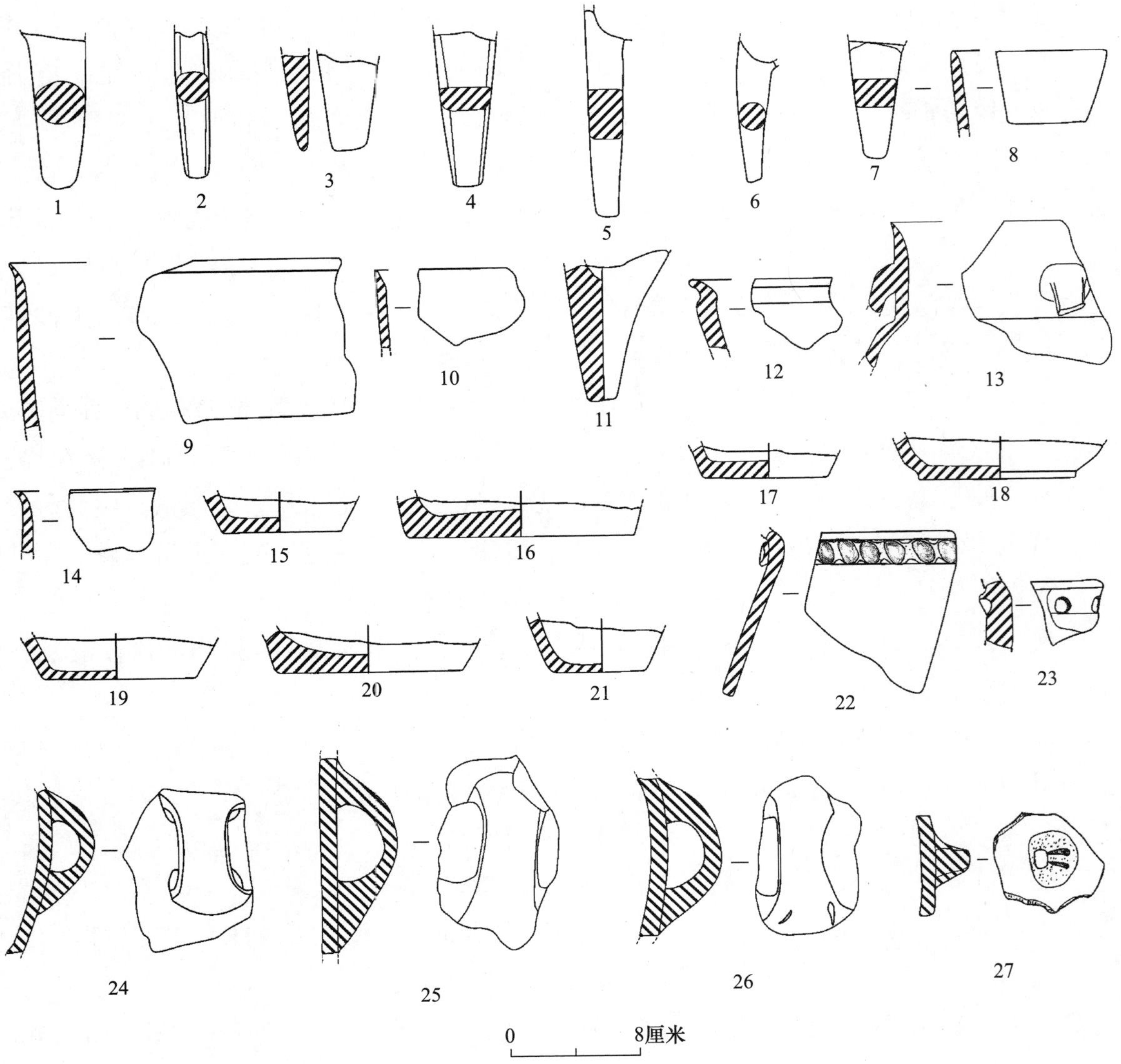

图六五　G5 出土陶器

1～7. 鼎足（T2G5 ①：2、T2G5 ①：6、T2G5 ①：7、T2G5 ①：8、T2G5 ①：9、T2G5 ②：3、T2G5 ②：4） 8～10. 鬲（T2G5 ①：5、T2G5 ②：10、T2G5 ①：11） 11. 鬲足（T2G5 ②：2） 12. 罐（T2G5 ②：6） 13、14. 壶（T2G5 ①：3、TG1G5：2） 15～20. 壶底（T2G5 ①：12、T2G5 ①：14、T2G5 ①：15、T2G5 ①：16、T2G5 ②：5、TG1G5：1） 21. 碗底（T2G5 ②：7） 22、23. 甗腰（T2G5 ①：10、T2G5 ②：1） 24～27. 器耳（T2G5 ①：13、T2G5 ②：8、 T2G5 ②：9、TG1G5：3）

（4）G6　位于发掘区北侧 TG1 的西部，开口于第 1 层下。因为通过勘探发现了 G3、G5 处向西南方向发生了转向，故布置了 3 米 ×12 米的 TG1，通过对 TG1 的发掘，发现了 G6 的一段，长约 2.5 米，其向西南方向延伸的部分被破坏殆尽，但向西南方向约 18 米处有 G4，根据走向，可推测其向西南与 G4 相接，当然有可能 G6 就是 G4 的一部分。沟内堆积为浅灰色黏土，土质疏松，出土了少量夹砂陶片，可辨器形有鬲、鼎、壶等。

鬲足　1 件。G6：3，残。夹砂红陶。柱状足。素面。足径 1.9～6、残高 13.5 厘米。

鼎足　1 件。G6：2，残。夹砂红陶。柱状足。素面。足径 2.6～3.4、残高 7 厘米。

壶 1件。G6：1，残。夹砂红陶。直口，尖唇。素面。口径11、残高3.9厘米。

（5）G7 位于T22内，开口于第1层下。G7口大底小，圜底。经发掘的长度为11.2米，经勘探的长度为12米。G7东北部与G4相接，向西南延伸约23.2米至尽头。G7的上口宽1.3～2.3、底宽0.4～0.6、深0.8米。G7堆积为浅灰色黏土，土质疏松，出土了少量的夹砂陶片，可辨器形有鬲、鼎、壶等。G7在T22内还与一条灰沟相交，该灰沟虽未出土遗物，但经过勘探，该灰沟向东南方向延伸。

2. 其他灰沟

（1）G1 位于T4的西北部，并未延伸至T5内。开口于第1层下。弧壁，近平底。残长6.62、上口宽0.81、底宽0.58、深0.25米。G1的堆积为浅灰色黏土，土质疏松，出土了少量的夹砂陶片。

（2）G2 位于T7的东北部，开口于第1层下。弧壁，近平底。G2残长6.68、上口宽1.05、底宽0.54、深0.61米。G2的堆积为黑灰色黏土，土质疏松，出土了大量的夹砂陶片，可辨器形有鼎、鬲、碗等。

鼎足 2件。G2：5，残。夹砂红陶。柱状足。素面。足径1.2～3.3、残高12厘米（图六六，1）。G2：4，残。夹砂红褐陶。柱状足。素面。足径1.6～2.4、残高7.8厘米（图六六，2）。

鬲 1件。G2：1，残。夹砂红陶。近直口，圆唇。素面。复原口径24.6、残宽8、残高3.2厘米（图六六，3）。

碗 1件。G2：6，残。夹砂红黄陶。弧腹，平底。素面。底径11.4、残高4.8厘米（图六六，4）。

器耳 2件。G2：2，残。夹砂红陶。桥耳，横置。素面。耳宽2.6～5.1、残长9.5厘米（图六六，5）。G2：3，残。夹砂红陶。桥耳，横置。素面。耳宽2.4～4、残长8.4厘米（图六六，6）。

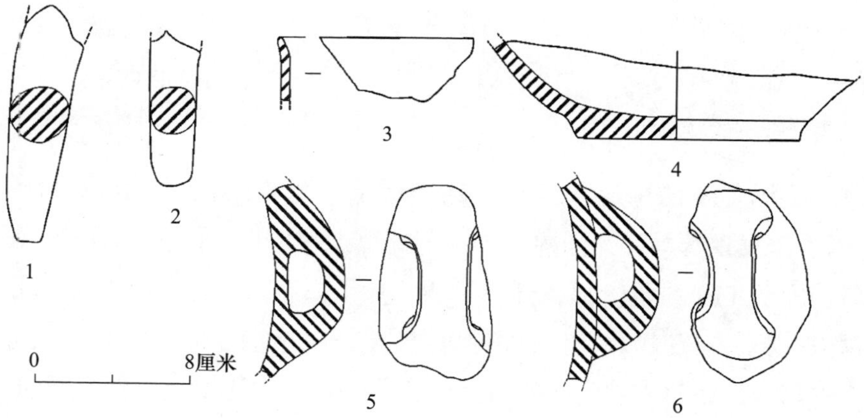

图六六 G2出土陶器

1、2. 鼎足（G2：5、G2：4） 3. 鬲（G2：1） 4. 碗底（G2：6） 5、6. 器耳（G2：2、G2：3）

（四）墓葬

共发现 6 座墓葬，皆为土坑竖穴墓。其中 M1、M4、M5 开口于第 1 层下，而 M2、M3、M6 开口于第 2 层下。

（1）M1　位于 T7 中部，开口于第 1 层下。墓圹平面呈圆角长方形，长 2、宽 1.4 、深 0.4 米。未发现葬具，骨骼保存极差，仅能看出一点痕迹。墓室中部一侧放置 1 件陶壶和 1 件陶钵，墓底发现了一些木炭（图六七；图版三，4）。

壶　1 件。M1∶1，基本完整。夹砂红褐陶，夹砂粒较多。尖唇，直口，弧腹，平底。在中腹部装饰 3 个竖桥状盲耳。素面。耳长 3.2、宽 1、壶口径 6.6、底径 6.4、通高 12 厘米（图六八，1；图版五，3）。

钵　1 件。M1∶2，基本完整。夹砂红陶。有红陶衣。敛口，尖唇经抹斜，鼓腹，平底。在中腹部装饰 3 个竖桥状盲耳。素面。耳长 1.6、宽 1.1、钵口径 10.3、底径 5.2、高 6.8 厘米（图六八，2）。

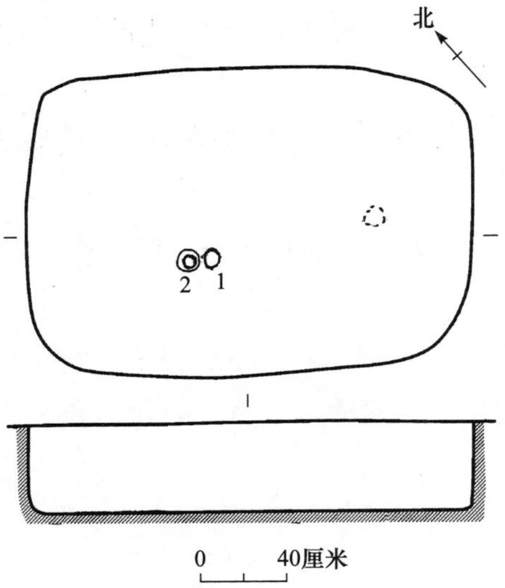

图六七　M1 平、剖面图
1. 陶钵　2. 陶壶

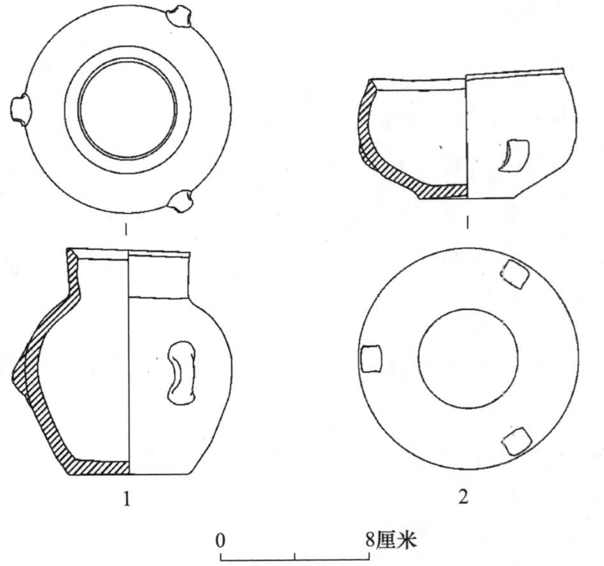

图六八　M1 随葬品
1. 陶壶（M1∶1）2. 陶钵（M1∶2）

（2）M4　位于 T19 的中部，开口于第 1 层下。墓圹平面呈圆角梯形，长 2.3、宽 0.1、深 0.3 米。未发现葬具，无随葬品。在墓葬填土中出土 1 件泥质陶丸（图六九）。

（3）M5　位于 T19 的西南部，开口于第 1 层下。墓圹平面呈圆角长方形，长 1.85、宽 1.3、存深 0.3 米。未发现葬具，骨骼保存极差。在墓室中部偏东北处随葬 1 件陶鼎、1 件陶罐、1 件陶碗，还有 1 件陶壶的口部。在墓葬填土中还出土 1 件小陶鼎（图七〇）。

鼎　2 件，其中 1 件在填土中出土。M5∶1，可修复。夹砂灰褐陶。圆唇，敞口，弧腹，圜底，有 3 个柱状足。在上腹部对称装饰 2 个横桥耳和 2 个纽状盲耳。素面。口径

17.5、腹径19、残高23.4厘米（图七一，1）。M5：5，小鼎，残。夹砂灰褐陶。尖唇，直腹，平底，三足。素面。口径8.4、残高8.8厘米（图七一，2）。

壶 1件。M5：3，残。夹砂红褐陶。直口，尖唇经抹斜，竖颈。颈肩结合处有一圈压印窝状附加堆纹。口径12.8、残高6厘米（图七一，3）。

罐 1件。M5：2，基本完整。细泥红褐陶。敛口，尖唇，鼓腹，近平底，外底稍内凹。在中腹部可见2个纽状横置鋬耳。素面。耳长1.7、宽1、罐口径4.5、底径4.8、高5.3厘米（图七一，4）。

碗 1件。M5：4，可修复。夹砂红褐陶。敞口，尖唇，斜直腹，平底。素面。口径9.8、底径5.6、高4.6厘米（图七一，5）。

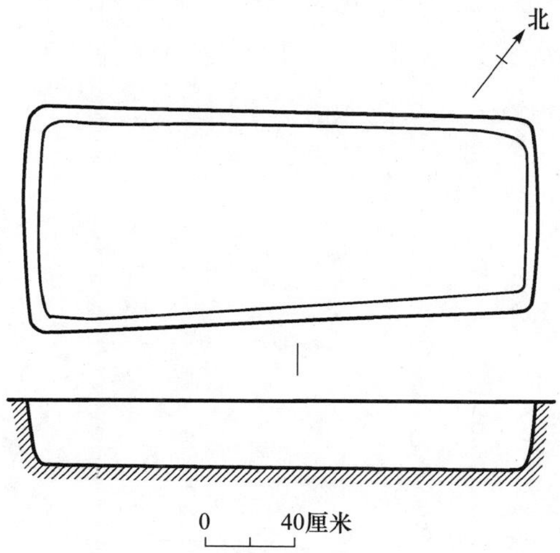

图六九 M4平、剖面图

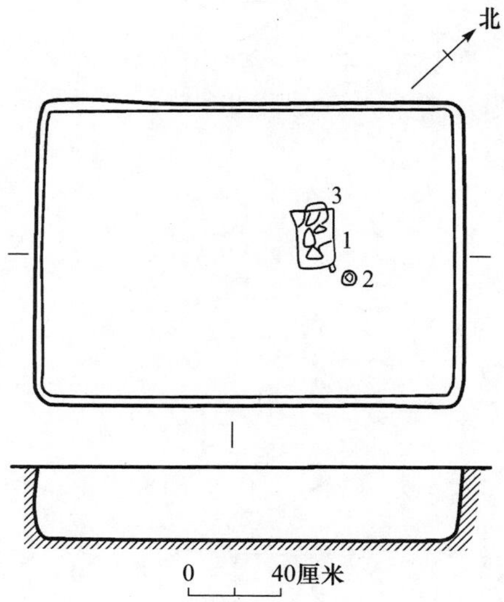

图七〇 M5平、剖面图

1. 陶鼎 2. 陶碗 3. 陶壶

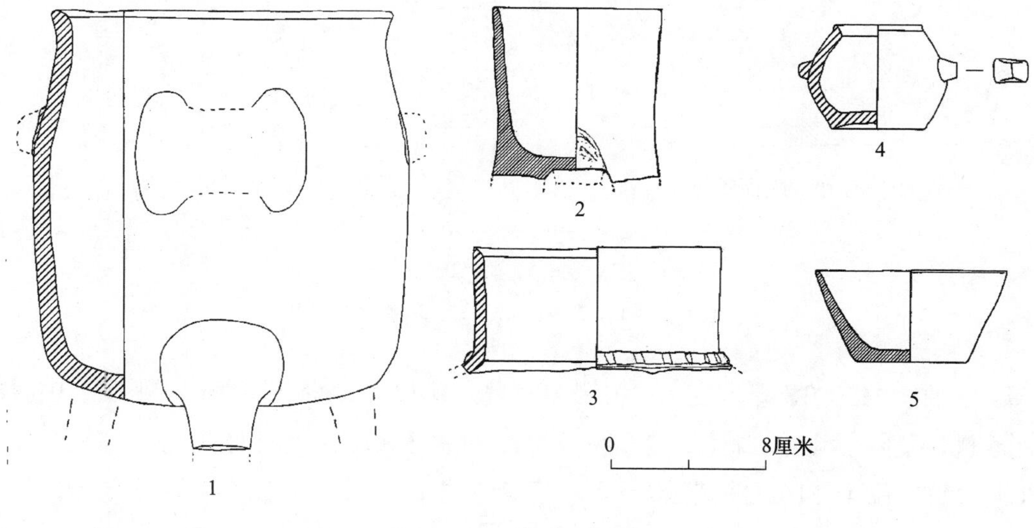

图七一 M5出土陶器

1、2. 鼎（M5：1、M5：5） 3. 壶（M5：3） 4. 罐（M5：2） 5. 碗（M5：4）

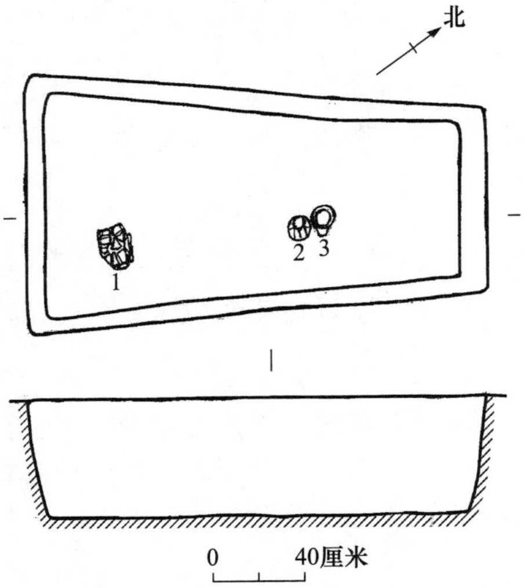

图七二　M2 平、剖面图
1. 陶壶　2. 陶碗　3. 陶钵

（4）M2　位于 T15 东南部。开口于第 2 层下。墓圹平面呈梯形，长 2.1、宽 0.8～1.1、深 0.5 米。未发现葬具，骨骼保存状况极差。墓室的一端放置 1 件夹砂陶壶，另一端放置 1 件夹砂陶钵和 1 件夹砂陶碗。墓底部还发现了少量木炭（图七二；图版四，1）。

壶　1 件。M2：1，基本完整。夹砂红褐陶。近直口，尖唇，竖颈，鼓腹，平底，外底稍内凹。中腹部装饰 3 个圆纽状盲耳。素面。口径 8.9、底径 6.1、高 15.9 厘米（图七三，1；图版五，5）。

钵　1 件。M2：2，基本完整。夹砂红陶。敛口，尖唇，鼓腹，近平底，外底稍内凹。中腹部装饰 3 个桥状盲耳。素面。口径 7.6、底径 4.2、高 6.7 厘米（图七三，2；图版五，4）。

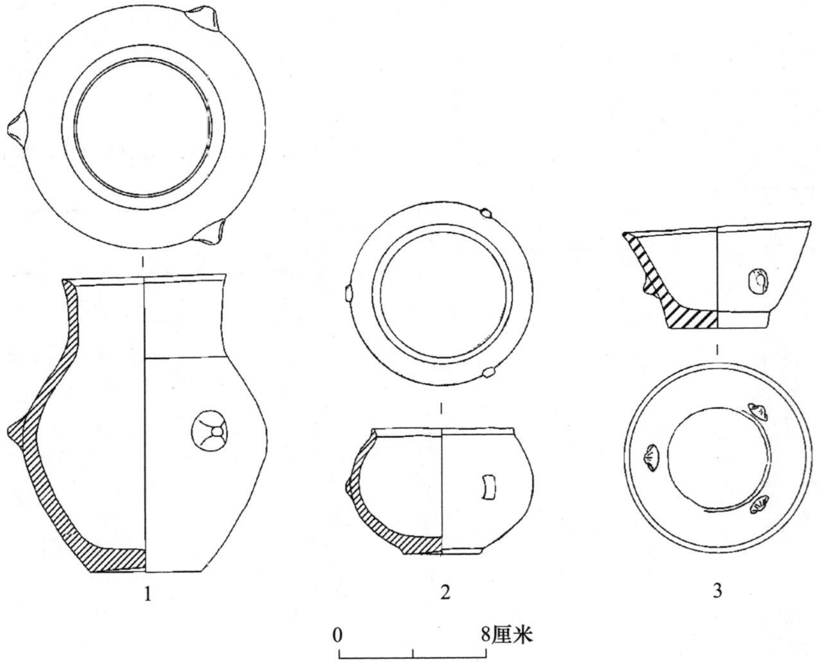

图七三　M2 随葬陶器
1. 壶（M2：1）2. 钵（M2：2）3. 碗（M2：3）

碗　1 件。M2：3，基本完整。夹砂红褐陶。敞口，尖唇，斜直腹，平底。中腹部装饰 3 个纽状盲耳。素面。口径 10.2、底径 5.4、残高 5.8 厘米（图七三，3）。

（5）M3　位于 T16 的东南部，开口于第 2 层下。墓圹平面呈圆角长方形，长 1.1、宽 0.4、深 0.3 米。墓主是幼儿，未发现葬具，骨骼保存情况极差。墓室中部一侧放置 1 件陶钵、1 件陶碗（图七四）。

钵　1件。M3：1，基本完整。夹砂红陶。敛口，尖唇，鼓腹，平底，外底稍内凹。中腹部装饰3个竖桥状盲耳。素面。耳长2.5、宽1.1、钵口径7.6、底径5.6、高7.5厘米（图七五，1）。

碗　1件。M3：2，可修复。夹砂红陶。敞口，圆唇，斜直腹，平底。中腹部有3个横桥状盲耳。素面。耳长1.6、宽0.7、碗口径10、底径4.8、高4.7厘米（图七五，2）。

（6）M6　位于T16的西南部。开口于第2层下。墓圹平面呈圆角长方形，长1、宽0.4、深0.2米。墓主是幼儿，未发现葬具，骨骼保存情况极差。在墓室中部偏南一侧放置1件陶碗和1件陶钵（图七六；图版四，2）。

碗　1件。M6：1，可修复。夹砂红陶。口微敞，尖唇，弧腹，平底。耳部或已脱落。素面。口径9.9、底径5.2、高7.9厘米（图七七，1）。

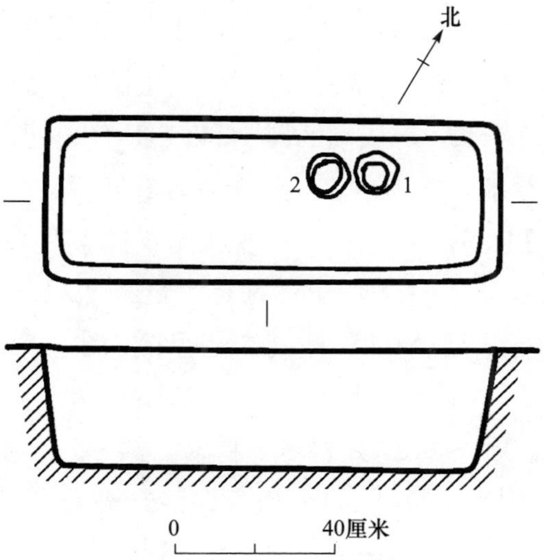

图七四　M3平、剖面图
1. 陶钵　2. 陶碗

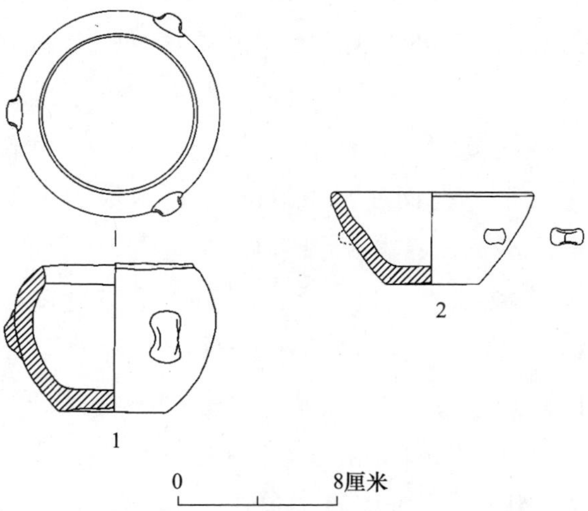

图七五　M3随葬陶器
1. 钵（M3：1）　2. 碗（M3：2）

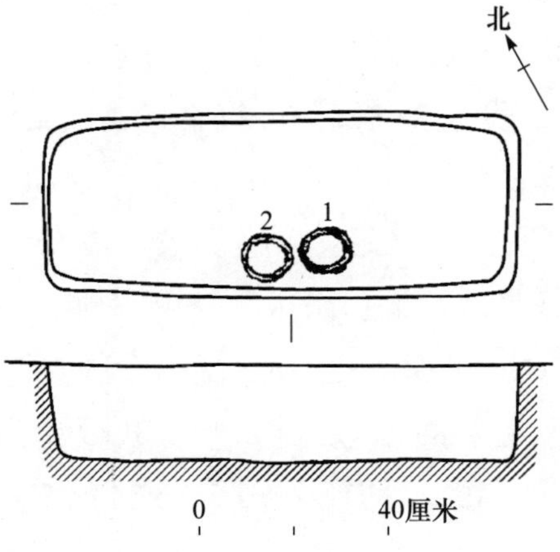

图七六　M6平、剖面图
1. 陶碗　2. 陶钵

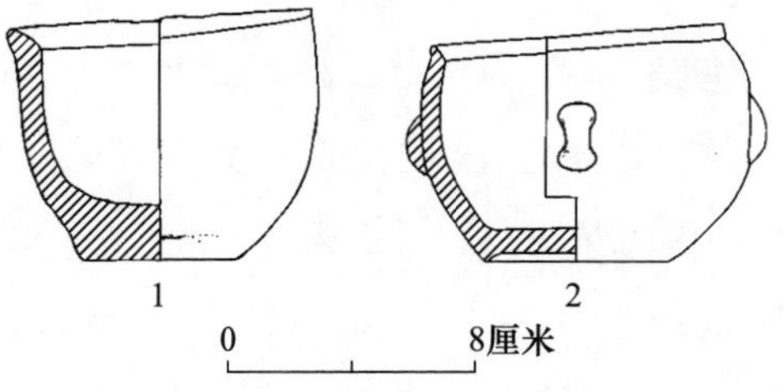

图七七　M6随葬陶器
1. 碗（M6：1）　2. 钵（M6：2）

钵　1件。M6：2，基本完整。夹砂红陶。敛口，尖唇，弧腹，平底。中腹部对称装饰4个桥状盲耳。素面。口径9.4、底径6、高7.5厘米（图七七，2）。

（五）地层堆积单位

发掘区内的地层堆积比较统一，普遍分布。地层有2层，其中第1层为耕土层，因耕作等活动破坏了一部分文化层，出土了一些遗物；第2层是新乐上层文化层。下面将地层堆积单位中出土的遗物做介绍。

1. 第1层

鼎足　13件。T1①：5，残。夹砂红陶。半柱状足。素面。足径4.1、残高6.2厘米（图七八，1）。T1①：6，残。夹砂红陶。柱状足。素面。足径2.9、残高7.9厘米。T1①：7，残。夹砂红陶。四棱柱状足。足宽1.6～3.5、残高5.6厘米（图七八，2）。T1①：3，残。夹砂红陶。柱状足。素面。足径2.4～2.9、残高8厘米。T7①：1，残。夹砂红黄陶。柱状足。足径1.3～3.2、残高8.5厘米。T9①：2，残。夹砂红陶。四棱柱状足。素面。足宽0.8～2.7、残高8.8厘米。T11①：6，残。夹砂红陶。四棱柱状足。足宽1.4～1.8、残高5.5厘米。T12①：5，残。夹砂红陶。柱状足。足径2.2～6、残高12厘米。T14①：5，残。夹砂红陶。柱状足。足径2.8、残高7.8厘米（图七八，3）。T16①：3，残。夹砂红陶。柱状足。可见刮削痕迹。足径3.1、残高10.3厘米。T17①：3，残。夹砂红陶。四棱柱状足。足宽1.6～2.8、残高5.2厘米。T17①：4，残。夹砂红陶。柱状足。足径1.6～4、残高9.2厘米。T23①：1，残。夹砂红褐陶。四棱柱状足。素面。足宽2.6～3.5、残高7.6厘米。

鬲　14件，其中有8件鬲足。T1①：2，残。夹砂红陶。近直口，尖唇。素面。残宽8.8、残高4.7厘米（图七八，4）。T7①：1，残。夹砂红陶。近直口，尖唇。素面。口径22.6、残宽9.3、残高4.8厘米。T12①：3，残。夹砂红褐陶。直口，尖唇经抹斜。素面。口径20.8、残宽7、残高4.7厘米。T13①：1，残。夹砂红褐陶。近直口，尖唇经抹斜。素面。残宽8、残高6.5厘米。T19①：3，残。夹砂红陶。近直口，圆唇。素面。残宽11.6、残高6.5厘米。T20①：2，残。夹砂红陶。近直口，尖唇。素面。残宽5.4、残高6厘米。T8①：1，鬲足，残。夹砂红陶。柱状足。素面。最大径6.5、残高10厘米。T9①：3，鬲足，残。夹砂红陶。柱状足。素面。最大径4.6、残高6.5厘米。T11①：2，鬲足，残。夹砂红陶。柱状足。素面。足径2.3～6、残高12.5厘米（图七八，5）。T12①：4，鬲足，残。夹砂红陶。柱状足。素面。足径2.3～5.3、残高11.5厘米。T14①：4，鬲足，残。夹砂红陶。柱状足。素面。足径2～5.5、残高9.7厘米（图七八，6）。T16①：4，鬲足，残。夹砂红陶。柱状足。素面。足径3.3～5.5、残高6.2厘米。T17①：5，鬲足，残。夹砂红陶。柱状足。素面。足径1.1～5.6、残高8.3厘米。T20①：4，鬲足，残。夹砂红陶。柱状足。素面。足径3.2～4.1、残高9厘米。

壶　3件。T8①：2，残。夹砂红陶。近直口，尖唇经抹斜。素面。口径9、残宽4、残高3.6厘米。T14①：2，残。夹砂红陶。直口，尖唇。素面。残宽4.4、残高4.3厘米（图七八，7）。T11①：7，壶底，残。夹砂红陶。平底。素面。底径9.6、残高8.5厘米。

甗腰　2件。T2①：3，残。夹砂红陶。腰部装饰压印窝状附加堆纹。残宽5.7、残高4.3厘米。T16①：1，残。夹砂红陶。腰部装饰压印窝状附加堆纹。残宽5.1、残高2.5厘米（图七八，8）。

甗箅　1件。T11①：4，残。夹砂红陶。箅面上装饰有一个桥耳，为取箅提手。耳宽1.1～1.8、长3.8、甑孔孔径0.2、甗箅残宽4.3、残长4.4厘米（图七八，9）。

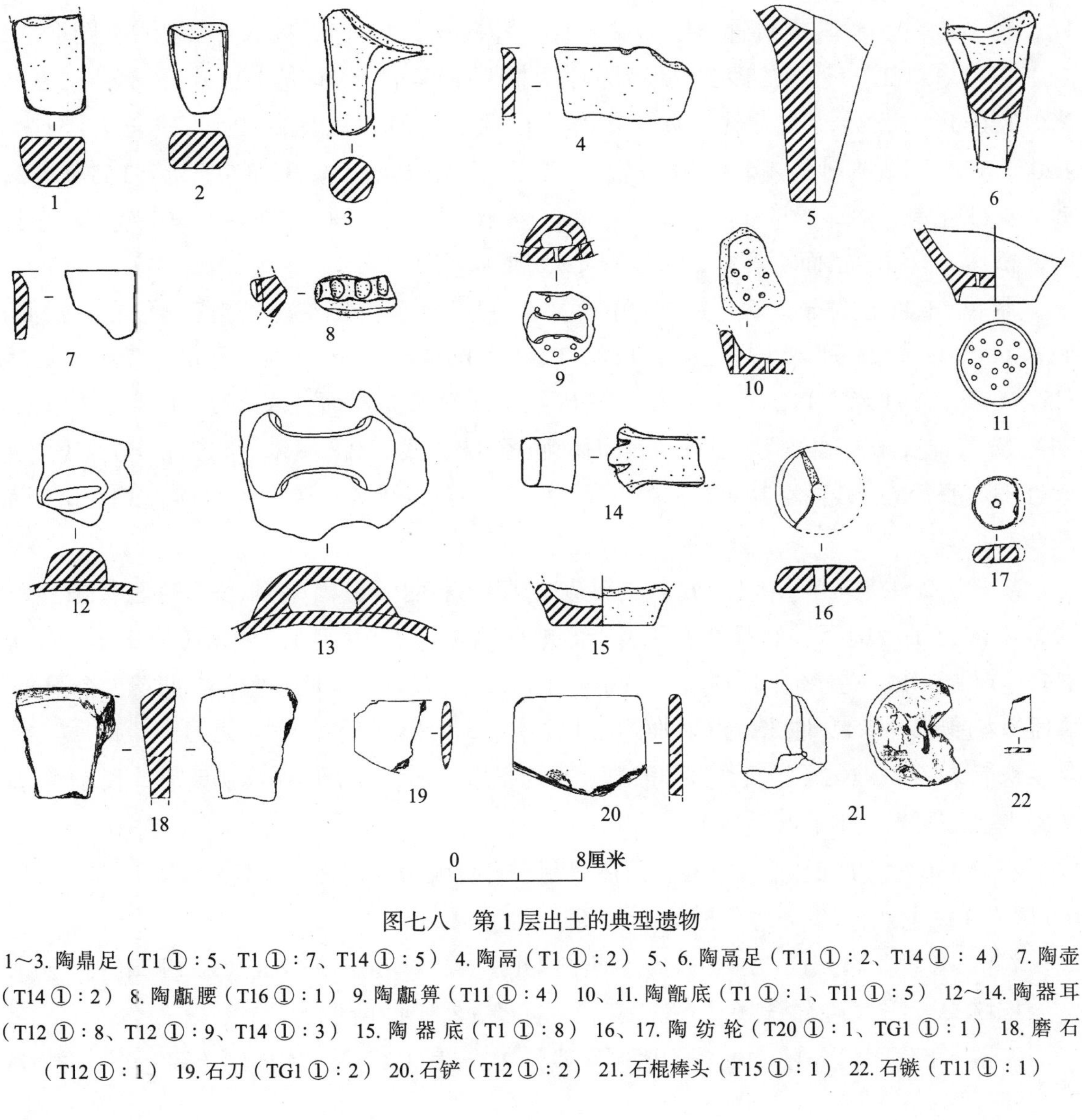

图七八　第1层出土的典型遗物

1～3. 陶鼎足（T1①：5、T1①：7、T14①：5）4. 陶鬲（T1①：2）5、6. 陶鬲足（T11①：2、T14①：4）7. 陶壶（T14①：2）8. 陶甗腰（T16①：1）9. 陶甗箅（T11①：4）10、11. 陶甑底（T1①：1、T11①：5）12～14. 陶器耳（T12①：8、T12①：9、T14①：3）15. 陶器底（T1①：8）16、17. 陶纺轮（T20①：1、TG1①：1）18. 磨石（T12①：1）19. 石刀（TG1①：2）20. 石铲（T12①：2）21. 石棍棒头（T15①：1）22. 石镞（T11①：1）

甑底　4 件。T1 ①：1，残。夹砂红陶。平底，素面。甑孔孔径 0.2～0.4、残高 2.8 厘米（图七八，10）。T11 ①：5，残。夹砂红陶。弧腹，圈足。甑孔孔径 0.2～0.3、甑底径 5、残高 4.7 厘米（图七八，11）。T16 ①：2，残。夹砂红陶。平底。素面。甑孔孔径 0.3、底径 15.6、残高 2 厘米。T19 ①：10，残。夹砂红陶。平底。甑孔孔径 0.3、甑底径 8.2、残高 2.2 厘米。

器耳　12 件。T2 ①：2，残。夹砂红陶。桥耳，横置。装饰戳刺纹。耳宽 4.8、残长 9 厘米。T9 ①：4，残。夹砂红陶。桥耳，横置。素面。耳宽 1.8～5、残长 9.8 厘米。T12 ①：7，残。夹砂红陶。桥耳。装饰戳刺纹。耳残宽 4.6、残长 3.6 厘米。T12 ①：8，残。夹砂红陶。舌状鋬耳。素面。耳宽 3～4.1、长 2 厘米（图七八，12）。T12 ①：9，残。夹砂红陶。桥耳，竖置。耳宽 2.2～5.3、长 9.3 厘米（图七八，13）。T13 ①：2，残。夹砂红陶。舌状鋬耳。素面。耳宽 2.6～3.9、长 2.5 厘米。T14 ①：3，残。夹砂红陶。桥耳，横置。装饰戳刺纹。耳残宽 2.9～4.1、残长 5.6 厘米（图七八，14）。T17 ①：2，残。夹砂红陶。桥耳，横置。素面。耳宽 4.9～6.9、残长 5.9 厘米。T20 ①：3，残。夹砂红黄陶。桥耳，横置。素面。耳宽 2～2.9、残长 4.4 厘米。T20 ①：5，残。夹砂红陶。桥耳，横置。素面。耳宽 2.4～4.6、长 8.5 厘米。T23 ①：3，残。夹砂红陶。桥耳，竖置。素面。耳宽 0.7～2、残长 2 厘米。T23 ①：4，残。夹砂红陶。桥耳，横置。素面。耳宽 2～3.9、长 7.5 厘米。

器底　6 件。为壶、碗、钵或罐的底部。T1 ①：8，残。夹砂红陶。平底。素面。底径 6.4、残高 2.6 厘米（图七八，15）。T2 ①：1，残。夹砂红陶。平底。素面。底径 5.5、残高 2.2 厘米。T12 ①：6，残。夹砂红陶。平底。素面。底径 7.3、残高 3 厘米。T14 ①：1，残。夹砂红陶。平底。素面。底径 8.8、残高 2.8 厘米。T17 ①：6，残。夹砂红陶。底径 6、残高 3.2 厘米。T23 ①：2，残。夹砂红陶。平底。素面。底径 10、残高 2.3 厘米。

纺轮　2 件。T20 ①：1，残。夹砂灰褐陶。素面。平面呈圆形，剖面呈圆角梯形，中部有 1 个圆孔，孔径 0.8 厘米。纺轮直径 4.4～5.5、高 1.5 厘米（图七八，16）。TG1 ①：1，残。夹砂红陶。素面。平面呈圆形，剖面呈圆角长方形。中部有 1 个圆孔，孔径 0.4 厘米。高 1.2 厘米（图七八，17）。

磨石　1 件。T12 ①：1，残。磨制。平面呈近梯形。一面磨制痕迹明显。长 6.9、宽 6.2、厚 2.2 厘米（图七八，18）。

石刀　1 件。TG1 ①：2，残。通体磨制。直背弧刃。双面刃。残长 4.4、宽 4.4、厚 0.6 厘米（图七八，19）。

石铲　1 件。T12 ①：2，残。通体磨制。残长 6.2、宽 8.5、厚 0.8 厘米（图七八，20）。

棍棒头　1 件。T15 ①：1，残。磨制。直径 5.8 厘米（图七八，21）。

石镞　1 件。T11 ①：1，残。磨制。残长 2.2、宽 1.3、厚 0.3 厘米（图七八，22）。

2. 第2层

鼎足　7件。T3②：5，残。夹砂红陶。柱状足。素面。足径1.8～3.6、残高7.4厘米。T15②：4，残。夹砂红陶。四棱柱状足。素面。足宽1.9～3.6、残高9.8厘米。T17②：6，残。夹砂红黄陶。四棱柱状足。素面。足宽2.4～4、残高7厘米。T18②：1，残。夹砂红陶。四棱柱状足。素面。足宽1.6～4、残高11.8厘米（图七九，1）。T20②：8，残。夹砂红陶。柱状足。素面。有刮削的痕迹。足径1.4～3.6、残高9.3厘米。T20②：9，残。四棱柱状足。素面。足宽2～4、残高10.1厘米。T22②：3，残。夹砂红陶。柱状足。素面。足径2.1～6.6、残高13.4厘米（图七九，2）。

鬲　11件，其中鬲足6件。T5②：1，残。夹砂红陶。圆唇。素面。残宽4.6、残高4.4厘米。T10②：3，残。夹砂红陶。口微敞，圆唇，鼓腹。素面。口径54、残高30厘米（图七九，3）。T10②：7，残。夹砂红黄陶。口微敞，尖唇经抹斜。素面。口径26、残高8.5厘米。T10②：9，残。夹砂红褐陶。尖唇经抹斜，近直腹。素面。口径21.2、残高9.5厘米。T20②：12，残。夹砂红陶。敞口，圆唇，弧腹。素面。在中腹部残见2个口状鋬耳。耳残宽4、长3.2、鬲残高14.4厘米（图七九，4）。T5②：3，鬲足，锥状足。素面。足径2.1～4.3、残高15.5厘米。T10②：10，鬲足，残。锥状足。素面。足径2～5.5、残高8厘米。T16②：4，鬲足，残。夹砂红陶。柱状足。素面。足径3.4、残高8.2厘米。T18②：2，鬲足，残。夹砂红陶。柱状足。素面。足径4.6、残高5.9厘米。T20②：10，鬲足，残。夹砂红陶。柱状足。素面。足径1.7～3.4、残高5.5厘米。T22②：2，鬲足，柱状足。素面。足径2.1～6.5、残高9.9厘米（图七九，5）。

甗腰　5件。T3②：2，残。夹砂红陶。腰部装饰压印窝状附加堆纹。残宽7.4、残高5.4厘米。T15②：3，残。夹砂红陶。腰部装饰压印窝状附加堆纹。残宽5、残高3厘米（图七九，7）。T16②：3，残。夹砂红陶。腰部装饰压印窝状附加堆纹。残宽5.1、残高3.6厘米。T17②：4，残。夹砂红陶。腰部装饰压印窝状附加堆纹。残宽6.6、残高3.3厘米。T20②：5，残。夹砂红陶。腰部装饰压印窝状附加堆纹。残宽7、残高3.3厘米。

甗箅　1件。T10②：4，残。夹砂红陶。圆形，中部有一个凸起，为取箅的提纽。箅孔孔径0.3～0.5、箅直径8.3、高3.1厘米（图七九，6）。

甑　1件。T15②：5，残。夹砂红陶。平底。甑孔孔径0.4～0.7、甑残高2.4厘米（图七九，8）。

壶　2件。T20②：2，残。夹砂红褐陶。近直口，尖唇，束颈。素面。口径7.2、残高4.5厘米（图七九，9）。T16②：1，壶耳，残。夹砂红陶。桥耳，竖置。耳宽1.6～3.2、长6.8厘米（图七九，10）。

碗　2件。T20②：3，残。夹砂黑褐陶。敞口，尖唇，弧腹。素面。口径17、残高4.3厘米（图七九，11）。T20②：6，残。夹砂红陶。弧腹，假圈足。底径5.8、残高3厘米。

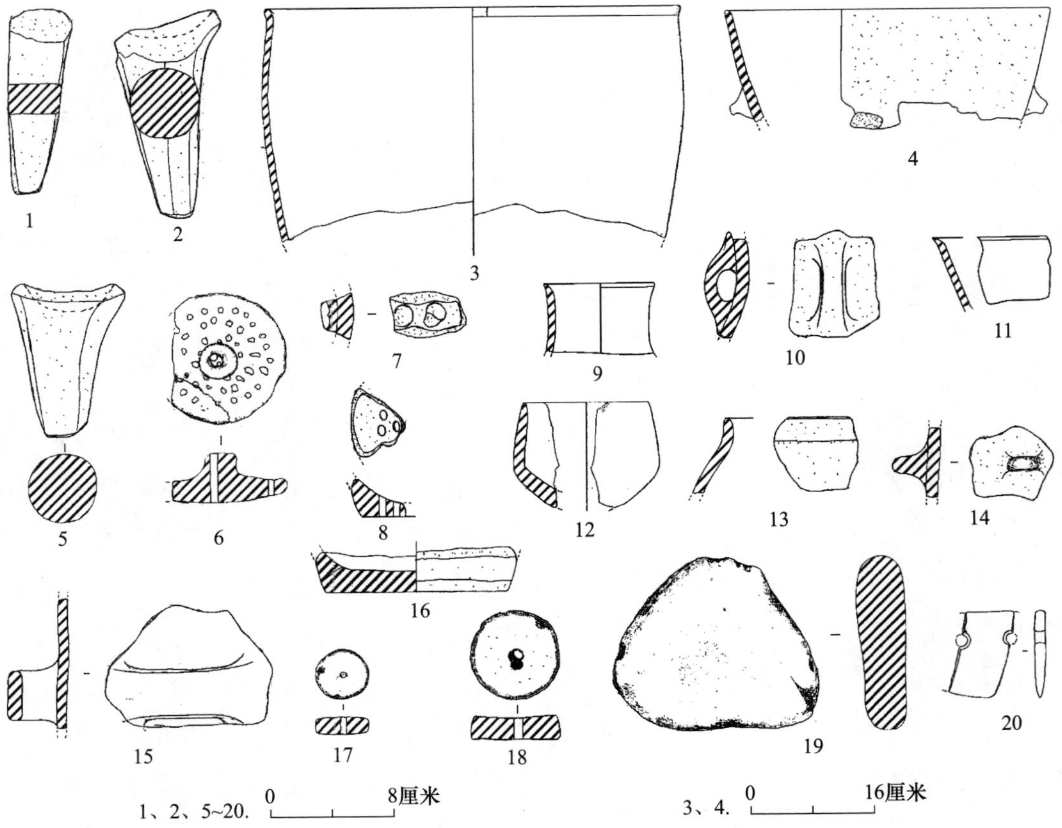

图七九　第2层出土的典型遗物

1、2. 陶鼎足（T18②：1、T22②：3） 3、4. 陶鬲（T10②：3、T20②：12） 5. 陶鬲足（T22②：2） 6. 陶甗箅（T10②：4） 7. 陶甗腰（T15②：3） 8. 陶甑（T15②：5） 9. 陶壶（T20②：2） 10. 陶壶耳（T16②：1） 11. 陶碗（T20②：3） 12. 陶钵（T20②：1） 13. 陶罐（T18②：3） 14、15. 陶器耳（T17②：7、T19②：8） 16. 陶器底（T16②：2） 17、18. 陶纺轮（T17②：1、T19②：2） 19. 磨石（T19②：1） 20. 石刀（T3②：1）

钵　1件。T20②：1，残。细泥陶。敛口，尖唇，折腹。口径8、残高6.8厘米（图七九，12）。

罐　1件。T18②：3，残。夹砂红陶。敛口，圆唇，弧腹。残宽5.4、残高4.8厘米（图七九，13）。

器耳　12件。T3②：3，残。夹砂红陶。桥耳。装饰戳刺纹。耳残宽2.4～4.9、残长4.2厘米。T3②：6，残。夹砂红陶。桥耳，横置，竖面。耳宽3.2～7.5、残长10.2厘米。T5②：2，残。夹砂红陶。桥耳。装饰戳刺纹。耳残宽4、残长5.4厘米。T10②：5，残。夹砂红陶。桥耳，横置。装饰戳刺纹。耳残宽5.3、残长6厘米。T10②：8，残。夹砂红陶。桥耳，横置。素面。耳宽2.7～4.8、残长7.4厘米。T17②：5，残。夹砂红陶。桥耳，横置。耳宽2.1～5.4、残长4.1厘米。T17②：7，残。夹砂红陶。舌状鋬耳。素面。耳宽2.8、长2.1厘米。T18②：4，夹砂红陶。舌状鋬耳。素面。耳宽1.8、长2.2厘米（图七九，14）。T19②：8，残。夹砂红陶。桥耳，横置。素面。耳宽3.1～4.6、残长9.7厘米（图七九，15）。T20②：6，残。夹砂红陶。舌状鋬耳。素面。耳宽3.8、长2.5厘米。T20②：11，残。夹砂红褐陶。桥耳，横置。素面。耳宽2.3～4、残长5.3厘米。T22②：4，残。夹砂红陶。桥耳，横置。素面。耳宽2.8、残长2.3厘米。

器底 8件。T3②：4，残。夹砂红陶。平底。素面。底径6.5、残高1.7厘米。T15②：2，残。夹砂红陶。平底。素面。底径10.4、残高1.9厘米。T16②：2，残。夹砂红陶。平底。素面。底径11.6、残高2.8厘米（图七九，16）。T17②：3，残。夹砂红陶。平底，外底稍内凹。素面。底径12、残高3.1厘米。T19②：9，夹砂红陶。平底。素面。底径8.8、残高2.9厘米。T20②：4，残。夹砂红陶。假圈足。素面。底径4.2、残高1.7厘米。T20②：7，残。夹砂红陶。平底。素面。底径10.6、残高3.3厘米。T22②：1，残。夹砂红陶。平底。素面。底径11.6、残高1.9厘米。

纺轮 4件。T9②：1，残。夹砂红陶。平面呈圆形，剖面呈圆角长方形。中部有1个圆孔，孔径0.7厘米。纺轮直径5.5、厚1.1厘米。T15②：1，残。夹砂红陶。平面呈圆形，剖面呈圆角长方形。中部有1个圆孔，孔径0.5厘米。纺轮直径3.3、厚1.2厘米。T17②：1，基本完整。夹砂红陶。平面呈圆形，剖面呈圆角长方形。中部有1个圆孔，孔径0.3厘米。纺轮直径3.4、厚1.1厘米（图七九，17）。T19②：2，基本完整。夹砂红陶。平面呈圆形，剖面呈圆角长方形，一面稍内凹，呈坡状，另一面近平。中部有1个圆孔，孔径0.5厘米。纺轮直径5.7、厚1.5厘米（图七九，18）。

磨石 1件。T19②：1，残。磨制。平面呈圆角三角形，磨制痕迹明显。长13.3、宽11.1、厚3.2厘米（图七九，19）。

石刀 1件。T3②：1，残。磨制。直背弧刃，双面刃。刀身残剩2个对钻的圆孔，孔径0.9厘米。刀残长4.2、残宽5.6厘米（图七九，20）。

三、遗物简述

（一）陶器

出土的陶器以夹砂陶为主，仅发现数件细泥陶，如H10②：13鼎足、T20②：1陶钵等。陶色斑驳，以夹砂红陶为主，红色不纯正，多为红褐色，有少量的夹砂红黄陶、夹砂灰褐陶。陶质较疏松，火候较低，易脱砂。夹砂颗粒较均匀，有少量夹粗砂的现象。制法为手制，主要是泥片套接，制作不甚规整。以素面为主，有少量的附加堆纹和戳刺纹。附加堆纹主要装饰在甗腰，有极少量装饰在陶壶的肩部，以压印窝状附加堆纹为主。戳刺纹主要装饰在陶器的器耳上。器形主要是鬲、鼎、甗、壶、碗，有少量的甑、钵、罐、杯、纺轮等。此外，日用陶器和随葬陶器风格迥异，随葬陶器应是专门制作。日用陶器中的三足器如鬲、鼎、甗等数量较多，随葬陶器则以平底器的壶、钵、碗为主。

1. 日用陶器[4]

鬲　68件。可修复的极少，多为口沿或鬲足。陶鬲多为近直口，器耳横置，有桥耳（H34：5）、舌状鋬耳（H34：8）、带三角形口的鋬耳（H1：1）等，器足多为高实足跟、柱状足，多为锥底，有少量平底（T23G4：6）。

有数件腹部形态保存较好的陶鬲，按照其腹部形态的差异，可以分为二型。

A型　筒腹鬲。H34：5，可修复。夹砂红褐陶。尖唇，唇部经抹斜处理，外叠唇，筒腹，三足外撇较大，高实足跟。中腹部对称装饰2个横桥耳和2个横鋬耳。素面。口径35.1、通高34.3厘米（图八〇，1）。

B型　鼓腹鬲。H34：7，残。夹砂红陶。尖唇，鼓腹，足部外撇较大，高实足跟。中腹部残片上有1个盲耳。高29.7厘米（图八〇，2）。

鼎　68件。日用器的陶鼎没有可以修复的，基本为鼎足（以鼎足的数量来推定鼎的数量是会有偏差的）。鼎足多为高足跟，按照鼎足的整体形态和剖面形状的差异，可以分为锥状足、柱状足、半柱状足、四棱柱状足等。

A型　锥状鼎足。H10②：13，残。细泥陶。素面。足径3.3、残高15.8厘米（图八〇，3）。

B型　柱状鼎足。H17：6，残。夹砂红陶。素面。直径2.2～4.7、残高13.5厘米（图八〇，4）。

C型　半柱状鼎足。T1①：5，残。夹砂红陶。素面。足径4.1、残高6.2厘米（图八〇，5）。

D型　四棱柱状鼎足。H32：13，残。夹砂红陶。素面。足宽1.7～3.7、残高9.1厘米（图八〇，6）。

甗　32件。发现的绝大多数为甗腰，有少量的甗箅等。甗腰多装饰压印窝状附加堆纹，有少量仅装饰条状附加堆纹（H34：26）。甗腰多装饰2个竖桥耳。而甗的上腹部一般装饰2个横桥耳和2个鋬耳。H34：6，夹砂陶，外表有一层红陶衣，陶胎为夹砂灰陶。残剩上腹部。尖唇，唇部经抹斜处理，弧腹，在上腹部中部对称装饰2个横桥耳和2个横鋬耳。在甑与鬲连接处有一周附加堆纹。此外，还对称装饰2个竖桥耳。口径32、残高34.5厘米（图八〇，9）。

发现了2件甗箅，根据提手的差别，可以分为二型。

A型　纽状提手。T10②：4，残。夹砂红陶。圆形，中部有1个凸起，为取箅的提纽。箅孔孔径0.3～0.5、箅直径8.3、高3.1厘米（图八〇，7）。

B型　桥耳提手。T11①：4，残。夹砂红陶。箅面上装饰有1个桥耳，为取箅提手。耳宽1.1～1.8、长3.8、甑孔孔径0.2、甗箅残宽4.3、残长4.4厘米（图八〇，8）。

壶　44件。日用器中的陶壶没有可复原的，发现的为壶的口沿、耳部或壶底等。壶多为直口、尖唇、束颈。在口沿部多装饰竖桥耳，有少量的鋬耳（T23G4：1）、横纽状盲耳（T1G3：4）。H33：3，残。夹砂红陶。桥耳，竖置。素面。耳宽1.0～1.8、残长

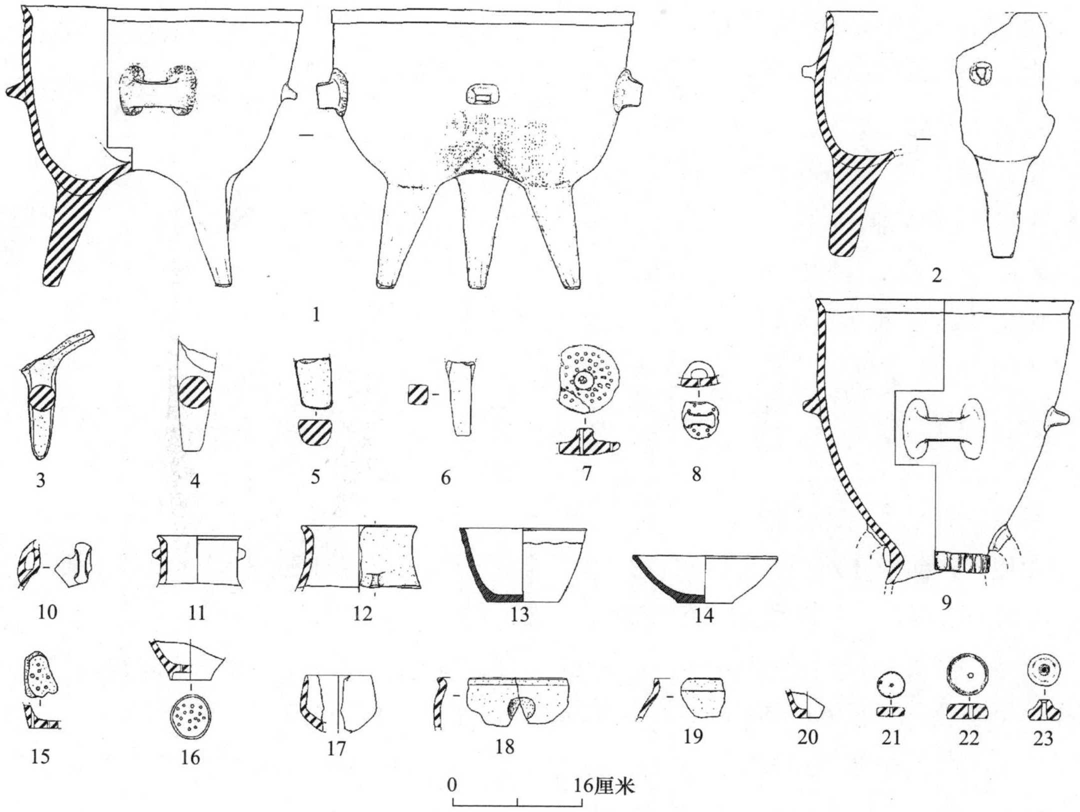

图八〇 典型日用陶器

1. A型鬲（H34：5） 2. B型鬲（H34：7） 3. A型鼎足（H10②：13） 4. B型鼎足（H17：6） 5. C型鼎足（T1①：5） 6. D型鼎足（H32：13） 7. A型甗箅（T10②：4） 8. B型甗箅（T11①：4） 9. 甗（H34：6） 10～12. 壶（H33：3、T23G4：1、T1G3：4） 13. A型碗（H10①：12） 14. B型碗（H10①：7） 15. A型甑（T1①：1） 16. B型甑（T11①：5） 17. 钵（T20②：1） 18. A型罐（H10①：5） 19. B型罐（T18②：3） 20. 杯（H12：2） 21. A型纺轮（T17②：1） 22. B型纺轮（H34：4） 23. C型纺轮（H10②：2）

4.9厘米（图八〇，10）。T23G4：1，残。近直口，尖唇，束颈。颈部有2个对称的舌状鋬耳。素面。口径10.5、残高6.1厘米（图八〇，11）。T1G3：4，残。夹砂红陶。敞口，尖唇，束颈，颈肩结合处残见1个横置纽状盲耳。素面。口径14.4、残高7.4厘米（图八〇，12）。

碗 12件。根据碗的口部特征，可分为二型。

A型 叠唇碗。H10①：12，夹砂红褐陶。敞口，叠唇，弧腹，平底。口径15.8、底径8.8、通高9厘米（图八〇，13；图版五，6）。

B型 非叠唇碗。H10①：7，夹砂灰褐陶，夹砂较少，近细泥质陶。圆唇，敞口，弧腹，平底。素面。口径17.8、通高5.8厘米（图八〇，14）。

甑 9件。根据甑底的不同，可以分为二型。

A型 平底。T1①：1，残。夹砂红陶。平底，素面。甑孔孔径0.2～0.4、残高2.8厘米（图八〇，15）。

B型 圈足底。T11①：5，残。夹砂红陶。弧腹，圈足。甑孔孔径0.2～0.3、甑底径 5、残高 4.7 厘米（图八〇，16）。

钵　3 件。T20②：1，残。细泥陶。敛口，尖唇，折腹。口径 8、残高 6.8 厘米（图八〇，17）。

罐　6 件。按照口部特征，可以分为二型。

A 型　侈口罐。H10①：5，残。夹砂红陶。侈口，圆唇，鼓腹。素面。口径 12.2、残高 6 厘米（图八〇，18）。

B 型　敛口罐。T18②：3，残。夹砂红陶。敛口，圆唇，弧腹。残宽 5.4、残高 4.8 厘米（图八〇，19）。

杯　1 件。H12：2，残。夹砂红褐陶。斜直腹，平底。素面。底径 3、残高 3.1 厘米（图八〇，20）。

纺轮　11 件。根据截面形状，可以分为三型。

A 型　截面呈圆角长方形。T17②：1，基本完整。夹砂红陶。平面呈圆形，剖面呈圆角长方形。中部有 1 个圆孔，孔径 0.3 厘米。纺轮直径 3.4、厚 1.1 厘米（图八〇，21）。

B 型　截面呈梯形。H34：4，基本完整。夹砂红陶。剖面呈近梯形。两面近平。中部有 1 个圆孔，孔径 0.6 厘米。直径 4.2～4.8、高 1.7 厘米（图八〇，22）。

C 型　截面呈纽状。H10②：2，残。夹砂红陶。剖面呈近梯形。有 1 个圆孔，孔径 0.6～0.8 厘米。直径 4、通高 2.4 厘米（图八〇，23）。

2. 随葬陶器

这 6 座墓葬中，M5 的一些随葬品比较特殊，如 M5：3 壶是日用品，M5 中还随葬了三足器的鼎。

壶　3 件。M1：1，基本完整。夹砂红褐陶，夹砂粒较多。尖唇，直口，弧腹，平底。在中腹部装饰 3 个竖桥状盲耳。素面。耳长 3.2、宽 1、壶口径 6.6、底径 6.4、通高 12 厘米（图八一，2）。M2：1，基本完整。夹砂红褐陶。近直口，尖唇，竖颈，鼓腹，平底，外底稍内凹。中腹部装饰 3 个圆纽状盲耳。素面。口径 8.9、底径 6.1、高 15.9 厘米（图八一，1）。

钵　4 件。M1：2，基本完整。夹砂红陶，有红陶衣。敛口，尖唇经抹斜，鼓腹，平底。在中腹部装饰 3 个竖桥状盲耳。素面。耳长 1.6、宽 1.1、钵口径 10.3、底径 5.2、高 6.8 厘米（图八一，3）。M6：2，基本完整。夹砂红陶。敛口，尖唇，弧腹，平底。中腹部对称装饰 4 个桥状盲耳。素面。口径 9.4、底径 6、高 7.5 厘米（图八一，4）。

碗　4 件。M2：3，基本完整。夹砂红褐陶。敞口，尖唇，斜直腹，平底。中腹部装饰 3 个纽状盲耳。素面。口径 10.2、底径 5.4、残高 5.8 厘米（图八一，5）。

罐　1 件。M5：2，基本完整。细泥红褐陶。敛口，尖唇，鼓腹，近平底，外底稍内凹。在中腹部可见 2 个纽状横置鋬耳。素面。耳长 1.7、宽 1、罐口径 4.5、底径 4.8、高 5.3 厘米（图八一，6）。

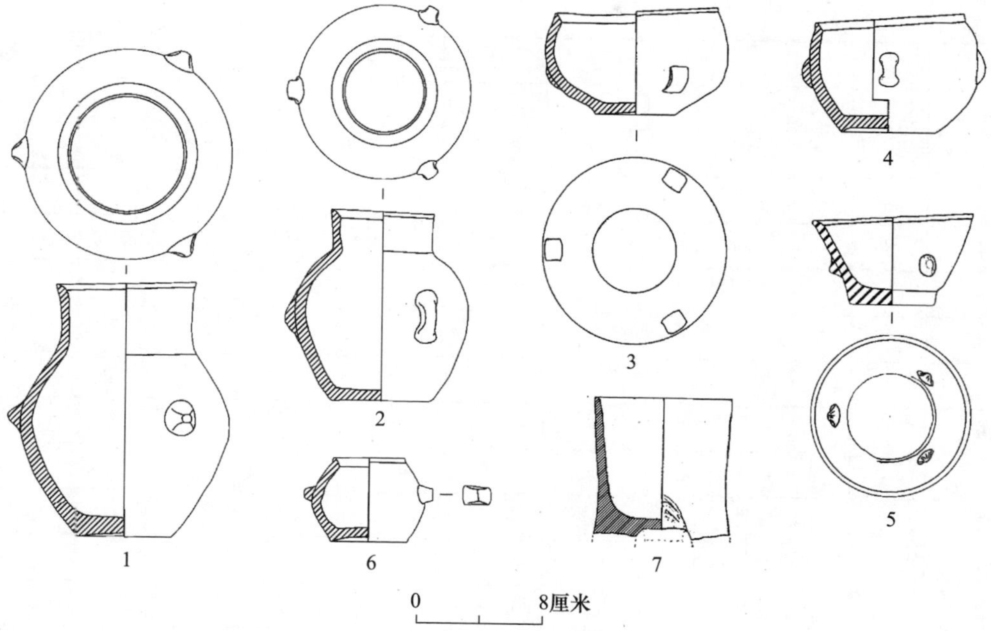

图八一　典型随葬陶器

1、2. 壶（M2：1、M1：1）3、4. 钵（M1：2、M6：2）5. 碗（M2：3）6. 罐（M5：2）7. 鼎（M5：5）

鼎　2件。M5：5，残。夹砂灰褐陶。尖唇，直腹，平底，三足。素面。口径8.4、残高8.8厘米（图八一，7）。

3. 陶器器物组合

从遗迹单位陶器器形分布来看（表一），日用品的陶器组合为鬲、鼎、甗、壶为多，而随葬品的陶器组合则为壶、碗、钵等。

表一　遗迹单位陶器器形分布表

单位	鬲	鼎	甗	壶	甑	碗	钵	罐	杯	纺轮
F3			1							
F2		1		1						
F4	1		1							
F5				1						
H1	3									
H2	1	1	2	3	1					
H4			1							
H6	1		1							
H7	1	1								
H9		2		1						
H10	5	1	1	3		4		2		1
H12	4	4	1	1		1			1	

续表

单位	鬲	鼎	甗	壶	甑	碗	钵	罐	杯	纺轮
H17	2	1	1		1					
H22	1									
H26	1									
H34	4	5	3	5	1	1	1			2
H11		1								
H15				1						
H18	1									
H19				1						
H31				1				1		
H32	3	4	1	1		1				1
H33				1			1			
H36		1	1							
H37		1								1
G3	2	7	4	7				1		
H21				1						
G4	7	8	3	3	1	1				
G5	4	7	2	8		1		1		
G6	1	1		1						
G2	1	2				1				
第 1 层	14	13	3	3	4					2
第 2 层	11	7	6	2	1	2	1	1		4
M1				1			1			
M5		2		1		1		1		
M2				1		1	1			
M3						1	1			
M6						1	1			

（二）石器

出土的石器数量较少，为磨制石器，器形有刀、钺、镞、棍棒头、铲、磨石等。

刀　5 件。直背，弧刃，刀身有孔。F3：1，残。青灰色板岩。通体磨制。直背，弧刃，双面刃，中部有 1 个对钻的圆孔。残长 7.5、宽 2.6～4.7、厚 0.6、孔径 1 厘米（图八二，1）。

钺　2 件。H10①：1，较完整。磨制。刃部有长期使用形成的凹槽，中部有 1 个对钻的圆孔，孔径 1 厘米。钺长 12.5、宽 6.3～8.2、厚 1.2 厘米（图八二，2；图版四，4）。

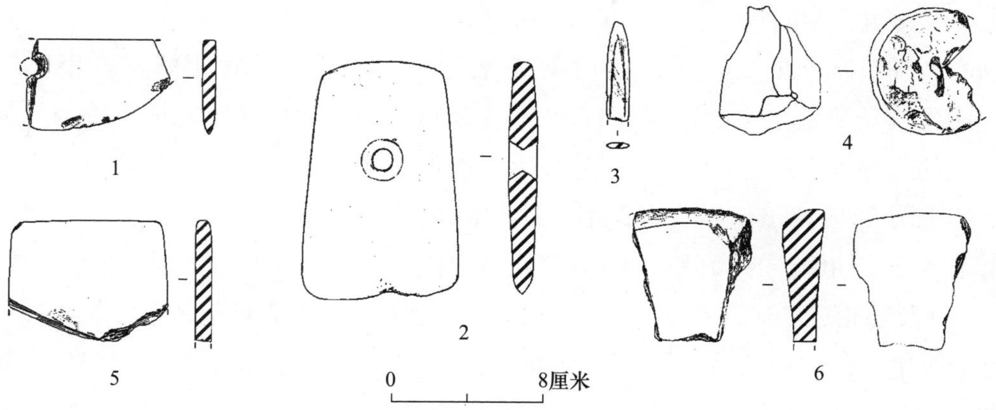

图八二　典型石器

1. 刀（F3：1） 2. 钺（H10①：1） 3. 镞（H34：1） 4. 棍棒头（T15①：1） 5. 铲（T12①：2） 6. 磨石（T12①：1）

镞　2件。H34：1，残。磨制。近三角形，尾端残。两侧两面刃。残宽1.2、厚0.2、高5.2厘米（图八二，3；图版四，5）。

棍棒头　1件。T15①：1，残。磨制。直径5.8厘米（图八二，4）。

铲　T12①：2，残。通体磨制。残长6.2、宽8.5、厚0.8厘米（图八二，5）。

磨石　2件。T12①：1，残。磨制。平面呈近梯形。一面磨制痕迹明显。长6.9、宽6.2、厚2.2厘米（图八二，6）。

四、结　　语

（一）遗址的文化性质与年代

1. 文化性质

郝心台遗址出土的陶器以夹砂红褐陶为主，有少量的夹砂灰褐陶，极少量的细泥陶。器表以素面为主，有少量的戳刺纹、附加堆纹等。陶器器耳发达，以横置耳为主。陶器的器形有鼎、鬲、甗等三足器，壶、碗、钵等平底器。这些特点与新乐上层文化一致。因此，郝心台遗址的文化性质是新乐上层文化，郝心台遗址是蒲河流域的青铜时代遗址。

2. 相对年代

新乐上层文化可以分为早、晚两期，相对年代与高台山文化的早、晚两期大致对应[5]。新乐上层文化早期的年代为夏代晚期至早商，晚期的年代为商代晚期至西周初期。

郝心台遗址出土的陶钵M2：2，中腹部装饰3个竖桥状盲耳，这与法库湾柳遗址[6]出土的陶钵M1：1形态相近，在康平顺山屯遗址[7]出土的陶钵M6：2也与此相近。湾柳遗存与顺山屯类型的年代多认为在商代晚期。

郝心台遗址出土的筒腹鬲 H34：8形态上与平安堡遗址[8]出土的陶鬲 88H1012：1接近，而平安堡遗址出土的陶鬲 88H1012：1是典型的高台山文化晚期的陶鬲。郝心台遗址出土的鼓腹鬲 H34：7与平安堡遗址出土的陶鬲 88T108③：4形态相近，平安堡遗址出土的陶鬲 88T108③：4也是高台山文化晚期的器物。

郝心台遗址出土的陶甗 H34：6与辽宁大学遗址建赏欧洲地点[9]出土的陶甗Ⅱ H16：10形态相近。建赏欧洲Ⅱ H16是属于新乐上层文化晚期的遗迹。

综上，笔者认为郝心台遗址属于新乐上层文化的晚期，其相对年代为商代晚期至西周初期。

3. 绝对年代

根据北京大学加速器质谱实验室对郝心台遗址出土的碳样的 ^{14}C 测年结果（附表一），四个年代数据在公元前1430～前970年，这与对郝心台遗址相对年代的推断基本一致。

（二）聚落形态

从本次发掘的发现来看，本次的发掘区域并非郝心台遗址的中心区域，中心区域应在发掘区的南侧。当然，我们选择在这个区域发掘也与本项目属于配合基本生产建设而进行的抢救性考古发掘有关。

就郝心台遗址本身的聚落形态而言，本次发掘发现了居址和墓葬等遗迹。但居址均开口于第1层下，M1、M4、M5开口于第1层下，而M2、M3、M6开口于第2层下，再结合对M1、M2进行的加速器 ^{14}C 测年的年代要早于居址中的H34、H10的年代（附表一），这几座墓葬的年代应该要早于居址的年代。这样，墓葬与居址的共时性就存在问题了。因此，这批墓葬对应的人群应该在发掘区的外围。

本次发现的墓葬均为土坑竖穴墓，未见葬具，骨骼保存情况极差。随葬品以平底器的壶、钵、碗为主，并且随葬品应是单独制作，与日用陶器风格迥异，这反映了新乐上层文化的一些独特葬俗。

本次发现的5座房址，仅有1座半地穴式建筑，其余4座均仅发现若干柱洞，根据柱洞的排列规律，可看出房址大致呈椭圆形。未发现灶址，平面出土极少的夹砂陶片，推测这些房址当为地面窝棚式建筑，或主要用于储藏物品或工具。

本次发现了数量众多的灰坑，其中H10与H34值得额外关注。H10中出土了数量众多的遗物，并出土了鲜见的石钺；在H10的底部发现了用火痕迹，存在一片经过灼烧后形成的红烧土，对于H10的功用值得考虑。此外，H34是另一个值得关注的灰坑，其中出土了数量众多的遗物，有数件可见大部分的鬲、甗等陶器，为陶器的类型学研究提供了珍贵的资料，能在一个灰坑出土如此多的遗物，值得深思。

在发掘区的外侧存在一个封闭的围沟。通过发掘及勘探，G3、G4、G5、G6围绕发掘区形成了一个平面呈菱形的封闭围沟，这与2010年发掘的千松园遗址辽宁工美学院地点[10]有相似之处，只是围沟的广度和深度不如千松园遗址的壕沟。而且，这条围沟在一些节点继续向外延伸。比如，G7就是G4在西南方向的延伸。这表明关于这条围沟的“界域”功能比较弱化，考虑其所处的地理环境，围沟的主要功能或为排水。

此外，需要关注郝心台遗址所处的时空位置。郝心台遗址是地处蒲河北岸的青铜时代遗址，通过近些年的工作，在蒲河的两岸存在近50处青铜时代的遗址，这些遗址有新乐上层文化遗址，也有高台山文化的遗址。郝心台遗址的发掘，对了解郝心台遗址在蒲河流域青铜时代遗址的时空位置、聚落地位等具有重要的意义，也为我们进一步厘清新乐上层文化与高台山文化的关系提供了考古学资料。

（三）经济模式

郝心台遗址出土陶器的制作工艺比较粗糙。陶器为手制，陶质疏松，夹砂颗粒不均，非常容易脱砂。制作比较粗糙，如有些陶鬲的口部呈椭圆形，三个器足的分布也不均匀。这与中原地区同时期的陶器制作工艺相差甚远，反映出新乐上层文化时期经济的发展比较落后。

郝心台遗址发现的石镞数量较少，并且没有发现网坠，说明渔猎活动在当时比较少；而发现的石刀、石钺等农作或加工工具，说明农业经济已经占据了主导地位。这些表明新乐上层文化晚期的经济形态以农业经济为主，渔猎经济为辅。

当然，基于生产工具来探讨经济模式的方法论难免牵强，对于新乐上层文化经济模式的探讨特别需要建立在对相关遗址的动植物遗存开展动物考古和植物考古研究的基础之上，这也是以后相关遗址的发掘研究重点。

发掘领队：赵晓刚
发掘人员：李树义　韩玉岩　朱　伟　王　永　朱志龙
孙秋元　尹作强　孙明山　张清海
绘　　图：杨　霞　韩玉岩　张洪涛　朱　伟
照　　相：张天琦　孙　力　李树义
执　　笔：李树义　赵晓刚

注　释

[1] 沈阳市文物考古研究所：《沈阳四环快速路工程考古调查发现的青铜时代遗址》，《沈阳考古文集》（第4集），科学出版社，2014年。

[2] 沈阳市文物考古研究所、吉林大学边疆考古研究中心：《沈阳市道义镇郭七遗址发掘简报》，《考古》2013 年 4 期；沈阳市文物考古研究所：《沈阳市郭七遗址沈阳工程学院地点 2013 年发掘简报》，《沈阳考古文集》（第 5 集），科学出版社，2015 年。
[3] 沈阳市文物考古研究所：《沈阳市郝心台遗址 2011 年发掘简报》，《考古》2016 年 6 期。
[4] 陶器各器形的统计数量与《沈阳市郝心台遗址 2011 年发掘简报》（《考古》2016 年 6 期）有出入，数量以本文为准。
[5] 赵宾福：《马城子文化新论——辽东北地区夏商时期遗存的整合研究》，《边疆考古研究》（第 6 辑），科学出版社，2007 年。
[6] 辽宁大学历史系考古教研室、铁岭市博物馆：《法库县湾柳遗址发掘》，《考古》1989 年 12 期。
[7] 辛占山：《康平顺山屯青铜时代遗址试掘报告》，《辽海文物学刊》1988 年 1 期。
[8] 辽宁省文物考古研究所、吉林大学考古学系：《辽宁彰武平安堡遗址》，《考古学报》1992 年 4 期。
[9] 赵晓刚：《新乐上层文化综述》，《庆祝宿白先生九十华诞文集》，科学出版社，2012 年。
[10] 沈阳市文物考古研究所：《沈阳市千松园遗址 2010 年发掘简报》，《考古》2013 年 9 期。

附表一　郝心台遗址加速器质谱（AMS）^{14}C测试报告

Lab 编号	样品	样品原编号	^{14}C 年代（BP）	误差	树轮校正后年代	
					1σ（68.2%）	2σ（95.4%）
BA120866	炭样	M1	3105	30	1430BC（51.6%）1370BC 1340BC（16.6%）1310BC	1440BC（95.4%）1300BC
BA120867	炭样	M2	2975	25	1270BC（50.9%）1190BC 1180BC（9.4%）1160BC 1150BC（7.9%）1130BC	1310BC（95.4%）1120BC
BA120868	炭样	H34	2930	30	1210BC（68.2%）1050BC	1260BC（7.2%）1230BC 1220BC（88.2%）1020BC
BA120869	炭样	H10	2885	25	1115BC（68.2%）1015BC	1190BC（1.7%）1170BC 1160BC（93.7%）970BC

注：所用 ^{14}C 半衰期为 5568 年，BP 为距 1950 年的年代。树轮校正所用曲线为 IntCal04（1），所用程序为 OxCal v3.10（2）

新宾满族自治县近年来发现的战国至汉时期的城寨遗址

抚顺市博物馆

第三次全国文物普查（以下简称“三普”）期间，在清原和新宾两个满族自治县许多靠近河流的山冈之上，发现了一些修筑有环壕的聚落遗址，这些聚落遗址上，多有人工修整的阶台，有的依山冈起伏地形修有两三层或五六层阶台，以利于防守和筑屋居住。遗址的周围往往还挖有用作防御的环壕。在环壕内高处能看清来路的地方，还设有瞭望台。

过去曾有人对其中的一些城寨址做过调查，多认为是明代建州女真所建的城寨。但据我们调查所见的遗物分析，这些城寨址都应是战国至汉时期当地部族所建，少数城寨址有被晚期沿用的现象，但不是很多。在此，仅将调查掌握的新宾满族自治县的十几座城寨址介绍如下，以供对此类遗存有兴趣的学者研究参考（各城寨址的名称以“三普”时著录为准）。

一、城寨址的地理位置与内涵概况

1. 天桥岭山城

山城位于上夹河镇古楼村东约500米的天桥岭上，东距胜利村约1.2千米，南侧隔公路紧临苏子河。城址中心区地理坐标北纬41°52′10.2″、东经124°23′07.0″，海拔178.1米（图一）。

天桥岭是紧临苏子河北岸的一条东西走向的狭长矮冈，南北狭窄，矮冈北隔一条浅沟为东西绵延的山岭，矮冈南侧峭壁下不远即为苏子河，在峭壁与河岸之间向西有镇驻地上夹河村经古楼村通抚顺市区的公路。山城位处天桥岭西端较宽阔处，城南为峭壁，西、北、东三面掘壕，壕宽4～5米，壕墙土石杂筑，存高不足1米。北侧壕外坡度较缓，曾进行过人工削坡，以利于防守。城址西北设1门，门存宽1.5米。壕内围绕的是一个山包，山包上部较平坦，是城中心所在，东西长约60、南北宽约20米（图二、图三）。

山城地处苏子河沿岸要津，城址构筑特点鲜明，保存较好，城内灌木丛生，仅采集到少许夹砂灰褐陶片。1989年5月抚顺市进行清前遗迹调查时，曾在壕内采集少量明代青花瓷片、灰陶片等。有学者认为，天桥岭山城为明代建州女真古勒寨[1]，也有人认为该城是建州女真“黑济格城”[2]（图四）。

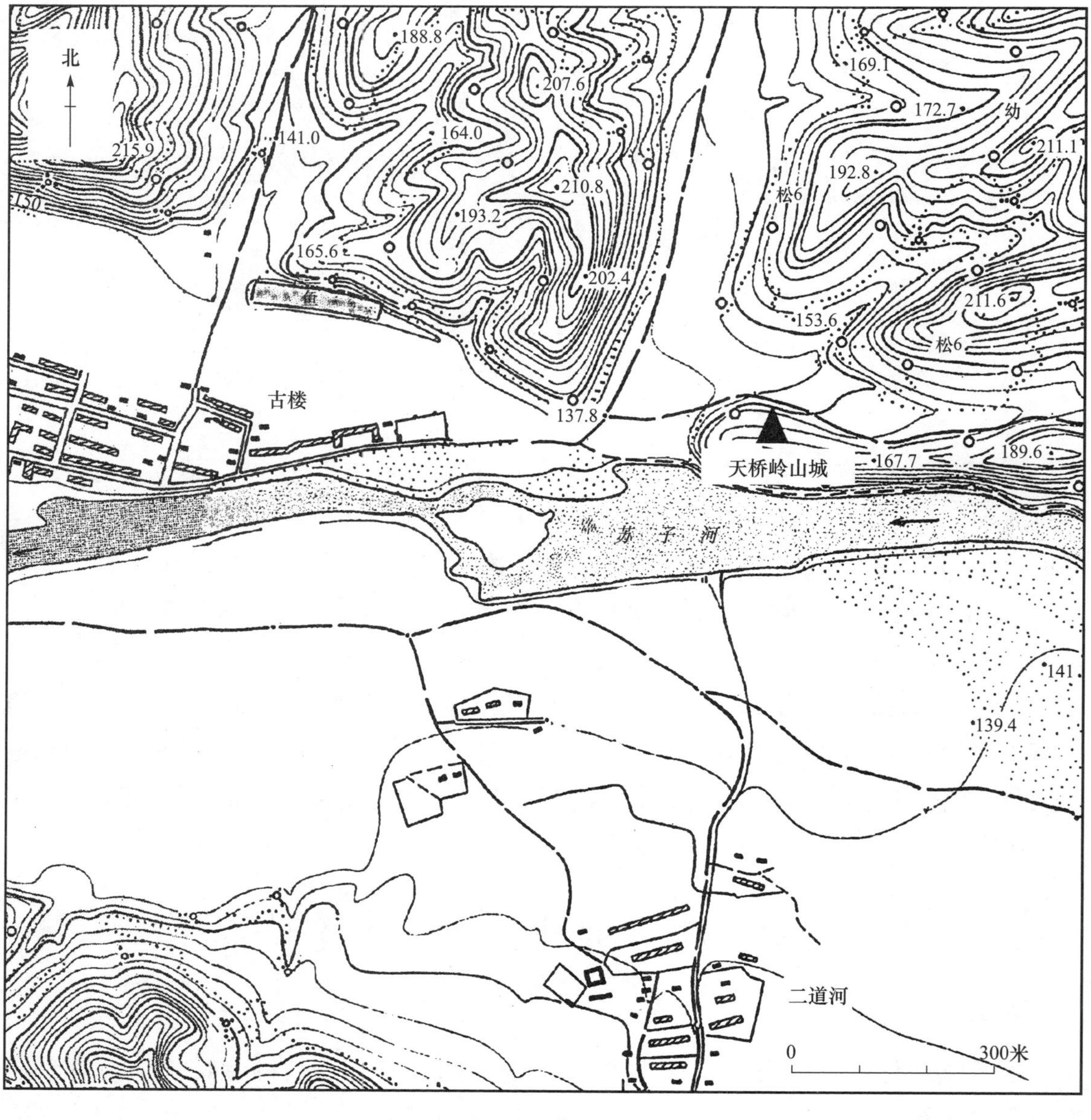

图一　天桥岭山城地理位置示意图

图二　天桥岭山城西侧的古楼村

图三　天桥岭山城北侧的环壕

图四　天桥岭山城内采集的酱釉缸胎瓷片

2. 吕家古城

吕家古城位于上夹河镇吕家村西南500米的古城沟西山上。城址中心区地理坐标北纬41°43′06.0″、东经124°28′41.0″，海拔318米。吕家村是上夹河镇最南面的一个行政村，辖三个组，其所在的山沟为东西走向，邵家组位于西面沟里，吕家组位于沟口，城址位于沟谷南侧向北突出的一个山冈上，东为古城沟，西为一个宽沟，西有一条小溪向北汇入东西流向的一条小河，河北岸为吕家通吴家与邵家的公路（图五）。

古城址位于一座向北突起的狭长山冈的北端，山冈北头低缓，向南逐渐升高，在距北头约200米的地方形成制高点。这里西为峭壁，峭壁下有小溪流过。东为较陡的坡地，南为继续向前延伸的山冈（图六）。城寨围绕这处制高点的山包构筑。山包上部平坦，略呈椭圆形，南北长约46、东西宽约15米。北侧围绕山包从上往下修有三层半环形阶台，第一层环形阶台弧长22余米，与其下的第二层阶台之间落差坡长约7米，阶台宽约3米；第二层环形阶台弧长62、宽3米左右；第三层环形阶台与第二层阶台落差坡长7米左右，阶台弧长90、宽3米左右。山包南侧因与山相连，在此依次掘有两道南北并列的壕沟，壕沟之土，形成壕墙。壕沟上口阔约15、壕存深2米左右。在修有阶台和壕沟的山包之外的北侧山坡，依稀可见从上至下人工修整的一处处平台，似为与城址同期的居住遗址（图七、图八）。1980年第二次全国文物普查时曾在这一带采集一些夹砂红褐陶片，说明这里也是城寨的组成部分。

有学者认为吕家古城为建州女真城寨[3]，但迄今的调查在城内尚未发现明代时期的遗存。

3. 徐家古城

徐家古城位于上夹河镇徐家村黄家堡子组西约1千米的南山上，耕地属徐家村一组。出黄家堡子西行不远，在通往韩家村公路的北侧有一户人家，人家正南过公路再过一条小河有一座孤立的小山，顺着缓坡登上山顶之前，可见两级围绕着山头修筑的阶台，这里便是村民所称的“古城子”（图九、图一〇）。

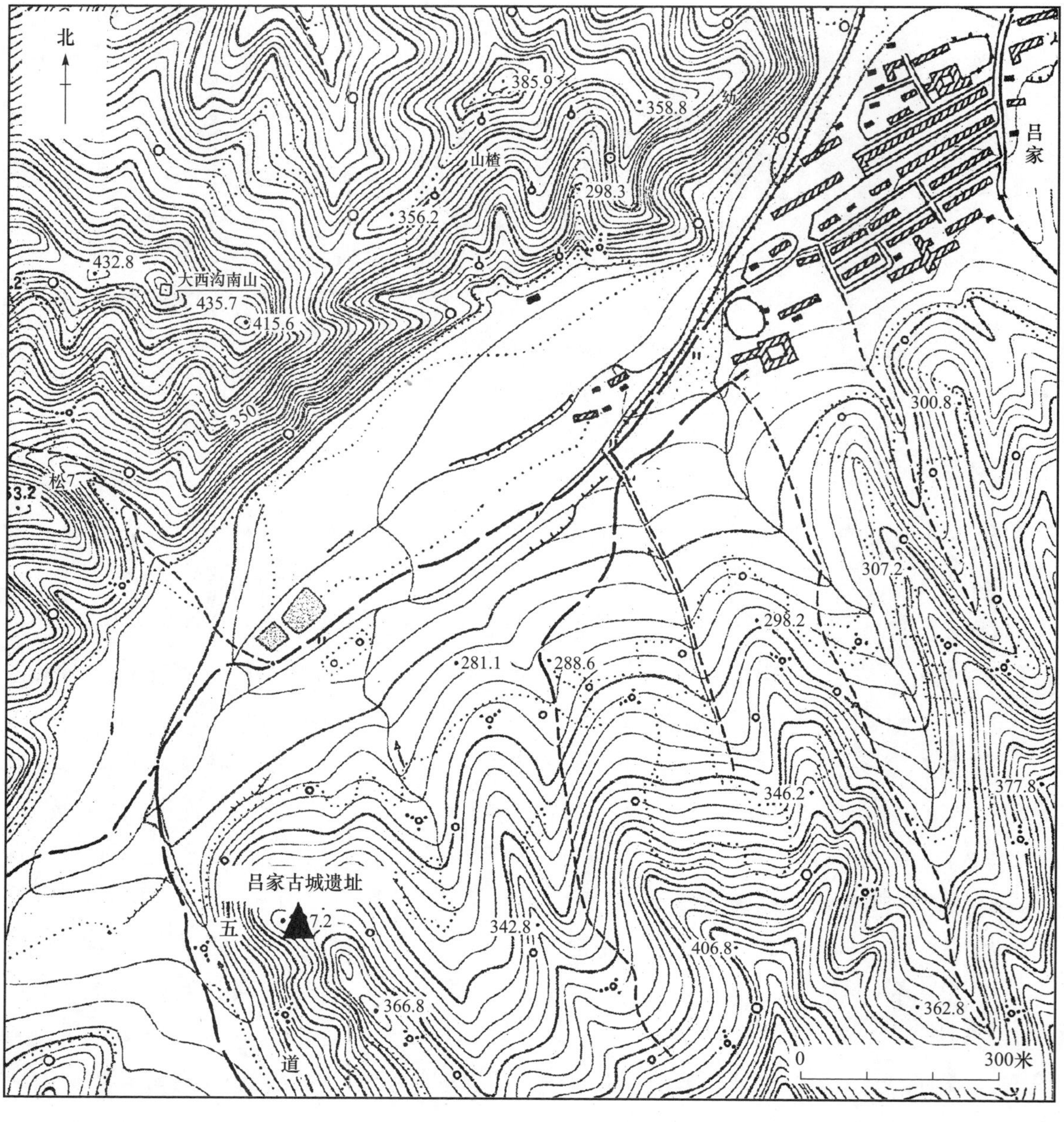

图五　吕家古城遗址地理位置示意图

图六　吕家山城远眺

图七　吕家山城台阶

图八　吕家山城围壕

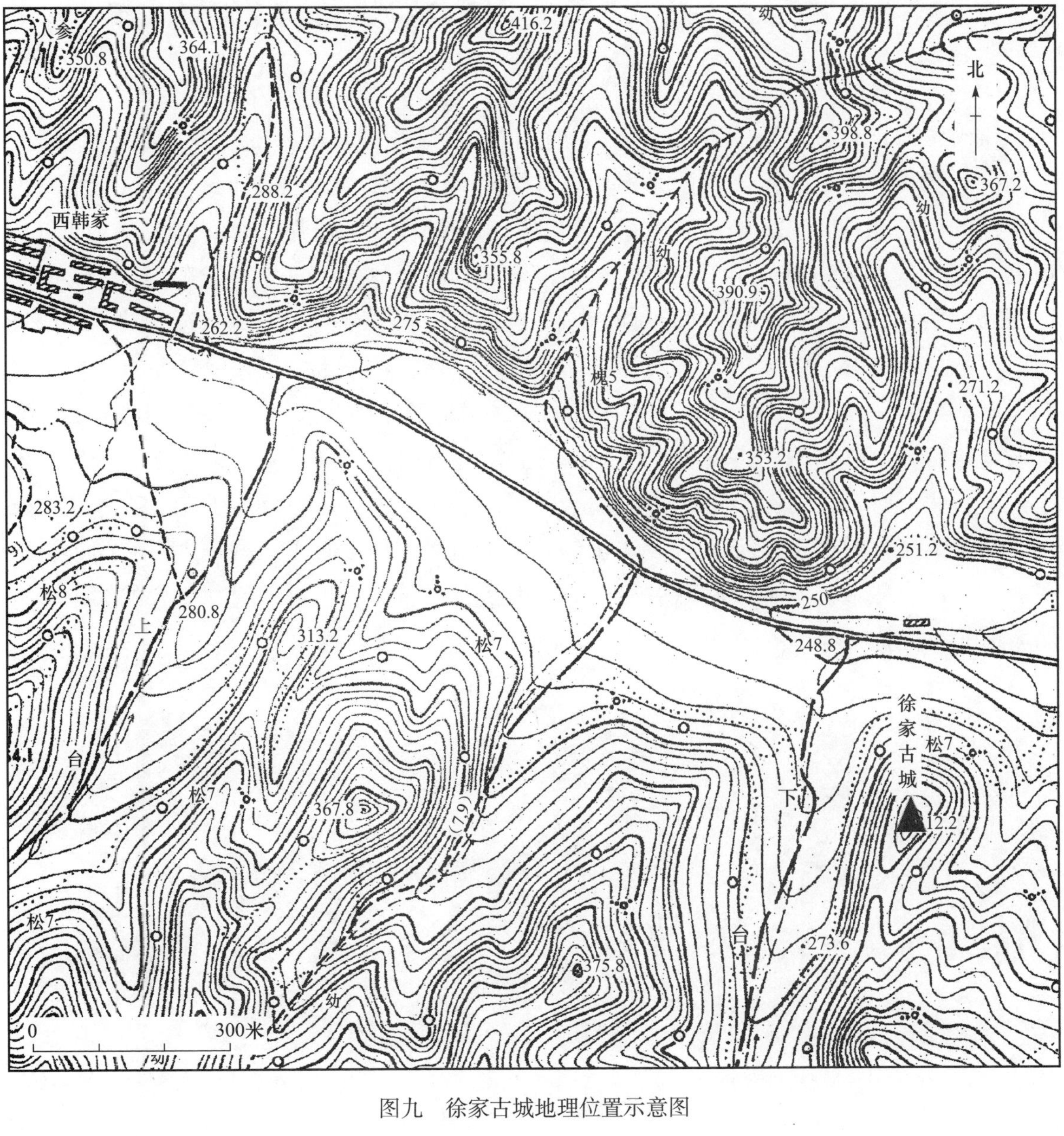

图九　徐家古城地理位置示意图

图一〇　徐家古城远眺

徐家古城的修筑特点与相隔一道山梁的吕家古城相同，都是围绕着一座一面连山、三面陡坡的山包构筑。所不同的是，徐家古城的南面虽然连山，但却是通过低缓的鞍部与南面的山冈相连，城址南、西、东为陡坡，北为缓坡。为加强城寨防御，在北面近山顶处，围绕着山体修筑有上下两级阶台，最下面的阶台修筑不规整，宽不足 3 米。阶台往西修到西坡北头停止，因西面十分陡峭，自成天险。阶台向东一直绕过东坡，和南坡的最下一道环壕相接。阶台和环壕通长约 145 米。往上约 5 米，又修一道阶台，阶台宽约 3 米。与第一道阶台一样经东坡与南坡的第二道环壕相连，阶台和环壕通长约 120 米。南坡修筑有上下并列的两道环壕，每道壕的上口宽约 10、存深不足 2 米。掘土为壕，堆土为墙，两道壕之间的壕墙底宽约 6 米。壕与阶台的上面为一南北长约 42、东西宽约 26 米的似经人工修整的椭圆形平台。站在台上，四周情况尽收眼中。城址中没有门址，但在北坡和西坡相接处与北坡和东坡交接处，都留有一道从山顶可以通往城外的 1 米多宽的坡道，以代替门址（图一一、图一二）。

图一一　徐家古城北侧阶台

图一二　徐家古城环壕南侧

有学者认为，城址为建州女真苏苏河部的兆佳城[4]，但迄今在城内的调查同样没有发现明代遗存。

4. 迎风阁山城

迎风阁山城遗址位于上夹河镇古楼村北约500米的迎风阁山上。城址中心区地理坐标北纬41°52′24.8″、东经124°22′26.7″，海拔217.9米。城址地处山冈之上，南为断崖，东为浅沟，西、北与群山相连，西南隔村约1500米有苏子河自东向西流过。城内地势平坦，视野开阔，古楼村南有镇驻地上夹河村经古楼村通抚顺市区的公路经过（图一三、图一四）。

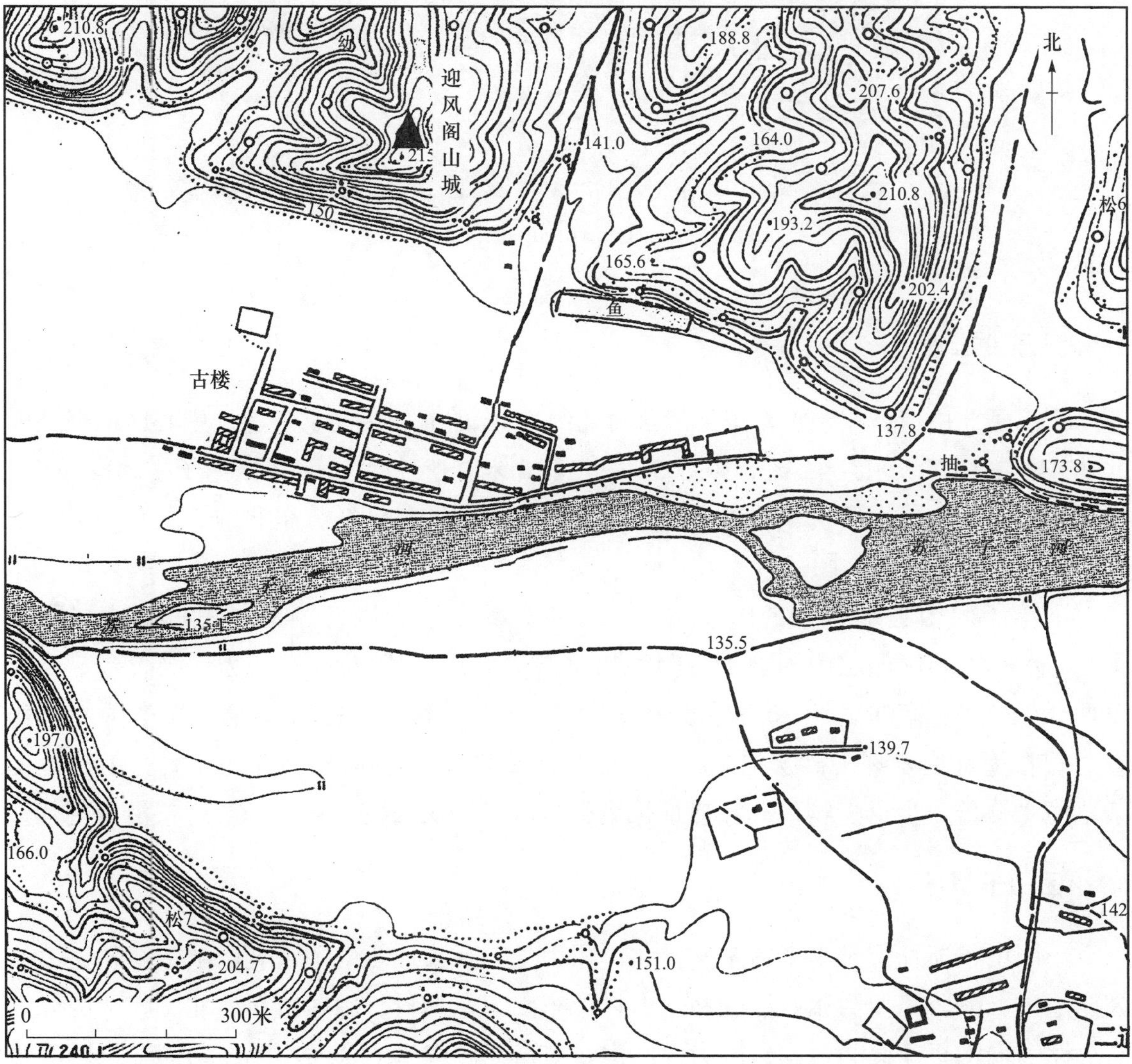

图一三　迎风阁山城地理位置示意图

迎风阁山城依自然山险而筑，城内地势平坦，可见4处人工修整的平台。平台四周掘壕设防，修成石砌护坡墙，周边有壕，壕宽约1.5米。城址平面呈长方形，东西宽40、南北长 100 米，面积约 4000 平方米。以往的调查曾在城内采集到夹砂灰陶和夹砂灰褐陶片等遗物。有学者认为该城为明建州右卫王杲时期其子阿海所居之城[5]，但城内迄今尚无明代遗存发现。

图一四　迎风阁山城远眺

5. 下湾子北山遗址

下湾子北山遗址位于木奇镇下湾子村北约 70 米的北山山冈上。遗址中心区地理坐标北纬 41°41′14.7″、东经 124°35′30.7″，海拔 378.3 米。遗址南 70 米为下湾子村，再南 600 米为镇驻地木奇村至下湾子村的公路，对面南山有一通信铁塔，东北约 2 千米为下湾子村马家堡组（图一五、图一六）。

下湾子北山遗址所在的山顶由于远望形似蘑菇状，因此当地村民称之为“蘑菇顶”。遗址地处山势陡峭山冈的平坦地带，西部修成三级阶台，东部为二级阶台。遗址东西长约 150、南北宽约 30 米，分布面积约 4500 平方米。1980 年第二次全国文物普查时曾在遗址内发现夹砂灰褐陶残片、石网坠等遗物。2008 年“三普”时，由于地表杂草灌木覆盖，少见遗物，仅在遗址采集少量的夹砂灰褐陶环耳、外叠唇口沿等陶片。

6. 小团山子遗址

小团山子遗址位于木奇镇东站村北小团山子上。遗址西南不远有南杂木至新宾镇的公路通过，隔公路便为镇政府驻地木奇村。东南为东站村，山冈所在的北、南两侧分别有公路通向沟里。北为台沟，南为福南沟。南与北侧沟里的两条小溪在山前汇合后向西注入苏子河，小团山子就是突兀耸立于路边的一个浑圆山包。地理坐标北纬 41°46′12.9″、东经 124°38′08.0″，海拔 274.5 米。遗址西距镇政府驻地约 1 千米，南隔一小溪距东（江沿）南（杂木）公路 300 米（图一七、图一八）。

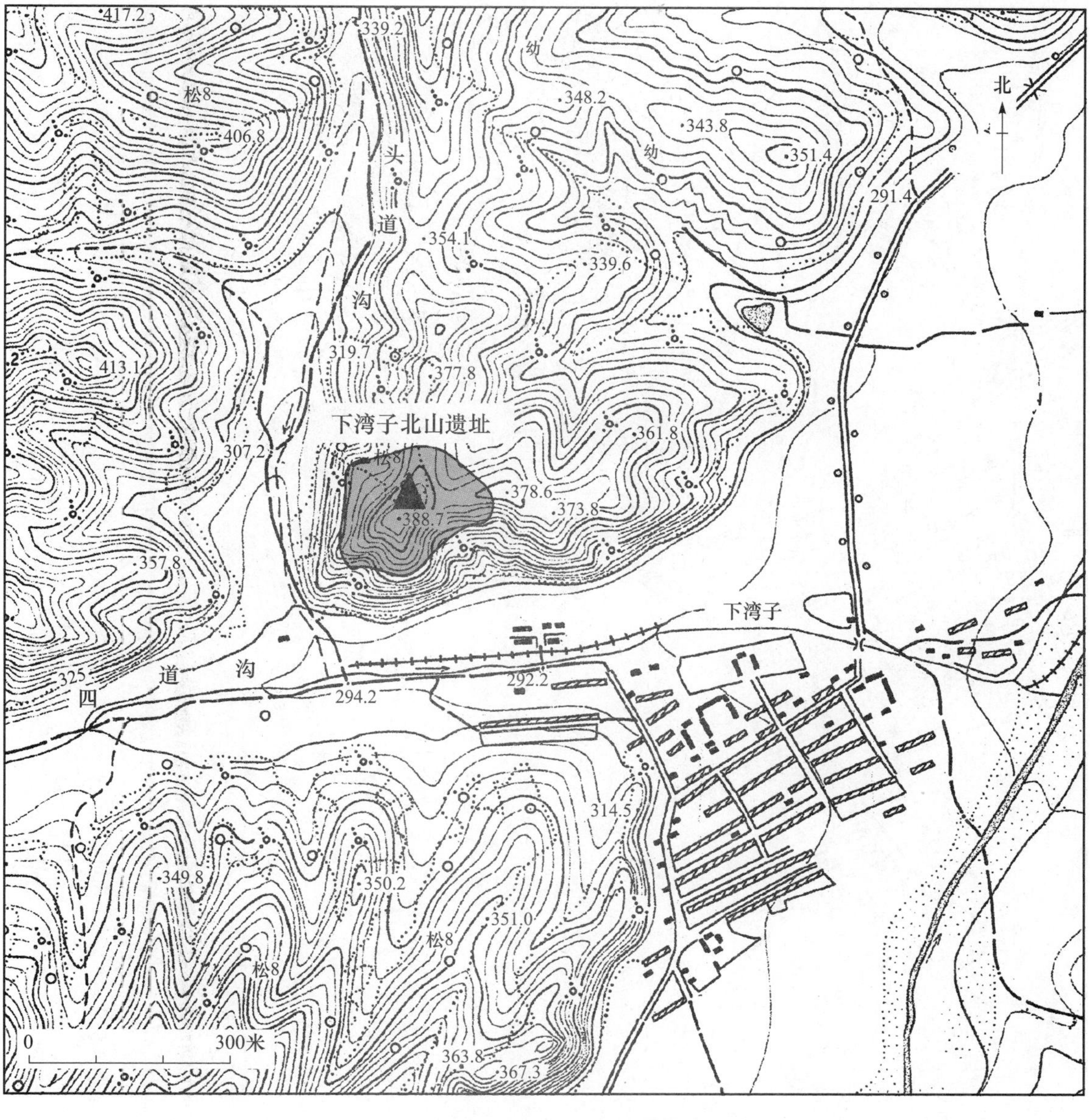

图一五 下湾子北山遗址地理位置示意图

图一六 下湾子北山遗址远眺

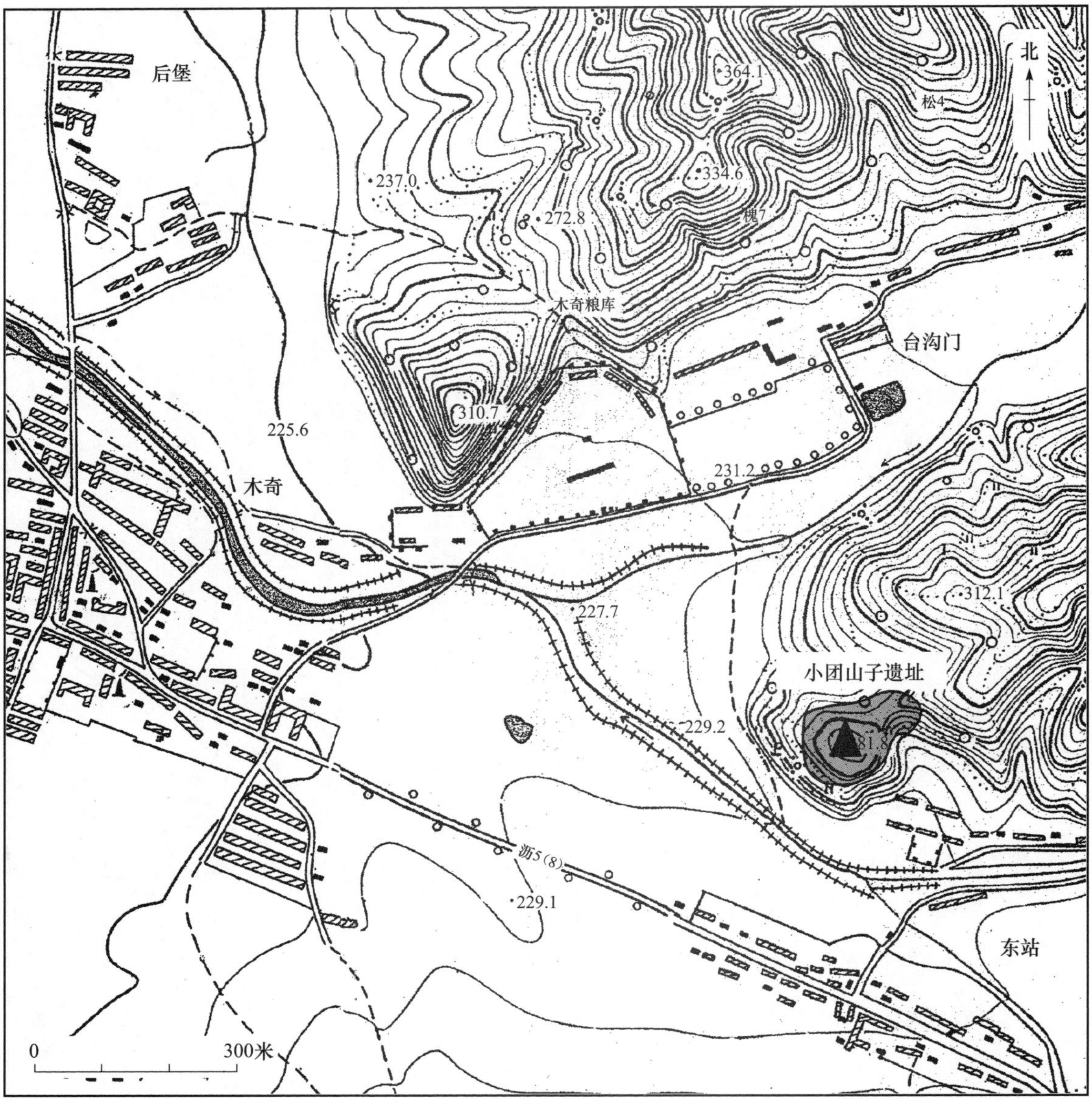

图一七　小团山子遗址地理位置示意图

图一八　小团山子遗址远眺

遗址东西长约150、南北宽约80米，面积约12000平方米。遗址包括山冈鞍部南北两侧的山包。北侧山顶有明显的五层阶台，以河卵石砌筑。遗址地表多为落叶松林、杂树和灌木，间有小开荒地内可采集些许陶片。在山冈南侧陡坡及山脚平地采集到一些夹砂灰陶片，有外叠唇口沿、环耳、豆柄等。石器有石斧、石刀、石镰、石网坠和敲砸器等（图一九～图二一）。

图一九　小团山子遗址采集的陶片

图二〇　小团山子遗址采集的石器（一）

前些年，在遗址附近的台沟村采集到3件夹砂灰陶器。一件三耳陶壶，手制，素面，敞口，尖唇，溜肩，鼓腹，腹中部一面置一桥状横耳，另两面各置一半月形贴耳，假圈足。口径7.8、腹径13.8、底径6.3、高16.2厘米。另一件双耳大口罐，手制，泥条盘筑，敞口，尖唇，斜壁，上腹对称置两舌状横鋬耳，假圈足上有手捏痕。口沿平面不成正圆，口径18～19、底径8.8、高11.5厘米。第三件无耳杯，手制，素面，无耳，口微敛，平底，口径9、底径6、高6厘米。据村民介绍，陶器似出于石棺（石盖）墓，其与遗址的关系值得注意（图二二～图二四）。

图二一　小团山子遗址采集的石器（二）

图二二　木奇台沟村出土三耳陶壶

7. 黄岗子山城

黄岗子山城位于苇子峪镇于家村黄岗子组北500米的太子河北岸山冈上。山城中心区地理坐标北纬41°26′54.0″、东经124°31′28.0″，海拔353米。山城西、南两面有太

图二三　木奇台沟村出土的双耳大口罐

图二四　木奇台沟村出土的无耳杯

子河在山下流过，北有太子河支流由北向南在城西汇入太子河。平顶山镇至苇子峪镇的公路在东南侧山下穿过，西350米有镇政府驻地苇子峪村至刘家崴子村的公路通过（图二五、图二六）。

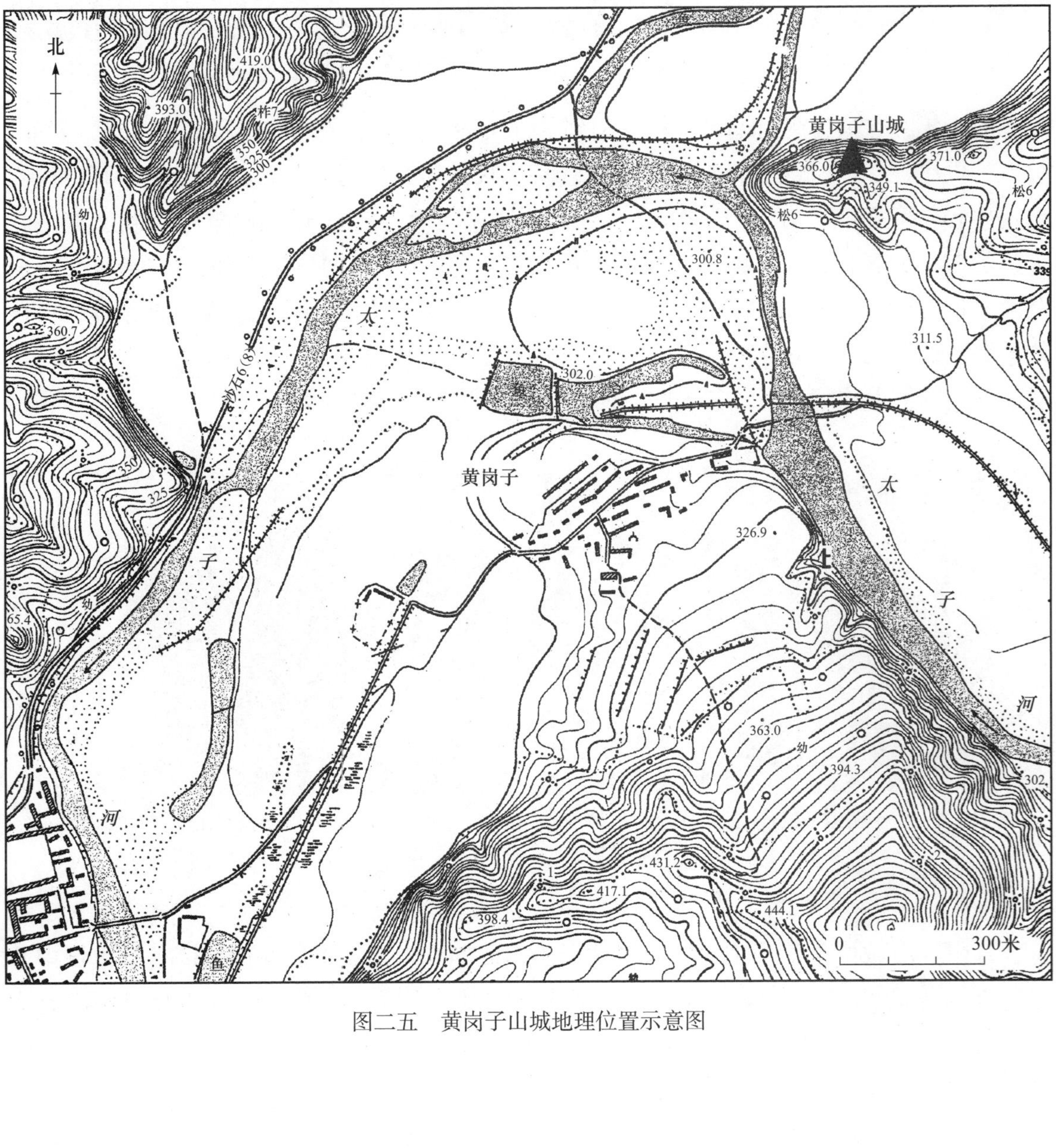

图二五　黄岗子山城地理位置示意图

图二六　黄岗子山城远眺

黄岗子山城依山而建，为山顶型城址。城址西、北、南三面悬崖陡峭，东面与山冈相连，地势险要。太子河及其支流在山城西、南两面流过。山城为东西走向，平面椭圆形，周长约540米，东西长200、南北最宽50米。城内西低东高，山城西侧有一豁口为山城西门，外有一环道可以下山。城墙用块石或土石砌筑，南、北两面石墙砌筑在自然峭壁上，高1.5、宽4米。东墙为土石混筑，墙上有一平台，地势高，视野宽阔可作瞭望之用。由于城内灌木茂密，没有遗物发现。在东城墙外的阳坡，散布有夹砂红褐陶片和夹砂灰陶片，有罐底、桥状耳、柱状耳、外叠唇口沿等，应与城址为同期遗存（图二七）。

图二七　黄岗子山城遗址采集的陶片与石器

8. 后仓河东山城

后仓河东山城位于新宾镇后仓村河东组北面的矮冈上。矮冈为西南东北走向，西南高，东北低。山城东为大莫家沟，北为开阔地，西 120 米为苏子河支流，南 200 米有小河流过。山城西、南为河东组民宅，西 500 米为新宾至清原的公路，南 800 米为新宾镇至北四平乡的公路。山城址中心区地理坐标北纬 41°47′13.0″、东经 125°05′03.0″，海拔 391 米（图二八、图二九）。

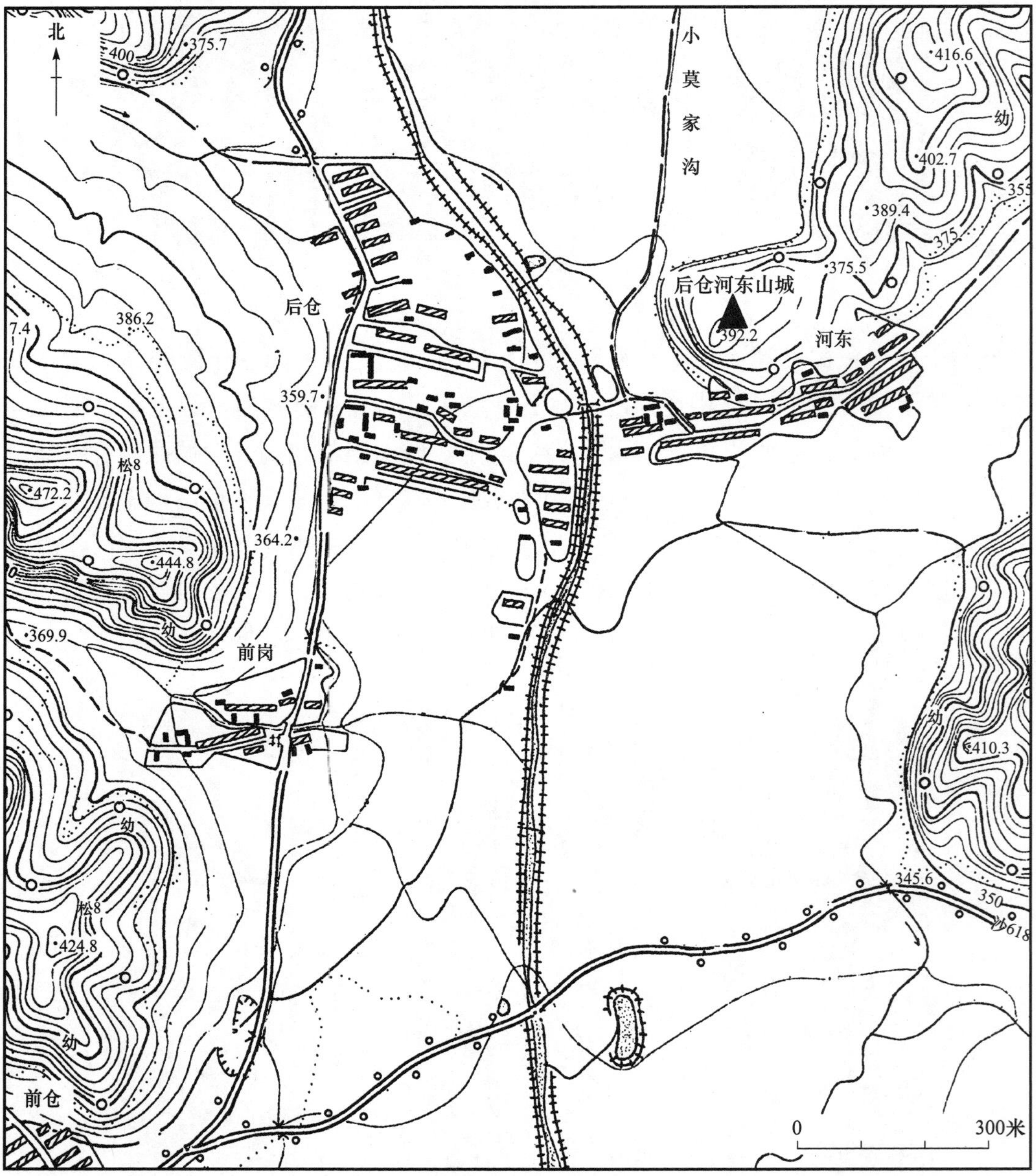

图二八　后仓河东山城地理位置示意图

山城依山势而建，分布面积约 16000 平方米，山城西、北两面为峭壁和断崖，北面有一个约 1.2 米宽的豁口，在东南缓坡上挖有护城壕与峭壁相连构成屏障，壕宽 4.7、

图二九　后仓河东山城远眺

深 1.5 米，周长约 450 米。在城址及东坡地表采集有夹砂红褐陶、夹砂灰陶及石器标本。陶器有外叠圆唇、豆柄、罐底、舌状鋬耳、三角形环耳等；石器有石镰、石砧等（图三〇～图三二）。

图三〇　后仓河东山城城址环壕

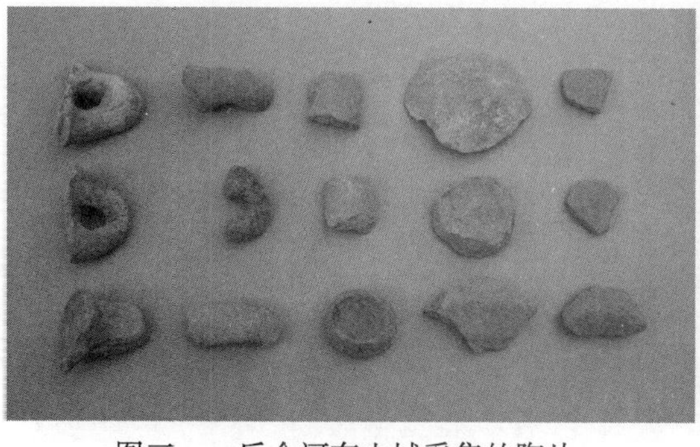

图三一　后仓河东山城采集的陶片

图三二　后仓河东山城采集的石器

2008 年“三普”时，曾在城寨址东面不远的地方发现 4 座石盖墓，墓葬与城寨址的关系值得注意。

9. 老虎砬子遗址

老虎砬子遗址位于新宾镇砬嘴村东北不远的老虎砬子山上。遗址中心区地理坐标北纬 41° 48′ 53.0″、东经 125° 04′ 10.0″，海拔 495 米。山冈为南北走向，老虎砬子西侧山下为砬嘴水库。东南 700 米为新宾镇通清原镇的干线公路（图三三、图三四）。

图三三　老虎砬子遗址地理位置示意图

遗址所在山冈山势陡峭，沟口向南，山冈窄长，宽约 7 米。西面山冈顺山势由人工修有七层阶台，山冈生长有茂密的针叶、阔叶林。地表文物遗存较少，采集文物标本有夹砂红褐陶及夹砂灰陶残片（图三五）。

图三四　砬嘴水库与老虎砬子遗址（右）远眺

图三五　老虎砬子遗址采集的陶片

2008 年“三普”时，曾在山下的砬嘴村发现石盖墓，墓葬与遗址的关系值得注意。

10. 刘家村龙头山遗址

刘家村龙头山遗址位于新宾镇刘家村东南约 500 米的龙头山上。遗址中心区地理坐标北纬 41°43′17.0″、东经 125°00′05.0″，海拔 376 米。遗址所在山冈北坡较缓，东、南、西三面为峭壁或陡坡，遗址东坡山下有苏子河从东流来，在山脚下拐向南去。南有公路在山下穿过，向南可眺望茶棚村黄花山汉代烽火台。站在遗址上向东望去，新宾镇一览无余（图三六、图三七）。

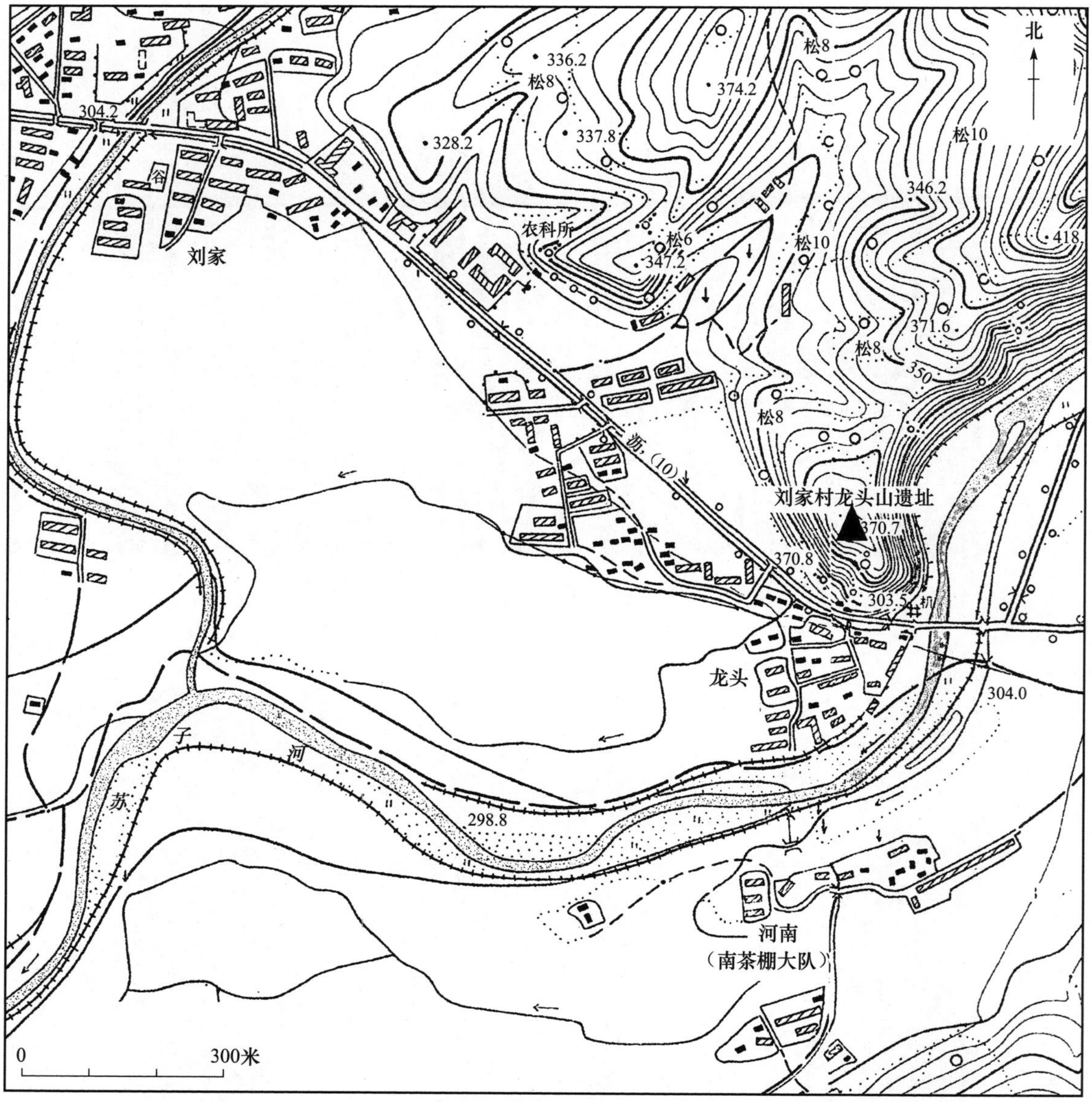

图三六　刘家村龙头山遗址地理位置示意图

遗址分布面积约 3000 平方米。由于遗址内大部分为林地，地面发现文物较少，只采集有少量的夹砂红褐陶、夹砂灰陶残片。在山顶之上，四周掘有环壕（图三八）。

11. 珠子山山城

珠子山山城位于新宾镇网户村南 800 米的西石场组内的一座小山冈上。山冈东隔公路有苏子河支流网户河从北向南汇入苏子河。城址中心区地理坐标北纬 41°43′19.0″、东经 124°54′04.0″，海拔 308 米。城址所在小山形如珠状，西北有南砬嘴山，东南有鹰嘴子山，两山好似两个龙头正对珠子山，故当地有“二龙戏珠”之说，称为珠子山（图三九、图四〇）。

图三七　刘家村龙头山遗址远眺

图三八　刘家村龙头山遗址东侧苏子河

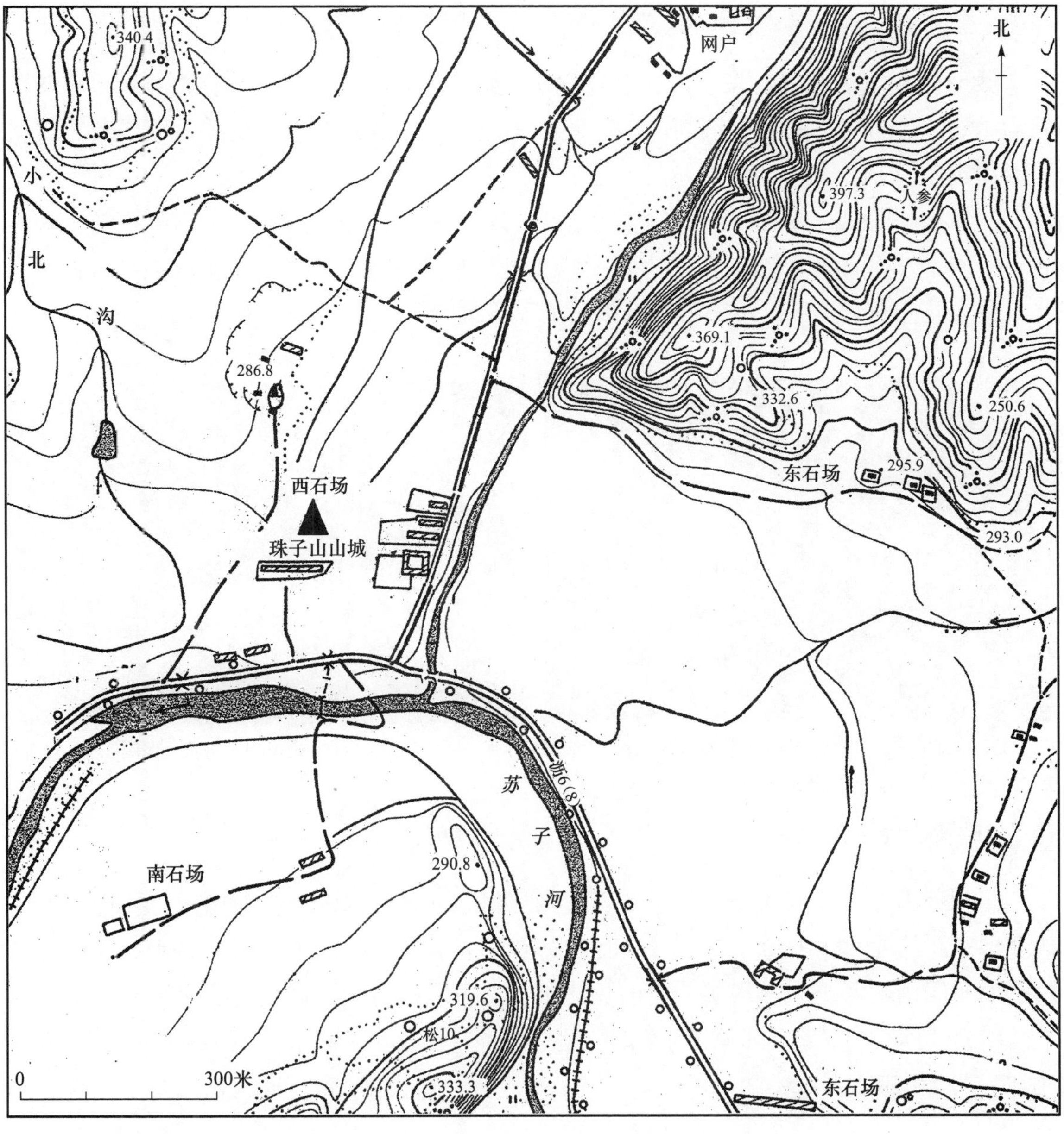

图三九　珠子山山城地理位置示意图

图四〇　珠子山城址远眺

城址所在山势较矮，东、南、北壁立。城址东西长约 50、南北宽约 30 米，分布面积约 1500 平方米。东北角为城门，有一条长 20、宽 2 米的门道。在城内地表散布较多的青花瓷片。

2008 年“三普”调查时在城内不仅发现青花瓷片，同时还采集部分夹砂红褐陶器底、口沿、外叠唇等（图四一、图四二）。由此分析，珠子山山城有早晚两期的考古学文化遗存。有学者考证城址可能为福满第六子宝实所居章佳城[6]，聊备一说。

图四一　珠子山城址采集的陶片

图四二　珠子山城址采集的青花瓷片

12. 北砬背山城（波罗密城）

北砬背山城（波罗密城）位于新宾镇网户村东北 100 米的北砬背山上。城址中心区地理坐标北纬 41°44′19.0″、东经 124° 54′55.0″，海拔 422 米。北砬背山是由北向南延伸过来的龙岗山的一个支脉尽头，因山势陡峭又位于网户村北，被村民称之为北砬背。城址西南紧挨网户村，南 1500 米为东南公路。城址南山脚下向东有通网户村东沟组的乡路（图四三、图四四）。

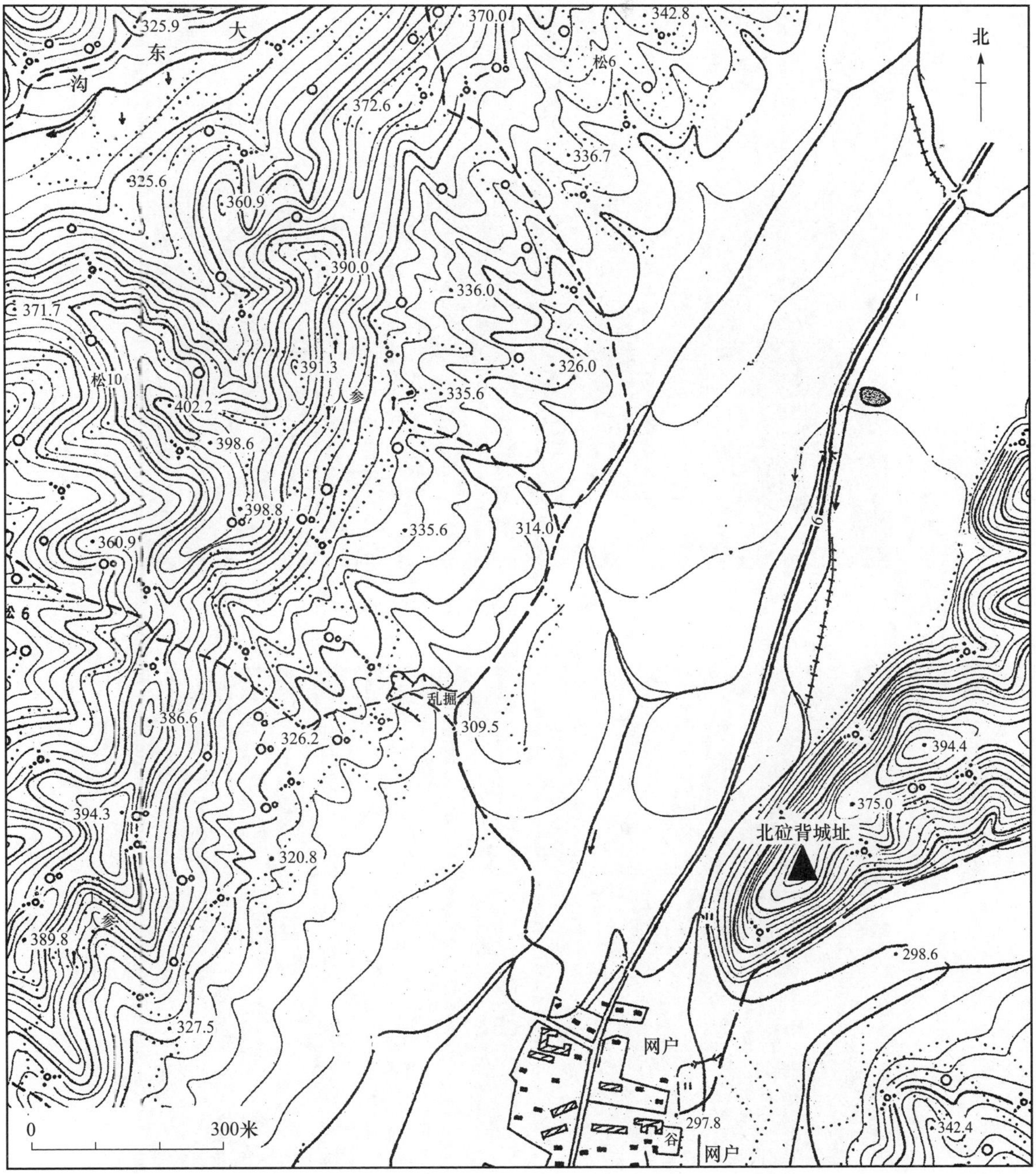

图四三　北砬背城址示意图

山城平面近似梯形，北宽南窄，城内地势北高南低，形成一南一北两个台地。山城城墙由天然山险墙和人工壕组成，分南北二门。人工壕在城东北侧长约45米，天然山险墙主要在城西侧长约50米，城南为人工修整过的陡崖。

北砬背山城，有学者认为是清太祖努尔哈赤1583年（明万历十一年）起兵之地的波罗密城[7]。但2008年的“三普”及以后的多次调查，在山城内及山下发现较多的夹砂灰褐陶片，器类有底、器座、豆柄、环耳等早期遗存，并未发现明代晚期遗存。因此，对这里是努尔哈赤起兵地的说法，有重新审视的必要（图四五）。

图四四　网户村与北砬背山城远眺

图四五　北砬背山城采集的陶片

13. 尼玛兰山城

尼玛兰山城位于永陵镇头道堡村西北约 400 米的错草沟河河西一条南北走向山冈的南端，城内地势比较平坦。山城内中心区地理坐标为北纬 41°43′42.0″、东经 124°49′51.0″，海拔 353 米。此地为一条南北延伸的狭长山谷，沟南为头道堡，向北一直到五道堡还继续延伸。从沟里流出错草沟河，两岸山势较陡峭，都为林地，缓坡地间有旱田和少量水田与菜田。尼玛兰山城对面的头道堡村位于南北狭长的错草沟南头，向北依次共有五道堡。村庄和道路沿错草沟河沿岸布列，出头道堡即县内交通干道东南公路，向右拐约 2000 米即永陵镇政府驻地（图四六、图四七）。

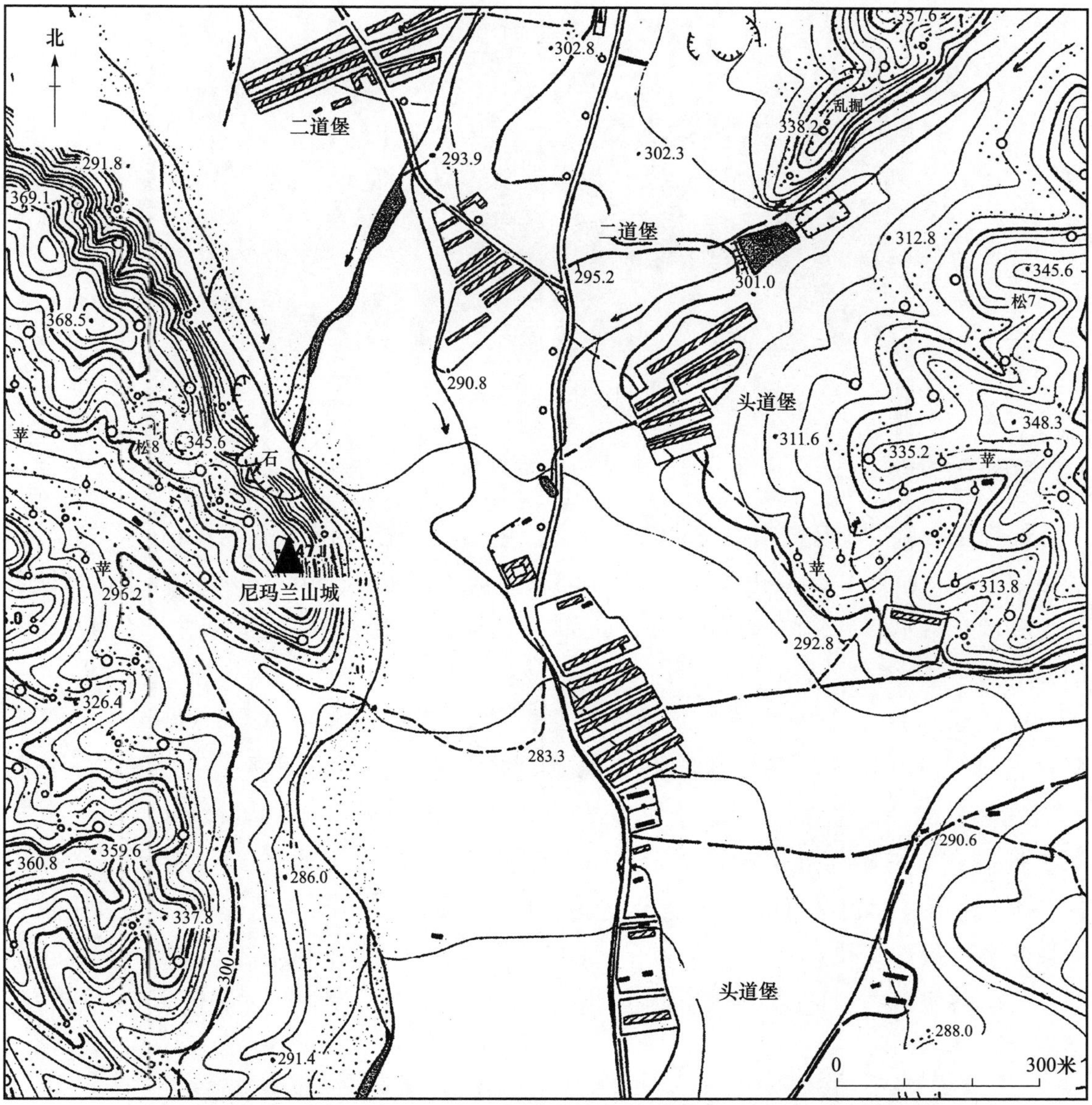

图四六　尼玛兰山城地理位置示意图

城址位于临河山冈顶端，南北长约 120、东西宽不足 25 米。北面连山，其余三面地势陡峭。山上四周掘有浅壕，壕宽约 2、深约 1 米，城内地势平坦，似经修整，向北形成三级阶台。门址不清。过去山上曾有耕地，现已退耕还林。

山城于 1980 年全国第二次文物普查时被发现，原调查者认为是建州女真努尔哈赤祖父兄弟六人之一的五叔祖包朗阿所居的“六祖城”之一尼玛兰山城[8]。但 2008 年“三普”调查时在城内及山下缓坡仅仅采集到一些夹砂灰陶片，有环耳、豆把等，未见晚期遗存。

图四七　尼玛兰山城远眺

14. 横山子古城

横山子古城位于旺清门镇夹河北村古城子组东南一条东西走向被村民称为“古城岗”的山冈东端。城址中心区地理坐标 41°46′05.0″、东经 125°18′35.0″，海拔 463 米。城址东北 150 米有富尔江自北向南流过，隔江远眺通化县富江镇政府驻地富江村（图四八、图四九）。

横山子城址位于古城岗上，城址东西长约 87、南北宽约 80 米。城址中心平台略呈椭圆形，周围有两道环壕与两道壕墙。掘土为壕，堆土为墙。两道壕墙，外侧一道底宽约 2 米，里面一道壕墙底宽约 3 米。外壕长 205 米，上口阔 8、底存宽 2、深 2 米左右；里壕与外壕相距 2 米许，里壕长 150 米，上口阔 5.5、底存宽 2、存深 1.5～2 米。东南面有一处现宽 3 米的通道，应为门址（图五〇、图五一）。地表采集到少量夹砂红褐陶片和泥质灰陶残片，主要有乳钉耳、口沿等（图五二）。1980 年第二次全国文物普查调查时定为高句丽城址，但 2008 年“三普”调查，在城址内外并没有发现高句丽特征遗存。

15. 江东山城

江东山城址位于旺清门镇江东村西北约 500 米的龙头山西端。西南隔富尔江与江西村遥望，西北可望南窑村，西面江面上有富尔江引水工程。城址中心地理坐标北纬 41°39′48.0″、东经 125°17′29.0″，海拔 454 米（图五三、图五四）。

城址西端山包东南面有一段上口宽约 4、长约 12、深 1.5 米的壕。环壕围绕形成顶径 6、底径 15、高 5 米的山头，为城内的制高点（图五五）。1980 年第二次全国文物普查时调查定名为江东墩台，认为属于后金时期。后经 2008 年“三普”复查，并没有发现明时期的遗存，而采集的夹砂红褐陶片和灰色陶片，明显早于明代。

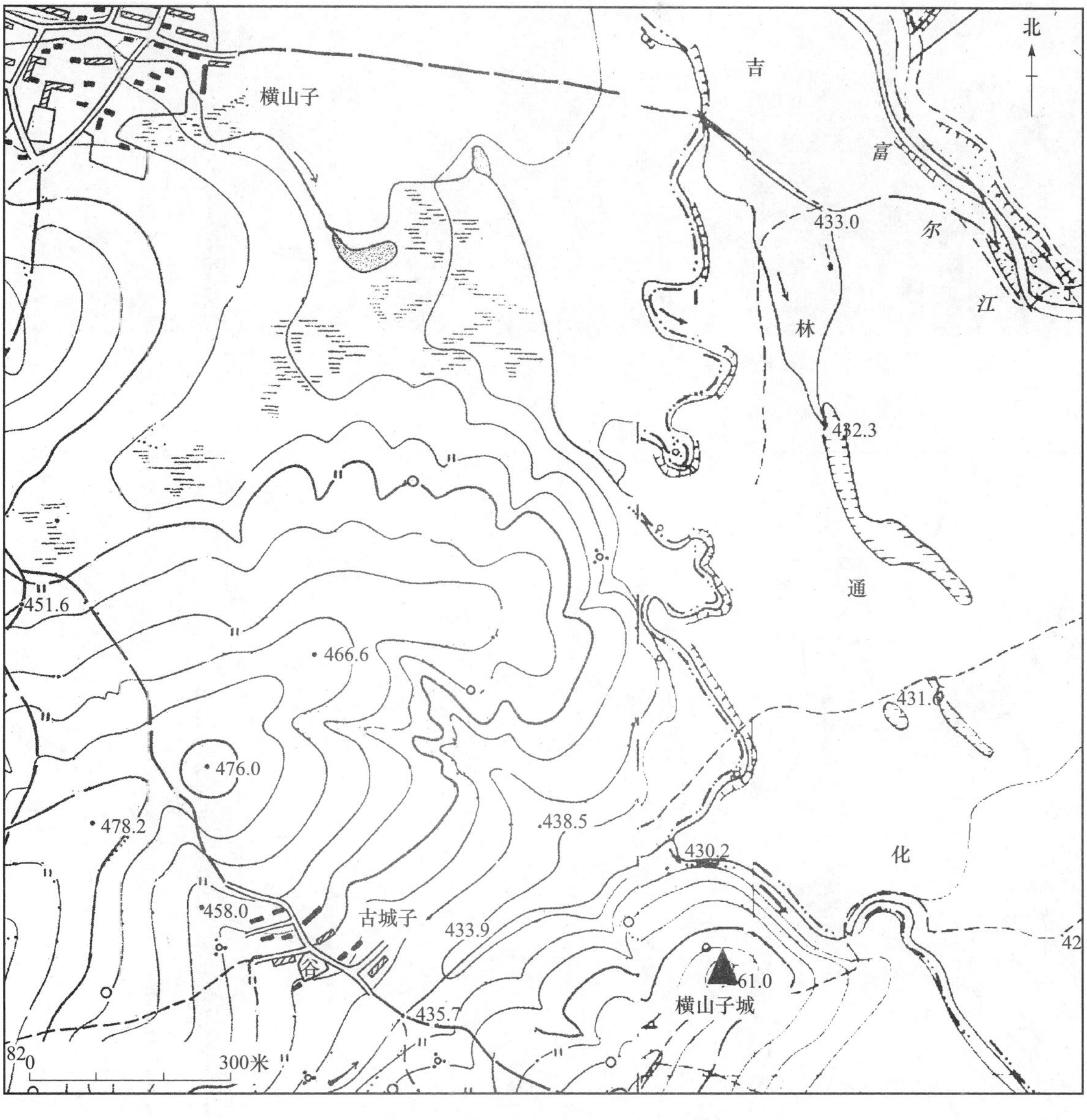

图四八　横山子城地理位置示意图

图四九　横山子城址远眺

图五〇　横山子古城北墙环壕

图五一　横山子城址东墙与环壕

图五二　横山子古城采集的陶片

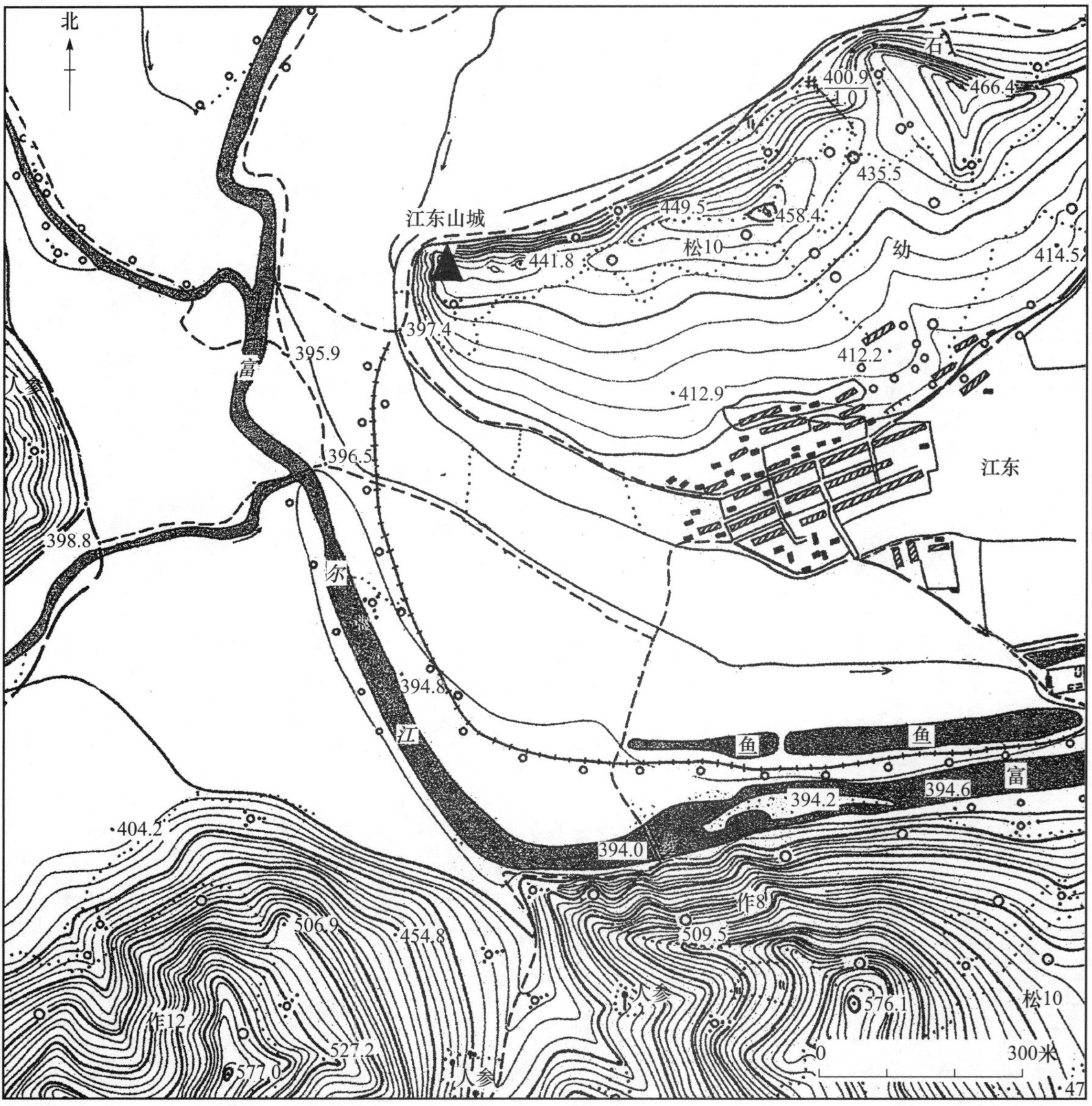

图五三　江东山城地理位置示意图

图五四　江东山城远眺

图五五　江东山城环壕

2003年，在与江东山城同一条山冈的东侧约1千米的地方，文物部门清理出三座西汉中晚期的石盖墓[9]，二者的关系亦值得注意。

16. 砬子沟城寨址

砬子沟城寨址坐落于北四平乡幸福村西北1000米的砬子沟北山向南突出的一条横冈上。遗址中心区地理坐标北纬41°48′29.0″、东经125°16′31.0″，海拔506米。遗址北、西面为高山，南面山脚下为砬子沟，砬子沟河在遗址南端山下流过，向东注入富尔江。遗址西侧有砬子沟水库（图五六、图五七）。

遗址位于砬子沟北山向南突出的横冈之上，山冈为东南至西北走向。在山冈的南头围绕着高处人工修筑了一道环壕，为护卫遗址中心而修筑。遗址分布面积约3000平方米，地表遗物较少，采集文物标本有夹砂红褐陶和夹砂灰陶片，有鋬耳、喇叭形陶豆座等（图五八）。

17. 西坎子遗址

西坎子遗址位于平顶山镇黄岗子村西北约800米的西坎子组（四组）西山，山下即为西坎子组。黄岗子村东距平顶山镇驻地平顶山村约2.2千米。遗址东山下有平顶山镇政府驻地平顶山村至苇子峪镇的公路通过，再东有太子河支流自东南向西北流过，河东为连绵高峻的群山，山下有一条常年流水不竭的小溪（图五九、图六〇）。

遗址所在为一条东西横长、南北狭窄的山冈。北、东、南为峭壁，西连逐渐高起的群山。遗迹主要位处山冈的东部山头，见有一处直径约12米的小城圈，城圈掘壕成墙，土墙高不足1、宽1米有余（图六一）。山冈以小城圈为中心，东西人工平整出若干阶台，其西侧可见连续分布的三处阶台，东侧可见两处阶台，阶台顺山梁向下修出。在遗址东侧断崖及山坡处，散布许多夹砂灰陶和黑灰陶壶、罐等器物的耳、平底、口沿等。其中器耳只采集到环耳一种。壶口沿见有高领直口和高领侈口两种，采集1件陶罐的外叠泥条口沿，泥条上有指捏痕。采集1件石斧，仅存前半。斧略作棒状，磨制窄弧刃，刃以上琢制。综观西坎子遗址陶器，以夹砂灰陶与黑灰陶为主，个别为夹砂红褐陶。陶

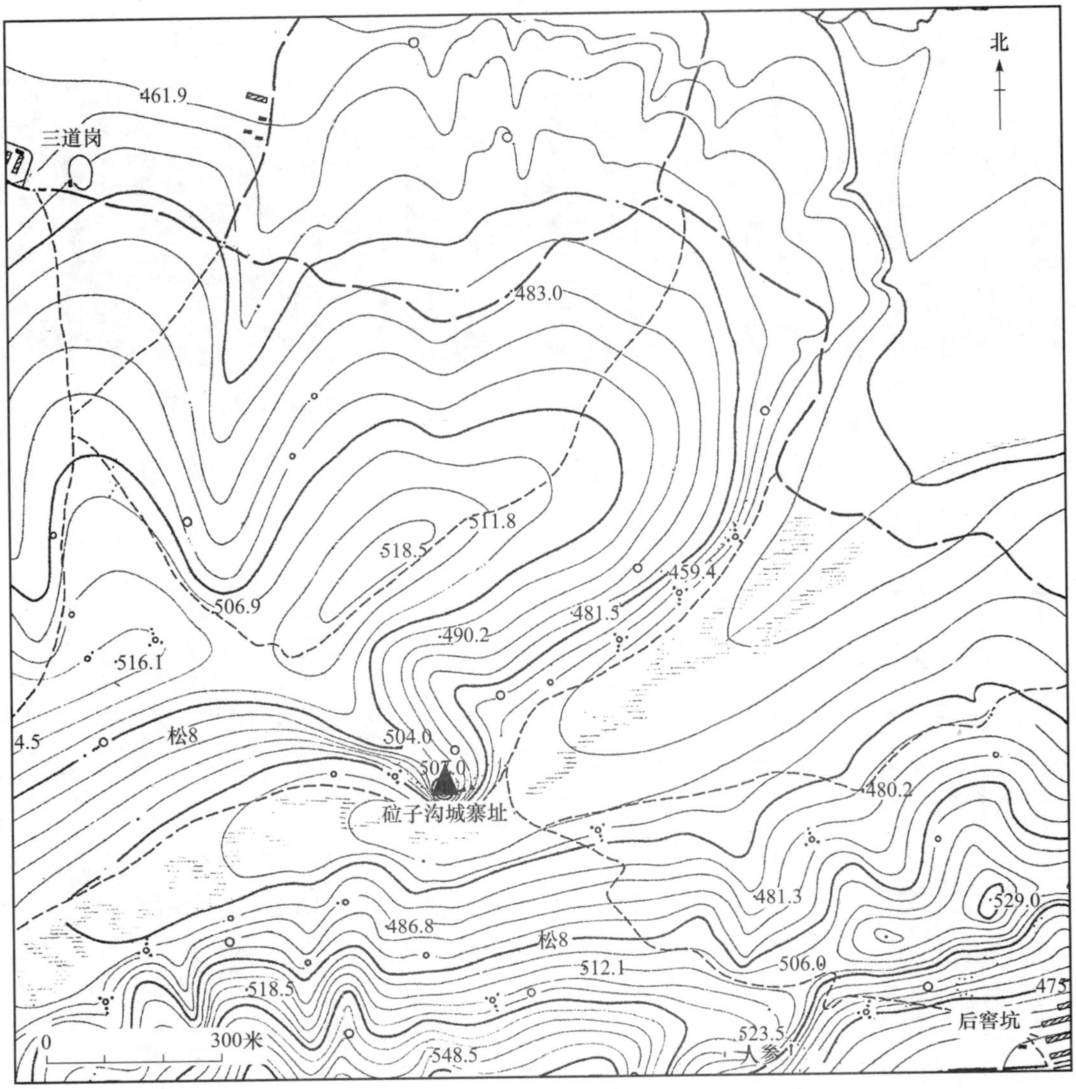

图五六　砬子沟城寨址地理位置示意图

图五七　砬子沟城寨址远眺

图五八　砬子沟城寨址采集的陶片

图五九　西坎子遗址远眺

图六〇　西坎子遗址东侧地貌

图六一　西坎子遗址环壕

质粗疏，火候不高，罕见纹饰，只在1件环耳的根部见有压印窝点痕，应是为提高器耳与器身的黏合强度而为（图六二）。

图六二　西坎子遗址采集的陶片

18. 小块石遗址

小块石遗址位于上夹河镇古楼河西村荒地组西北约1千米的苏子河北岸、村民称为“小块石”的山上。遗址除有荒地组村民的耕地外，周围皆为人工林和杂树与灌木，由于三面环水，一面连山，荒地组村民到此耕种需涉水渡河。遗址中心区地理坐标北纬41°53′45.7″、东经124°21′52.9″，海拔167.1米（图六三～图六七）。

小块石是个东西狭长的山冈，西与群山相连，东端舒展开阔，整个地形平面呈“灵芝”形，苏子河从东南流来，到此向东北折去，在山的东端又折向南回流，然后向东又向北绕过山头再向西流去，在此形成一个“几”字形大转弯，致使遗址所在的小块石山冈南、东、北三面环水，西与连绵山岭相连。山冈南北比较陡峭，坡度在40°左右。遗物分布在山冈和东、西两坡，东坡面积约100米×60米，西坡面积约150米×70米，整个遗址面积约18000平方米。采集到的文物标本有夹砂灰陶豆柄、三角环耳、陶器底、泥质绳纹灰陶片、泥质素面灰陶片、陶网坠、红烧土、铁镢、铁镐、石研磨器等（图六八～图七四）。从出土遗物内涵分析，遗址有两类文化面貌不同的遗存。一类是典型的中原燕汉时期遗存，如泥质绳纹陶器和铁镢、铁镐农具；另一类为当地土著文化遗存，如夹砂灰陶的壶、罐、豆等。第一类典型的燕汉器

图六三　小块石遗址地理位置示意图

图六四　小块石遗址远眺

图六五　小块石遗址南侧地势地貌

图六六　小块石遗址北侧地势地貌

图六七　小块石遗址东坡地势

物，特别是铁器，显然不是当地产品，而是从燕汉地区输入的器物。而当地夹砂灰陶的壶、罐、豆，以及外叠唇口沿的罐、陶器上的环耳等虽有自身特征，但壶、豆的祖型显然来自燕汉地区，甚至灰陶器的烧造，也应有外来技术的影响。据采集标本特征分析，小块石遗址与浑河流域战国至汉时期的“莲花堡遗址”[10]属于同期文化遗存。

小块石遗址虽然也处于山冈之上，但山上并没有发现环壕，除此之外，其他特征与前述 17 处城寨址基本相似，因此在此将小块石遗址一并介绍。

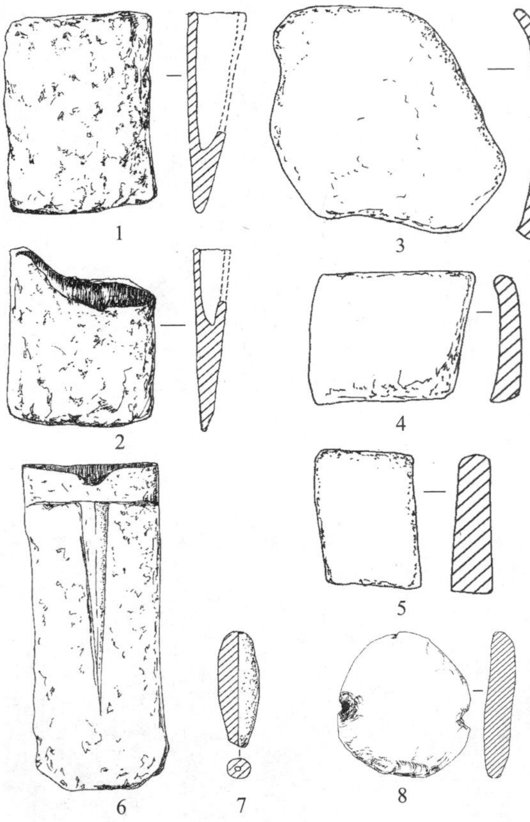

图六八　小块石遗址器物图（一）

1、2. 铁钁　3~5. 夹砂灰褐陶口沿　6. 铁斧　7. 夹砂红褐陶网坠　8. 石网坠

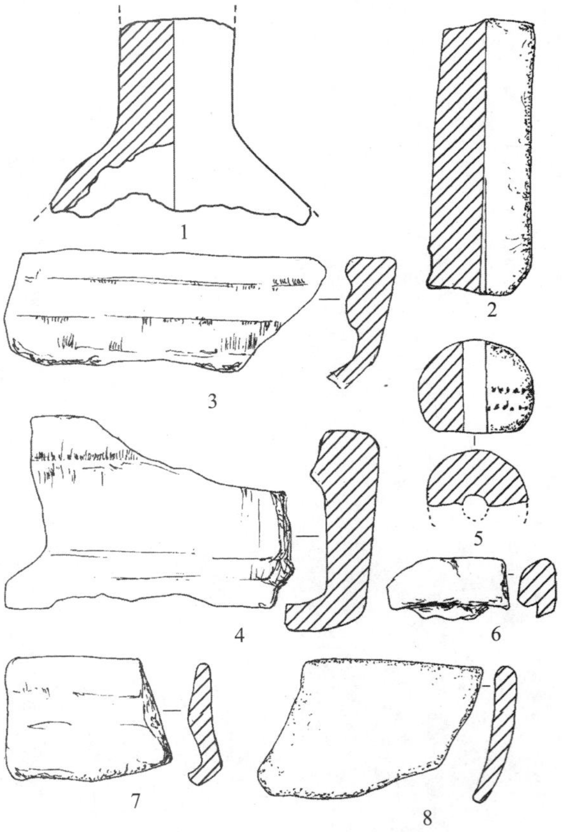

图六九　小块石遗址器物图（二）

1、2. 夹砂灰褐陶豆柄　3、4. 泥质灰陶罐口沿　5. 夹砂灰褐陶纺轮　6. 夹砂红褐陶叠唇口沿　7. 泥质红陶口沿　8. 夹砂灰褐陶口沿

图七〇　小块石遗址采集的泥质灰陶片与红烧土

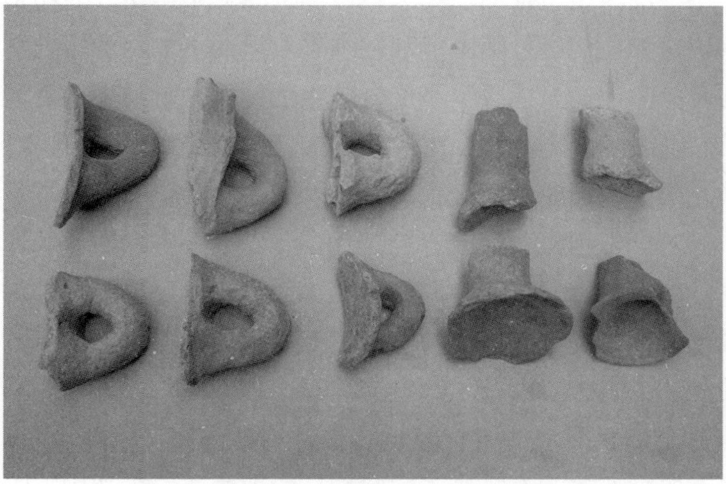

图七一　小块石遗址采集的陶器耳与陶豆把

图七二　小块石遗址采集的陶网坠（残）

图七三　小块石遗址采集的石器

图七四　小块石遗址采集的铁农具（残）

二、结　　语

这里介绍的 18 处遗址，全部是调查资料，没有一处遗址经过考古发掘。因此对于其内涵、性质以及年代的分析，不可能全面。有些判断，不一定准确。

（1）这些遗址一个共同的特点就是都位处山冈之上，没有选择在河旁漫滩和阶地的。而且山冈一般都是三面比较陡峭，一面连山的地形，山旁都有水源。从大多数遗址都修建有环壕分析，这些聚落都有简单设防，据此可将这些聚落所在称为城寨址。城寨址的面积都不大，小者几千平方米，大者一万平方米左右，居住二十几户人家。一个城寨可能就是一个以血缘关系为纽带聚族而居的部落。从这些城寨都选择在山冈之上建城，而且在山冈上多修筑有环壕和阶台的情况分析，防御是人们选址的第一要义。他们可能处在"强凌弱，众暴寡"的社会变革时期，部落之间的争斗一定十分激烈。

（2）此类遗址分布稀疏，文化层浅薄，遗址面积不大，内涵也相对不丰富，表明他们在一地居住的时间相对很短，这应和他们必须随季节和被采集对象的多寡而不断迁徙才能满足生计需要的情况是相吻合的。他们只能以很小的群体生活，因为食物资源有限使他们无法以较大的规模聚集在一地生活。这些先民们使用着落后的石器，从事狩猎、渔捞、采集野生植物等经济活动，渔猎采集经济应是主要的生计方式。而铁农具的发现表明，在燕汉先进文化的影响下，这里可能已有了粗放的农耕生产。

（3）关于这些城寨址的年代，由于考古资料皆为调查所得，无法全面反映遗址的内涵，势必给年代的确定带来困难。我们初定为战国至汉时期，主要依据的是采集的夹砂灰陶和黑灰陶的壶、罐等器物的耳、平底、口沿等。其中器耳有环耳、三角环耳和鋬耳三种，壶口沿见有高领直口和高领侈口两种，外叠泥条罐口沿，有的泥条上有指捏痕，还有高柄豆和矮圈足豆等；石器有棒状石斧、石镰等。这些特征的器物流行于战国至汉时期的辽东地区[11]，在有些遗址里还发现一些典型的燕汉时期的铁农具和泥质绳纹灰陶器，故而将这些城寨遗址的年代定为战国至汉时期。

（4）战国时期，燕"南通齐、赵，东北边胡。上谷至辽东，地踔远，人民希，数被寇，大与赵、代俗相类，而民雕捍少虑，有鱼盐枣栗之饶。北邻乌桓、夫馀，东绾秽貉、朝鲜、真番之利。（司马贞）索隐：东绾秽貉。案：绾者，绾统其要津"[12]。"绾"有统摄之意。

公元前 3 世纪中叶前后，燕与胡人的关系发生变化，双方的矛盾演变为军事斗争。于是，秦开"袭破走东胡，东胡却千余里。……燕亦筑长城，自造阳至襄平，置上谷、渔阳、右北平、辽西、辽东郡以拒胡"[13]。《盐铁论》："燕袭走东胡，辟地千里，度辽东而攻朝鲜。"[14]这里的记载增加了燕对朝鲜的征伐。对秦开伐朝鲜，《魏略辑本》卷二十一《朝鲜》也有记载[15]。燕是第一个将行政区域扩展到辽河流域中下游地区的周朝诸侯国，在中国古代史上意义重大。

"汉兴，为其（朝鲜）远难守，复修辽东故塞，至浿水为界。"[16]《汉书 • 匈奴传》：

“竟宁元年……（郎中侯）应曰：‘臣闻北边塞至辽东，外有阴山，东西千余里……至孝武世，出师征伐，斥夺此地，攘之于幕北。建塞徼，起亭隧，筑外城，设屯戍，以守之，然后边境得用少安。’”[17]

汉初，楚汉相争刚刚结束，国家财力拮据，只能在燕秦长城的基础上，略加修葺而用。所谓“至孝武世，出师征伐，斥夺此地”，说的是在辽东地区，汉武帝元封二年（前109年），汉朝出兵朝鲜。第二年，结束了卫氏朝鲜政权的统治，“以故遂定朝鲜为四郡”，四郡的名称，裴駰集解：“真番、临屯、乐浪、玄菟。”[18]

上述四郡中，以玄菟郡与今新宾的关系最为密切。《汉书•地理志》：“玄菟郡，武帝元封四年开。”汉政府元封三年（前110年）征服朝鲜，转过年设立了包括玄菟郡在内的四郡管理当地。这应是“自始全燕时，尝略属真番、朝鲜，为置吏，筑障塞”[19]历史的延续。另据《三国志•魏书•东沃沮传》记载：“（武帝）伐朝鲜，杀（卫）满孙右渠，分其地为四郡，以沃沮城为玄菟郡。”玄菟郡“后为夷貊所侵，徙郡句丽西北，今所谓玄菟故府是也。”[20]《后汉书•东夷传》称：“至昭帝始元五年（前82年），罢临屯、真番以并乐浪、玄菟，玄菟复徙居句骊。”因此，史学界多以始元五年（前82年）为玄菟郡西迁之年是有道理的。

据《汉书•地理志》“玄菟、乐浪，武帝时置，皆朝鲜、秽貉、句骊蛮夷”的记载分析，乐浪和玄菟两郡是分别管理朝鲜、秽貉和句丽等族的。

在玄菟郡下辖的三个县中，高句丽县为玄菟郡的附郭县，也就是郡治与县治在一个地方。这个地方，学者多认为就是今天新宾满族自治县永陵南城址。永陵南城址二期文化遗存就是玄菟郡迁来此地所修建的郡治址亦即高句丽县治址所在[21]。

玄菟郡治的迁来和高句丽县的设立，使今新宾的历史地位凸显。玄菟郡和高句丽县持续管辖今永陵及周边地区将近二百年，大约在东汉安帝永初元年（107年）前后，才将郡县衙署西迁到今抚顺市区一带。玄菟郡和高句丽县治所在苏子河畔，不但修筑了郡、县城池（今永陵南城址二、三期遗存），而且修筑了从这里沿苏子河、浑河一直通向西汉时曾为辽东郡中部都尉治的候城（具体地点未定，一说在今沈阳市区，一说在沈阳上佰官或青桩子汉城），即今沈阳的烽燧线，至今城址和许多烽燧址遗迹尚在[22]。

秦开却胡伐朝鲜对辽东地区的影响十分深刻，而汉玄菟郡在近两个世纪的时间里对今新宾地区在政治、经济和文化上的影响更为深远。上列一些城寨址中发现既有土著特点又明显可见燕汉文化因素的夹砂灰陶壶、灰陶豆等，就是这种历史背景下的产物。

（5）上列城寨址有许多被调查者认定为女真城寨，但是否可靠需慎重对待。明朝正统年间以来的苏子河流域，主要为大明属夷建州三卫女真活动地域，后来聚散分合，演变成所谓的“建州五部”。早期的建州三卫女真，一卫之下，多为以血缘关系为纽带聚族而居的部落。“野人散处，或五六户，或十余户，或十五余户，屯居不常”，“不喜羁系一处”[23]。“彼人（此指建州女真——引者）所居，非如大都，而无城郭，……作屯聚居。”[24]永乐末年，建州卫李满住迁居浑江沿岸，并不建城，而是依托高句丽废城，遇警进城躲避。到嘉靖末年，建州女真王杲与王兀堂崛起，为防御内外敌人，也只是修了一些山寨而已，他们尚无力修建有规模的城池。至于清官书所谓努尔哈赤曾祖福满的“六子六处，各立城池”[25]的记载，只是一种追尊的说法。他们所居之处，不过是一些“树栅为寨”的村寨罢了。因此，考古调查很少发现明确的早期女真城址，其原因概缘于此。努尔哈赤起兵之初，手下不过几十人而已，连个亲兵护卫都没有，根本无力修筑城池。后来，东征西讨，聚众日多，渐成国家雏形。于是，为防御外患，修建城池自然提上日程。但综观努尔哈赤在今抚顺包括新宾时期，所建只不过三四座王城而已，八旗各旗亦没有为自己所部修建城池。因此所谓“六祖城”，所谓努尔哈赤起兵时的城池，多属揣测而已，并没有考古学上的坚实论据。当然，我们也不否认一些早期的城寨址可能曾被建州女真利用过，如天桥岭山城、珠子山山城，还有在此没有介绍的界藩城、上夹河镇龙头山城（古勒寨）等。

（6）这些城寨址的附近，往往分布有石棚、石盖墓，这是一个值得关注的考古现象。

最后还需指出的是，与这些城寨址所出文物标本内涵相同的聚落遗址，迄今在新宾已发现有六七十处，差不多在各个乡镇都有分布，这里只以小块石遗址为代表加以介绍。这些聚落遗址的选址条件与上述城寨址的选址条件基本一致，之所以在此仅仅介绍小块石遗址，是因为在其他遗址里尚未发现环壕和阶台遗迹，这一方面可能是有的遗址确实没有这类设施，另一方面也不排除调查不全面所致。实际上，这些聚落遗址当年可能都是具有防御作用的城寨。

执　笔：萧景全

注　释

［1］ 傅波：《抚顺地区清前遗迹考察纪实》，辽宁人民出版社，1994 年，90 页。

［2］ 张德玉：《满族发源地历史研究》，辽宁民族出版社，2001 年。

［3］ 同［1］，113 页。

［4］ 同［1］，109～113 页。

［5］ 同［1］，90～91 页。

［6］ 李荣发：《清太祖六祖城考》，《抚顺地区清前遗迹考察纪实》，辽宁人民出版社，1994 年，234 页。

［7］ 李荣发：《清太祖兴兵之地考》，《抚顺地区清前遗迹考察纪实》，辽宁人民出版社，1994 年，237～243 页。

［8］ 同［6］，232～234 页。

［9］ 肖景全：《新宾旺清门镇龙头山石盖墓》，《辽宁考古文集》（第二集），科学出版社，2010 年。

［10］ 王增新：《辽宁抚顺市莲花堡遗址发掘简报》，《考古》1964 年 6 期。

［11］ 肖景全、周向永：《辽吉两省相邻地区早期铁器时代考古学文化遗存的调查与研究》，《辽宁省博物馆馆刊》（第 2 辑），辽海出版社，2007 年。

［12］《史记》卷129《货殖列传》第69，中华书局，1959年点校本，第10册，3265页。

［13］《史记》卷110《匈奴列传》第50，中华书局，1959年点校本，第9册，2885～2886页。

［14］《盐铁论·伐攻·第四十五》，《诸子集成》，上海书店，1986年影印本，第8册，47页。

［15］《魏略辑本》卷21《朝鲜》三页下，《东北古史资料汇编》第一卷，辽沈书社，1989年，369页。

［16］同［13］。

［17］《汉书》卷94下《匈奴传》第64下，中华书局，1962年点校本，第11册，3804页。

［18］同［13］。

［19］同［13］。

［20］《三国志·魏书》卷30《东沃沮传》。

［21］吕学明、李新全、苏鹏力，等：《抚顺市新宾永陵南城址》，《中国考古学年鉴》（2005～2009），文物出版社，2005～2009年；李新全：《高句丽县治址与玄菟郡一迁址考》，《庆贺徐光冀先生八十华诞论文集》，科学出版社，2015年。

［22］孙守道：《汉代辽东长城列燧遗迹考》，《辽海文物学刊》1992年2期；萧景全，李继群：《抚顺发现汉代烽台遗存》，《中国文物报》1999年4月18日；萧景全：《辽东地区燕秦汉长城障塞的考古学考察研究》，《北方文物》2000年3期；冯永谦、吉昌盛、萧景全，等：《沈抚地区汉代峰燧址考察记要》，《辽宁长城》，2002年。

［23］《李朝世宗实录》卷94，二十三年十二月己未；卷82，二十年秋七月癸巳。

［24］《李朝中宗实录》卷61，二十三年四月壬戌。

［25］《清太祖武皇帝实录》卷之一，参见潘喆、孙方明、李鸿彬：《清入关前史料选辑》（第一辑），中国人民大学出版社，1984年，299页。

法库县四家子乡王家窝堡辽墓发掘简报

沈阳市文物考古研究所

2015年8月初，法库县文管所向沈阳市文物局报告，位于法库县四家子乡王家窝堡村的一座古墓葬被盗。沈阳市文物局指派沈阳市文物考古研究所业务人员于8月5日赶赴现场，确认被盗墓葬为一座辽代砖室墓，随即开始抢救性清理。8月14日清理工作完成。参加本次工作的人员有沈阳市文物考古研究所付永平、林栋、张宏涛及法库县文管所所长刘洋、工作人员赵志远等。

一、地理位置及地层堆积

该墓葬位于法库县四家子乡王家窝堡村南部（图一）一座小山南面向阳坡半山腰，东临南八虎山。墓葬开口于表土层下，打破山体基岩，表土层为黄褐厚度40～50厘米。

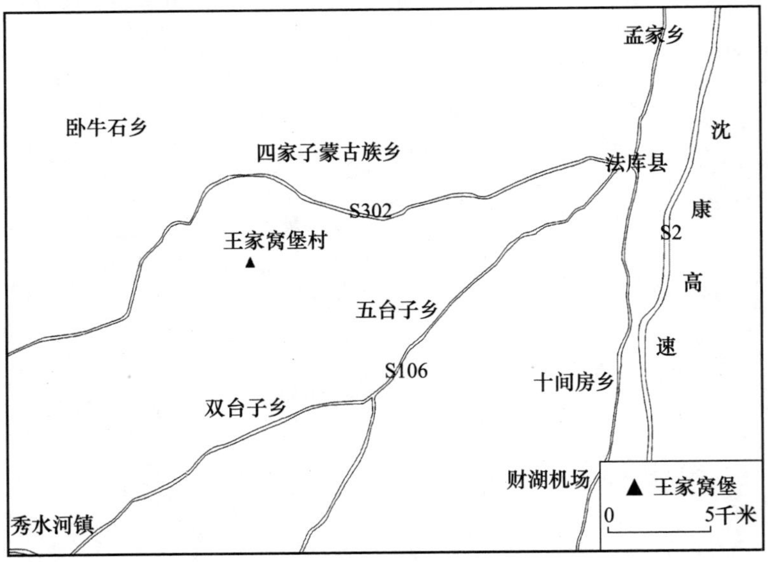

图一　墓葬位置图

二、墓葬发掘情况

墓葬发现时已遭严重破坏，墓室顶部被毁，墓底尸床上的部分墓砖被起出，墓道已消失。墓葬填土为基岩与白灰等混合而成的花土。本次发掘采用自上而下的发掘方法，依次清理表土层、墓圹内的填土及墓室内部。

该墓由墓门、甬道及墓室等部分组成，墓道部分全部破坏。方向为南偏东 20°。墓葬编号为 2015FSWM1（图二；图版六，1）。

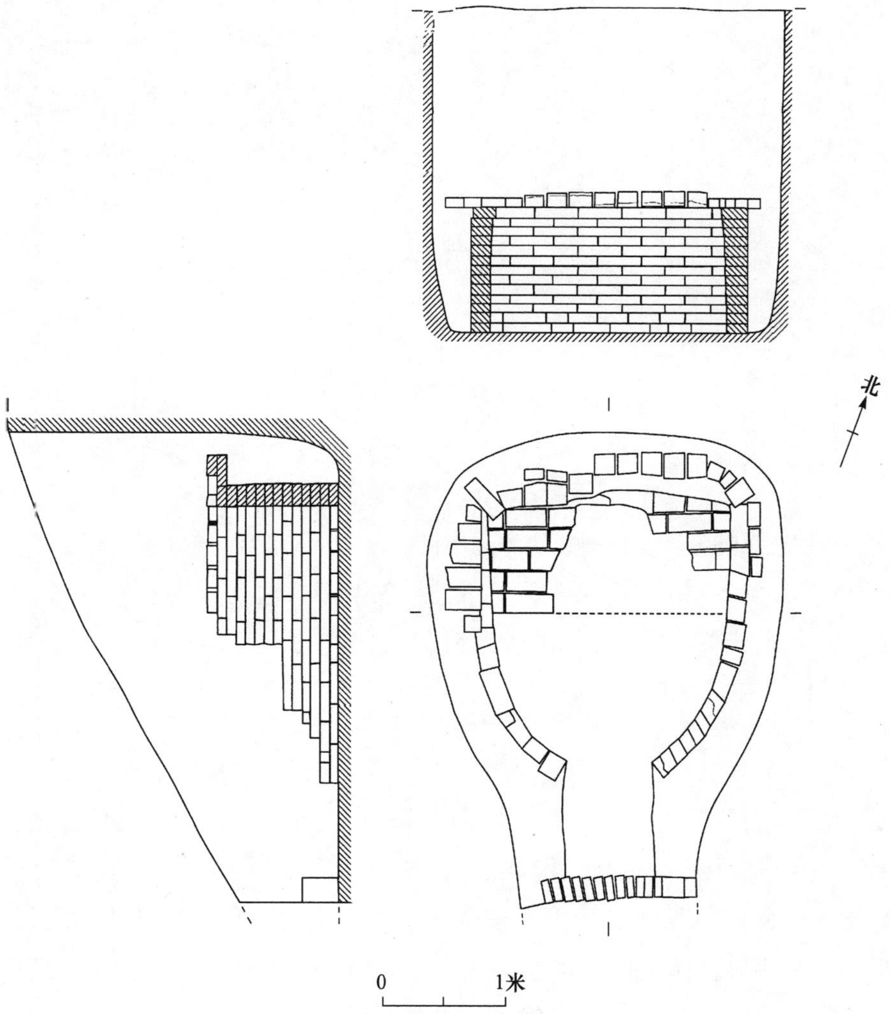

图二 墓葬平、剖面图

墓室　平面近马蹄形，前部内收为弧形，宽 0.9、后部宽 2.6、南北长约 2.6 米。墓室北壁保存高度约 1.1 米（图版六，2），由 15 行平砖砌成。

甬道　长约 0.9、宽约 0.8 米，顶部被破坏。

墓门　宽约 1.2 米，仅保存一行斜立的封门砖。

尸床　位于墓室北部，与北壁相接。由两层平砖砌成，长 2.2、宽 0.9、高 0.16 米。

墓砖　规格基本一致，长 36、宽 16、厚 7 厘米左右。带有手印纹的墓砖（图三；图版六，3）占有一定比例。其他未发现任何随葬品。

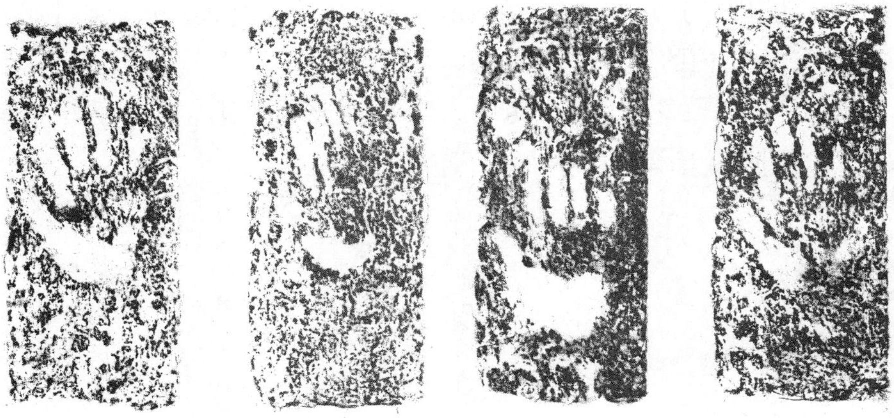

1　2　3　4

图三　墓砖拓片

1～4. 墓砖拓片（M1：1～M1：4）

三、结　　语

1. 墓葬年代

该墓葬未发现任何随葬品，从墓葬形制特征看，马蹄形砖室墓与沈阳市区八王寺墓群 2004DBYSM5 形制相同。二者尸床的样式也基本相同，面积均较小，占墓室的比小于 1/2。后者出土多枚北宋中晚期铜钱，时代在辽代晚期。据此判断本次发掘的 2015FSWM1 时代也在辽晚期。

2. 发现意义

本次发掘墓葬虽然遭到严重破坏，墓葬规模较小，等级较低，且无任何随葬品，但仍然进一步丰富了法库地区辽代墓葬形制和葬俗方面的资料。马蹄形砖室墓在辽代墓葬中发现较少，沈阳地区此前仅见于市区内大东区的八王寺墓群，在法库县境内发现尚属首次。本次发掘所见的手印纹墓砖，此前也仅在沈阳广宜街辽墓群和彰武差大马辽墓等少数辽代墓葬中有所发现，手印纹墓砖在金代墓葬中比较流行。就目前发现情况看，此类手印纹砖可能源于唐代中晚期西安地区皇室成员陵墓中。此次发现为研究手印纹砖墓在辽代的分布和传播提供了有价值的线索。该墓葬在形制特征及葬俗等方面与以往法库地区发现的大型契丹贵族砖室墓和中小型石室墓均有较大差别，在文化内涵方面更多地体现出了辽代汉族文化特征，对于研究本地区辽代社会阶层、文化交流等方面具有积极意义。

附记：本次发掘领队为林栋，参加本次工作的人员有沈阳市文物考古研究所付永平、林栋、张宏涛及法库县文管所所长刘洋、工作人员赵志远等，线图由张宏涛、庞志辉绘制，照片由林栋拍摄。

执　笔：林　栋

康平张家窑林场柳条通辽墓群2016年发掘报告

沈阳市文物考古研究所

2016年10～12月，沈阳市文物考古研究所对康平县张家窑林场范围内的柳条通辽墓群进行了主动性考古发掘。经过两个多月的工作，共计清理辽代石室（圹）墓6座。墓葬均被盗掘，出土铜铁器、陶瓷器等随葬品14件。现将本次发掘情况报告如下。

一、地理位置及地层堆积

张家窑林场位于康平县金沙台乡，东距康平县城约60千米（图一）。该林场范围内辽墓分布较多，此前已在林场东部的穷棒子山[1]和西部的长白山[2]先后清理辽代石室墓10座。本次发掘的柳条通墓群，位于林场中部地势相对平缓的地带，分为南北两区（图二），其中南区（Ⅰ区）4座，北区（Ⅱ区）2座，编号2016KZLM1～2016KZLM6。

该处地层堆积沙性极大，自上而下可分为两层：

第1层：黄褐沙土层。厚20～40厘米，有少量包含物。

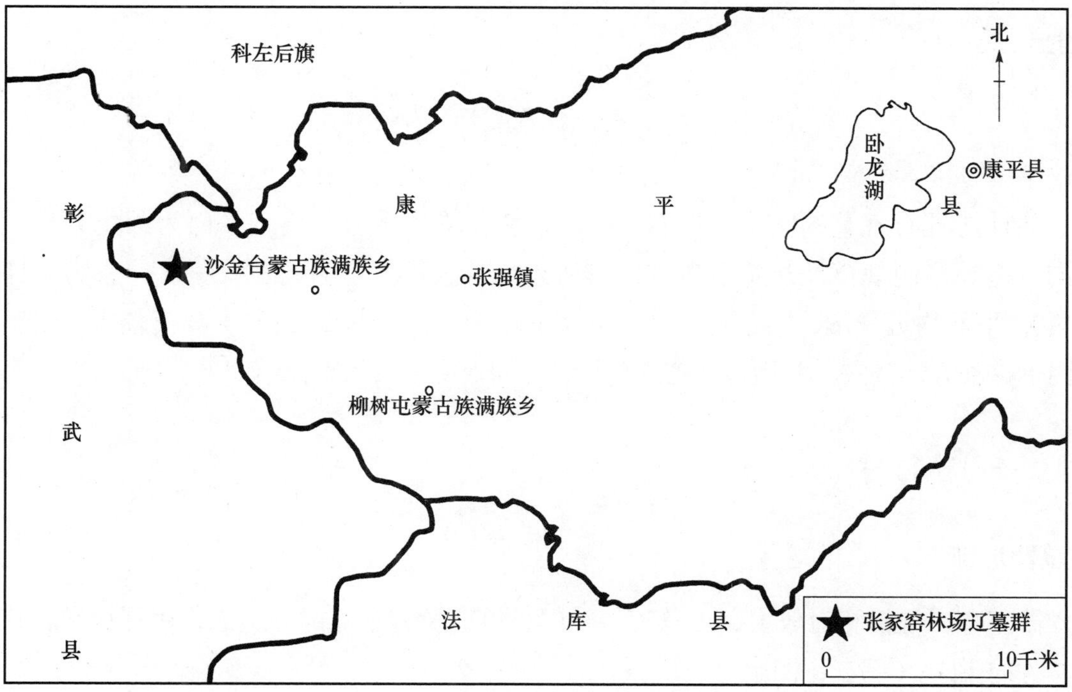

图一　张家窑林场辽墓群地理位置图

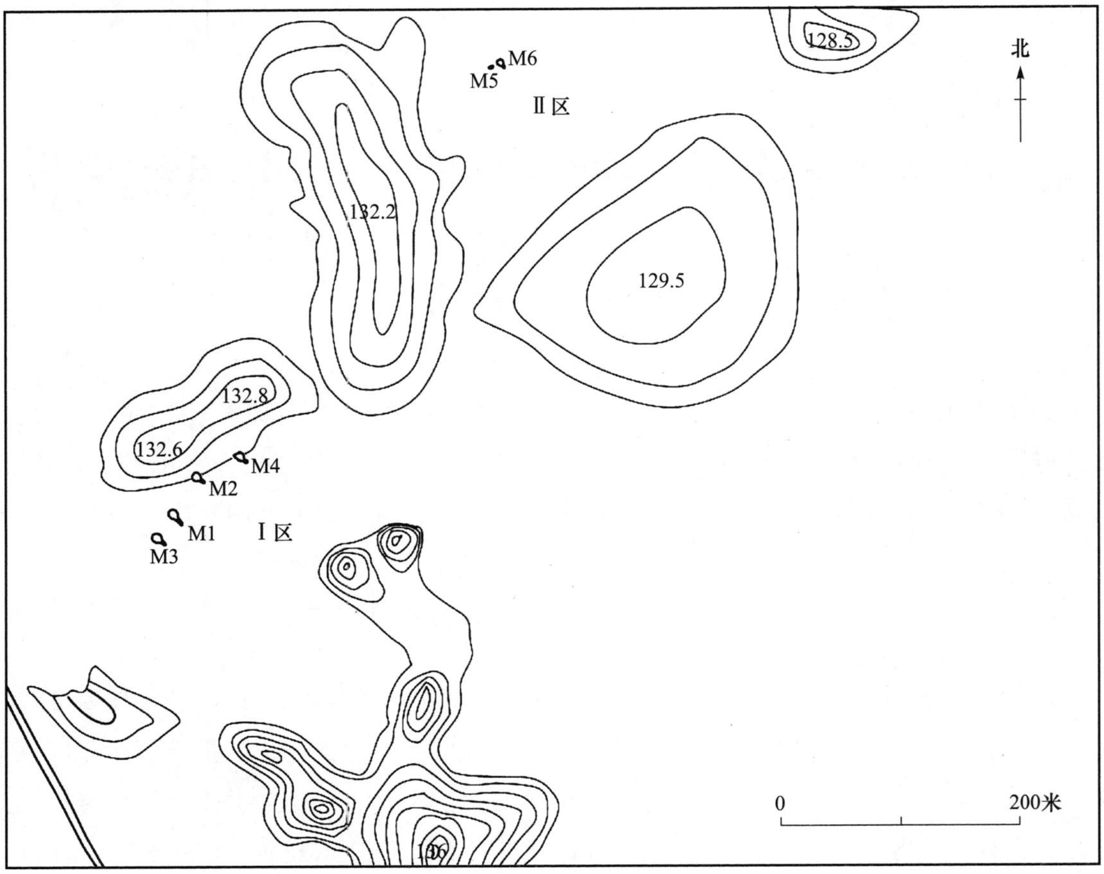

图二　张家窑林场辽墓群墓葬分布图

第 2 层：为白色细沙，纯净，属于生土层。本次发掘墓葬全部开口于第 1 层下，打破生土层。

二、发掘情况介绍

共计清理石室墓 5 座，石圹墓 1 座。石室墓均为单室，墓室平面为圆角方形，东南向。墓葬形制规模及建筑石材方面有所差别，墓道大多为斜坡式，仅一座为阶梯式（M3），平面均近梯形，墓道壁从开口向下逐渐内收。石圹墓（M5）规模较小，仅于沙土内下挖长方形竖穴，并用石片砌成墓圹，方向西南。现依次介绍如下。

（一）M1

1. 墓葬形制

石室墓，规模相对较大，由墓道、墓门、甬道及墓室等部分组成，用石块和石片砌筑，方向 127°（图三；图版七，1）。

墓道　斜坡式，开口长 6.1、宽 0.5～2.6 米。

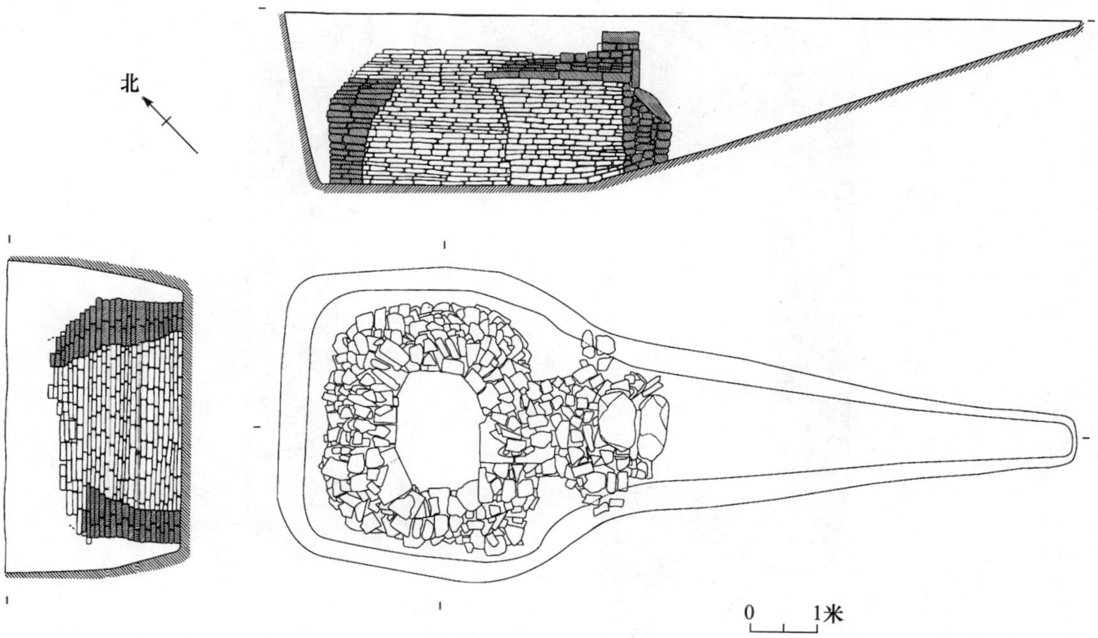

图三　M1平、剖面图

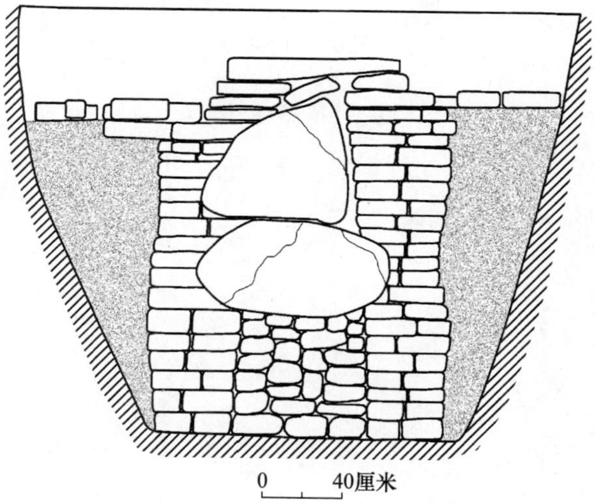

图四　M1墓门正视图

墓门　上宽2.84、下宽1.48、高1.92米。门外原有封门石封堵（图四；图版七，2）。

甬道　长1.8、底宽0.82米。券顶，顶部正中有一大石块，为甬道封顶石。

墓室　平面为长方形，南北2.1米，东西2.56米（图五）。穹隆顶，顶部被盗洞破坏，残高2米，墓室四壁用薄石片叠砌而成（图版七，3）。

2. 随葬品

仅在填土中清理出青铜双鱼佩1件和部分陶器残片。

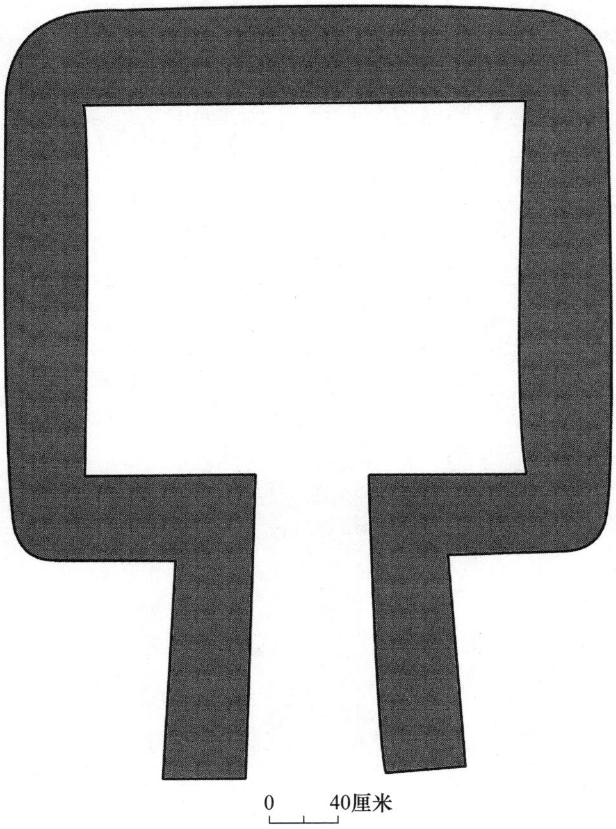

图五　M1 墓室平面图

青铜双鱼佩　1 件。M1∶1，表面锈蚀严重，图案花纹不清。长 4.6、宽 4.2、厚 0.15、孔径 0.4 厘米（图六，1；图版一三，3）。

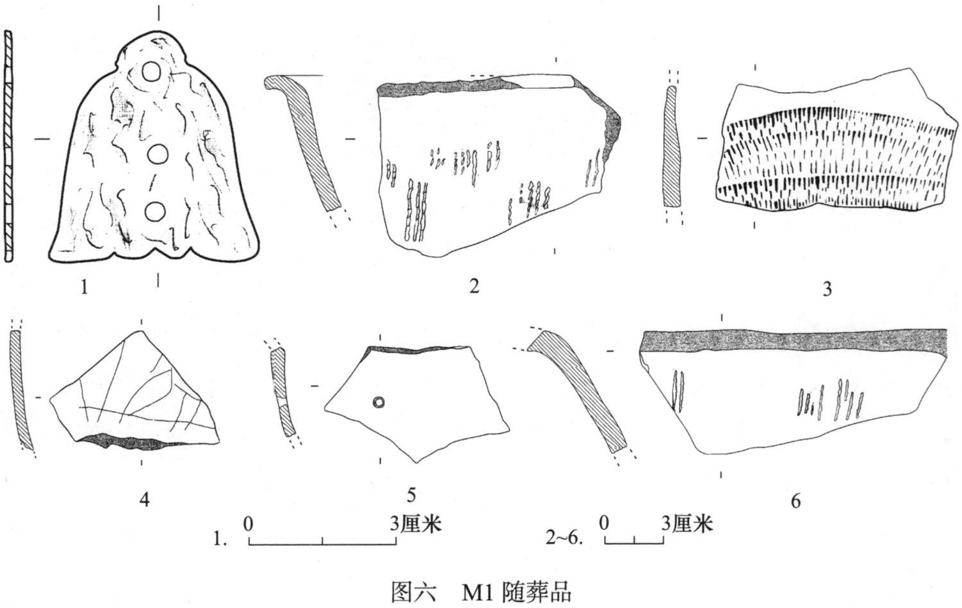

图六　M1 随葬品

1. 青铜双鱼佩（M1∶1） 2. 细线纹陶盆腹片（M1∶5） 3. 篦齿纹腹片（M1∶2） 4. 粗线刻划纹口沿（M1∶4） 5. 带锔孔腹片（M1∶8） 6. 粗线刻划纹腹片（M1∶3）

陶器均为泥质灰陶，轮制，纹饰多样，有刻划纹（图六，4、6）、篦齿纹（图六，3），有的带锔孔（图六，5），器形可辨者有陶盆（图六，2）。

（二）M2

石室墓，规模较小，由墓道及墓室组成，无甬道。由石块砌筑，方向140°（图七；图版八，1）。

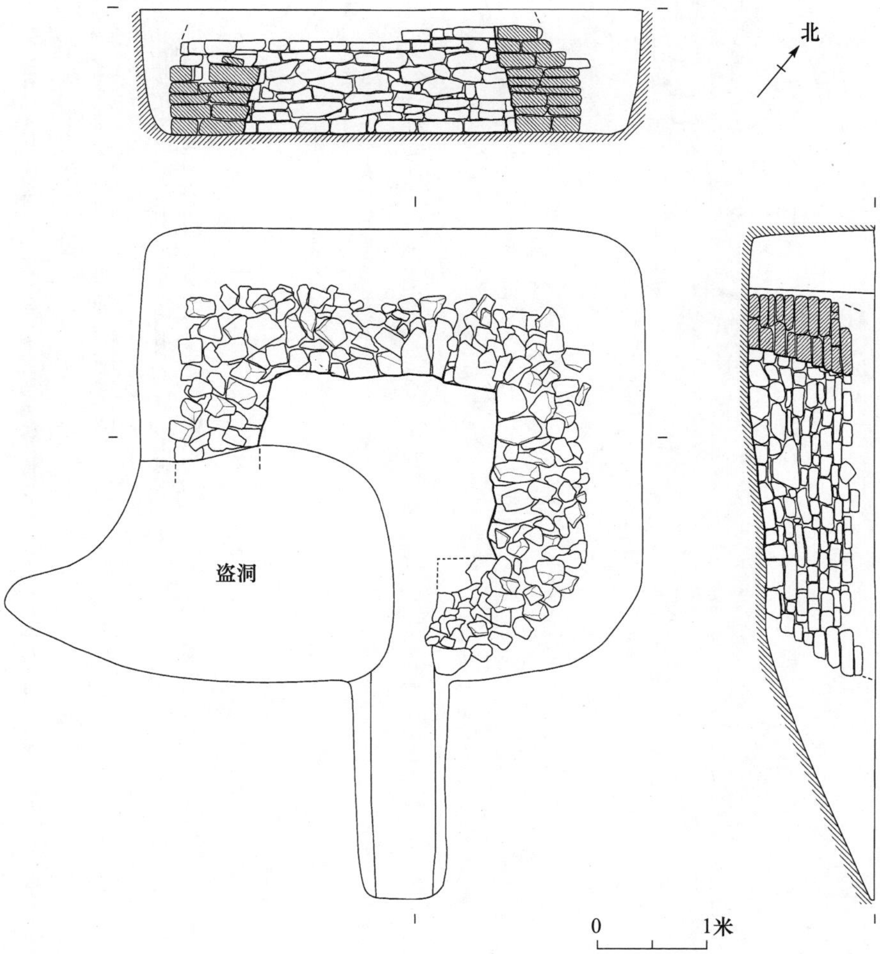

图七 M2平、剖面图

墓道 斜坡式，偏于墓室右侧，开口长2、宽0.6～0.8米，内部原用石块填堵（图版八，2）。

墓室 平面近长方形，南北2.5、东西1.88米，墓壁残最高处1米，用石块砌筑，石材硬度较大，与M1所用石材差别较大（图版八，3），顶部被破坏，形制不详。

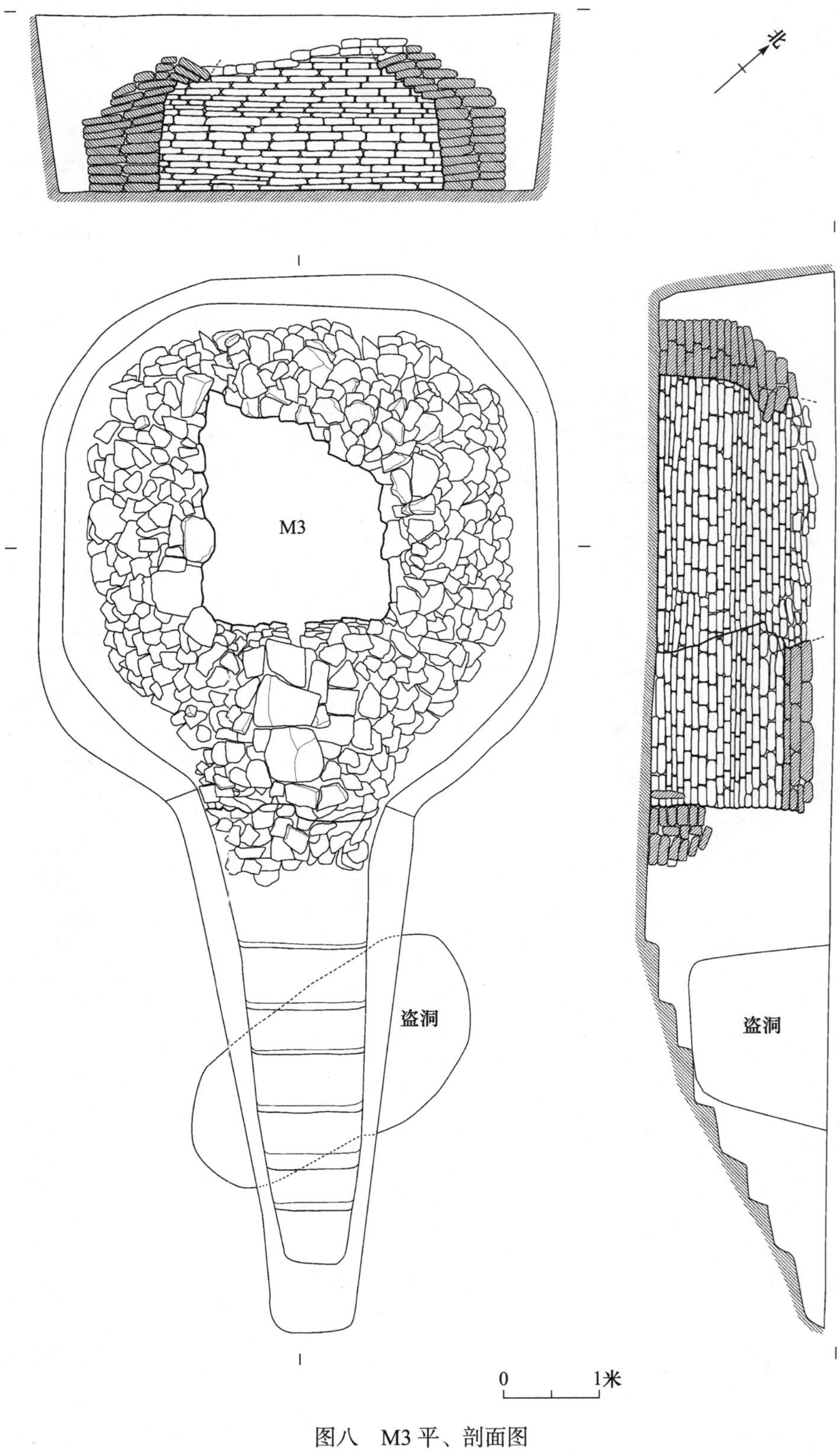

图八　M3 平、剖面图

仅出有人头骨碎片，葬式不详，其他未发现随葬品。

（三）M3

1. 墓葬形制、葬具

由墓道、墓门、甬道及墓室等部分组成，由石块和石片砌筑。方向130°（图八；图版九，1）。

墓道 被盗洞打破，阶梯式，共有7级阶梯组成，开口长5.4、宽0.9～2.6米。

墓门 立面近圆拱形，高1.88、宽2.28米外部由石块封堵（图九）。

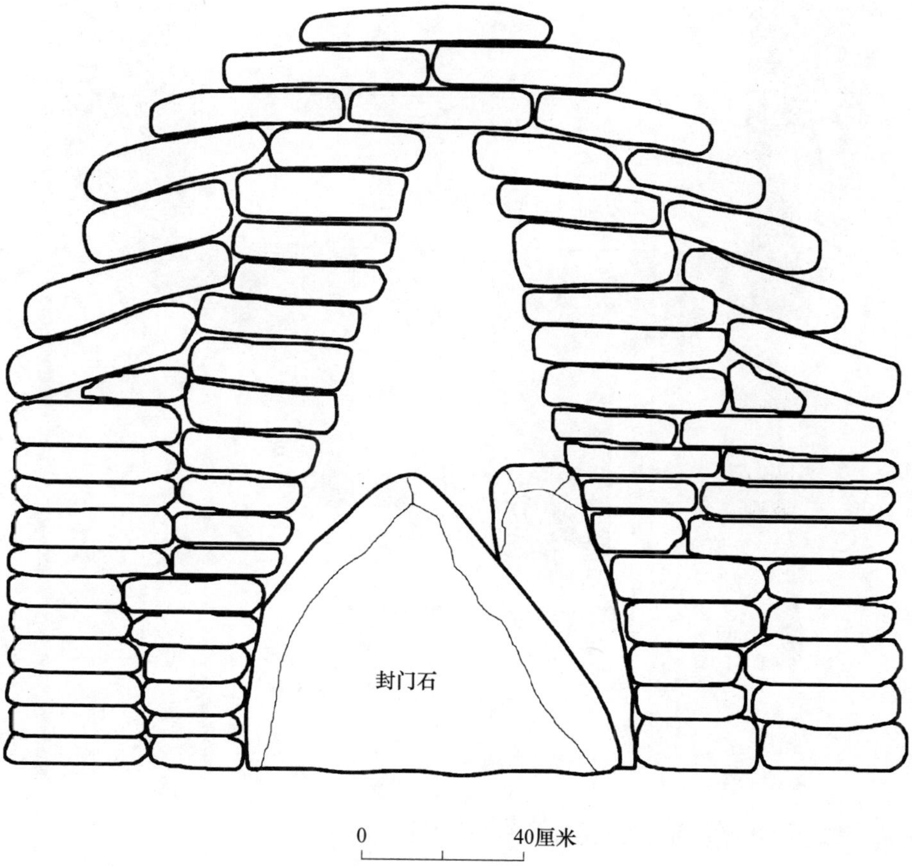

图九 M3墓门正视图

甬道 券顶，立面近三角形，长1.68、宽0.88米。

墓室 平面近圆角方形，南北3、东西2.92米。穹隆顶，顶部被盗洞破坏，残高2.2米，墓室四壁用较薄的石片叠砌而成，石材与M1相同（图版九，2）。

葬具 北部墓底保存有木条痕迹，从保存情况看，木棺应为长方形，横置于墓室北部，东西长约2.3、南北宽0.8米，具体形制不详。在木棺南侧还保存一条东西向木条，具体形制用途不详（图一〇）。

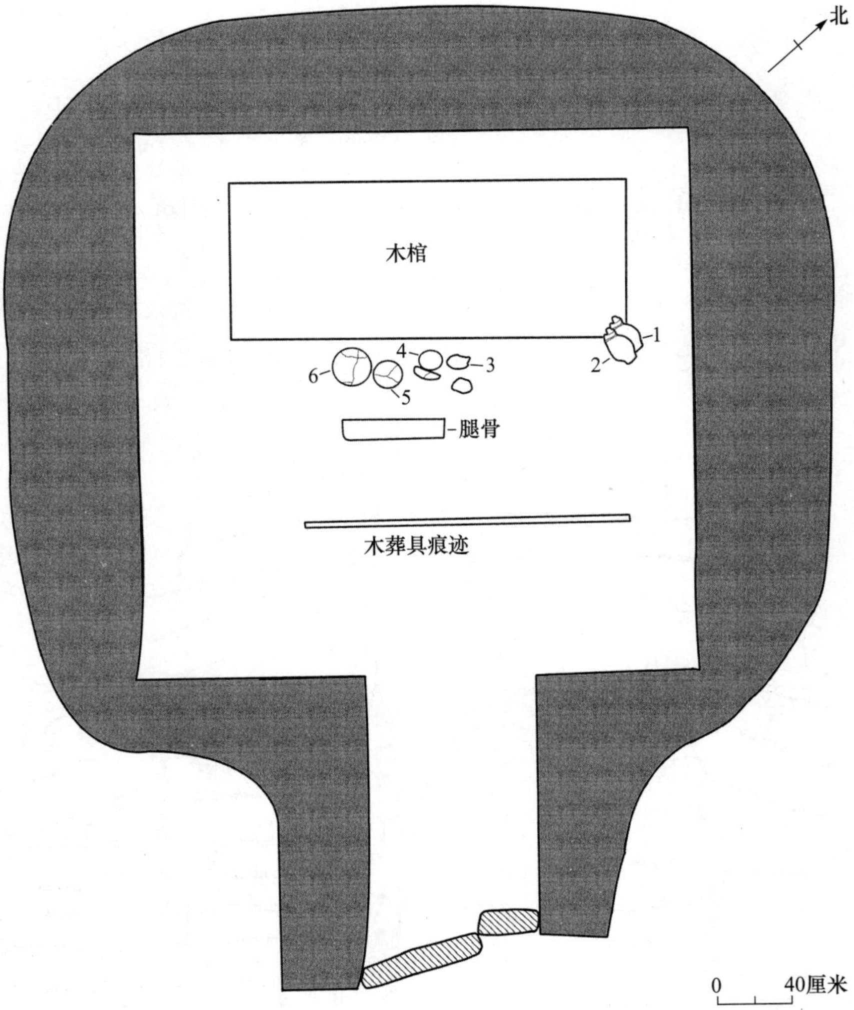

图一〇　M3 墓室平面图
1、2. 鸡冠壶　3. 仰莲纹白瓷碗　4、5. 白瓷小碗　6. 白釉绿彩陶盆

2. 随葬品

随葬品和残存的腿骨均位于棺南侧附近，具体情况如下。

绿釉提梁鸡冠壶　2 件。特征相同，釉陶质，绿釉，红胎，施釉不到底，腹下部和足部施白色化妆土，绳索状提梁，梁和口沿均有不同程度的残损。腹部前、后、左、右各施一条竖条堆纹带，腹部带有支烧的痕迹。M3：1，高 29.1、最大腹径 13、壁厚 0.6、底径 7.8 厘米（图一一，2；图版一二，3）。M3：2，高 31.1、最大腹径 13.1、壁厚 0.5、底径 8 厘米（图一一，1；图版一二，4）。

仰莲纹白瓷碗　1 件。M3：3，敞口，深腹，圈足底。采用提花、刻划工艺雕刻仰莲花瓣。高 8.6、口径 20、壁厚 0.5、底厚 1、底径 7.5 厘米（图一一，7；图版一三，1）。

白瓷小碗　2 件。特征基本相同，胎壁较厚，腹较浅，圈足底，碗内侧带 3 个支烧痕迹。M3：4，高 3.6、口径 12.7、壁厚 0.5、底厚 0.6、底径 4.7 厘米（图一一，4；图版一二，1）。M3：5，高4.8、口径12.7、壁厚0.4、底厚0.4、底径4.4厘米（图一一，3；图版一二，2）。

白釉绿彩陶盆　1件。M3：6，敞口，浅腹，平底。白釉，底内侧画绿、赭釉相间的八分团花纹。高6.4、口径27.2、壁厚0.6、底厚1、底径18.9厘米（图一一，5；图版一一，5、6）。

另有一个白瓷碗口沿残片，圆唇，壁较薄（图一一，6）。

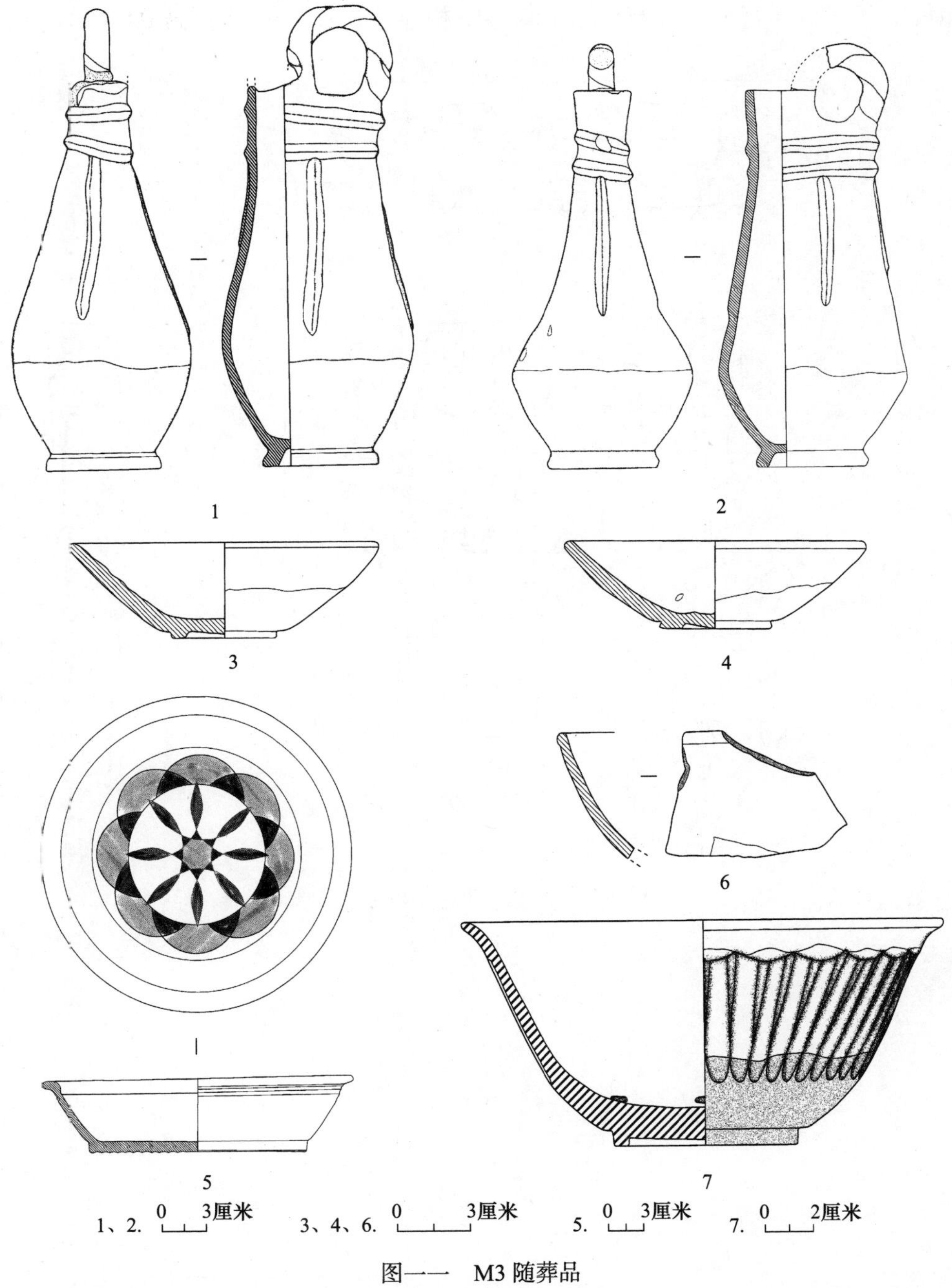

图一一　M3随葬品

1、2. 绿釉提梁鸡冠壶（M3：2、M3：1）3、4. 白瓷小碗（M3：5、M3：4）5. 白釉绿彩陶盆（M3：6）6. 白瓷碗口沿残片（M3：7）7. 仰莲纹白瓷碗（M3：3）

（四）M4

1. 墓葬形制、葬具

由墓道及墓室组成，无甬道。石块砌筑，方向 155°（图一二；图版九，3）。

墓道　斜坡式，开口长 2.2、宽 0.5～1.1 米。

墓室　平面近正方形，南北 2、东西 1.9 米。墓壁残高 0.4 米，顶部被破坏。

葬具　墓室后部有石片砌筑尸床，与墓壁相连。长 2、宽 0.9、高 0.05 米。

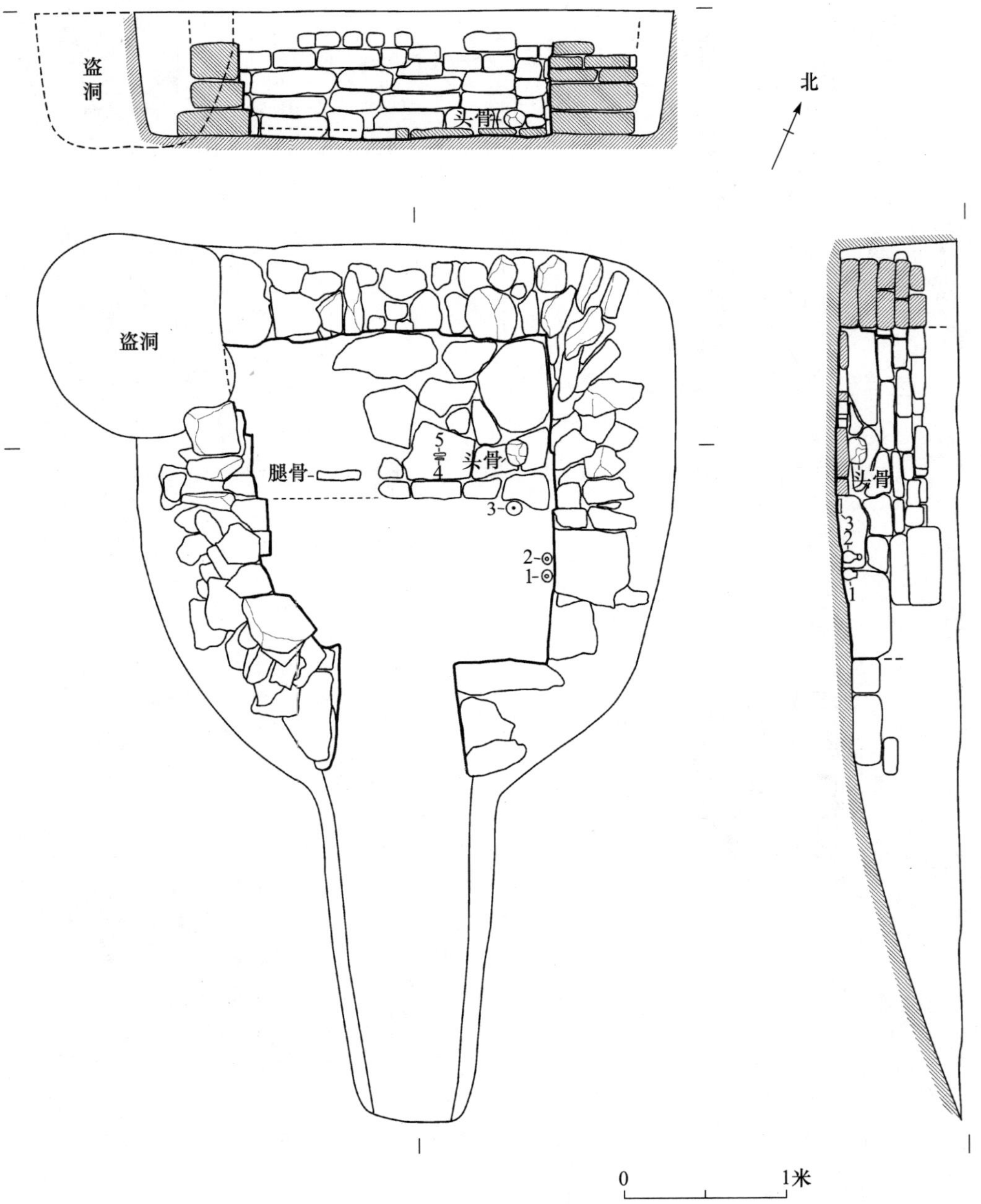

图一二　M4 平、剖面图

1、2. 篦齿纹陶壶　3. 鸾鸟纹铜镜　4、5. 铁镞

2. 随葬品

鸾鸟纹铜镜1面、篦齿纹灰陶壶2件、铁镞2件，另有白瓷碗底和骨器。

篦齿纹陶壶　2件。特征基本一致。泥质灰陶。敞口，圆唇，粗颈，鼓腹，圈足底，腹下部饰有篦齿纹。其中一件残。M4：1，高16.7、口径7.7、最大腹径12.7、壁厚0.3、底径6.5厘米（图一三，1；图版一一，1）。M4：2，上部残损不存，残高15.8、最大腹径13.9、壁厚0.3、底径6.2厘米（图一三，2；图版一三，2）。

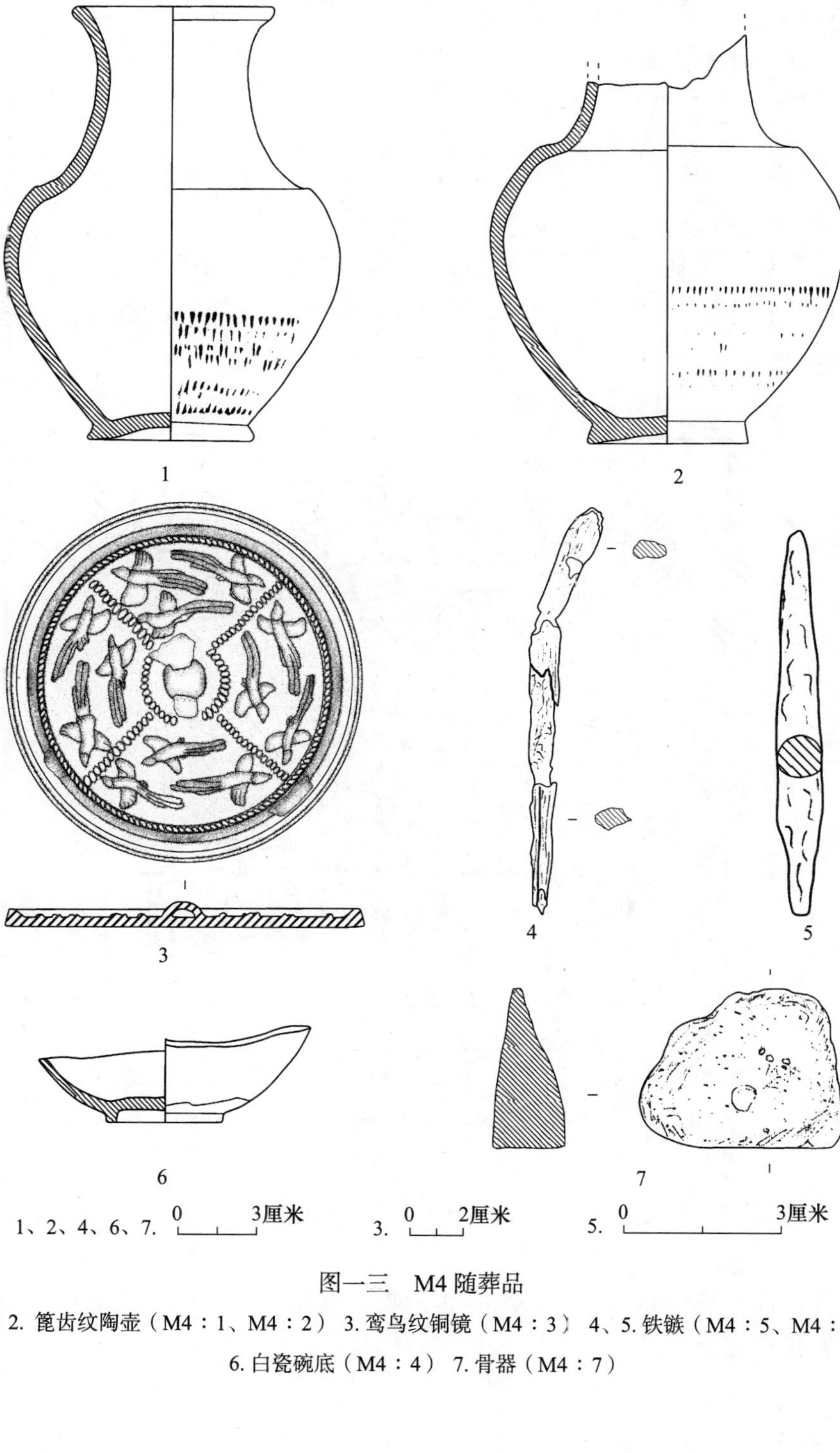

图一三　M4随葬品

1、2. 篦齿纹陶壶（M4：1、M4：2）3. 鸾鸟纹铜镜（M4：3）4、5. 铁镞（M4：5、M4：6）6. 白瓷碗底（M4：4）7. 骨器（M4：7）

鸾鸟纹铜镜　1 面。M4：3，桥形纽。四周由联珠纹等分四个区域，每区内浮雕三只飞翔的鸾鸟。直径 13.7、中间厚 0.2、外缘厚 0.6、宽 0.8、纽高 0.85 厘米（图一三，3；图版一三，4）。

铁镞　2 件。其中一件残损。M4：5，圆柱状铤。残长 15.6、宽 0.6～1.6 厘米（图一三，4；图版一〇，3）。M4：6，前部尖锐，四棱柱状铤。长 7、宽 0.5～1 厘米（图一三，5；图版一三，5）。

白瓷碗底　M4：4，胎壁较薄，火候较高，圈足底（图一三，6）。

骨器　M4：7，截面近三角形。骨质疏松，具体用途不详（图一三，7）。

另有不完整头骨和腿骨碎片。

（五）M5

长方形石椁墓，仅有土圹和石圹组成。无墓道、墓室等结构。方向 228°（图一四；图版一〇，1）。长 2.26、宽 1.48、圹壁残高最高 0.5 米。顶部被破坏，底部铺石，部分墓底石已经被破坏。

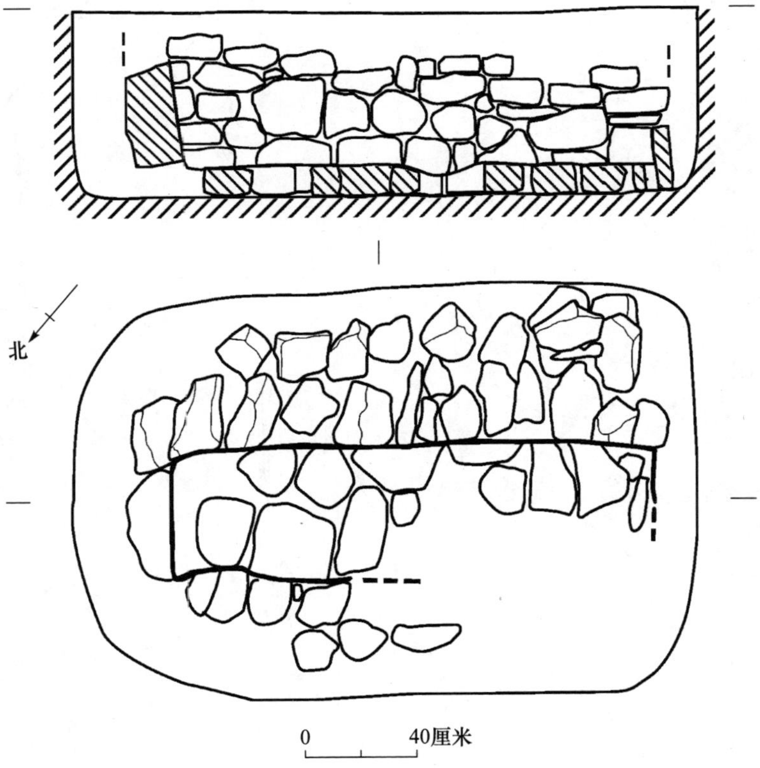

图一四　M5 平、剖面图

破坏严重，仅发现一枚臼齿（M5：1），疑似为儿童牙齿（图版一三，6）。墓葬规模较小，可能为儿童墓葬。

（六）M6

1. 墓葬形制

由墓道及墓室等部分组成，石块砌筑，方向130°（图一五；图版一〇，2）。

墓道　斜坡式，平面近梯形。开口长3.1、宽0.37～1.55米。

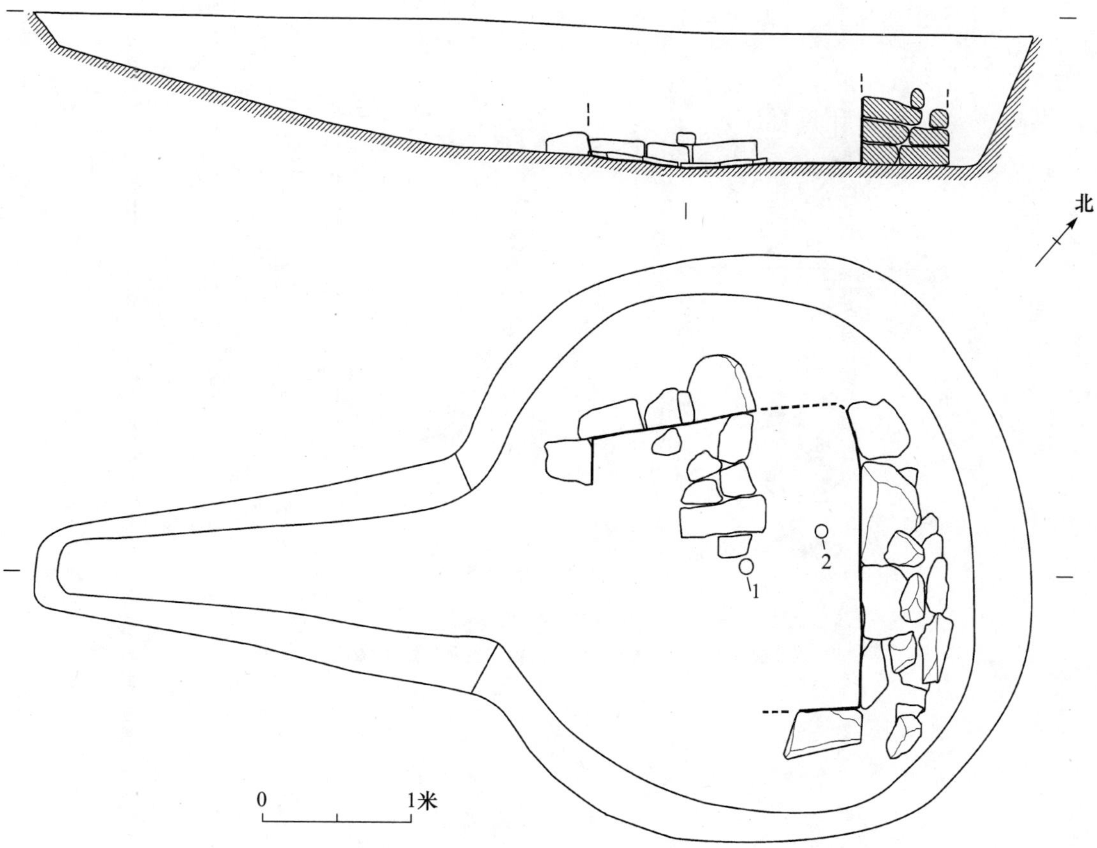

图一五　M6平、剖面图

1. 印花白瓷碗　2. 篦齿纹灰陶罐

墓室　平面近圆角方形。南北2、东西1.8米。上部被破坏无存，墓壁残高0.8米，墓顶结构不详，墓底铺石。

2. 随葬品

篦齿纹灰陶罐1件，印花白瓷碗1件。

印花白瓷碗　M6：1，敞口，浅腹，圈足底。白釉开片，胎壁较薄，内壁通体模制印花，花纹构图以碗底为中心分为碗底、碗壁和碗边缘三部分，花纹的尺寸依次变小，题材均以卷云纹、草叶纹为主，外侧无花纹，碗底部墨书“伍（任）”字款。口径18.6、底径6.1、高5.2厘米（图一六，1；图版一一，3、4）。

篦齿纹灰陶罐　M6：2，泥质灰陶。陶色较深，小口外敞，口沿水平高度不一致，溜肩，鼓腹，平底。腹上部为刻划弦纹，中下部有四道篦齿纹条带。高21.3、口径9、最大腹径15.9、底径8.7厘米（图一六，2；图版一一，2）。

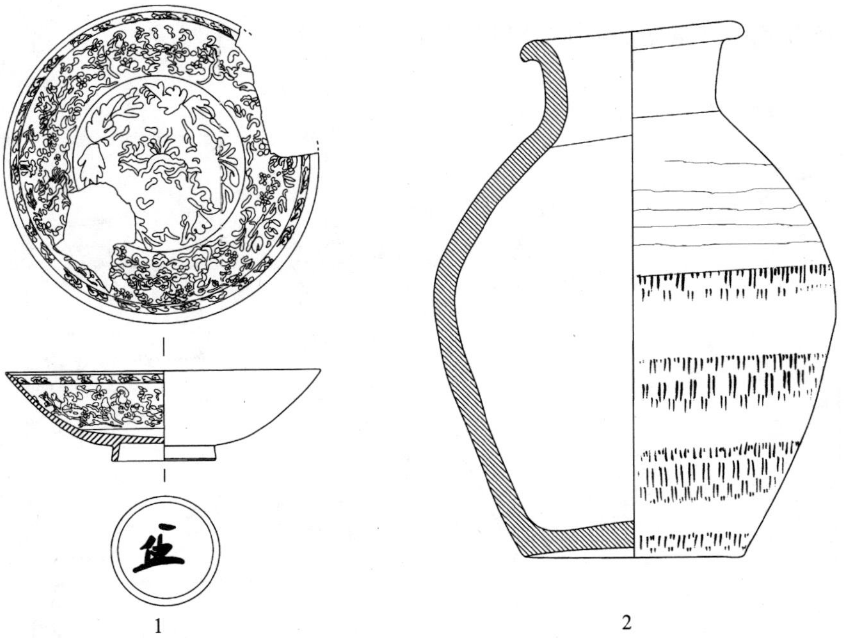

图一六　M6随葬品
1. 印花白瓷碗（M6：1） 2. 篦齿纹灰陶罐（M6：2）

三、结　　语

1. 关于墓葬年代

M1出土青铜双鱼佩造型简单，镂孔数量减少，特征与叶茂台M5出土者相似，时代大体在11世纪中期前后。M3出土的白釉绿彩陶盆和绿釉鸡冠壶，总体特征与叶茂台M23[3]出土者接近，因此M3的年代大体在11世纪中期前后。M4出土鸾鸟纹铜镜，与1993年彰武县福兴地乡大沙力土村辽墓出土铜镜接近[4]，时代大体在11世纪中期，M4篦齿纹陶壶的年代大体与之相当。M6出土的篦齿纹陶罐和白瓷碗的年代，大体应在11世纪中期。M2与M5无随葬器物，但从墓葬形制特征和位置上看，分别与M4和M6接近，关系较为密切，时代应相距不远。因此该墓群整体年代应大致在11世纪中期。

2. 关于墓葬排列与分组

从形制特征和位置关系看，Ⅰ区M1与M3规模较大，有专门的甬道，墓门规格也较高，墓室用石片砌筑，建造石材相同，且位置相邻，方向基本一致，可定为1组。M2与M4规模较小，没有专门的甬道和墓门，全部用石块砌筑，建造石材相同，同位于一个小山坡底部，成排分布，可定为2组。Ⅱ区的M5、M6位置十分接近（图一七），规模和石材一致，M5为儿童墓葬且方向朝向M6，二者可能具有一定的从属关系，可视为3组。3组墓葬总体特征与2组接近，不同之处在于3组墓底均满铺石片。柳条通墓群6座墓葬为两两一组成对分布，每组墓葬墓主人可能是以家庭为单位埋葬。

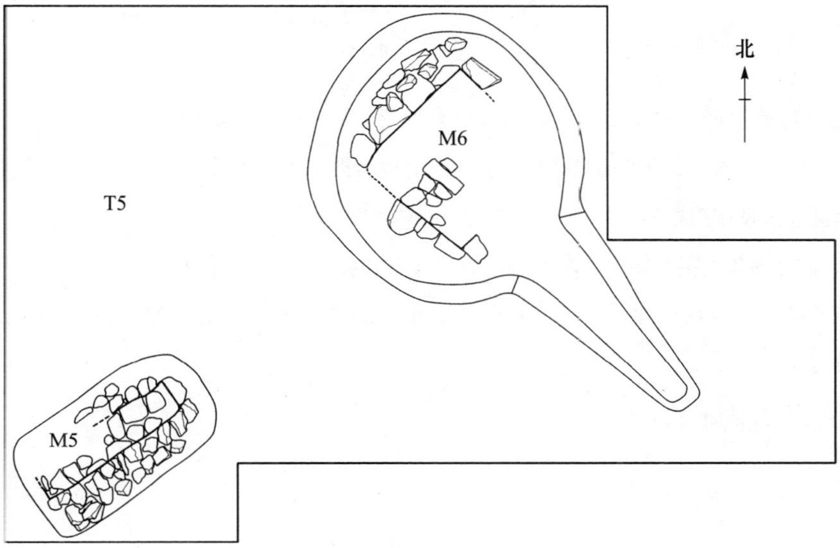

图一七　M5、M6位置关系图

3. 关于墓葬等级和墓主人身份

柳条通墓群从墓葬特征和文化内涵上看，总体上与张家窑林场以往发掘的石室墓十分一致，墓主人族属应为契丹族，并且具备一定的经济实力和社会地位。1组墓葬等级要高于其他两组，体现出该墓群墓葬存在等级上的差异。但张家窑林场已发掘各墓群，均以规模较小的单室石室墓为主，总体等级要低于法库叶茂台墓群的石室墓，较叶茂台墓群M7、M8、M16和M23等大型砖室墓的等级差距更远。因此柳条通墓群墓主人的身份应属契丹贵族阶层中的小贵族或一般富户。

综上所述，柳条通辽墓群2016年度的发掘，是张家窑林场地区继穷棒子山和长白山[2]墓群后又一重要的发现，柳条通墓群在墓葬形制和文化内涵方面与上述两墓群体现出了较强的一致性，在时代上也没有超出上述两墓群的范围，该地区各墓群具有较为密切的关系。柳条通墓群在墓葬分布和排列方面体现出了一定的自身特点。目前所见该地区各墓群的年代主要集中在辽早中期，年代下限均不晚于11世纪中期。这一区域墓葬时代是否能够延续到辽晚期，还有待于进一步的考古发掘证实。

附记：本次发掘项目领队是林栋，工地现场负责人为沈彤林。参与的工作人员主要有：沈阳市文物考古研究所的沈彤林、林栋、曲斌、庞志辉、刘德才、沈彤岩、韩玉岩、张天琪，康平县文管所的王野、王允军、王雪林、刘树宇等。现场遗迹图由庞志辉、韩玉岩绘制。电子线图由庞志辉、韩玉岩、刘卫民、张宏涛绘制。器物修复由汤钰、庞志辉完成。照片由林栋、曲斌、沈彤岩、张天琪拍摄。

执　笔：林　栋　沈彤林

注　释

[1] 穷棒子山墓群此前经过多次发掘，发表资料有：裴耀军：《康平张家窑 1 号辽墓》，《辽海文物学刊》1996 年 1 期；佡俊岩：《康平县张家窑林场辽墓清理简报》，《博物馆研究》1997 年 1 期；王允军：《辽宁省康平县辽墓发掘简报》，《博物馆研究》2010 年 4 期。

[2] 长白山墓群 2015 年发掘一座保存较为完整的契丹贵族墓葬，资料有待发表。

[3] 辽宁省文物考古研究所、沈阳市文物考古研究所：《辽宁法库县叶茂台 23 号辽墓发掘简报》，《考古》2010 年 1 期。

[4] 刘淑娟：《辽代铜镜研究》，沈阳出版社，1997 年。

沈阳清福陵两座房址的发掘*

沈阳市文物考古研究所

清福陵（又称清东陵）位于沈阳市浑南区（原东陵区）东陵公园内，东距清盛京城约10千米。为配合沈阳市"一宫两陵"的申遗工作，2003年6月28日～7月13日，沈阳市文物考古研究所按沈阳市文物局的要求对福陵隆恩门以南、神道和大碑楼以西紧挨神道的一北一南两处建筑遗存进行了发掘（图一）。两处遗存均开口于表土层下，为东向开门的厢房，我们将其由北向南编号为03SFF1和03SFF2。两者规格相仿，南北相距2米，且03SFF2较03SFF1后退约2米。现将此次发掘情况汇报如下。

一、03SFF1

（一）房址结构

房址为东西向，南北通长15.3、东西宽10.5米，为一平面呈长方形的回廊式砖石建筑（图二；图版一四，1）。经解剖，夯土台基由上至下可分三层，在两层夯土之间夹杂一层碎砖块层。台基表面为砖石混合砌筑，四面均用小长条砖包砌，可见四层，砖顶部顺砌条石。条石长0.75～1.3、宽0.25米。条石一半压在包砖上，一半压在夯土上。夯土包砖东面残存1.3米，南面残存1.26米，西面残存7.5米，北面基本未被破坏，现存10.5米。台上青砖铺地。房址南部及中部地面基本被破坏，北部地面保存相对较好，铺砌方法为先在夯土台基上铺一层纯净的细沙，然后再铺砌地面砖。所见铺地砖有两种规格，一种为长0.4、宽0.2米的条形砖，错缝铺砌，分布于房址后回廊部分及北梢间炕前；一种为边长0.3米的方形砖，平行铺砌，分布于房址北侧、东侧回廊及明间内。

房址内共发现石柱础21个，均为方形座圆顶，底座边长0.48～0.6米，鼓镜直径0.4米。根据其分布情况，推测该房址原有柱础石28个，其中檐柱18个，金柱10个。房屋为三间，一明两暗，面阔10.9、进深6米。正中的明间柱间距3.3米，两侧梢间柱间距3.8米。房屋四周有砖铺回廊，回廊外侧为条石铺砌的散水，宽0.25米。前檐柱与金柱之间的间距为1.3米，西侧二者间距1.5米，南北两侧二者间距1.4米（柱础石中心间距）。

* 本文为国家社科基金重大项目"盛京城考古与清代历史文化研究"阶段成果，项目编号：14ZDB038。

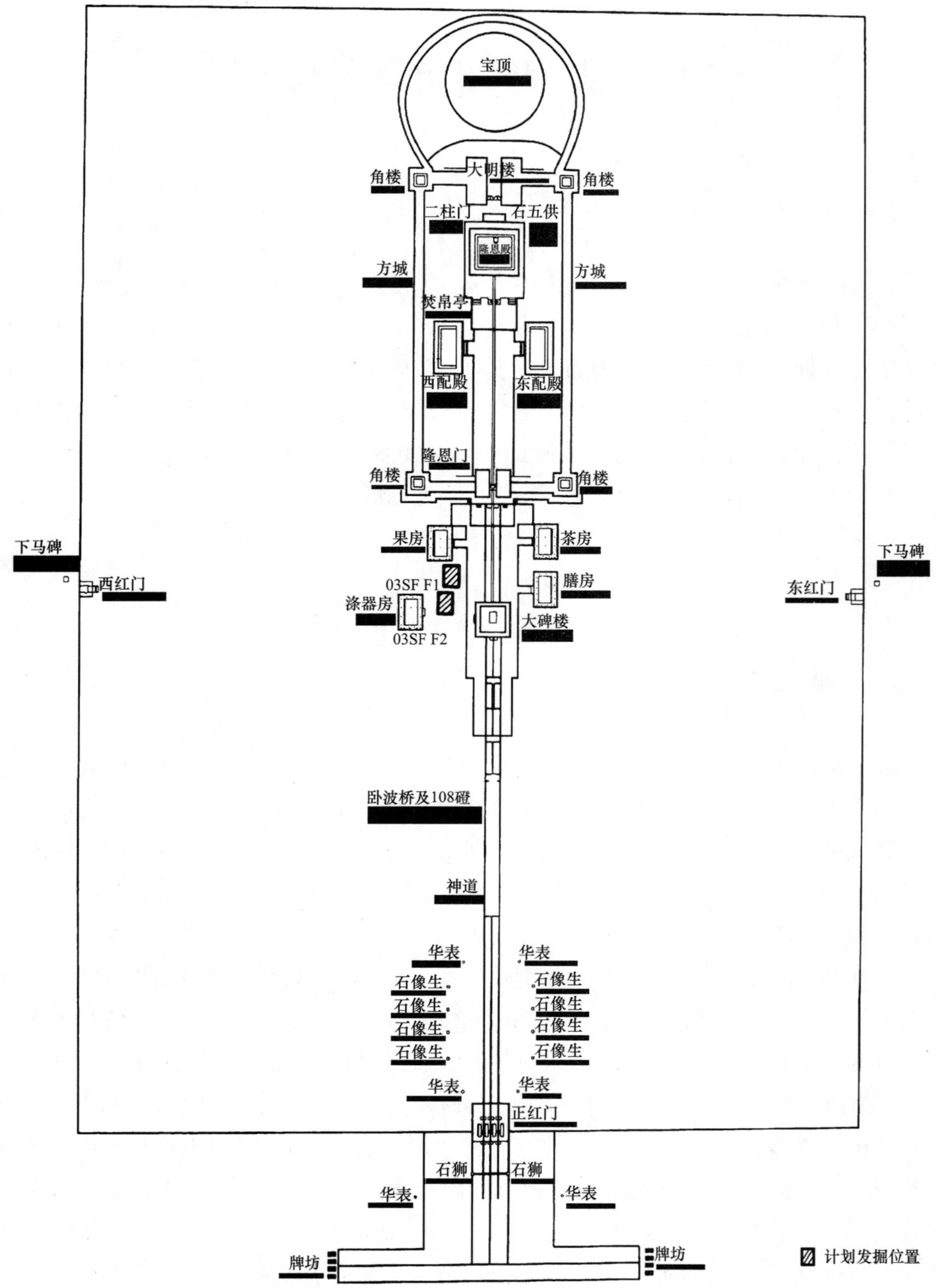

图一　发掘地点在福陵中心位置示意图

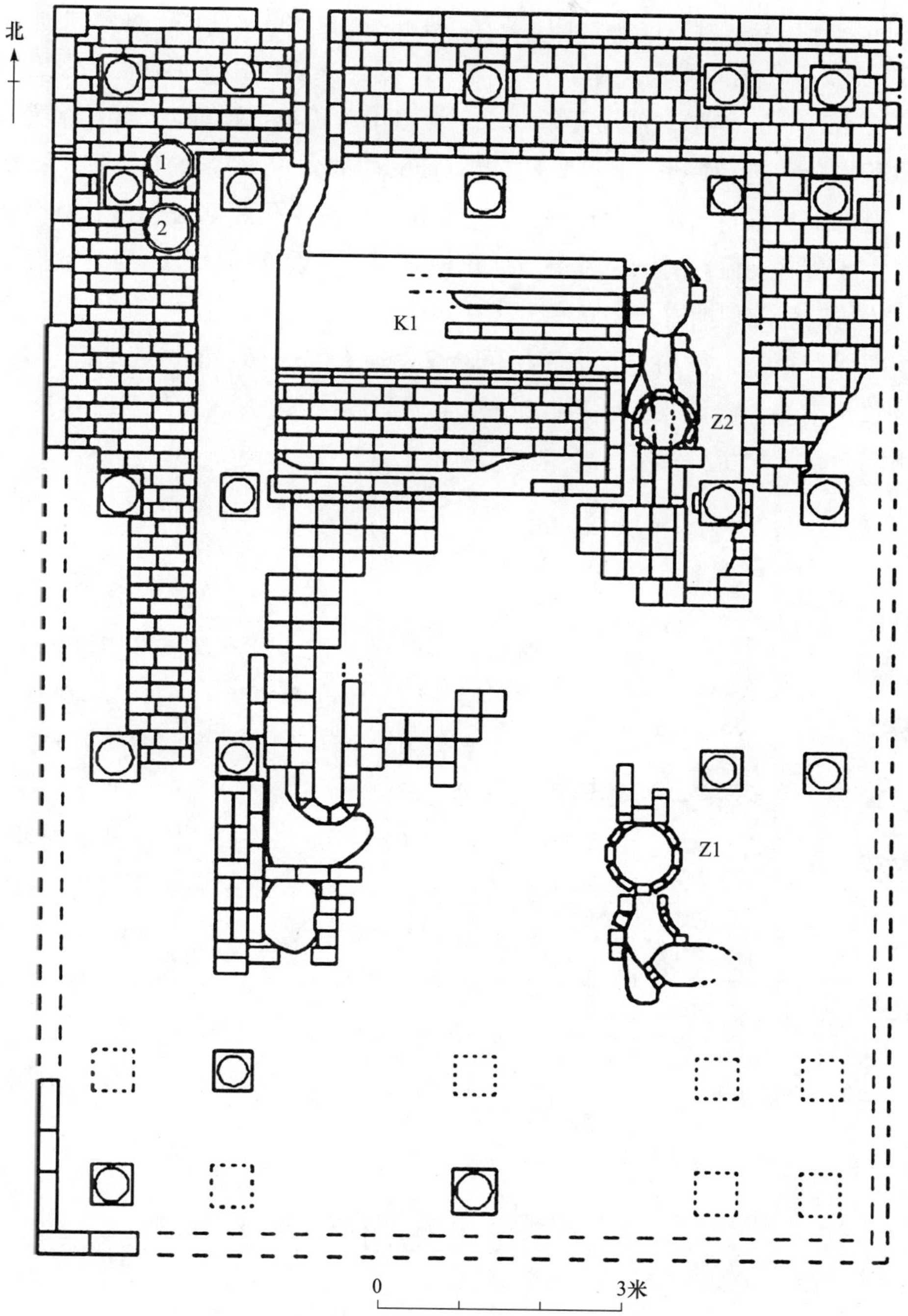

图二 03SFF1 平面图

1、2. 钵形琉璃器

房址的山墙、檐墙均毁，地面仅见部分残留檐墙墙砖，以之推测，檐墙墙体厚约 0.6 米。

（二）房内遗迹

房址整体保存较差，明间破坏严重，仅见部分铺地方砖，未有其他遗迹。

北梢间保存相对较好（图版一四，2），室内主体为一铺火炕，火炕的灶址在炕东侧，编号 03SFF1Z2。北梢间南向正中开门，宽 1.15 米。火炕前用条形砖错缝平铺地面。长方形火炕长 4.3、宽 1.4 米，铺设三条烟道，烟道用条砖单行顺砌，大部已被破坏，仅能从烧土及灰烬分布进行判断。出烟口位于房址的西北角，直接通往室外，条形砖砌筑，长条状，宽 0.26、残深 0.4、长 1.9 米。灶址由火膛和灶孔两部分组成，均为条形砖砌筑。北侧为椭圆形火膛，南侧经过道与灶孔相连。灶孔近圆形，较为规整，直径 0.6、深 0.35 米。灶孔南接砖砌烟道，宽 0.22、深 0.2 米。

南梢间保存较差，格局与北梢间相仿。仅发现火炕残存灶址。灶址编号 03SFF1Z1，条形砖砌筑，南侧为喇叭形口火膛，北侧接圆形灶孔，较为规整，直径 0.7、深 0.3 米。灶孔北侧接烟道，宽 0.26、深 0.2、残长 0.7 米。

（三）出土遗物

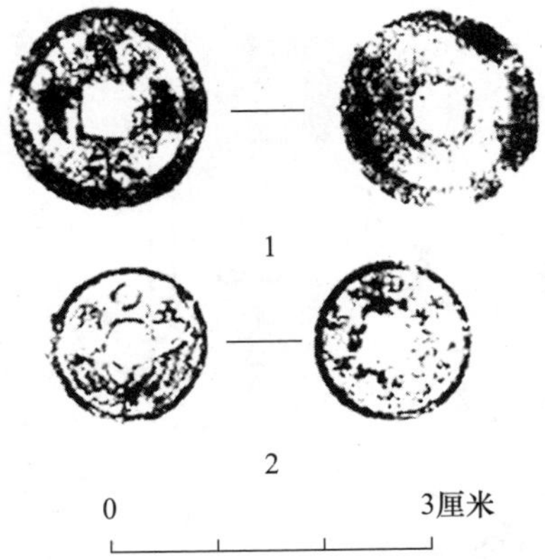

图三　03SFF1 出土铜钱
1. 宽永通宝　2. 日本昭和十二年“五钱”硬币

该房址埋藏浅，扰动较严重，堆积中始终有现代垃圾相伴。房址西北角回廊处发现两件钵形琉璃器，圜底，底部有圆形穿孔。两件器物口径均为 0.6 米，底部孔径均为 0.15 米，唯高矮有别，一高 0.3 米，一高 0.05 米，疑为建筑构件（图版一四，3）。灶坑及烟道草木灰中出土少量青瓷、青花瓷片、玻璃碎片及铁钉。玻璃碎片多烧结变形。出土“宽永通宝”及日本昭和十二年“五钱”硬币各一枚（图三），其中日本昭和十二年“五钱”硬币于房址北梢间地面出土，正面钱文“五钱”，背面钱文“大日本昭和十二年”。瓷片经专家鉴定，上限为清末民国初年。

二、03SFF2

（一）房址结构

房址平面呈长方形，基础为用石条青砖包砌的夯土台（图版一五，1），条石均宽 0.35 米，长度不一，0.3～1.2 米，台上用 0.3 米 ×0.3 米的方砖铺地。整个房址南北长 18.5、东西宽 14.5 米。房屋居于夯土台正中略偏北的位置，应为前出廊式建筑（图四）。面阔三间，一明两暗，每间宽 3.5、前廊宽 1.6、房屋进深 6 米。房屋基础为条石砌筑，四周散水北侧宽 1.5、东侧宽 2、西侧宽 2.2 米，南侧不明。房屋山墙、檐墙已无存，仅见方形或近方形石质柱础 8 个，大小相差不大，边长 0.5 米。南山墙两端柱础

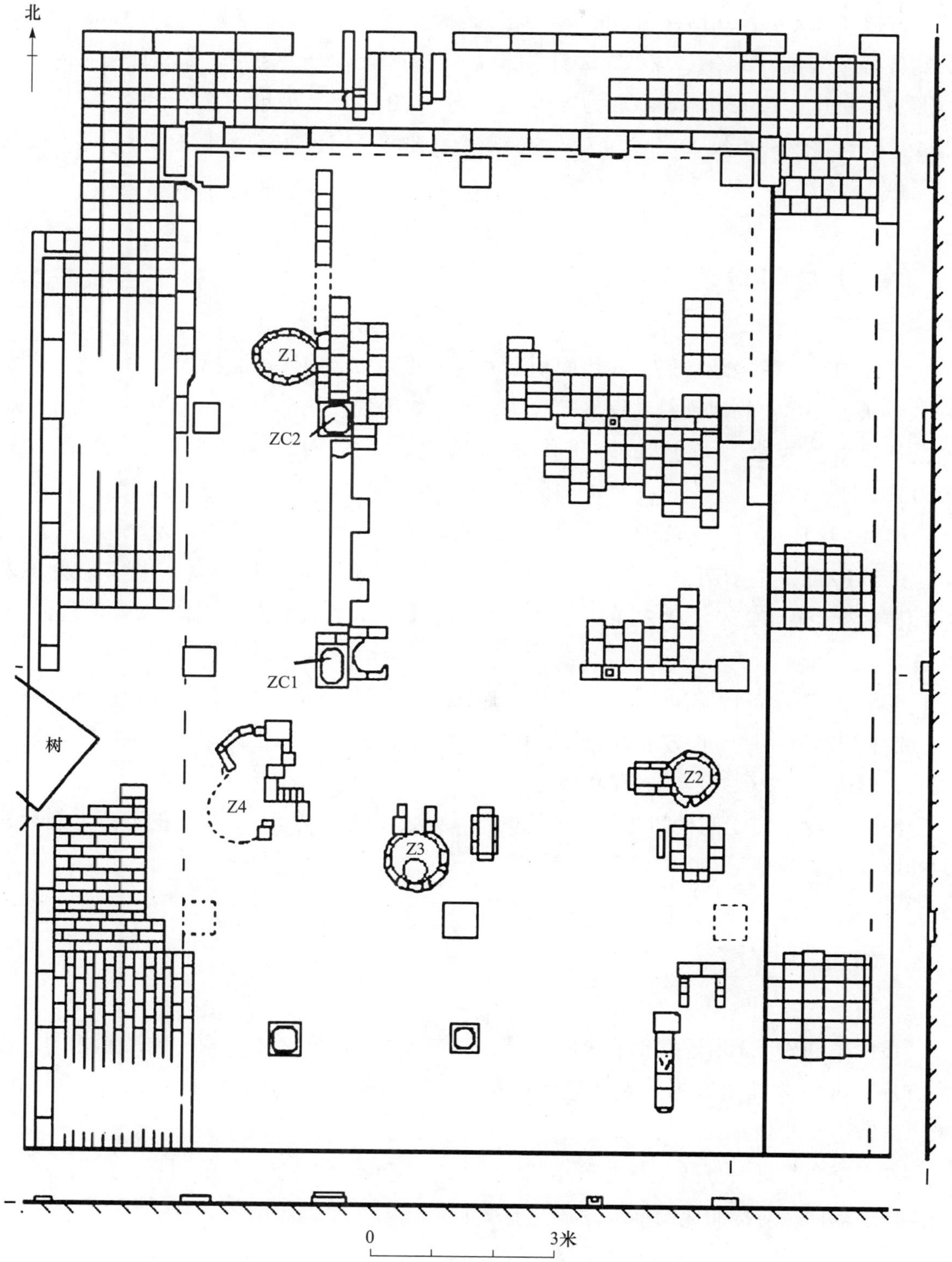

图四 03SFF2平、剖面图

已被破坏，仅见柱础坑（图版一五，2）。檐墙每边有柱础四个，柱间距3.5米；山墙每边有柱础3个，柱间距3.7米。

门厅开在正中，东向。门厅宽3.8米。两侧门柱石为正方形，边长0.2米，柱石正中为方形柱坑，边长 0.15、深 0.05 米。门厅内原应有一道砖砌影壁，影壁距西墙 1.6 米，两侧各有一柱础石，ZC1、ZC2。ZC1 为长方形，底座长 0.7、宽 0.5 米，鼓镜为抹角长方形，长 0.58、宽 0.38 米。ZC2 为方形底座，边长 0.54 米，鼓镜为抹角方形，边长 0.46 米。影壁现存仅一条长 2.9、宽 0.3 米的白灰带，白灰带向门一边有两块方形凸起，两凸起相距 0.8 米。

（二）房内遗迹

房址内有方砖墁地痕迹，残留面积不大，主要分布于门厅和北梢间地面。房址内发现数个灰坑，出土物以铁钉、钢筋、水泥、沥青块等现代建材为主，应为现代扰坑。还发现砖砌灶坑 4 处，呈圆形或椭圆形。分别编号为 03SFF2Z1、03SFF2Z2、03SFF2Z3、03SFF2Z4。

03SFF2Z1，位于北梢间西侧，椭圆形，地穴式。深 0.3、最大径 1.1 米。

03SFF2Z2，位于南梢间东侧，圆形，地穴式。直径 0.6、深 0.3 米；长方形火道末端用砖封死，深 0.2 米。在 Z2 的南边有一横向砖砌地穴式长方形槽，长 0.7、宽 0.4、深 0.15 米。

03SFF2Z3，位于南梢间南侧，圆形，地穴式。直径 0.8、深 0.1 米，灶坑底部有一直径 0.2 米的圆形小坑。长方形火道长 0.44、宽 0.3、深 0.1 米。Z3 东边有一纵向砖砌地穴式长方形槽，长 0.6、宽 0.3、深 0.15 米。

03SFF2Z4，位于南梢间西侧，破坏严重，残缺不全，仅能从红烧土的分布上判断其为灶址。

（三）附属建筑

在南梢间外 1.3 米还发现两个石柱础，一东一西，相距 3 米。两柱础形制相同，皆为方座，鼓镜为抹角方形。大者底座边长 0.5 米，鼓镜边长 0.4 米；小者底座边长 0.4 米，鼓镜边长 0.32 米。

在东南角发现一处砖砌长方形小坑，长 0.5、宽 0.4 米。在小坑的附近，还发现一处由 4 件琉璃筒瓦对接而成的排水设施，全长 1.3 米。

（四）出土遗物

该遗址埋藏浅，扰动次数多，始终有现代垃圾出现，也出土少量青花瓷片。瓷片经鉴定，其上限为清末民国初年。另在填土中出土 2 枚“道光通宝”铜钱（图五）。

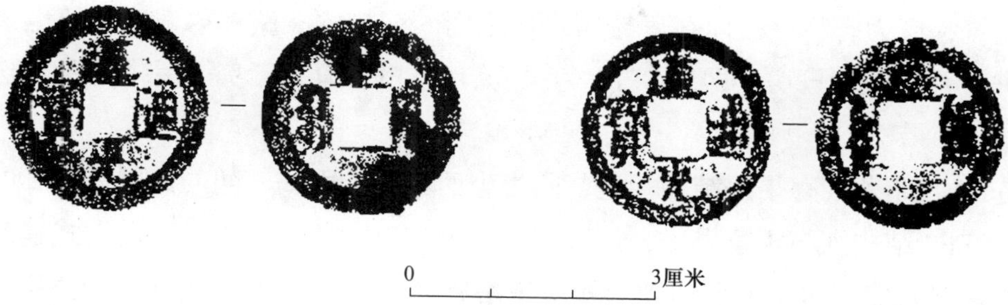

图五　03SFF2 出土道光通宝

三、结　　语

1. 房屋用途

两座房址在发掘结束后均进行了原址保护和展示，用玻璃保护棚将遗址罩了起来，并立说明牌对公众进行展示。然而这两座房址历史上究竟是何建筑，目前还有不同的认识。《沈阳福陵志》认为 03SFF1 为饽饽房，03SFF2 为齐班房[1]。而徐鑫则认为这两座建筑应该分别是涤器房和齐班房[2]。《明清皇家陵寝扩展项目——清盛京三陵》中记载："神功圣德碑楼东西两侧原建有齐班房、省牲亭、晾果楼，今已倒塌，现保存原建筑基址，未复建。"[3]虽未明言这两座房址应为哪两座，但肯定为齐班房、省牲亭、晾果楼这三者中的二者。

《奉天通志》"福陵"条载："隆恩门三楹，楼三层，门二。东为膳、茶房，西为果房、涤器房，房各三楹。其南为省牲亭、齐班房，各三楹。前为碑楼，碑座二层，门二，恭立神功圣德碑一。通碑亭之前，有桥二座。"《沈阳县志》"福陵"条所载内容与《奉天通志》相近，"隆恩门三楹，楼三层。门外东为膳、茶房，西为果房、涤器房，房各三楹。其南为省牲亭、齐班房，各三楹。前为碑楼，恭立神功圣德碑一。碑楼之前有桥二座"。两书内容相近，均记载隆恩门西侧有四座建筑，北为果房、涤器房，南为省牲亭和齐班房。据《福陵全图》上所绘，隆恩门前西侧共有 5 座建筑，前面一排 3 座，自北向南分别为厨房、果房和看班；后面一排 2 座，自北向南分别为楼房和省牲亭。东侧有两所建筑，自北向南分别为膳房和茶房[4]。《福陵全图》虽未祥其作者和年代，但其所绘福陵其余部分都与现存福陵相合，因此我们相信此图必有所本，应该反映了某一时期福陵建筑的面貌。

目前，福陵隆恩门以南神道东侧现存两座建筑，分别命名为茶膳房和东朝房；西侧现存有两座建筑，一为前排头一个建筑，命名为果房；一为后排第二座建筑，命名为涤器房。不知其所据为何？

结合以上史料，我们认为，福陵隆恩门以南神道东侧现存的两座建筑，从北向南应该为膳房和茶房；西侧现存的两座建筑，前排头一个建筑，应为厨房，即涤器房；后排第二座建筑，应为省牲亭。而在碑楼与膳房之间的前排第二座和第三座建筑应该就是果房和看班，看班即齐班房，即 03SFF1 为果房，03SFF2 为齐班房。后排第一座建筑，应为楼房，即晾果楼。

03SFF1 与昭陵现存果房结构相近，同为坐西朝东、面阔三间的四周带回廊的庑殿顶建筑；03SFF2 结构则与永陵果房、茶房相近，为前出廊式青砖灰瓦顶硬山式建筑。这与昭陵陵兵舍和永陵齐班房的普通硬山式建筑略有区别[5]。另据 2003 年昭陵宰牲厅主殿、馔造房遗址发掘情况[6]，昭陵宰牲厅主殿结构与现存福陵“涤器房”结构相似，均为坐西朝东、面阔三间的四周带回廊的建筑。因此，现存的福陵“涤器房”应为“省牲亭”。

2. 时代

福陵果房和齐班房均始建于乾隆年间，果房始修于乾隆二十年（1755 年），乾隆三十三年（1768 年）、乾隆五十二年（1787 年）、嘉庆九年（1804 年）、嘉庆二十二年（1817 年）、光绪十二年（1896 年）、宣统二年（1910 年）曾重修；齐班房始修于乾隆五十五年（1790 年），宣统二年（1910 年）曾重修[7]。然而两座建筑的损毁年代却无明确记载，仅据房址内的出土遗物判断，两座建筑大致均毁于民国期间。

发　掘：苏鹏力　朱寒冰
绘　图：朱寒冰
照　相：苏鹏力
执　笔：苏鹏力（初稿）
　　　　赵晓刚（修改）

注　释

[1] 沈阳一宫两陵志编纂委员会：《沈阳福陵志》，辽宁民族出版社，2006 年，37 页。

[2] 徐鑫：《大清皇陵私家相册》，中华书局，2015 年，26 页。

[3] 中华人民共和国国家文物局：《明清皇家陵寝扩展项目——清盛京三陵》申报文本，77 页。

[4] 刘镇伟：《中国古地图精选》，中国世界语出版社出版，1995 年，80 页。

[5] 同 [2]，11 页。

[6] 刘焕民：《清昭陵宰牲厅主殿、馔造房遗址发掘报告》，《沈阳故宫博物院院刊》第六辑，中华书局，2008 年，124～131 页。

[7] 同 [1]，3～15 页。

沈阳清昭陵妃园寝遗址考古调查报告*

沈阳市文物考古研究所

沈阳清昭陵妃园寝（简称园寝）是清康熙为其祖父皇太极的妃子们所建。历经数百年的风雨沧桑和时代变更，园寝逐渐衰败，原有的仪门、围墙、享殿、守陵人住房等建筑倾塌，其建筑材料被拆除挪作他用，变成一片废墟，仅有十一座妃子的坟墓孤寂地淹没在灌木与杂草丛中。

2003 年，为配合清昭陵的申遗工作，沈阳市文物考古研究所对园寝遗址进行了全面的考古调查。通过详细的考古勘探与对重点遗迹的局部清理，掌握了园寝整体布局及遗存状况，现报告如下。

一、地理位置及周边环境

园寝位于北陵公园内，清昭陵陵寝西北隅，东南距清昭陵陵寝西墙约 250 米，西距北陵公园西墙 250 米，西北距北陵公园西门约 330 米。园寝围墙西南角地理坐标为北纬 41°51′06.5″，东经 123°24′55.3″（图一）。

园寝地势平坦，南北朝向，北偏东 8°。高大的古松和繁茂的灌木环绕在园寝外的四周；其西部、北部地势较低洼，东侧 70 米有公园南北向的游园通道；园寝内灌木繁茂、杂草丛生。

二、园寝整体布局及遗存状况

园寝整体布局可划分为前后两部分，前部由甬路、排水沟、广场构成布局和谐的外环境；后部以砌筑仪门、围墙成院，院内以前朝后寝格局分成前后院的园寝主体，布局严谨规范（图二）。

1. 甬路

甬路是通往园寝的主路，南北走向。经沿线勘察发现，甬路南端至树丛中的现代东

---

* 本文为国家社科基金重大项目“盛京城考古与清代历史文化研究”阶段成果，项目编号：14ZDB038。

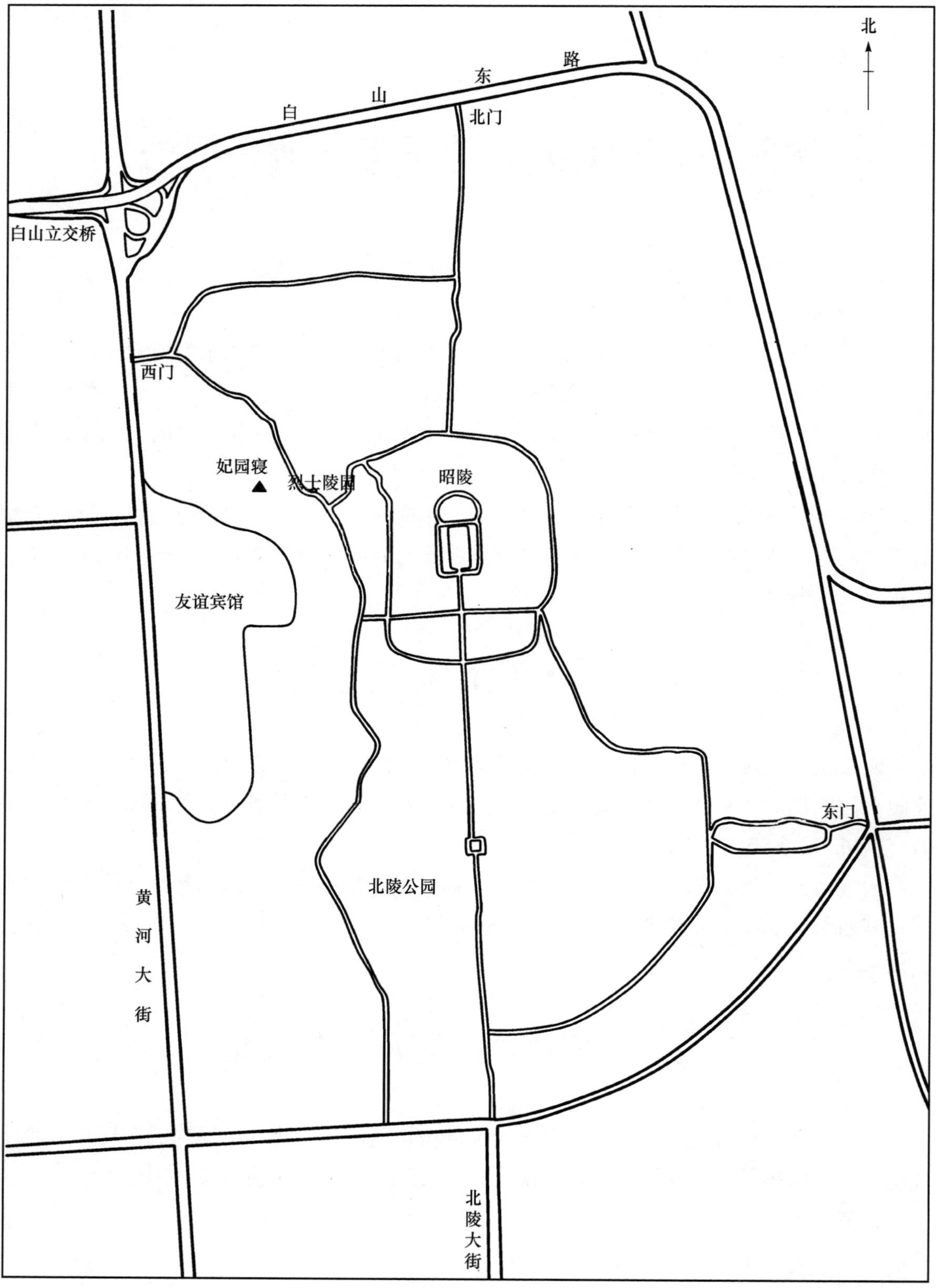

图一　妃园寝地理位置图

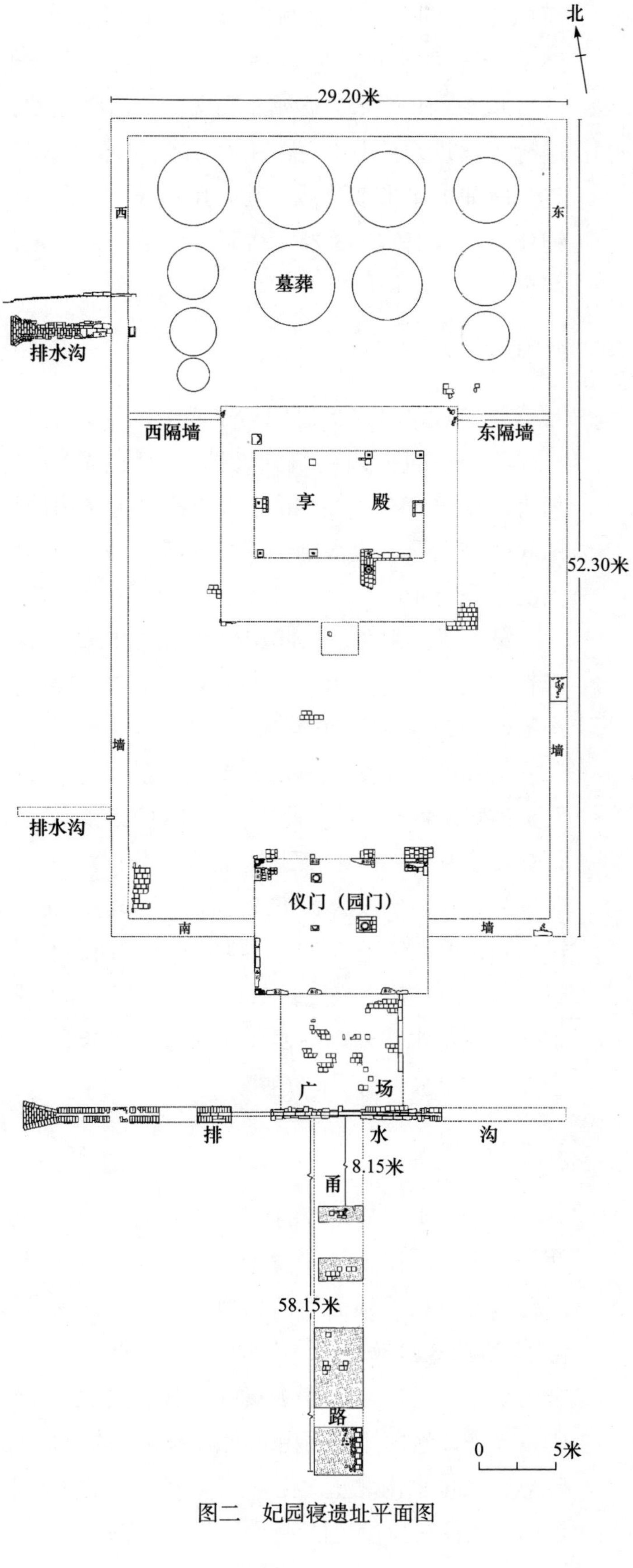
北
29.20米
西
东
墓葬
排水沟
西隔墙
东隔墙
享　殿
52.30米
墙
墙
排水沟
仪门（园门）
南
墙
广　场
排　水　沟
8.15米
甬
58.15米
路
0　5米

图二　妃园寝遗址平面图

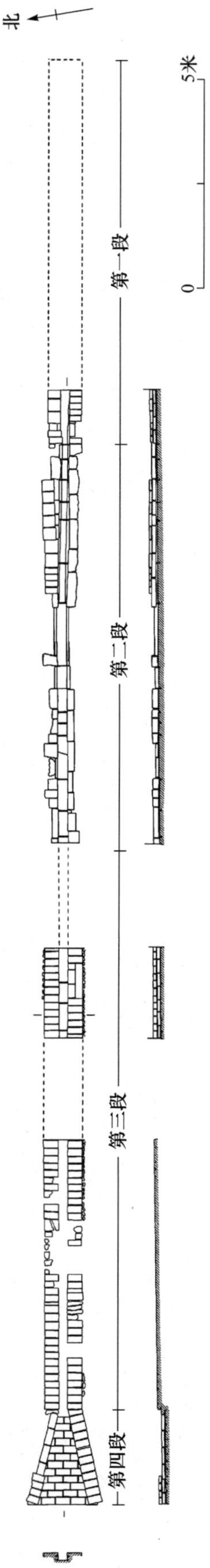

图三　排水沟平、剖面图

西向小径中断，北端与园寝广场前的排水沟衔接，现存长度 58.15 米。园寝被弃管后，甬路由于再无人行走而荒废，路面上已被厚 5～10 厘米的腐殖土覆盖。为查清甬路铺设结构，分 4 段进行了清理。路基是用三合土夯筑（厚度未解剖），路两侧镶青砖，内铺 1 厘米细黄沙，其上用边长 30 厘米 ×30 厘米方砖错缝铺设路面，路宽 3.3 米。路面砖大部分被起走，残留者亦是破损严重。

2. 排水沟

位于甬路与广场之间，东西方向。东端起点在编号 0718 古松树下，一直向西砌筑到终端，全长 34.9 米。排水沟的建造过程为先挖出宽 90、深 40 厘米沟槽，再在沟内用砖、石两种材料铺底砌壁，形成泄水槽。依据其所使用的材料和功能，自东向西依次划分为 4 段。

第 1 段：东段。东起编号 0718 古松树下，长 9.3 米。用长方形青砖铺底，沟壁为下顺上丁白灰浆口二层砖砌成（局部清理），沟槽内宽 35、残深 20 厘米。

第 2 段：中段。长 9.95 米。用规格不一的拆旧石材（条石或槽石）铺底，条石做壁。此段因处在甬路到广场之间，有人们经常通行踩踏的因素，故使用石材以起坚固作用。

第 3 段：西段。长 13.25 米（局部清理）。砌筑及用材与第一段相同，但在砖壁与沟的缝隙中填充了河卵石。

第 4 段：泄水口。长 2.2 米，端口宽 70 厘米。

通观排水沟，东高西低，落差 5 厘米，原应有封顶盖板，现已无存，泄水口为明口（图三）。

3. 广场

位于排水沟与园寝的仪门之间。广场近方形，南北宽 7.3、东西长 8 米，面积 58.4 平方米。广场北端与仪门台基衔接，并以仪门台基的土衬石顶面为广场地平标点，先挖出基槽，东西两侧边缘铺设宽 30 厘米，长约 1 米或 1.5 米的牙子石（青条石）成边框，框内铺垫厚 1 厘米纯净细黄沙，其上用 30 厘米 ×30 厘米方形青砖错缝平铺地面。地面由北向南铺设（略有坡度），终（南）端方砖叠压在排水沟北壁之上。广场所使用的条石和方砖多数被起走他用，现仅见少量边框牙子石和地面方砖。

4. 园寝

园寝以仪门（园门）居中，四周砌筑围墙构成长方形院落，南北长52.3、东西宽29.2米，占地面积1527.16平方米。

园寝内以享殿东西两侧砌筑的隔墙为界（东侧设便门），分前朝、后寝两院。前院进深32、东西阔27米，面积约864平方米，为奉祀场所；后院南北进深17.65、东西阔27米，占地面积约476.55平方米，是十一位妃子的安葬之所。

仪门台基，为砖石混合型平台做法，高出地表50厘米。台基四周边框的底层铺设土衬石（青条石），其上青砖白灰浆口砌筑三层拦土墙壁，顶压阶条石、好头石，仪门柱顶石下做磉墩，台心填三合土夯实，台面满铺方砖。台基东西长11.3、南北宽8.65米，面积约为97.75平方米（图四）。

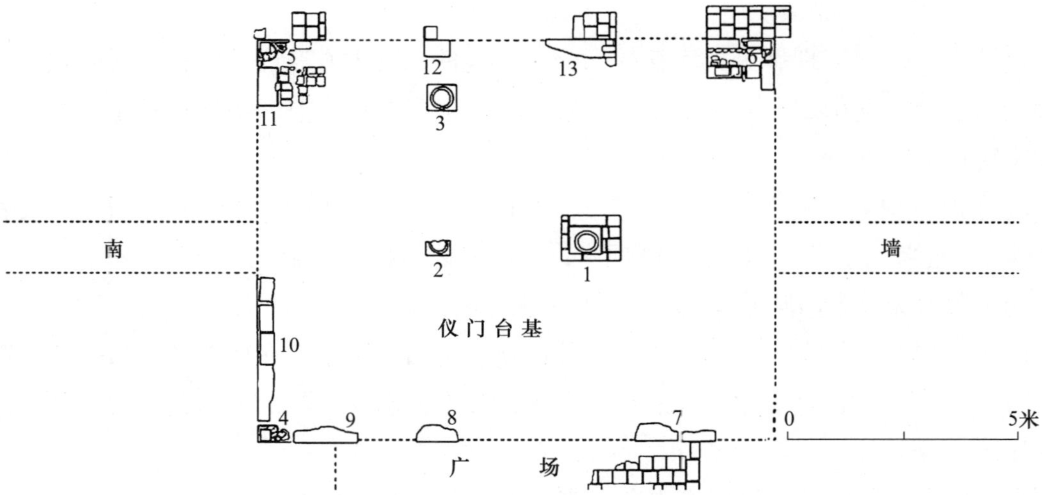

图四　仪门台基遗址平面图

1、2. 金柱顶石　3. 后檐柱顶石　4～6. 磉墩　7～13. 阶条石

磉墩为砖石混合砌筑。由于磉墩石做部分属于暗做法，从清理的西南角、西北角和东北角3个磉墩来看，皆为利用拆旧石构件和条砖砌筑。以西北角磉墩为例：底垫石是一块卷云纹图案的抱鼓石，边长68厘米×55厘米，上凿边长20厘米的方卯，方卯上插立高26厘米的方石柱套顶，周围砌砖成磉墩，上置柱顶石，提升了对主体建筑的承重作用（图五）。

台基表面仅见中间金柱顶石2块、后檐柱顶石1块，皆为圆鼓镜柱顶石，圆鼓镜心直径35厘米。

享殿台基，位于院内中心，距仪门15米。现为一隆起的大土堆，经过对四角的清理发现，这便是享殿台基。台基为平台做法，外表包砌的所有砖石材料全部被拆除，仅存台基内致密的夯土。根据对基槽数据的测量，台基东西外边长15.1、南北外边宽13.75、高1.2米，面积约为207.63平方米。台基前（南面）中部踏跺全部拆除，从其夯筑基槽看，踏跺东西宽2.5、南北长约2.1米。

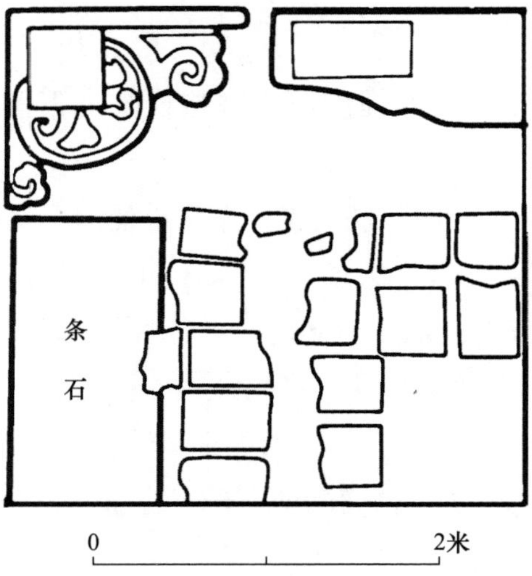

图五　磉墩平面图

享殿台基表面清理后可见幸存的部分建筑构件，其中有东山墙暗柱顶石 2 块、前墙暗柱顶石 2 块、西山墙暗柱顶石 2 块、后墙暗柱顶石 1 块、前檐明柱顶石 1 块、后檐西北角半明柱顶石 1 块。

暗柱顶石均属平柱顶，可分为长方形和方形。长方形平柱顶石规格不等，大者长 65、宽 50 厘米，小者长 50、宽 40 厘米；方形平柱顶石边长 45 厘米 ×45 厘米。

明柱顶石为外方内圆鼓镜式。圆鼓镜直径 36 厘米。

半明柱顶石为外方内半鼓镜式。此种柱顶石是因一半镶砌在墙体内，另一半裸露在外的特殊制式，既符合墙体砌筑的结合需求，又不失暴露在外部分与其他明柱顶石制式的和谐统一。

另外，在享殿中门东侧墙基圭角存有下枋条石一段（4 块）。享殿内外地表亦有少量墁地青砖存留。

根据以上遗存分析，享殿原系三楹硬山式建筑，面阔（外墙尺寸）10.9、进深 6.85 米，建筑面积约 75 平方米（图六）。

前院地表皆用 30 厘米 ×30 厘米方砖墁地。

隔墙，位于享殿台基东北角、西北角向南 50 厘米处各有一条宽 38 厘米夯土基槽，基槽与园寝东、西墙衔接，长均为 5.95 米，应属享殿东、西两侧隔墙的基槽。依此推断，基槽上起建的是一壁厚的矮墙，高不超过享殿台基 1.2 米。西隔墙基槽贯通，说明是封闭式的隔墙；东隔墙基槽中部有长 1、宽 0.05 米的浅槽，应为门槛痕迹，说明东隔墙在中部设门，通达后院。

后院，享殿两侧隔墙至园寝北墙进深 17.65、东西阔 27 米，占地面积约 476.55 平方米，是十一位妃子的安葬之所。墓葬由东向西共 4 排，以封土堆体量比照，可分为大、中、小型。

第 1 排 3 座墓葬，为中、小型墓葬。前（南）起第 1 座为小型墓葬，封土堆底径 3

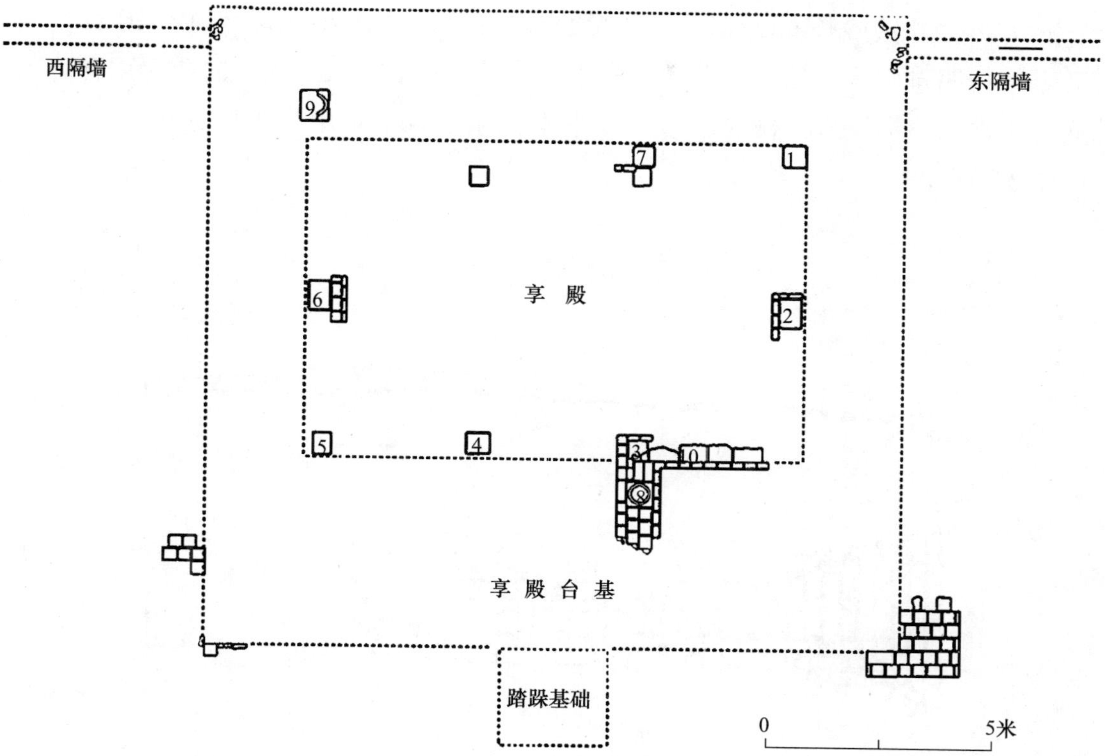

图六 享殿遗址平面图
1～7. 暗柱顶石 8. 前檐明柱顶石 9. 后檐半明柱顶石 10. 下枋条石

米；其后第 2、3 座为中型墓葬，封土堆底径 4 米。

第 2、3 排 4 座墓葬，为大型墓葬。所处位置正对着享殿，封土堆底径 4.5～5 米。

第 4 排 4 座墓葬，为大、小型墓葬。前（南）起第 1 座墓葬最小，封土堆底径仅 2.2 米；其后的第 2、3 座为小型墓葬，封土堆底径 3～3.3 米；最后 1 座墓葬为大型墓葬，封土堆底径 4.5 米。

围墙基础，由于围墙的墙体已无存，四至仅能依据它的基础查寻得以认证。对此，通过勘探和探沟调查，锁定了围墙的四至，并获取到新的信息。

围墙基础做法是先挖宽 1.8、深 1.4 米的基槽，槽内填三合土夯实，夯土上砌筑青砖墙体，墙体底宽 1.1 米，外边缘与基础槽外线吻合。南墙东南角、仪门结合处见墙下土衬石，东、西、北墙则不见土衬石。墙基四周外边缘见一道宽约 3 厘米的红线浸入地表土中，基槽浮土中亦见涂有红色的墙皮灰，墙基内边缘则不见红线，说明围墙的外墙面挂灰涂红，内墙面素青。

西墙见园内向墙外排水设施 2 处。

前院排水设施：位于西墙南拐角向北 7 米处。墙内近墙根处设沟漏，形制（损毁）不详，穿墙部分为涵洞（损毁），墙外用条石和青砖砌筑排水沟（明沟），残长 6.1、外壁宽 1、槽宽 0.2、深 0.3 米（未清理）。

后院排水设施，位于西墙北拐角向南 13 米墙根处。墙内壁下见残存的沟漏，石制，长方形，外壁残长60、宽45、槽残深10厘米。穿墙部分为涵洞（损毁），墙外做砖石结构明排水沟，依墙外壁起，先用石材做壁铺底，长2米；向前再用青砖砌壁铺底至终端，终端泄水口做成扇形，墙外排水沟长6.4、墙下出水口宽0.3、终端口宽1.35米（图七）。

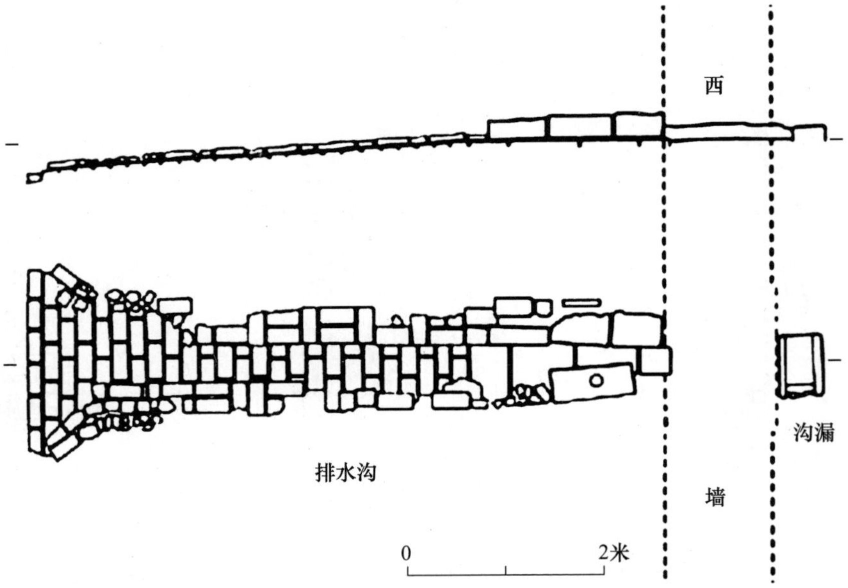

图七　后院排水设施平、剖面图

三、遗　　物

在园寝广场的清理过程中，位于广场西北部（仪门西）腐殖土下发现一些黄釉瓷器残片，分布散乱，不属于灰坑内的堆积。这些瓷片皆为内外施黄釉，足心白釉或黄釉，釉色光亮，多数胎质为白色，薄而细洁，个别为灰白色厚胎，釉色偏暗。部分瓷片釉下刻画凤纹、云纹等图案。可辨器形以盘为主，碗、杯较少。可见器底书年款的有明成化、嘉靖，清康熙、乾隆、光绪等（图版一六）。根据瓷片口沿、底足分类统计约有70件器物，但能复原者仅有2件。

2003SBF：1，大盘。侈口，尖圆唇，斜弧壁，平底，圈足。灰白色厚胎，器表内外及底均施黄釉，釉色发暗。高6、口径34.5、底径24.6、底厚1厘米。明代晚期器（图八，1）。

2003SBF：2，斗笠盘。外折沿，浅弧腹，平底，圈足。白胎，薄而细洁，器表内外均施黄釉，釉色光亮，圈足内及底施白釉。高3.6、口径22、底径12.6、底厚0.4厘米。清早期器（图八，2）。

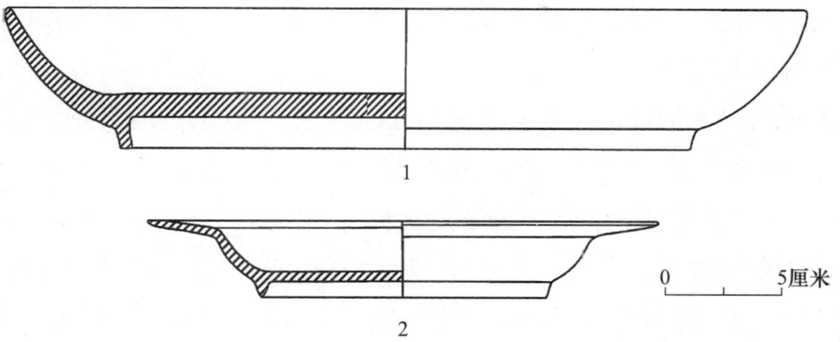

图八　出土遗物

1. 大盘（2003SBF：1）　2. 斗笠盘（2003SBF：2）

四、结　论

通过对园寝考古调查所获取到的大量信息，综合研判，足见其有以下几个特点：

（1）园寝整体布局严谨，结构紧密，是由前后两大部分构成的。前部以甬路、排水沟、广场贯穿成一个整体，功能上不仅使往返于园寝的人们通行顺畅，雨季排水得到解决，亦给凭吊祭祀者在进入园寝前提供了驻足整备的空间；在营造制式上既规范又简约，烘托出园寝深邃、清幽的外部环境。后部以仪门、围墙合围形成园寝主体，前院宽敞，中设享殿，后院葬众妃，甚为幽静，构成前朝后寝的专有格局。这种前后两大部分紧密衔接的园寝建筑形式，周围又辅之以陵松环绕，充分展现出清代早期皇家园寝建筑的独特风格。

（2）虽然园寝是康熙时期专为先皇帝妃子们所建造，但与皇陵相比，二者之间等级差别是非常显著的。仅就建筑材料而言，园寝的仪门和享殿使用的瓦件等皆为素青，不见琉璃饰件；甬路、广场、庭院等铺地方砖皆为30厘米×30厘米规格；仪门、享殿柱顶石圆鼓镜心直径35～36厘米；而昭陵之附属建筑“宰牲厅”屋顶照琉璃瓦，地面铺方砖为36厘米×36厘米，柱顶石圆鼓镜心直径40～58厘米。二者建筑用材规格和材质差异甚大，充分说明这种现象是清王朝皇帝与妃子之间在埋葬规制上有着巨大的等级差别。

（3）园寝中十一座妃子墓葬按清初葬俗均为火葬墓，观其布局及规格应有明显的定制。总体来看，园寝后院妃子墓第2排和第3排共4座，均为大型墓葬，前方正对着享殿，占据了茔地的核心位置，排列较为疏朗；第1排3座为中小型墓葬，第4排4座为大型和小型墓葬，分列在东西两侧，排列较为拥挤。上述现象表明，逝者虽同葬一处，仍摆脱不了她们在生前相互之间地位的差别，死后仍要按尊卑予以定位安葬的客观存在。

（4）清太宗皇太极生前有十四位妃子，包括“孝庄文皇后，……封永福宫庄妃。敏惠恭和元妃，……封关雎宫宸妃。懿靖大贵妃，……封麟趾宫贵妃。康惠淑妃，……衍庆宫淑妃。元妃，继妃。侧妃者二：叶赫纳喇氏，扎鲁特博尔济吉特氏。庶妃者六：纳喇氏，奇垒氏，颜札氏，伊尔根觉罗氏，其二不知氏族”[1]。而葬入园寝的仅有十一位，尚有三位妃子为何未能葬入园寝呢？

庄妃，因子世祖顺治继位而贵，尊为皇太后，地位从妃上升到皇太后，再因孙圣祖康熙继位，尊为太皇太后，且在临终前对圣祖康熙说：“太宗奉安久，不可为我轻动。况我心恋汝父子，当于孝陵近地安厝，我心始无憾。”[2]康熙尊奉其遗嘱，把太皇太后棺椁存放于河北遵化东陵暂安奉殿内，直至雍正初将孝庄文皇后入葬于昭西陵，故未回葬于盛京昭陵妃园寝。另二位应是皇太极六位庶妃中“不知氏族”者，原因在于不知其氏族，死后无法在享殿设立灵牌，受到奉祀，因此另作安葬更为稳妥。这样一来，安葬在妃园寝中的十一位妃子便是“懿靖大贵妃，敏惠恭和元妃，康惠淑妃，元妃，继妃，叶赫纳喇氏，扎鲁特博尔济吉特氏，纳喇氏，奇垒氏，颜札氏，伊尔根觉罗氏”。

（5）本次调查中，在园寝仪门外西侧发现明成化、嘉靖，清康熙、乾隆、光绪等年款黄釉瓷片，说明园寝的奉祭过程中，严格按照清朝规制，在盛装祭品用器上皆使用皇家专用瓷器，且始终是延续不断。但就这些黄釉瓷片的表象观察，又透露着一种较为特异的现状。常规而言，瓷器本身是易碎品，经过长时间使用出现破损很是正常，但瓷器又有坚硬的特性，自然破损不会七棱八瓣。可是在园寝清理出的瓷片破碎严重，但凡有年款的足心瓷片无一不残，而最为坚固的器底也不见一个完整的。上述现象说明，这些瓷器是人为毁器的结果。究其原因无外乎有两种可能：一是祭器为皇家专用品，适时会以新代旧，被替换下来的旧器是不能作他用的，更不能外流，故采取毁器方式进行处理；一是毁器后弃之于门外的做法，本身就是祭祀程序中的一个环节。

附记：参加本次调查整理的工作人员有：刘焕民、张连兴、赵晓刚、沈彤林、付永平、韩玉岩、庞志辉、张天琦、张宏涛等。绘图韩玉岩、庞志辉。摄影张天琦。

执　笔：张连兴　赵晓刚　刘焕民

注　释

[1][2]《清史稿》卷二百十四《后妃传》。

沈阳城通天街遗址考古发掘简报*

沈阳市文物考古研究所

沈阳市的通天街指的是原沈阳中卫城十字街的南北向大街。通天街是一种俗称，指可以从这条街通向天子（皇帝）居住的地方。努尔哈赤天命十年（1625年）迁都沈阳城后，在沈阳中卫城的北门内、南北向大街的北端建了汗王宫，这条南北向大街才开始被称为“通天街”。从现收藏于中国第一历史档案馆的康熙年间的《盛京城阙图》来看，汗王宫即坐落在通天街上。2012年5～8月，沈阳市文物考古研究所发掘了汗王宫遗址，发现了汗王宫的宫门、宫墙、前院及高台基址[1]。为了揭示汗王宫与通天街的关系，2016年7月，沈阳市文物考古研究所组织人员对汗王宫的前院布置了2条探沟进行解剖性的发掘，在院落内发现了一段通天街。通过此次发掘，了解了通天街的宽度、结构及与汗王宫的关系。现将通天街的发掘收获介绍如下。

一、探沟的剖面

在汗王宫的前院布置了1条宽1、长16米的探沟（编号TG1）。本文将以TG1的剖面来介绍汗王宫与通天街的关系（图一）。

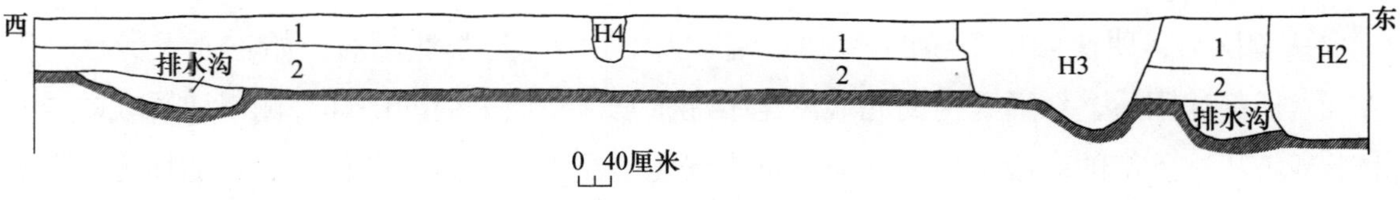

图一　TG1剖面图

第1层：院落垫土层。包含黄沙、卵石等，近平状堆积。厚0.35～0.44米。在此层下开口了3个灰坑，其中H2打破了道路东侧的排水沟。

第2层：院落基础层。包含碎石、青砖、卵石等，堆积较杂乱。深0.35～0.44、厚0.29～0.55米。

其下为通天街街面及排水沟。

---

* 本文为国家社科基金重大项目“盛京城考古与清代历史文化研究”阶段成果，项目编号：14ZDB038。

二、通　天　街

本次发现的通天街仅为长 1 米的一段路面。通天街表面致密，有经过长期踩踏形成的踩踏面。道路东西两侧有排水沟，排水沟内侧道路宽约 11.6 米，东侧排水沟残宽 1.1、深 0.46 米，西侧排水沟残宽 2.1、深 0.46 米。其中东侧排水沟由于被一个晚期灰坑打破，所以宽度略窄。此外，在道路中间有一条包含碎石子的东西宽约 3.8 米的区域，估计为行车道（图二）。

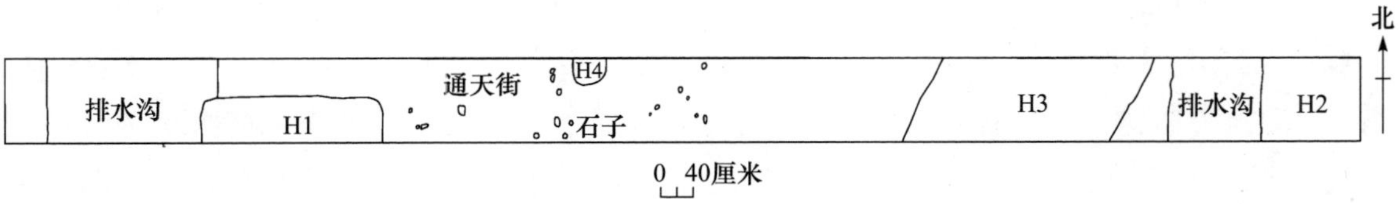

图二　通天街平面位置图

三、结　　语

1. 汗王宫与通天街的关系

从探沟的剖面来看，汗王宫在兴建时，先在明沈阳中卫城十字街的南北向大街上铺垫了厚 30～50 厘米的基础垫土，包含碎石、碎砖等。其上，又用卵石、黄沙等铺设了厚约 40 厘米的院落垫土。这个剖面清晰的表明了汗王宫即坐落在通天街上，并在修建汗王宫前对通天街进行垫高处理，这符合满洲“择高而居”的民族传统。

2. 通天街的演变

一般认为，明沈阳中卫城的南北向大街自努尔哈赤迁都沈阳后，始称通天街[2]。努尔哈赤迁都沈阳后，在通天街的北端修建了汗王宫，在通天街的中部东侧修建了大政殿及十王亭。从这条街的南段可以通往努尔哈赤居住的汗王宫，是通向天子居住的地方，百姓开始称其为通天街。天聪五年（1631 年），皇太极改造沈阳城，改十字大街为井字街，封堵了明中卫城的南门。修建皇宫后，这条街被分为了三段。北段（北通天街）依然通向汗王宫及王府，南段（南通天街）两侧是仓库。至近代，参见 1931 年《辽宁省城市街全图》[3]，盛京城内皇宫南的通天街部分仍称“通天街”，而城外原中卫城南门（保安门）外至南关墙的道路也称为“通天街”，这也就是今天的“北通天街”和“南通天街”。

执　　笔：李树义
发掘人员：李树义　韩玉岩　张洪涛
绘　　图：韩玉岩

注　　释

[1] 沈阳市文物考古研究所：《沈阳市汗王宫遗址发掘报告》，待刊。

[2] 姜念思：《沈阳史话》，沈阳出版社，2008年，133页；韩晓时：《古城印记》，沈阳出版社，2008年，43页。

[3] 王华隆：《辽宁省城市街全图》，东北大学教育学院，1931年（地图来源：沈阳市城市建设档案馆）。

清代盛京城城垣与街道遗痕的考古调查与发掘*

沈阳市文物考古研究所

20世纪80年代，沈阳市被确定为国家历史文化名城。作为一座国家级历史文化名城，主要内含有二：一是清代盛京城的宫城、陵寝等历史建筑；二是历史上形成的盛京文化。多年来，随着沈阳城市考古工作的不断深入，在古城内外不断有包括清初在内的各历史时期的重要遗迹被发现，由此提出了“盛京城考古”的概念，对以“盛京文化”为主体的名城保护、研究工作起到明显的推动作用。

考古成果表明，沈阳地区具有丰厚的历史文化积淀，早在距今2300年前，就已经具备了城市的雏形。从战国至汉魏侯城、辽金沈州城、元沈阳路城、明沈阳中卫城、清盛京城，都建筑在沈阳老城区中心处，由早及晚，由下及上，层层叠压，使沈阳成为一个历史文化叠压型城市。“在古今城市重叠的现代城市中，一般地说都保留着古代城市的遗痕。”[1]清代盛京城就是如此。不仅如此，清初盛京城还以“内方外圆”和藏传佛教“曼荼罗”（又称曼陀罗）理念规划而成为中国古代都城建设的最后一例，以至在现代沈阳市城区中，至今还保存着清代盛京城的遗痕。所以，“盛京城考古”的提出和实施，既具有重要的历史价值，也是现代化沈阳城建设规划的重要参照。为此，“盛京城考古与清代历史文化研究”课题，经全国哲学社会科学规划办公室批准，作为国家社科基金重大项目课题，于2013年正式启动。从此，“盛京城考古”研究步入了新的轨道。本文依据城市考古学的理论方法，对现代沈阳城市街区中遗存的清代盛京城城垣、街道遗痕等进行考察和分析，并在现代城市实测图上，复原被埋藏在地下的盛京城城垣、街道平面规划和布局。不妥之处，敬请读者指正。

一、清代“盛京城”的建设与规划理念

清代盛京城是在明代沈阳中卫城的基础上改造增拓的。明代沈阳中卫城是以防御为主的地方军事城市，是辽东都司二十五卫之一。清初，后金政权迁都沈阳，对中卫城进行了全面改造，从1626～1634年，经努尔哈赤、皇太极父子的改造和扩建，具备了都城的规模。后经康、雍、乾三朝的陆续增建，盛京城的规模逐渐扩大。正如有学者所论：

* 本文为国家社科基金重大项目“盛京城考古与清代历史文化研究”阶段成果，项目编号：14ZDB038。

“盛京城是清入关后清朝的陪都，经过兴建关城的拓展，从低级到高级、从简单到复杂的城市形态转变，基本上解决了原先狭小砖城的落后状态。”[2]

（一）清代盛京城改造扩建的分期及主要项目

清代盛京城的改造扩建主要可分为三个时期：

（1）努尔哈赤时期。这一时期主要增建的项目有：故宫东路建筑群、大政殿、十王亭、汗王宫、初期王府等建筑。

（2）皇太极时期。这一时期主要增筑项目有：城墙、改四门为八门、改十字街为井字街、建故宫中路宫殿群、东西两坊（文德坊、武功坊）、钟鼓楼、四塔寺、礼制建筑、外城墙（亦称边墙）等。

（3）康、雍、乾时期。这一时期主要增筑项目有：外城边门城垣、故宫西路宫殿群、南部影壁、移建太庙、增建社稷坛等（附表一）。

（二）清代盛京城建设的规划理念

盛京城平面布局内方外圆，城外四方等距离分列着四座藏传佛教寺庙及塔（北塔法轮寺、东塔永光寺、南塔广慈寺、西塔延寿寺）。这种总体布局规划，表现了藏传佛教“曼荼罗”思想，这是“曼荼罗”思想在我国古代都城规划上的首次践行。曼荼罗是“佛教密宗在修法时为防止魔障侵入而划定的区域或构筑的场所，曼荼罗坛城的图形多为内方外圆，内部是一座方形坛城，坛城中心是本尊，本尊周围是诸佛。方城四方各有一座建筑（有的作塔型），外面有一道或数道圆圈，圆圈外有的还绘有诸多佛像”[3]。盛京城以原有的明沈阳中卫城（内方城）为方形坛城，在方城之外环筑圆城，在圆城之外的四方建有四座藏传佛教寺庙及塔。所以，盛京城建设的规划理念，来自于藏传佛教“曼荼罗”是可信的。

藏传佛教源于我国青藏高原，大约在明万历年间传入蒙古高原，成为蒙古族普遍信仰的宗教。后金政权入主辽沈地区后，为了加强和蒙古的联盟，以宗教信仰为手段，“因其俗而治其众”，通过对藏传佛教的推崇，取得蒙古人众的信任。

据文献记载，盛京城的四塔寺始建于崇德八年（1643 年），至顺治二年（1645 年）建成，设计者为藏传佛教高僧毕力兔郎苏[4]。姜念思先生曾经说过：“盛京城就是一座立体的建筑的曼荼罗，盛京城是按照喇嘛教的曼荼罗来规划设计的。”[5]郭大顺先生也说，“清初沈阳城受藏传佛教影响”，建设理念体现了喇嘛教思想[6]。

盛京城设计理念也接受了中原传统的规划理念。

盛京城的内城及方城，是在明代沈阳中卫城的基础上改建而成。每面城墙设 2 座城门，与城门相连的 4 条主干道将内城切分成“九宫格”布局。宫殿置于中央，太庙居宫殿之左，市场（四平街、今中街）位于宫殿之后，钟楼和鼓楼分列于市场东西，即位于横向的北主干道和纵向的东、西干道交会处。这些规划，均来自汉族传统都城规划理念。《周礼•考工记》确定的都城营建制度为：“匠人营国，方九里，旁三门。国中九经九纬，经涂九轨。左祖右社，面朝后市。”[7]在此基础上，盛京城既根据明代沈阳中卫城的实际情况建设，又有所创新。因其城垣规模较小，每面城墙辟“旁三门”难以实现，便改“旁二门”；将太庙置于宫殿之左，以合“左祖”之制，但右面却不设社稷坛。雍正年间，将社稷坛建于天佑门（小西门）外之西南隅。

清代盛京城从整体布局到具体建筑结构等，都是满族在充分吸收汉文化和蒙、藏文化因素的基础上，形成了满族自身的建都和建筑特点，集中反映的是满族的民族特色，在中国古代都城规划史上具有唯一性，应在中国古代都城规划史上大书一笔[8]。

盛京城内方外圆、八门八关（内外城门各四座，之间谓之关厢）的特殊布局，导致了关厢内连通内外城门的道路，呈以内城为中心的放射形布局。在不受地形限制的平原上，规划出斜向道路，改变了自古以来城市道路横平竖直的特点，在我国城市道路规划史上实属罕见。其影响深远，成为后世沈阳老城区道路规划的蓝本，延续至今。

二、现代沈阳城市街区中的清代盛京城城垣遗痕

清盛京城建成至今已历400余年，城池、城内建筑多已湮没在现代沈阳城市建筑或街路之下（图一）。地表仅存盛京皇宫和福陵、昭陵两座帝陵，以及复建的怀远门、抚近门、内城西北角楼等。近年来，随着城市考古工作的开展，德盛门瓮城、汗王宫、豫亲王府等遗址陆续被发现，并实施了原址保护和展示。

沈阳作为一座古今叠压型城市，不仅地下埋藏有丰富的各个历史时期的考古学遗存，而且保留着清代盛京城的大量遗痕。徐苹芳先生指出：“遗痕，是指古代城市的城垣、河湖、街道和大型建置所遗留的痕迹，它反映着城市本身的历史变化。”[9]

（一）清代盛京城内方城城垣遗痕的考古调查与发掘

盛京城的内方城，是在后金天聪五年（明崇祯四年，1631年）在明沈阳中卫旧城的基础上，“增拓其制”改造而成[10]。

明《辽东志》记载：“沈阳城，洪武二十一年（1388年）指挥闵忠因旧修筑，周围九里三十步，高二丈五尺。池二重，内阔三丈，深八尺，周围十里三十步，外阔三丈，深八尺，周围十一里有奇。设城门四座：东为永宁门，南为保安门，北为安定门，西为永昌门。南关在城南。”[11]

明《全辽志》记载：“沈阳中卫城，本元之沈州。洪武二十一年（1388年），指挥闵忠因旧修筑，周围九里十一余步，高二丈五尺；置二重护城河，内阔三丈，深八尺，周

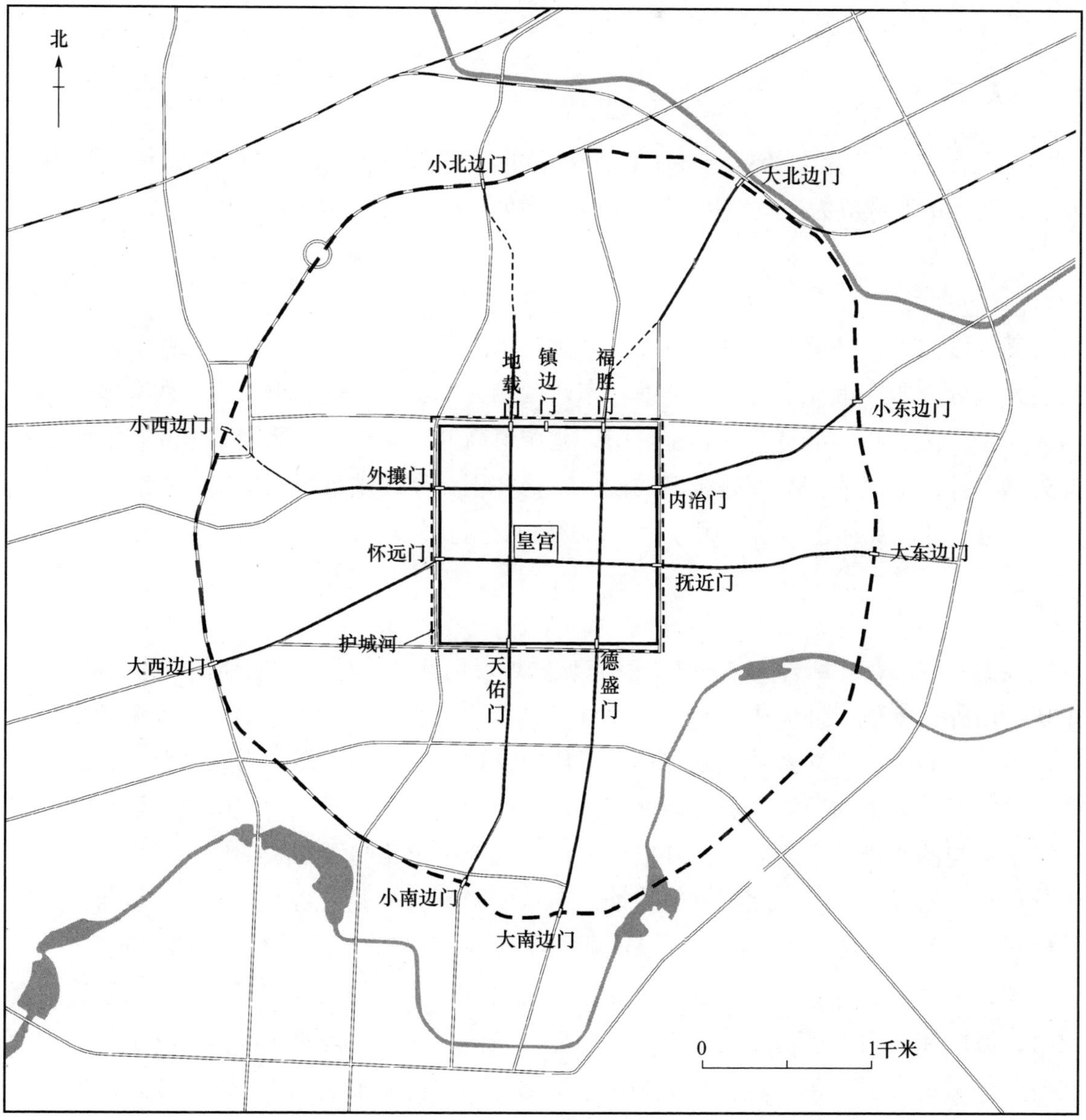

图一 清盛京平面图

城墙和街路宽度、城门不依比例

围十里三十步，外阔三丈，深八尺，周围十一里有奇。设城门四座：东为永宁门，南为保安门，北为安定门，西曰永昌门。南关，在保安门外，嘉靖二十二年（1543 年）新建，周围六百七十九丈，俱游兵军住。”[12]

清代史料记载：“盛京城内城墙体内外砖石，高三丈五尺，阔一丈八尺，女墙七尺五寸，周围九里三百三十二步，四面垛口六百五十一孔，敌楼八座，角楼四座。改旧门为八：东面南为抚近门，北为内治门；南面东为德盛门，西为天佑门；西面南为怀远门，北为外攘门；北面东为福胜门，西为地载门。护城河阔十四丈五尺，周围十里二百零四步。”[13]

考古发现的证据总结如下。

1. 方城范围

为配合 2015 年南北快速干线工程而开展的考古调查发现，“现今沈阳东、西、南、北顺城路、街区域应为盛京城护城河的大致区域，街道内向高差为 1.5～2 米”[14]。

2. 城墙

盛京城内方城城垣遗痕主要位于现今沈阳市老城区的东、西、南、北顺城路、街内侧，大部分叠压在现代沿街建筑下面。东西两侧为城垣和现代街道，东、西顺城路高差明显，沿线许多巷口都有明显高差。南、北城垣高差相对较缓，北墙城垣除西北角楼有部分遗存外，地表还存有两处城墙残段，一处叠压在今沈阳市绢花厂临北顺城街的平房下面，另一处在沈河正阳精神病院北侧，都没有进行过发掘清理。

3. 城门

根据考古调查并结合文献分析，盛京城方城城垣八门遗址，除现今复原的西怀远门、东抚近门外，其他门址应该位于下列地点：东内治门遗址，在今东顺城路与东中街交叉口，璟星大酒店与中兴新一城之间；南天佑门遗址，在今正阳街与南顺城路口，沈阳市环境保护局办公楼与荣兴瑞美酒店之间；德盛门遗址，在今朝阳街与南顺城路口，辽宁省法学会与韵之声大楼之间；西外攘门遗址，在今中街路与西顺城街口，盛京银行沈阳市分行与电器商厦之间；北福胜门遗址，在今朝阳街与北顺城路口，锦峰大厦与李文锁城之间；地载门遗址，在今正阳街与北顺城路口，汉庭酒店与广播教育大楼之间。

2000 年，西北角楼的原址复建，是依据考古发掘得出的实测数据而进行的复建。复建时，保留和利用了清初西北角楼原址的部分墙体。西北角楼西侧墙体的基础部分为西北角楼的考古发掘提供了内方城城垣的准确数据：“西北角楼西侧边长 24.5 米，向内直折 4 米与西侧城墙相接，北侧角楼墙边长 25.82 米，向内直折 3.77 米与北墙相接。”砌筑材料和砌筑方法为：“角楼外墙为青砖砌筑，宽 1.3 米，内填夯土，砌筑方法为白灰丁条错缝。”[15]这是目前唯一被考古资料证实的盛京城城墙墙体位置和建筑数据，明确了盛京城西、北两面城墙的准确位置。

2007 年，沈阳市文物考古研究所配合沈河区国家税务局办公楼建设，开展考古发掘工作，在今南顺城路与大南街交叉口东侧，发现了盛京城南门之一的德盛门瓮城遗址。考古发掘证实，“德盛门瓮城南面墙体，距今南顺城路北边线距离为 52.5 米”[16]，据此推断出德盛门门址南边线的位置。

1998 年复建的抚近门，是异地复建的，并没有开展考古发掘工作。从今大东副食商店与东顺城街地面近 2 米的高差判断，抚近门原址应在大东副食商店北侧东西一线。现今的抚近门是向西移了一段距离，进到了原盛京城城内的位置，从而形成了一个东向倾斜的小区域。

（二）清代盛京城外圆城（边墙）城垣遗痕和边门线索

清代志书记载："康熙十九年（1680年），筑围墙（即外城城墙，亦称边墙），高七尺五寸，周围三十二里四十八步。东南隅留水栅二处，各十余丈，沈水出焉。"[17]与内城相对，外城四面各辟二门，称边门。

1. 边墙

现代沈阳城区中，地表上已看不到外圆城（边墙）的任何痕迹，外城垣沿线区域被规划改造成现代城市道路。在调查中我们发现，盛京城外城垣遗痕被现代城市街道叠压覆盖，现代街道的走向依然沿着盛京城外城垣走向分布。通过对局部街道的考古勘查发现，盛京城外墙城垣大部分遗迹，埋藏叠压在现代沈阳城市街区中表面呈弧形的现代道路之下，埋藏在地下的部分墙体因现代城市道路建设而被阻断。根据目前考古发现统计，盛京城外城垣尚有10段城垣墙体和现代道路重叠，即现今的惠工街、联合路（部分）、北边城路、东边城路、管城二街、先农坛路、勒石巷、南关路、顺通路、青年大街。其具体情况叙述如下。

（1）北部城垣有两段：①今惠工广场东北方向至小北关街的惠工街一段；②大北关街东北方向的联合路一段。

（2）东部城垣有两段：①大北关街至辽沈二街东南方向的北边城路段；②草仓路经珠林路、津桥路至大东路东南向的东边城街和起于大东路至小河沿路的管城二街。

（3）南部城垣四段：①起于万泉街西南至柳塘巷的先农坛路段；②勒石巷；③南关路的西半段；④风雨坛街至热闹路的顺通路段。

（4）西部城垣两段：①惠工广场西南方向的惠工街一段（惠工广场至卓展大厦）；②市府广场西南经中山路至大西路的青年大街段。

北边城路隔老龙口酒厂路口与东边城路相连，东边城路隔大东路沈阳造币有限公司路口与管城二街相连，管城二街西南端与小河沿街相交处的南运河，即盛京城外城垣的北部水闸，外城垣进入今万泉公园被现代园林阻断，在今万柳塘公园南运河与现今的勒石巷交会点，为外城垣的南部水闸。出勒石巷被大南街和现代建筑阻断，外城垣又沿西南方向与南关路交会，南关路与顺通路隔奉天街路口相连接。顺通路被十三纬路和现代建筑阻断，外城垣沿西北方向与今青年大街交会，沿青年大街经今市府广场东北向与惠工街、联合路连接。上述十条街巷基本呈圆弧状走向，在现代实测地图上基本可连接成圆形。

由于城市考古的局限性，不能开展全面的文物勘探和考古发掘工作，但是从局部勘探试掘，以及文献的记载和全面的考古调查，方能确定盛京城外城城垣的大致位置。

2. 边门

盛京城外城城垣的八个边门遗痕，大、小南边门和小西边门大致位置，因现代建设和道路规划，在调查工作中难以确定。目前经过考古调查能够确定大致位置的有五处，即大东边门、小东边门、大西边门、大北边门、小北边门。

（1）东面：大东边门遗存，在今大东路与东边城路口沈阳造币有限公司与全好口腔门诊之间；小东边门遗存，在今小东路与东边城路口，今龙泉宾馆东南向。

（2）西面：大西边门遗址，在今大西路与青年大街交叉口东侧的百联大厦和大通证券之间。

（3）北面：大北边门遗址，在今大北关街与北边城路口、沈阳市第五中学西侧；小北边门遗址，在今小北关街与惠工街路口中国建设银行小北关支行与阜康精神医院之间。

在城址调查中，我们判断外城垣边门位置时，往往依据盛京城关厢中的八条外城街道与外城垣的交叉点确定，大、小南边门和小西边门遗存的位置，因南部外城垣遗迹被现代建筑、道路阻断，小西边门处于市府恒隆广场范围内不能实测而无法确定。

三、现代沈阳城区中盛京城街道遗痕的考古调查与发掘

现代沈阳城区中盛京城街道遗痕主要有两部分：内方城街道遗痕（图二）和盛京城关厢区域的八条街道遗痕。

（一）盛京城内方城街道遗痕

1. 井字街

考古调查表明，分布于现今沈河区中街老城区范围的盛京城方城井字街道，已被现代道路沿用，即现今的正阳街、朝阳街、中街路和沈阳路。2011～2012 年下半年考古发掘的鼓楼、钟楼遗址；2008 年 9 月发掘的朝阳街西侧、中街路北侧清代手工业作坊遗址[18]，都充分证明了盛京城井字街路被现代道路沿用，只是现代街道宽于清代道路。根据 2011 年鼓楼遗址的发掘判断，内城街道宽度应在 12 米左右，相当于鼓楼建筑的宽度。

2. 通天街

在盛京城内方城街道中，还有一条南北向的北通天街遗痕，需要特殊说明。后金天命十年（1625 年），努尔哈赤迁都沈阳后，在明代沈阳中卫城南北大街的东侧高地，修建了大政殿、十王亭等东路建筑群。在南北轴线北部，镇边门（北门）之南，修建了汗

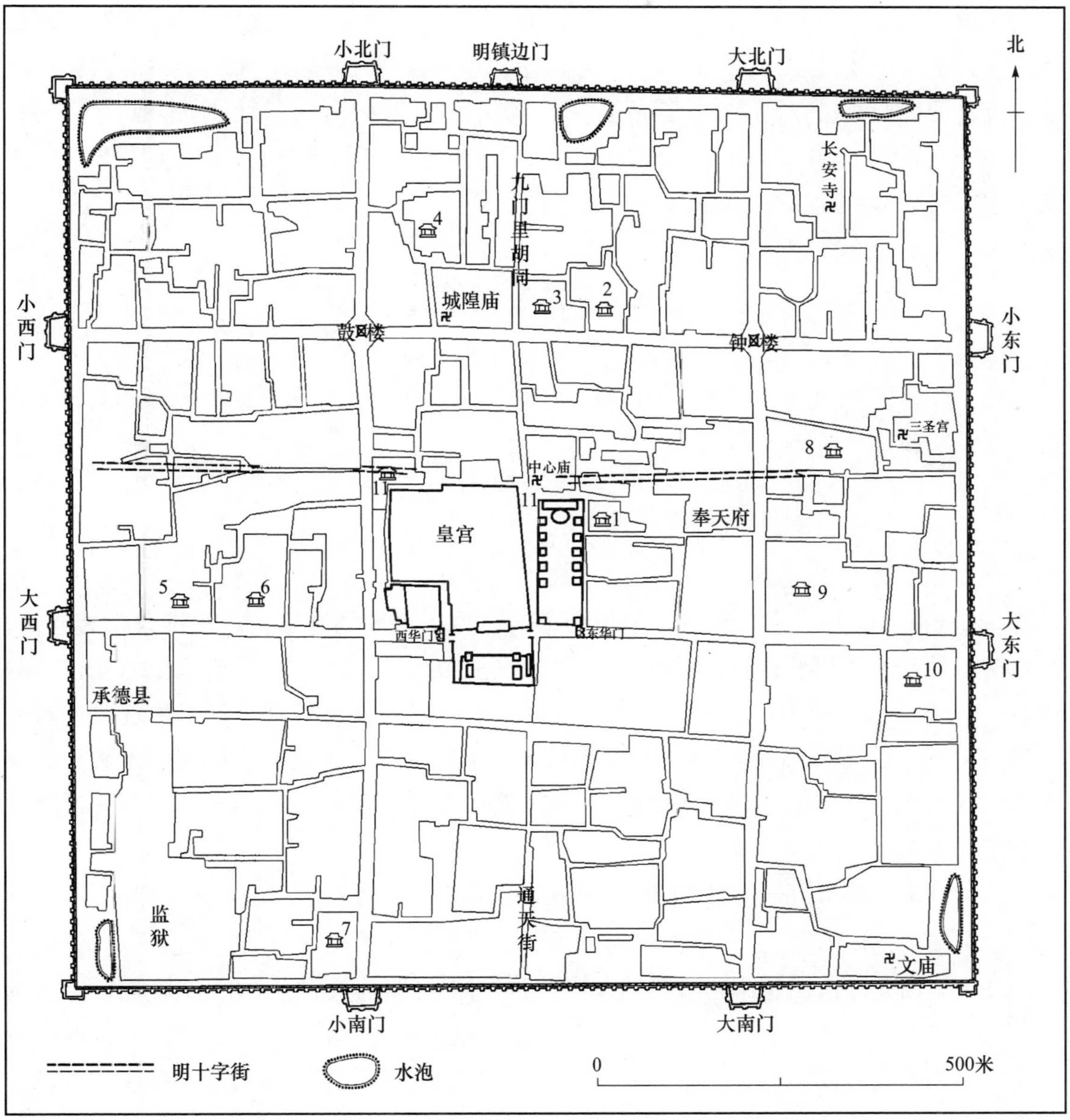

图二　清盛京方城示意图

1. 礼亲王府　2. 武英郡王府　3. 睿亲王府　4. 予亲王府　5. 饶余郡王府　6. 肃亲王府
7. 郑亲王府　8. 颖亲王府　9. 成亲王府　10. 敬谨亲王府　11. 庄亲王府

王宫寝殿，南北大街仍然保留使用。天聪五年（1631年）皇太极改造盛京城，建中路建筑群时，东路和中路建筑群之间仍有南北向道路通行，并没有因为兴建宫城而废弃。后期因建设沈阳故宫博物院的需要，才将东、中路用宫墙相连。现今中街方城南部，连接盛京路、南顺城街的南北向街道仍称北通天街，因通向“太祖居住之宫”，民间称为通天街。2015年汉王宫遗址保护展示项目做补充发掘时，在遗址门址南侧发现北通天街路面，“路宽约11.6米，两侧有排水沟遗迹，道路中间有部分石子铺砌，东西宽约3.8米，疑为车行道”[19]。2011年2月在沈河区南至南顺城路、北至盛京路的北通天街南段区域，进行考古调查、试掘时发现元、明、清三个时代道路地层，证明道路始建于元代。调查报告指出："清代的道路被近代路打破，残存一层。明代路为两层，保存状况良好，明代路下面尚有两层夯筑路，深褐色土，含少量沙，经夯致密，应为元代形成。"[20]盛京城北通天街长约 1100 米，北起明镇边门南面的汉王宫，南至明中卫城南城门保安门，南北十字街交叉部位现存有中心庙。

（二）盛京城关厢区域道路遗痕的考古调查

盛京城内方城与外圆城之间的区域，史称关厢。考古工作有对关厢道路和其他遗存的调查和发掘。

1. 关厢道路

皇太极在改造扩建盛京城时，在方城八门与外圆城八个关门间，筑有八条相连接的外城街道。郭大顺先生指出："外城街道与方城正方向的井字街道呈钝角状相连接，使八门与外城八关以放射状街道联络。"[21]在现今的沈阳城区中仍留存有这八条街道的遗痕，只是个别街道因现代城市建设而被阻断。据目前考古发现统计，被现代道路所叠压沿用的清代盛京城外城街道还存有六条：小东路、大东路、小南街、大南街、小西路、大西路。六条盛京城外城街道，全部叠压在现代道路地下，街道因现代道路建设而变宽。

（1）城东：内治门至小东边门的今小东路，抚近门至大东边门的今大东路。

（2）城南：天佑门至小南边门的今小南街，德盛门至大南边门的今大南街。

（3）城西：外攘门至小西边门的今小西路，怀远门至大西边门的今大西路。考古调查发现，外攘门至小西边门的小西路，在今城区道路规划中有所变化，小西路向西延至今沈阳市科协大厦门前时，开始分叉，向东南方向又规划了一条现代道路中山路，盛京城的这条外城街道是向西南斜向延伸的，我们在做调查时曾经被误导过。

（4）城北：福胜门至大北边门和地载门至小北边门的两条外城街道，被现代建筑道路天后宫路阻断，分别向东与大北关街、向西与广宜街相连接而改变。

2. 关厢其他遗存

在盛京城关厢区域，只有关厢北部、八王寺地区开展过系统的考古发掘工作，发掘资料表明："清代八王寺地区仍为清盛京城的墓地之一，虽然后来成为关厢之地但并未改变墓地的性质。"[22]文献记载，八王寺地区位于盛京城北部关厢，属正蓝旗界，有明永乐十三年（1415 年）创建的大法寺（八王寺）和明嘉靖十八年（1539 年）建设的白衣庵（广林寺），考古发掘工作明确了大法寺的四至。辽代沈州城北的崇寿寺处于八王寺地区西南部，同属于北部关厢地带。虽然这一地区应为逐渐发展的寺庙区域，人口应相对繁盛，但考古发掘的辽、金、明以及202座清代中晚期墓葬证明，这一地区仍为盛京城的墓葬区域。2007年，沈阳市文物考古研究所在盛京城关厢区域西部、地载门至小西边门区域、今市府恒隆广场开发项目中，对斗母宫遗址进行文物勘探，没有发现宫寺遗痕，只发现了少数几座明清墓葬。虽然盛京城关厢区域开展的考古发掘工作相对较少，但从沈阳地区古代城市发展沿革分析，盛京城关厢地区，在明代沈阳中卫城之前，属于历代沈阳古代城市之外，在城市南部地区有大、小南汉墓群遗存，东西部地区也有汉、辽、金、明、清墓葬遗存发现。

从现代沈阳城市中的清代盛京城城垣遗痕研究中，我们发现内方城地区都城建设、人文经济较为繁荣，外城关厢地区虽设置有八旗属地、寺庙、风雨坛、社稷坛等礼制建筑，但人口相对稀少，经济并不十分发达。

在现代沈阳城市中的清代盛京城城垣遗痕调查工作中，我们依据城市考古学的理论方法，从考古发现的角度开展调查工作。调查发现，除内方城城垣、内城街道等有充分的考古发掘资料佐证之外，其他如外城垣、边门遗址和外城街道，都缺乏足够的考古资料依据，只能依据文献记载，并结合对遗存的局部勘探来判断遗痕的存在及方位。由于城市考古的局限性，目前这些区域的盛京城城垣遗痕，全部埋藏叠压于现代城区地下，已无条件开展考古发掘工作。

执　笔：姜万里

注　释

［1］徐苹芳：《现代城市中的古代城市遗痕》，《远望集——陕西省考古研究所华诞四十周年》，陕西人民美术出版社，1998年，18～24页。

［2］〔韩〕玄胜旭：《清代盛京地区城市的城墙规模初探》，《华中建筑》2008年6期。

［3］姜念思：《清代盛京城规划理念探析》，《中国名城》2011年3期。

［4］李勤璞：《盛京四寺藏语碑文校译》，《辽海文物学刊》1997年1期。

［5］同［3］。

［6］郭大顺：《中国古代都城规划史上的最后一例：清初沈阳城》，《文化学刊》2010年6期。

［7］郑玄注：《周礼》卷第十二《冬官考工记下》，上海涵芬楼借长沙叶氏观古堂藏明翻宋岳氏相台本景印；张元济：《四部丛刊》初编经部第九册，上海商务印书馆，1919年景印，1929年重印。

［8］郭大顺、姜万里：《沈阳考古——回顾与展望》，《庆祝宿白先生九十华诞文集》，科学出版社，2012年。

［9］同［1］。

［10］伊把汉、董秉忠：《盛京通志》卷之第一《京城志·盛京城池》，康熙二十三年刻本，阳明文库图书；王河：《盛京通志》卷之五《京城志·盛京城池》，咸丰二年补刻乾隆元年本，日本早稻田大学藏书；阿桂：《钦定盛京通志》卷二十九《京城·盛京城创建》，乾隆四十四年奉敕撰；永瑢、纪昀：《钦定四

库全书》第五〇一册·地理类·史部二五九，台湾商务印书馆影印本，1983 年；和珅：《钦定大清一统志》卷三十五《盛京·城池·盛京城》，乾隆二十九年奉敕修；永瑢、纪昀：《钦定四库全书》第四七四册·地理类·史部二三二，台湾商务印书馆影印本，1983 年。

[11] 任洛：《辽东志》卷二《建置志：城池·沈阳城》《辽海丛书》（第一册），辽沈书社，1985 年，370 页。

[12] 李辅：《全辽志》卷一《图考志·沈阳中卫城》《辽海丛书》（第一册），辽沈书社，1985 年，523 页。

[13] 同 [10]。

[14] 李晓钟：《盛京西北角楼清理报告》，《沈阳故宫博物院院刊》（第六辑），中华书局，2008 年，132～135 页。

[15] 刘明：《清盛京城城池考》，待刊。

[16] 沈阳市文物考古研究所：《沈阳市沈河区大南街清盛京城德盛门瓮城遗址考古发掘报告》，《沈阳考古文集》（第 5 集），科学出版社，2015。

[17] 同 [10]。

[18] 沈阳市文物考古研究所：《沈阳中街清代至民国时期手工业作坊遗址发掘报告》，《沈阳考古文集》（第 4 集），科学出版社，2014 年。

[19] 李树义：《清代北通天街发掘简报》，待刊。

[20] 沈阳市文物考古研究所：《沈阳盛京城内北通天街南段考古调查报告》，《沈阳考古文集》（第 5 集），科学出版社，2015 年。

[21] 同 [6]。

[22] 沈阳市文物考古研究所：《沈阳八王寺地区考古发掘报告集》，辽海出版社，2011 年。

附表一　清代盛京城主要建筑年表

建筑类别	主体建筑	始建年代	备注
城垣建筑	方城墙体	天聪元年至天聪八年（1627～1634 年）	
	外圆城墙体	天聪五年（1631 年）——增筑	康熙十九年（1680 年）补筑
	内城护城河	天聪四年（1630 年）	
	钟、鼓楼	天命十年（1625 年）	
宫殿建筑	汗王宫	天命九年（1624 年）	
	故宫东路建筑群	天命九年（1624 年）	
	故宫中路建筑群	天聪五年（1631 年）	
	故宫西路建筑群	乾隆（1746～1778 年）	
	东、西两坊	崇德二年（1637 年）	文德坊、武功坊
礼制建筑	天坛	天聪十年（1635 年）	
	地坛		
	太庙	崇德元年（1636 年）	乾隆四十三年（1778 年）迁建
	堂子	天命十年（1625 年）	

续表

建筑类别	主体建筑	始建年代	备注
礼制建筑	先农坛	雍正年间	
	风雨坛	雍正年间	
	社稷坛	雍正年间	
王府衙署建筑	王府	天命十年至天聪八年(1625～1634年)	先后十一座
	六部	天聪元年(1627年)	
	理藩院	天聪元年(1627年)	
塔寺建筑	实胜寺	崇德元年至崇德三年(1636～1638年)	
	四塔寺	崇德八年至顺治二年(1643～1645年)	
	文庙	天聪三年(1629年)	

盛京城史迹保护展示的实践与思考*

宋振虹[1]　李树义[2]
（1. 沈阳市文化广电新闻出版局；2. 沈阳市文物考古研究所）

一、盛京城史迹的保存状况

盛京城是在明代沈阳中卫城的基础上创建的，皇太极天聪八年（1634年）将沈阳城改称“天眷盛京”，盛京城由此得名。“（盛京城）天聪五年建，本明沈阳卫城。……因旧城增拓其制，内外砖石，高三丈五尺，阔一丈八尺，女墙七尺五寸。周围九里三百三十二步，四面垛口六百五十一，敌楼八座，角楼四座，改旧门为八。……钟楼一，在福胜门内大街；鼓楼一，在地载门内大街，遂创天坛、太庙，建宫殿，置内阁六部、都察院、理藩院等衙门，尊文庙，修学宫、设阅武场而京阙之规模大备，于是遂更名曰盛京。……康熙十九年，奉旨筑关墙，高七尺五寸，周围三十二里四十八步。”[1]又建堂子、实胜寺、“护国四塔四寺”等。

盛京城历经三百多年的风雨洗礼，多数城内建筑已经湮灭，但沈阳故宫这一盛京标志性的建筑被保留下来。一些其他建筑，或原址保护展示，或后期复原重建，或埋藏于地下。沈阳市文物考古研究所对城门中怀远门、抚近门进行了复建[2]；对城墙的西北角楼进行了复原展示；对德盛门瓮城遗址进行了本体的保护展示[3]。城墙北段还能在地表依稀看到一些迹象。宫殿建筑（沈阳故宫）及陵寝（福陵、昭陵）已是世界文化遗产，得到了有效的保护[4]。努尔哈赤居住的汗王宫在经过正式的考古发掘后[5]，建立了汗王宫遗址陈列馆，对汗王宫遗址本体进行了保护展示。据收藏于中国第一历史档案馆的《盛京城阙图》所示，盛京城中的十一座王府中仅有豫亲王府进行了考古发掘[6]，通过发掘，对其院内的一条甬道进行了保护展示。礼制建筑的鼓楼[7]、钟楼[8]经过考古发掘，对鼓楼准备采取下沉式的保护方式，使得鼓楼的保护展示与商业空间的利用能够有机结合在一起，而钟楼则采取原地埋藏的方式。寺庙建筑中的实胜寺现为省级文物保护单位。新中国成立后，政府对实胜寺进行了修缮，1985年又修复了山门、大殿和佛楼，现在实胜寺一直延续着香火[9]。四郊四塔中的北塔、东塔、南塔保存较好，而西塔则是1998年重新修建的[10]。至于与四塔配套的四寺，北塔法轮寺、东塔永光寺、南塔广慈寺、西

---

* 本文为国家社科基金重大项目“盛京城考古与清代历史文化研究”阶段成果，项目编号：14ZDB038。

塔延寿寺，只有北塔法轮寺尚存，近年又经过重修和扩建，保存尚好；南塔广慈寺、西塔延寿寺在20世纪90年代进行了复建；而东塔永光寺也将于“十三五”期间进行复建。此外，建于明永乐年间、清代三次重修的“大法寺”，俗称“八王寺”，也在近年得到重修[11]。在明清两朝都多次重修的长安寺于1985年成为沈阳市文物保护单位，并历时两年进行重修，于1986年对外开放，并于1988年成为省级文物保护单位[12]。曾作为东北道教活动中心、建于康熙年间的“太清宫”历经多次修缮，保存尚好，成为盛京城的一处景点，现在是中国道教重点开放宫观和省级重点文物保护单位[13]。修建于崇德六年（1641年），盛京叠道必经之地的永安桥[14]，近年被圈围起来，并做了修缮，不再通行车辆。而建于崇德二年（1637年），利用明代永利闸废石改建的永济桥[15]，埋藏环境较差，现在大部分掩埋在地下，尚能看到一个桥洞，其上装饰着龙纹浮雕。

二、盛京城史迹保护展示的类型

目前，盛京城的一些史迹得到了保护和展示，从展示方式来看，可以分为以下四类。

1. 有限干预的原貌展示

有限干预的原貌展示是指遗迹保存尚好，再进行一定的修缮后进行的原貌展示。

例如，盛京城核心建筑的皇宫（沈阳故宫）和皇陵（福陵、昭陵），在2004年7月1日被联合国教科文组织第28届世界遗产委员会会议作为明清皇宫扩展项目列入了《世界文化名录》。这样，沈阳的“一宫两陵”的保护与展示有了《保护世界文化和自然遗产公约》的约束，并可以得到“世界遗产基金”的援助，使得“一宫两陵”能够吸引来自世界各地的观众，向其展示盛京城宫殿、陵寝的风貌。

四塔中的北塔、东塔、南塔及北塔法轮寺保存较好，进行一定修缮后就能够对外开放，长安寺及太清宫也是如此。盛京叠道上的永济桥被圈围起来，进行修缮后，停止通车，予以展示。

2. 复建展示

复建展示是指遗迹已经被损毁，为再现已经失去的文化遗存而在遗迹的原址或就近进行的新建展示。一般这种复建有一定的文献依据（诸如文献及老照片等）。1994年重修的怀远门，1998年复建的抚近门，1998年复建的西塔及延寿寺，以及2016年着手重建的天后宫都是此种类型。

3. 复原展示

复原展示是基于一定的考古发掘工作，借以充分的考古学和历史学依据，为了立体化的展示效果而对揭露出来的遗迹本体进行的局部复原。例如，2001年对盛京城西北角楼“修旧如旧”的复原展示。西北角楼复原展示的基础，是 2000 年对西北角楼遗址进行的考古清理工作，以及对盛京城角楼有关的历史文献及老照片等资料的收集工作。

4. 本体保护展示

本体保护展示是基于一定的考古发掘工作，通过考古发掘揭露出遗迹的保存现状，本着最小化干预的原则，对遗迹进行一定的防风化、防病害处理后而进行的展示。例如，2007 年发掘的盛京城德盛门瓮城遗址，在 2009 年 10 月启动对瓮城遗址的原址保护展示工程，至 2010 年 9 月竣工并对外开放，公众可以通过遗址上方的玻璃罩观看到瓮城遗址的保存面貌；2012 年发掘的汗王宫遗址和豫亲王府遗址，在 2016 年 5 月启动了对汗王宫遗址和豫亲王府甬道的本体保护展示工程，于 2016 年 12 月竣工并免费对外开放。除对汗王宫遗址、豫亲王府的甬道进行本体保护展示外，还在汗王宫遗址上建立了汗王宫遗址陈列馆，在回廊布置了浮雕展览，并在馆内一侧陈列了汗王宫遗址出土的部分建筑构件，以图文并茂的方式进行展览，并结合实物对汗王宫进行了全方位、多角度的介绍。

三、盛京城史迹保护展示中存在的问题

在对盛京城史迹进行保护展示的探索实践中，通过反思，发现存在这样一些问题。

1. 缺少将盛京城作为一个大遗址而进行保护、规划、展示的大局观

盛京城是清王朝入关前的都城及入关后的陪都，在中国的都城政治版图上有自己重要的历史位置，是沈阳市历史发展进程中的重要节点。正是努尔哈赤在天命十年（1625 年）迁都沈阳后，改变了沈阳城的历史命运，使沈阳逐步取代辽阳成为东北地区的政治、经济、文化中心，并极有可能成为新一轮的国家中心城市。

虽然沈阳市建设、规划、文物等有关部门对于盛京城的历史地位都有足够的认识和重视，但是由于部门间的掣肘，加上商业利益的纠葛，使得沈阳市在城建过程中缺乏对盛京城整体进行保护、规划和展示的大局观，只能碎片化、散点状的保护和展示盛京城的一些史迹。例如，汗王宫遗址，在对北中街地块进行商业开发时，基于沈阳市文物考古研究所有关人员的认真工作，发现了汗王宫遗址和豫亲王府遗址，并向国家文物局提出发掘两处遗址的发掘申请，得到了国家文物局的同意。但是，由于沈阳市的自然环境，基建项目全年有效的施工工期非常短，留给文物部门的工作时间就非常仓促。即便如此，沈阳市文物考古研究所的工作人员通过近两个月细致、科学的工作，成功将汗王宫遗址、豫亲王府遗址的原貌揭露出来，而且汗王宫遗址还进入了“2012 年全国十大考古新发现”的 25 项终评项目名单。由此，足见学术界对于汗王宫遗址发现的重要意义和学术地位的重视。但遗憾的是，在商业利益和当时“GDP 政绩观”面前，我们无法完全揭露和保留汗王宫遗址，只能保留了其中的 1600 平方米，包含了宫门、前院、高台基址及部分

院墙。而豫亲王府遗址只保护和展示了其中的一段甬道。其实，汗王宫遗址与盛京城的九门（明中卫城的北门）关系特殊，如果借助此次商业开发，通过考古工作揭露出汗王宫与九门、北城墙甚至通天街的关系，就能够客观地补充史料文献中对汗王宫记载不足的问题，对于研究后金的宫殿制度、建筑技术等具有重要意义。而如果我们的有关部门有着对“盛京城”保护、规划、展示的大局观和使命感，在协调好商业利益和公众利益的基础上，将汗王宫、九门、北城墙甚至通天街的关联通过科学细致的考古工作进行一次全面的揭露，从而将盛京城北城墙、九门及汗王宫作为一个重要的城市展示点展示给公众，就可为沈阳市历史文化名城的建设写上浓重的一笔。

当然，近年沈阳市的一些部门也总在倡议通过一些关于盛京城的提案或计划来弘扬盛京文化。比如，2017 年 4 月，沈河区举行了《沈阳盛京皇城创建国家 5A 级旅游景区实施方案》的专家论证会。按照设想，从 2017 年开始启动盛京古城综合改造，拟在 2019 年前创建国家 5A 级旅游景区。应该看到，有总体规划是好事，能够从政府层面进行文化资源的整合，但是这种规划的出台多是在每年沈阳市两会时有提及，具体执行效果还有待观察。

2. 复建展示时的学术依据不够充分，没有遵循实事求是的原则

这主要针对 1994 年对怀远门的复建和 1998 年对抚近门的复建。在这两座城门的复建中，没有充分尊重关于盛京城城门的历史文献和历史照片等学术依据，复建过程过于草率，致使两城门的比例严重失调，城门的结构亦与实际不符，实在称不上“修旧如旧”，破坏了文物的历史真实性，误导了社会公众。诚然，这种复建的结果是一种与现实妥协的产物，因为城门所在位置是盛京方城地区的交通要道，要考虑交通的承受压力，而且周边区域的拆迁成本过高，使得可复建的区域有限，这些实际情况虽然客观存在，但不应该成为破坏文物真实性的理由。

3. 本体保护展示时对保存环境、展示环境预估不足，容易对遗迹本体造成破坏

近些年，在沈阳市的城市基本建设过程中，沈阳市文物考古研究所对老城区的一些重要史迹进行了考古发掘。比如，2000 年对西北角楼遗址，2007 年对德盛门瓮城遗址，2011 年对鼓楼遗址，2012 年对汗王宫、豫亲王府的发掘，并对这些遗址（鼓楼除外）基本上采取了本体保护展示的处理方式。在方案的论证、设计、施工及监理过程中，也邀请了具备相关资质的单位参与保护展示工作，但是存在对遗址的保存环境、展览环境预估不足的问题。比如，德盛门瓮城遗址，保护展示工程落成后就坐落在沈阳市国家税务局沈河分局院内，上面覆盖着玻璃。观众不仅不便进入参观，即便进去参观也存在看不清楚遗址或看不懂遗址结构、布局的问题。这是对遗址的展览环境预估不足的体现。比如，汗王宫遗址虽然建设了汗王宫遗址陈列馆对汗王宫遗址进行了保护展示，但是汗王宫遗址近似于半露天的环境，也许出于通风的目的，遗址上方南北两侧的挡风墙高度不足，在雨雪天气来临时，大雨、暴雪会对汗王宫遗址的本体产生一定的侵蚀，即便已经对汗王宫遗址的本体进行了一定的防风化处理，但依旧无法有效避免雨雪对遗址本体的破坏。就目前的技术而言，土遗址的保护是一个世界性的难题。如果当初在进行方案设计时，若能对汗王宫遗址的保存环境多进行一些思考及论证，多借鉴一下国内外处理类似遗址的保护经验，或许可以有一个较完善的解决方案。

4. 盛京城背景环境急剧恶化，可以保护利用的区域越来越少

随着近些年沈阳城的规划、改造，盛京城所在区域进行了大量的拆迁，新建大量的商、住建筑，这种深挖基槽、以混凝土为主要原料的现代建设行为对古代遗存堆积的破坏是毁灭性的，建设区域内的古代文化遗存将荡然无存。

纵观盛京城所在的沈阳老城区，还能够发现盛京城遗迹的区域已经非常少了，像在北顺城路路南的盛京城北城墙、九门这是一个可资利用的区域；有 2 处盛京王府所在区域已进行了拆迁平整，尚未进行开发建设；在天坛所处的居民住宅区内还有做进一步考古工作的可能性。我们应该认识到盛京城所处的外部环境非常恶劣，相关部门应该有保护盛京城史迹的历史使命感和现实紧迫感，如果不能够在可识别出盛京城史迹的地方做些细致的考古工作及保护展示工作，那么以后所谈及的盛京城或盛京文化，将只能是空中楼阁，缺少直观的现实依据，缺乏考古学的学术支撑。

四、盛京城史迹保护展示的理念提升与保障措施

（一）理念提升

“大遗址”的概念是苏秉琦先生于 20 世纪 80 年代讨论“古城、古文化、古国”时提出来的。1997 年，国务院在《国务院关于加强和改善文物工作的通知》中采用了“大遗址”的提法，专指我国文化遗产中规模较大、文化价值突出的大型古代文化遗址和古墓葬。这些大遗址由遗存本体和相关环境组成，具有价值突出、信息丰富、景观宏伟等特点。大型古代都城遗址是其中的重要组成部分[16]。

张忠培先生这样界定大遗址：“第一，它是各个考古学文化、各个王朝或皇朝和各个历史民族政权遗留下来的代表性遗址、城址、手工业作坊、采矿及冶炼遗址、墓地及陵墓、宗教性地面及地下遗存和水陆交通遗址等；第二，它还包括历史上据某种信仰或传说而能保存某种记忆仅具有纪念性的某些故址或陵墓。例如，黄帝陵、舜帝庙等。”[17] 傅清远先生认为：“大遗址是遗存本体和与其相关联的环境载体共同构成的共同体。它具有遗存丰富、历史信息含量大、不可再生、不可替代的价值和地位。大遗址作为我国文化遗产的重要组成部分，构成了中华文明五千年的史迹主体。”[18]

2005 年，财政部和国家文物局正式启动了“大遗址保护项目”。目前，国内已经组

织实施了一批具有示范意义的大遗址保护展示工程，其中吉林、辽宁的高句丽王城、王陵和贵族墓葬，安阳殷墟，大运河，丝绸之路先后被联合国教科文组织列入《世界遗产名录》；大明宫遗址、汉阳陵遗址、秦始皇陵遗址及鸿山遗址等一批大遗址保护示范园区初具规模。经过十几年的组织及实施，大遗址保护已经不仅是一项文化工程，更是一项民生工程，它的综合效益正在逐步显现出来。

虽然盛京城并不在国家设立的100项大遗址项目库中，但这并不妨碍我们对盛京城的保护树立大遗址保护的理念，积极主动地推动盛京城大遗址保护工作的进程，思想上高度重视，投入上明显加大，促使民众普遍关注，使其成为沈阳这样一座历史文化名城推动社会经济协调发展的新的着力点。

以大遗址保护理念看待盛京城的保护展示工作，需要做到以下几点：

（1）一定要树立大局观。应该明确，盛京城的保护不仅仅是沈阳市文物部门的工作，需要计划、财政、土地、规划、建设、环境、公安、科研等有关部门的积极参与，在市政府有关部门的引导下，充分调动各方积极性，通力协作，调配资源，科学持续地开展盛京城的保护展示工作。

（2）要坚持规划先行。需要编制针对性强的盛京城专项保护规划，坚持盛京城文物本体与背景环境整体保护的理念。

盛京城的专项保护规划需要规划部门及文物部门通力合作，编制科学、严谨，必须避免出现“个别地方甚至连遗址的分布范围、功能分区都没弄清，就着手编制规划，由于规划编制单位存在盈利思想，地方文博部门急于求成，加上省级行政部门把关不严，匆匆编制出的规划，科学性难免受到影响”[19]。

盛京城的专项保护规划需要坚持文物本体和背景环境整体保护的理念。1964年通过的《国际古迹保护与修复宪章》提到：“古迹的保护包含着对一定规模环境的保护。凡传统环境存在的地方必须予以保存。”首次提到了保护古迹与保护周边环境相结合。目前，盛京城所在区域的城市化发展进程对盛京城的背景环境破坏甚大，由于规划编制的落后、行政权力的过分干涉，造成某些现代建筑与盛京城的历史背景极不协调。为了最大限度地保护好盛京城，或为实现沈河区政府提出的建立盛京皇城国家5A级旅游景区的现实目标，需要在编制相应的规划时一定不能仅仅着手于对发现的盛京城部分遗迹本体的保护展示，更要追求盛京城自身的文化内涵和周边景观的和谐一致。

（3）在盛京城的保护实践中高度重视考古学的工作。

“遗址的保护和考古发掘的学术研究是相辅相成的。科学的考古发掘是大遗址保护不可缺少的环节。没有科学的考古发掘和研究，遗址的内涵和价值就不会被充分认识，遗址的保护规划就缺乏坚实的学术基础，就缺乏针对性和可操作性。”[20]张忠培先生从战略高度提出要将考古工作纳入文物保护体系。他更是认为：“考古工作纳入文物保护体系就是保护考古工作的生命线，是保护我们民族的文化命脉。”[21]由此，我们要充分认识到考古学的调查、勘探、发掘工作对于盛京城的保护工作是非常重要的，要高度重视考古工作在盛京城保护中的重要作用。

同时，从客观条件上看，近些年在沈阳市划定的 21 片文物保护区域内进行了大量的城市化建设，本可借机开展考古发掘和研究盛京城基本建设的工作，由于相关利益的缠斗和妥协，要么无缘介入，要么仓促收尾，实属一大遗憾。目前，盛京城范围内留给考古工作者开展科研工作的区域已经屈指可数了，为了能够获得有限的盛京城的考古资料，希望有关部门在兼顾城市发展、百姓民生利益的同时，要高度重视考古学的基础工作。经济发展的途径是多样化的，而城市文化堆积的破坏却是不可逆的，我们应避免成为历史的罪人。

相关部门应该形成这样一种共识：盛京城区域内的所有基本建设工程必须要由考古工作者先行介入，科学、严谨地评估所在区域的文物环境，进而决定项目可行与否；推进基本建设项目首先要最大限度地提取考古信息，重要的遗迹必须进行保护展示等。

（4）处理好建设保护展示设施和防止复建的问题。

保护展示设施是以保护文化遗存为主要目的，以珍贵的文物本体为主要展示对象的附属设施。保护展示必须要遵循三项原则：一是不能破坏遗址；二是具有可逆性；三是要有研究依据。而复建是以再现已经失去的文化遗存为主要目的，复建的内容是展示的对象。要防止复建的原因有：一是在原址复建将会对遗址造成破坏；二是复建的内容往往缺少科学依据，造成对历史的误读[22]。同时，1964 年的《国际古迹保护与修复宪章》提到："修复过程是一个高度专业性的工作，其目的旨在保存和展示古迹的美学与历史价值，并以尊重原始材料和确凿文献为依据。一旦出现臆测，必须立即予以停止。……无论在任何情况下，修复之前及以后必须对古迹进行考古及历史研究。"

这些先进的保护展示理念在盛京城的保护过程中应该予以坚持。既然我们在历史时期对盛京城的城墙、城门及一些建筑进行了破坏或拆除，我们已经错过一次了，不应该再通过复建一些不伦不类的建筑一错再错。2017 年沈阳市两会召开后，通过媒体的报道，已经传出沈河区要本年内启动复建盛京城文庙，并有计划地复建其他三座角楼及数座城门，这些落后的城市改造计划着实让人费解。

（二）保障措施

为了更好地加强对盛京城的保护，需要在政府部门的主导下，多方参与，统一思想，提高认识，通过一定的保障措施来积极推动盛京城的保护工作。

1. 创新管理机制，设立盛京城保护改造办公室

成立一个高规格的保护改造办公室，协调规划、文物、计划、财政、土地、环境、公安等部门，确保盛京城专项保护规划的可行性和有较好的执行力。避免区级政府长官随意、肆意改造盛京城，从体制上避免复建这种落后的城市规划现象。

2. 积极申请国家专项保护资金

国家文物局高度重视文化遗产的保护工作，每年都安排一定数额的专项保护资金支持地方的文物保护工作。与盛京城有关的市直科研事业单位，如沈阳市文物考古研究所、沈阳故宫博物院等应根据盛京城的科研需要积极向国家文物局申请专项保护资金，用于盛京城相关史迹的发掘与保护工作。

3. 广泛宣传，惠及民众

我们必须认识到保护盛京城是全社会的责任。盛京城遗址是广大沈阳市市民共同的历史文化遗产。不仅需要加强对各级政府及有关部门的宣传，引起他们的关心和重视，更需要加强对公众的宣传，积极引导公众关心、关注、理解和支持盛京城的保护工作，使盛京城的保护工作真正成为一项全民行动。现在，我们欣喜地看到沈阳市的媒体、文物部门及一些公众志愿者在积极地通过报纸、微信公众号、微博等平台，以及通过组织行走盛京城、举办讲座等多种途径宣传盛京城、弘扬盛京文化、呼吁对盛京城史迹的追忆和保护。

4. 解放思想，多借鉴其他地区的保护经验，确保本体保护展示的科学性、合理性

实践是检验真理的唯一标准。学习其他地方探索大型都城遗址保护、遗迹本体保护展示等实践而总结出来的先进做法和经验，取长补短，因地制宜地学习、利用这些经验更好地保护盛京城。

在对待古城遗址的保护上，一些地方对大型古代城市遗址保护进行了积极的探索和实践，取得了可喜的成绩。位于吉林、辽宁两地的高句丽王城在国家文物局的大力支持下，两地省级政府以申报世界文化遗产为契机，用4个月时间完成了对不合理占压遗址的建筑物的拆迁，妥善安置了千余户居民和企事业单位，拆除了20余万平方米占压遗址的建筑和近2000座现代墓葬，绿化面积百余万平方米，净化了大型古代城市遗址的环境。安阳的殷墟遗址启动了面积约24平方千米的殷墟遗址保护和整治工作，拆除了与遗址风貌不协调的建筑物和构筑物，并进行了大规模绿化，建成了集遗址保护、文化和生态景观为一体的殷墟博物苑。西安大明宫遗址从2005年开始，由西安市根据《唐大明宫遗址保护总体规划》，对含元殿南至丹凤门的大明宫御道及周边环境进行一次性整治，拆迁占压建筑23万平方米，拆迁安置11000人，并将规划实施保护范围内2.4平方千米的农村集体用地全部征用于遗址保护。洛阳市为了四大遗址（二里头遗址、偃师商城、汉魏洛阳城及隋唐洛阳城）组成的大片区遗址保护，也加强了对大遗址本体和周边环境的综合整治工作。比如，将洛阳新的行政中心调整到遗址保护区外；偃师商城建成遗址公园；二里头遗址结合新农村和小城镇建设，控制村庄的占压，并适当展示等。这些成功的实践都有一个重要的前提，就是加强对遗址本体和周边环境的综合整治。盛京城的北城墙一带尚存在这样的地域，亟待予以规划整治，使北城墙、九门、汗王宫、沈阳故宫、通天街、德盛门瓮城等史迹形成一条南北向的盛京城人文景观带。

盛京城的保护工作应该坚持保护和利用并举，利用服从保护，在加强保护的基础上合理利用的工作思路。盛京城的本体保护展示工作是加强沈阳市历史文化名城建设、改善民众生活和实现可持续发展的重要内容。目前国内的本体保护展示类型主要有围栏保护、包砌保护、地表标识展示、回填保护后原址上象征性模拟展示、原址建大厅（棚）或玻璃罩遮盖现场保护展示、建遗址博物馆展示本遗址出土文物等形式[23]。

对盛京城史迹本体保护展示方案选择时要遵循一些原则：①结合国内外先进的保护展示理念，避免长官意志、防止复建，尽可能少地复原展示，而复原展示的程度应依照考古发掘出土的内容和研究的结论而定，绝不能主观臆造。②要充分考虑本体保护展示的展览环境、保存环境，以保护为前提，采取可逆性手段，将遗址的本体保护展示做到方便参观、有效保护；③进一步丰富保护展示的方式和手段，在科学严谨的前提下进行保护展示手段的创新。

注　释

[1]《盛京通志》，康熙二十三年刻本。

[2] 刘振超：《盛京胜景》，沈阳出版社，2008 年，118～123 页。

[3] 张书范：《清盛京城德盛门瓮城遗址保护展示的基本原则、内容和做法》，《辽宁省博物馆馆刊》（第 4 辑），辽海出版社，2009 年，556～561 页。

[4] 沈阳“一宫两陵”志编纂委员会：《沈阳故宫志》，辽宁人民出版社，2006 年；沈阳“一宫两陵”志编纂委员会：《沈阳福陵志》，辽宁人民出版社，2006 年；沈阳“一宫两陵”志编纂委员会：《沈阳昭陵志》，辽宁人民出版社，2006 年。

[5] 沈阳市文物考古研究所：《沈阳市汗王宫遗址发掘报告》，《文物》，待刊。

[6] 沈阳市文物考古研究所：《清盛京城豫亲王府遗址考古发掘报告》，《沈阳考古文集》（第 4 集），科学出版社，2014 年，128～141 页。

[7] 沈阳市文物考古研究所：《沈阳市盛京城鼓楼遗址发掘简报》，《沈阳考古文集》（第 4 集），科学出版社，2014 年，176～182 页。

[8] 沈阳市文物考古研究所：《清盛京城钟楼遗址考古发掘报告》，《沈阳考古文集》（第 4 集），科学出版社，2014 年，152～155 页。

[9] 姜念思：《沈阳史话》，沈阳出版社，2008 年，146～149 页。

[10] 王向峰：《奉天通志·沈阳事略》，辽宁大学出版社，2012 年，44 页。

[11] 沈阳市文物管理办公室：《沈阳市文物志》，沈阳出版社，1993 年，120～121 页。

[12] 同 [11]，111～112 页。

[13] 同 [11]，114～115 页。

[14] 同 [11]，133～134 页。

[15] 同 [11]，133～134 页。

[16] 单霁翔：《大型考古遗址保护》，天津大学出版社，2015年，108～127页。

[17] 张忠培：《中国大遗址保护的问题》，《考古》2008年1期。

[18] 傅清远：《大遗址考古发掘和保护的几个问题》，《考古》2008年1期。

[19] 官信、闫亚林：《浅议当前大遗址保护问题》，《江汉考古》2008年1期。

[20] 王巍：《保护好大遗址是考古工作者义不容辞的责任》，《考古》2008年1期。

[21] 王学荣：《中国大遗址保护研讨会纪要》，《考古》2008年1期。

[22] 单霁翔：《大型考古遗址保护》，天津大学出版社，2015年，100～102页。

[23] 同[19]。

辽东地区汉墓陶器分期初步研究

梁振晶
（辽宁省文物考古研究所）

一、绪　　言

本文的辽东地区是一个地理概念，而不是历史概念。辽东地区汉墓指的是辽河以东地区大连、营口、鞍山、辽阳、沈阳、抚顺及相关地区发现的两汉时期以中原葬制为埋葬习俗的汉代墓葬。历史考古学上的辽东地区，宿白先生在论证魏晋南北朝考古学文化分区时说，东北地区指辽河以东、鸭绿江以北地区。俞伟超先生把西汉前期墓葬分为六区，辽东地区是其中之一。徐苹芳先生在《中国历史考古学分区问题的思考》一文中明确说明辽东地区基本指汉代行政区域的辽东[1]。佟柱臣先生利用辽东地区的墓葬确定汉代辽东地区的行政区划，也是从另一角度诠释历史考古学上的辽东地区[2]。而郑君雷教授提出汉墓幽州分布区，把辽东地区汉墓放到更大范围去研究[3]。

对辽东汉代墓葬的研究，在中华人民共和国成立前就有。从1905年开始至1949年，主要是日本学者鸟居龙藏、滨田耕作、木下奎太郎、八木奘三郎、冢本靖、田泽金吾、矢岛恭介、关政则、三宅宗悦、驹井和爱、三上次男、岛田贞彦、水野清一、森修、原田淑人、岛田正郎、千叶真幸等进行的调查、发掘、研究。日本学者系统、完整的汉墓报告有《牧羊城》《南山里》《营城子》，此外《南满州调查报告》《满洲学报》《东洋学报》等刊物刊载了与辽东地区汉墓的时代、族属、墓葬特征、文物典章制度相关的著述，其中还有汉代郡县城址对比研究，尤为可贵的是应用辅助学科对人骨进行研究。在此期间，中国学者仅有李文信先生对此进行了一些调查、发掘、研究工作，著有《吉林市附近史迹及遗物》《辽阳北园画壁古墓记略》，后一篇文章是汉代壁画研究的拓荒之作[4]。

新中国成立后，随着基本建设的大规模开展，从事考古工作的人员增加了很多，对辽东汉墓的考古发掘、研究在李文信先生之后，陆续有孙守道、沈新、于临祥、许明纲、陈大为、王增新、沈长吉、邹宝库、刘俊勇、苏小幸、许家国、冯永谦、吴青云、王珍仁、许玉林、萧景泉、郑辰、李继群、林茂雨、刘美晶、崔德文、崔艳茹、徐建华、陈慧霞、刘金友、王来柱、刘焕民、李龙彬、梁振晶、万欣、郑岩、郑君雷、刘未等学者参加。这些工作的特点是发现多、发掘多，发表资料少、研究文章更少。1955年，李文信先生在考古培训班上对日本学者开展工作以来的东北地区的汉墓分布、形制、文化特征和辽阳壁画墓群的发现做了简要介绍，其他学者陆续发表的对辽东汉墓的研究文章有孙守道先生的《辽南汉魏晋墓葬制之发展演变》[5]、中朝考古队的《岗上·楼上》[6]、许玉林的《大连地区花纹砖墓和花纹砖》[7]、刘俊勇的《辽宁汉墓述论》《辽宁汉代贝墓类型与分期探讨》[8]、王珍仁的《大连地区汉代花纹小砖刍议》《大连地区出土的汉代陶屋》《大连地区出土的汉代陶俑概述》[9]、刘美晶的《大连汉墓研究》[10]，郑岩在《魏晋南北朝壁画墓研究》一书中对辽阳壁画墓有小幅论述[11]，刘未的《辽阳汉魏晋壁画墓研究》对辽阳壁画墓做了全面的论述，是一篇难得的佳作[12]；此外对东北地区汉墓进行全面的综合性研究的，到目前为止仅郑君雷教授一人。

自1997年郑君雷教授所做研究以后至2008年的十二年中，辽东地区汉代墓葬又有很多新的发现。本文拟在前人研究的基础上，根据已经发现的新材料和以前研究的成果，对辽东地区汉墓进行全面、深入的研究。由于本人的认识水平和所处资料环境的局限，文中难免出现一些疏漏，望各位学界前辈和同仁多提宝贵意见。

二、汉代墓葬发现现状

本文所述辽东地区，按照王绵厚先生的考证，沈阳、抚顺在西汉昭帝始元五年（前82年）以后属于内迁的玄菟郡，其他地方都一直属于汉代辽东郡。本文把辽东地区汉墓分布范围分为三个地区：大连、营口地区，鞍山、辽阳地区，沈阳、抚顺地区。统计结果如下。

（一）大连、营口地区

1910年滨田耕作旅顺刁家屯发现1座四室砖墓；1912年日本人在牧城驿铁路沿线发现4座墓葬（编号Ⅰ～Ⅳ），并发掘了其中2座东汉砖室墓（Ⅲ、Ⅳ），Ⅲ号墓为双室墓，Ⅳ号墓为单室墓；1928年原田淑人发掘了旅顺牧羊城7座汉墓；1929年滨田耕作发掘了旅顺南山里7座汉墓、刁家屯五室墓、墓城驿东坟和西坟；1931年森修等发掘了营城子M1、M2；1941年三宅俊成发掘了董家沟12座汉墓[13]；1954年于临祥发掘了李家沟30座西汉贝墓；1955年在双台沟发掘1座贝墓；1955年在原旅大市农业试验场现沙岗子农科院一带发现十几座贝墓，清理了2座砖室墓，其中4号墓为双室花纹砖墓，墓向西北，5号墓为四室砖墓；1956、1957、1958年于临祥发掘老铁山1座、土城4座、营城子45座汉墓[14]；1959年许明纲发掘了营城子3座汉墓；1963～1965年中朝考古队发掘了尹家村5座砖室汉墓、4座瓮棺墓[15]；1972年许玉林发掘了盖县（今盖州市）九垄地5座、东达营1座、草房1座汉墓[16]；1974年由旅顺博物馆在前牧城驿清理1座（M741）单室砖墓；1980年旅顺博物馆在前牧城驿即营城子壁画墓东300米处发掘了2座砖室墓，M801为双室墓，M802为单室墓[17]；1980年许明纲发掘了新金县后元台1座汉墓[18]；1981年刘俊勇发掘了花儿山7座汉墓[19]、戴廷德发掘马山1座汉墓[20]；1983 年崔艳茹发掘了盖县农民村 1 座汉墓[21]； 1986 年旅顺博物馆发掘了前牧城驿 3 座汉墓[22]；1988 年许明纲在沙岗子村北海岸清理 2 座砖室墓（M1、M2），均为单室墓[23]；1990 年旅顺博物馆发掘了马圈子 2 座汉墓[24]，刘俊勇发掘了尹家村 3 座、刁家村 2 座汉墓[25]；1993 年许明纲发掘了瓦房店市马圈子 4 座汉墓[26]；1995 年刘俊勇等发掘了刘家屯 2 座汉墓、大潘家村 3 座汉墓[27]，刘长源发掘金州马圈子东汉墓[28]；1997 年徐建华发掘了大连董家沟东汉墓[29]；1999 年大连市文物考古研究所在沙岗子农科院的菜地发掘 1 座贝砖木合筑墓[30]，崔艳茹发掘了营口熊岳镇胜利村汉墓；2002 年在营城子高新技术园区疏浚河道工地清理了 2 座汉墓；2004 年在营城子汉墓第二地点发掘汉墓 181 座[31]；2006 年万欣发掘盖县光荣村、沙沟子汉墓群[32]；2008 年梁振晶发掘了望海 28 座汉墓，白宝玉发掘了槐树房 27 座汉墓，徐韶钢发掘了卢屯天瑞水泥厂 38 座汉墓[33]。

（二）鞍山、辽阳地区

1918 年八木奘三郎发掘了迎水寺壁画墓[34]；1943 年李文信调查辽阳北园壁画墓（北园 M1）[35]；1954 年鞍山市沙河东地发现 400 余座汉墓，清理砖室墓、石椁墓、土圹墓 386 座，鞍山市陶官屯清理汉墓 2 座，辽阳唐户屯发掘石椁墓、瓮棺墓 213 座，辽阳三道壕清理砖室墓、石椁墓、瓮棺墓 103 座，其中壁画墓 3 座，辽阳东南郊鹅房清理汉墓 21 座[36]；1955 年辽阳发掘了棒台子、三道壕、令支令墓等 3 座壁画墓、桑园子瓮棺墓 1 座[37]；1957 年王增新发掘了棒台子 M2、南雪梅村壁画墓及石椁墓[38]；1980 年邹宝库发掘了三道壕壁画墓、北园 M2、鹅房 M1；冯永谦等发掘了辽阳旧城东门里壁画墓[39]；1987 年鞍山发掘东汉初期墓 2 座[40]；1993 年辽阳六一委新发现 11 座东汉墓[41]； 1997 年鞍山鞍钢疗养院附近发现汉代古墓[42]；2004 年梁振晶发掘了辽阳南郊街 3 座壁画墓[43]；2006 年梁振晶发掘了辽阳县小屯镇耿家墓地 13 座汉墓[44]； 2007 年辽阳市文物保护中心发掘了旧城东门外汉墓[45]；2008 年辽宁省文物考古研究所在辽阳市苗圃发掘了 21 座汉墓[46]。

（三）沈阳、抚顺地区

20 世纪 40 年代李文信在沈阳市南湖公园发掘了 18 座汉墓[47]；1963～1965 年中朝考古队在沈阳郑家洼子发掘瓮棺墓 1 座[48]；1964 年郑明等发掘了沈阳伯官屯 2 座汉墓、瓮棺墓 3 座[49]；1983 年徐家国发掘了抚顺刘尔屯汉墓 2 座[50]，1988 年李继群发掘抚顺小甲邦汉墓 3 座；1991 年抚顺刘尔屯发掘汉墓 2 座[51]；1991 年轩俊岩发掘了上伯官屯 3 座汉墓[52]，郑辰发掘了抚顺中央路 1 座汉墓[53]；1986 年沈阳市大南益文小区汉墓；1989 年沈阳市十里河镇红宝山汉墓[54]；1999 年李龙彬发掘了沈阳沈河区沈州路汉墓[55]；2000 年沈阳市大东区小什字街发现东汉早期墓群[56]；2004 年刘焕民发掘了沈阳八家子汉墓[57]，沈阳市考古所发掘了五爱市场汉墓[58]；2008 年徐韶钢等发掘了抚顺刘尔屯 23 座汉墓[59]。

以上三地发掘的汉墓总数多达2000座，为研究辽东地区汉墓分期及相关问题提供了充足的材料。但是这里面大部分发掘材料还没有发表，有些素材利用到了这些还没有发表的材料。

三、各个地区典型墓葬分期及随葬品组合分析

大连、营口地区，鞍山、辽阳地区，沈阳、抚顺地区，三地墓葬材料、形制、随葬品种类及同种随葬品本身也有形制上的差别，因此需要加以分别叙述、分析。现在分别叙述如下。

（一）大连、营口地区

该地区汉墓按照中原地区的分期标准可分为七期。

第一期：这一时期墓葬形式均为单人单室土圹墓、同封异穴二人合葬墓。单人单室土圹墓有营城子M28、M25、M27、M36、M19，花儿山M1，大潘家村M2，尹家村M762、尹家村瓦棺墓M763、M764等；同封异穴二人合葬墓有大潘家村M3、M4，营城子M35、M29、M38，花儿山M3、M4、M6，刁家村M761、M762等。这一时期的墓葬随葬品组合一般为鼎、壶、罐、盆、钵、盒，个别的还有豆。鼎、壶、盒是西汉早期墓葬常见的、符合中原礼仪的礼器组合；罐、钵、盆则是西汉早期墓葬生活器具的组合。各个墓均不出五铢钱，个别墓出汉代半两钱。第一期为西汉早期，即高祖（前206年）至武帝元狩五年铸行五铢之前（前118年）。

第二期：这一时期墓葬形式为单室夫妻合葬墓，前后双室墓。单室夫妻合葬墓有营城子M6、M12、M22，花儿山M7、M8、M9，墓内随葬品除鼎、盒、壶、盆、罐、钵之外，新出现的有灶、耳杯、熏炉等器形，这时已经出现墓道；双室墓为旅顺李家沟20号贝墓，随葬品中陶器有彩绘壶、钵、瓮、勺、灶、博山炉、鐎、盆、仓、井、水斗、灯台等，也开始出现陶制动物随葬品。其中花儿山M7出土的五铢钱与烧沟汉墓的Ⅰ型、Ⅱ型昭宣五铢一致。故第二期可定为西汉中期，即武帝元狩五年（前118年）至宣帝甘露四年（前50年）。

第三期：这一时期墓葬形式为单室夫妻合葬贝墓、贝石墓、单室单人贝墓，墓葬分别有营城子M39、M8、M15、M34、M37、M30，刘家屯M811、M812，马山贝墓，土城子M4，营口农民村M1等。这时期墓葬出现了墓道、明器台，贝石墓底出现了排水沟，出土的随葬陶器有节颈壶、壶、罐、盆、樽、灶、井、仓、勺、灯、博山炉、长方形烤炉、鐎等。陶樽、陶壶器体硕大，有兽面衔环铺首。刘家屯M811已经出现了陶猪、狗等动物随葬品。第三期为西汉晚期，即元帝黄龙元年（前49年）至平帝元始五年（5年）。

第四期：这一时期墓葬有营城子 M1、M10、M45，沙岗子 88M1、88M2，董家沟 93JDM1、沙岗子 M9901，盖县九垄地 M4。陶仓增多，陶井流行，陶灶比较混乱。陶灶有圆形（一釜孔或三釜孔）、椭圆形灶头（一釜孔或二釜孔）、方形灶（一釜孔或二釜孔）。沙岗子 88M2 出现的星纹规矩铜镜流行于西汉晚期至王莽时期。故推断第四期为王莽时期。

营城子 M45 为方形，边长 3、残存深度 2.2 米。墓室的上半部由贝壳砌成，下半部用砖砌成。墓门朝南，宽 2.5、高 1 米，用贝壳封堵。墓底铺有贝壳，并在人骨架下留有两条枕木沟或排水沟，人骨已腐烂。随葬品主要位于东壁和北壁下，以陶器为主，有壶、盘、瓮、鼎、博山炉、灯、灶、仓、盆、井、洗等，另外还有铜饰件、五铢钱和铁片等。

第五期：这一时期墓葬有大连前牧城驿 M801、M802、M741，营口盖县九垄地 M2、M5，东达营 M1，草房 M1，胜利村 M1。前牧城驿 M801、M802 出有箪、釜、甑、奁、罐、耳杯、灯、盘、仓、炉、鼎、灶、瓮等。盖县九垄地 M2 出有耳杯、鐎、灯、灶、罐、仓、樽等。

前牧城驿东汉墓 M801 主要以陶器为主，有灯、仓、耳杯、熏炉、盒、罐、井、水斗、盘、仓房、钵、甗、俑等，还有银指环、五铢钱、货泉等。这些随葬品具有东汉早期特征，故第五期可定为东汉早期，即光武帝、明帝、章帝时期

第六期：这一时期墓葬有营口盖县九垄地 M1、M3。九垄地 M1 出有东汉顺帝“永和五年”（140 年）文字砖，故可以推断第六期为东汉中期，即和帝、殇帝、安帝、顺帝时期。

第七期：这一时期墓葬有旅顺老铁山汉墓，大连营城子 M46、M47，营城子 M52，营城子第二地点 M14 等 。营城子 M46 出有“长生富贵”文字铜镜，是东汉晚期流行的吉语铜镜之一。营城子 M52 出有长颈瓶、俎、罐、灯盏、圆案、耳杯、卮、井、灶、樽、釜等器物，其中长颈瓶为东汉晚期偏早的典型器物，陶灶形制也是东汉晚期偏早的器物。故第七期为东汉晚期，即冲帝、质帝、桓帝、灵帝、少帝、献帝时期。

2003 年发掘的“营城子汉代墓地第二地点”M14 形制与 1931 年发掘的一号墓基本相同，也由前室、后室和东侧室组成，各墓室均使用花纹砖。墓向朝南，墓门位于前室中央，有较长的土坑斜坡墓道。发掘时墓顶已坍塌，从四壁的砌法看，墓顶为穹隆顶。花纹砖图案多样，有菱形、五铢钱、几何形等，有花纹的一面朝向墓内。墓底平铺方砖。该墓早年被盗过，从残留的精美随葬品分析，墓主人具有很高的地位。有彩绘陶狗、案、长颈瓶等。时代应为东汉晚期。

大连、营口地区汉代墓葬材料丰富，发表材料较多，两汉各个时期材料齐全，分期比较清楚，对比比较明显。

（二）鞍山、辽阳地区

该地区新中国成立后发掘了 1000 余座汉代墓葬，但发表的材料很少，也不规范，且

多为东汉墓葬，西汉墓葬的材料很少见，因此本地区两汉墓葬分期材料不如大连、营口地区。

第一期：这一时期墓葬材料有辽阳三道壕 LSM1、鹅房 L0M13、三道壕瓮棺葬 M271 等。出有彩绘鼎、壶、盒等礼器，绘有相同风格的云气纹，具有战国晚期仿铜陶礼器的遗风，也可能受江苏及以南地区楚墓漆器的影响；而瓮棺葬出有西汉半两货币，不出晚期的货币。这些因素都可以把这几座墓葬时代定为西汉早期，即高祖（前 206 年）至武帝元狩五年铸行五铢之前（前 118 年）。

第二期：这一时期材料非常少，只有鹅房 L0M6 可能是这个时期的墓葬，发表的材料介绍的非常简单。这是土圹木椁双棺墓，外椁为木板，内置双棺，左棺明器放于棺左，右棺下面陈列明器。该墓出土随葬品 100 余件。从平面图可看出的有撇口高颈壶、罐等器物及附近出土的“千秋万岁”瓦当，这可能是西汉中期的墓葬。从三道壕出土、鹅房出土的西汉武帝“五铢”等情况看，西汉中期的材料应该不少，只是目前还没有发表。

第三期：在鞍山、辽阳地区这一时期的墓葬材料还不见发表。暂时空白。

第四期：这一时期的墓葬有青年大街 M11，耿家 M3、M6、M9、M10、M12。青年大街 M11 为砖室墓，不见明器台，门在北部，地面铺“人”字砖，这是砖室墓铺“人”字砖较早的形制。随葬品在墓室南部，有陶瓶、甑、盆、盒盖、井、灶。这与大连地区的王莽时期的墓葬如营城子 M1，沙岗子 88M1、88M2，董家沟 93JDM1，沙岗子 M9901 等墓葬随葬品一致。以耿家 M1 出土器物为例，有瓶、樽、釜、盆、罐、甑、高领罐、灶等。耿家 M2 出有西汉五铢，但是陶灶、陶瓶已经流行，墓内不见明器台。因此第四期的墓葬可以定为王莽时期，即居摄元年（6 年）至地皇四年（23 年）。

第五期：这一时期的墓葬有唐户屯 M62，耿家 M1、M8、M2、M11，辽阳林科所苗圃 M6 等。唐户屯 M62 为同封异穴合葬石椁墓，后部皆有明器台，可定为同一时间段不同时间下葬。左室出土随葬品有灶 1 件、长颈瓶 5 件、瓶 6 件、井 1 件、盒 1 件、奁 1 件、盆 3 件、瓮 1 件、货泉钱币 13 枚；右室出土随葬品有长颈瓶 1 件、瓶 1 件、盆 3 件、耳杯 3 件、货泉钱币 48 枚等。耿家 M11 出有长颈瓶、瓶、耳杯、盆、盒、瓮、灶、樽等。这时的货泉在王莽时期和东汉建武时期流通。长颈瓶在这一时期墓葬中也有出现，有一个墓出土 1 件，还有一个墓出土 5 件，这是新出现的器物。墓葬形制上出现了明器台，也标志着辽阳汉墓进入一个新时代。因此第五期定为东汉早期，即光武帝、明帝、章帝时期。

第六期：这一时期的墓葬可分为两段。早段有鞍山沙河东地 M264，砖椁室内置双棺，明器台上放置大量随葬品，有长颈瓶、瓶、奁、耳杯、罐、灶（三孔方灶）；辽阳苗圃 M4、M7、M10、M13、M18，石椁单室墓后有明器台，出有瓮、罐、壶、灶、耳杯、盘、瓶等。这些墓葬的灶与营口盖县九垄十三地出土的灶形制非常接近但又较之稍原始。晚段墓葬有辽阳棒台子 M2、旧城东门里壁画墓 M21 等。东门里壁画墓为石板支筑石椁墓，呈“T”字形，明器台在后面，出有灶、釜、甑、勺、井、水斗、壶、罐、案、耳杯、锺、魁、鐎、盒、奁等陶器随葬品；南郊街 M1 平面近正方形，明器台在墓的后部，出有器盖、方形套盒、榌、耳杯、器座、俎、案、灯座、灯盏、釜、蒸架、灶、环、枋、勺、魁、水瓢、井、奁、三足盘、盘、盛器、扁背壶、长颈瓶等。这些墓葬形制较原始，器物与早段接近，尤其是方灶还没有出现晚期的正摆五孔的形制。故第六期的早段可定为东汉中期的早期阶段，即和帝、殇帝、安帝、顺帝时期；第六期晚段可定为东汉中期的晚期阶段，即冲帝、质帝、桓帝、灵帝时期。

第七期：这一时期的墓葬有南郊街 M1，南雪梅 M2，林科所苗圃 M5、M15、M16，辽阳北园 M1，南雪梅 M1，棒台子 M1，三道壕 M3，鹅房 M1，北园 M2，三道壕 M14，青年大街 M8，南郊街 M2、M3，林科所苗圃 M3 等。青年大街 M8 为砖筑单室墓，后面有简易明器台，出土陶器随葬品有瓶、盆、釜、灯、卮、耳杯、樽、勺、仓、灶、井、案、盒等。南郊街 M2 为页岩支筑石椁墓，前有前廊、耳室，中为棺室，后为后室即明器台，出土陶器随葬品有长颈瓶、罐、耳杯、卮、魁、鐎、盖鼎、陶勺、熏盖、熏炉、熏炉座、方案、樽、长方形套盒、长方形盒盖、器座、器盖、盘、盂、烤炉、器耳、俎、灶、灯盏、灯座、水斗、井、甑、釜、房等，这时的器物形态较之大连地区有较大区别，灶、井演进得更全面、布局更合理。南雪梅 M1 出有连弧纹铜镜上有篆书“长宜子孙”，还有剪轮五铢，这是东汉晚期的典型器物，因此第七期可确定为公孙氏时期，即灵帝中平六年（189 年）至曹魏景初二年（238 年）。

鞍山、辽阳地区从新中国成立初期至今，已经发掘了 1000 余座汉代墓葬，由于发表材料很少或发表材料过于笼统，因此对辽阳地区汉墓分期造成很大困难，特别是西汉时期的墓葬，在 20 世纪五六十年代的发掘资料中，已经露出西汉各个阶段的墓葬材料，但是叙述都不够具体，没有明确的墓葬出土资料，故在分期过程中出现本地区缺环，但是对整个辽东地区汉墓分期影响不大。

（三）沈阳、抚顺地区

这一地区发现的材料不少，但发表的材料不系统、不完整，故在汉墓陶器时代演变序列上不太理想。

第一期：这一时期的墓葬有抚顺刘尔屯 77M2、郑家洼子瓮 M3 等。刘尔屯 77M2 出有束颈罐、折颈壶、瓮等随葬品，这是典型的西汉早期生活器物组合。因此第一期可确定为西汉早期，即高祖（前 206 年）至武帝元狩五年铸行五铢之前（前 118 年）。

第二期：这一时期的墓葬有刘尔屯 77M3、刘尔屯 82M2。刘尔屯 77M3 出土随葬品有罐、喇叭口长颈壶、奁等。既有前期的生活器具组合，形制、纹饰已经有所变化，如罐已不见绳纹，又新出现长颈壶等因素，因此第二期可确定为西汉中期，即武帝元狩五年（前 118 年）至宣帝末年甘露四年（前 50 年）。

第三期：这一时期的墓葬有刘尔屯 82M1，刘尔屯 2008M5、2008M15 等。刘尔屯

82M2 出土随葬品有罐、盆、钵、瓶等，铜钱有昭、宣时期的五铢，罐、钵还保持西汉中期的特征，盆已经腹部加深，新出现了陶瓶，这是新的文化因素。尽管货币还不见晚期的流通货币，但是仍然可以把第三期确定为西汉晚期，即元帝黄龙元年（前 49 年）至平帝元始五年（5 年）。

第四期：这一时期的墓葬有沈阳上佰官 88M1、M2、M3，抚顺刘尔屯 2008M4、2008M10、2008M12、2008M16 等。上佰官 88M1、M2、M3 具体器物组合不清楚，合计出有罐、壶、盆、耳杯、仓、灶、井等。这一期模型明器已经流行，实用器随葬还在实行，新出现的直领敛口隆鼓腹圜底瓮，这些都说明了与第三期的区别，但是与第三期的器物还有紧密的联系，如仍有很多实用器随葬、撇口罐的形制与第三期很接近等因素都说明第四期已经进入了历史的新阶段。故第四期可以推断为王莽时期，即居摄元年（6 年）至地皇四年（23 年）。

第五期：这一时期的墓葬有沈阳伯官屯 62M2、62M3，抚顺中央路 83M1、M4，小甲邦 M1 等。伯官屯 62M2、62M3 具体组合不清，二墓出有卮、罐、奁、钵、灶、长颈瓶、盘、井、盒、碗等。灶为圆形三孔，出有东汉建武五铢，这是东汉早期的特征。新出现的器物长颈瓶，3 个一组，这是东汉才开始出现的器物，也和西汉晚期的撇口长颈瓶、王莽时期的撇口长颈瓶区别很大，但是有一定联系。因此我们推断第五期为东汉早期。

第六期：这一时期的墓葬有抚顺刘尔屯 2008M1、2008M21，出有罐、盆、釜、盒、灶、井、奁等；沈阳市苏家屯区十里河镇红宝山 89M1、M4、M11、M6，小甲邦 88M2，刘尔屯 2008M1 等，出有罐、盘、耳杯、灶、井、长颈瓶、盆、钵、案、俎、槅、瓮、釜、甑、盒、奁等。这一时期的模型明器明显增多，如釜、甑等明器。明器成为随葬品的主体，如长颈瓶随葬数量增多等。灶有梯形三孔、四孔的，也有圆角方形三孔的，还新出现了一种随葬明器槅，这是典型的东汉中期才出现的明器，与辽阳南郊街 M1 出土的槅非常一致。故第六期为东汉中期，即和帝、殇帝、安帝、顺帝、冲帝、质帝、桓帝、灵帝时期。

第七期：这一时期的墓葬有抚顺小甲邦 88M3、沈州路 M2 等。墓壁用长方形砖两卧一立砌筑，墓底用长方形砖铺成小“人”字形，这是东汉晚期出现的建筑形式。出土随葬品有陶房、陶灶、器座、魁、井、盂、水斗、勺、砚、耳杯、铜带钩等，灶与辽阳南郊街 M3 一致，盂与南郊街 M1 的盂接近但是比之更进步。因此，第七期我们推断为公孙氏时期，即汉灵帝中平六年（189 年）至曹魏景初二年（238 年）。

四、随葬陶器形制分析及演变规律

辽东地区汉代墓葬陶器的变化，首先要从墓葬主要随葬品的组合关系入手，找出这些器物的时代变化特征，再注意随葬品组合增减的时代变化特征，从而找出它们内在的演变规律。

（一）大连地区

汉墓随葬陶器主要有鼎、壶、盒、罐、盆、钵、盘、豆、鐎、樽、奁、篋、灶、井、耳杯、熏炉、灯、烤炉、仓房模型、长颈瓶、人物俑等（图一～图六）。

1. 鼎

Ⅰ式：花儿山 M1，有盖，圜顶。直口，口两侧有两个方形板耳，向上斜伸，几与盖顶等高。圜底，三兽足于腹下。盖顶有彩绘。

Ⅱ式：花儿山 M8，有盖，圜顶，盖顶有纽。敛口，圆鼓腹，腹两侧有两个方形板耳，外折向上直伸，几与盖顶等高。圜底，腹部饰一周弦纹，三兽足于腹下。

Ⅲ式：农民村 M1∶21，盖已失。敛口，腹部两侧有两个方形板耳，外弧折向上，圆鼓腹，腹部饰一周弦纹。圜底，底下有三兽足。刘家屯 M811 鼎已经出现锥足。

Ⅳ式：沙岗子 88M1∶16，有盖，圜顶，盖上有纽。敛口，折腹，腹部有一周凸弦纹，弦纹上面两侧有方形板耳，外折斜向上伸。圜底，底部有三猿足。

Ⅴ式：前牧城驿 M802∶1，盖已失。敛口，口部下两侧有两个圆环形耳，外折直立。圆鼓腹，腹部有一周凸弦纹。圜底，下有三柱足。同时还有敛口釜形鼎和敞口釜形鼎。

2. 壶

分圈足壶、平底壶、节颈壶、扁壶。

圈足壶　分六式。

Ⅰ式：营城子 M28∶3，有盖，圜顶。撇口，颈内曲，鼓腹，圜底，圈足近直。潘家村 M4。

Ⅱ式：尹家村 M762∶2，有盖，圜顶近平。撇口，长颈内曲，扁鼓腹，平帝，圈足外撇。

Ⅲ式：花儿山 M1，有盖，圜顶。撇口，颈内曲，圆鼓腹，平底，圈足外撇。

Ⅳ式：花儿山 M7，有盖，圜顶。盘口，颈内曲，圆鼓腹、平底，圈足外撇。

Ⅴ式：刘家屯 M811∶5，有盖，圜顶有纽。口外撇、颈内曲，鼓腹，平底，圈足很矮。

Ⅵ式：刘家屯 M811∶1，有盖，圜顶有纽。口稍外撇、长颈稍内曲，圆鼓腹，平底，矮圈足外撇。

平底壶　分二式。

Ⅰ式：营城子 M19∶5，有盖，圜顶。撇口、颈内曲，鼓腹，底近平稍内凹。

Ⅱ式：大潘家村 M3∶3，有盖，圜顶。撇口、颈内曲，鼓腹，平底。

节颈壶　分五式。

Ⅰ式：李家沟 M20∶1、M20∶2、M20∶4、M20∶5，方唇，平沿外展，口稍外撇，长颈内曲，颈中间有一周凸弦纹，削肩，隆鼓腹，平底。

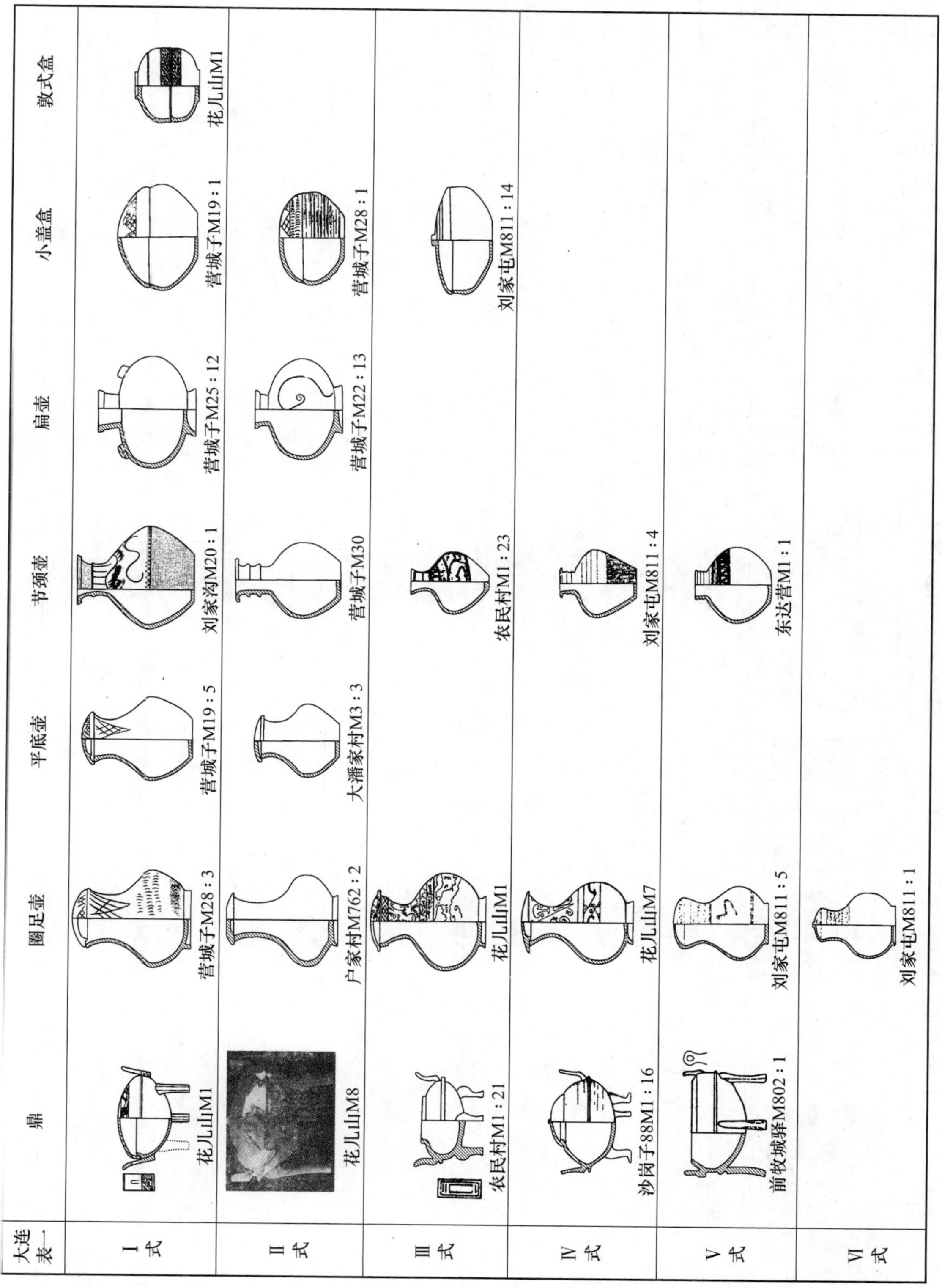

图一　辽东地区汉墓陶器分期表（一）

图二　辽东地区汉墓陶器分期表（二）

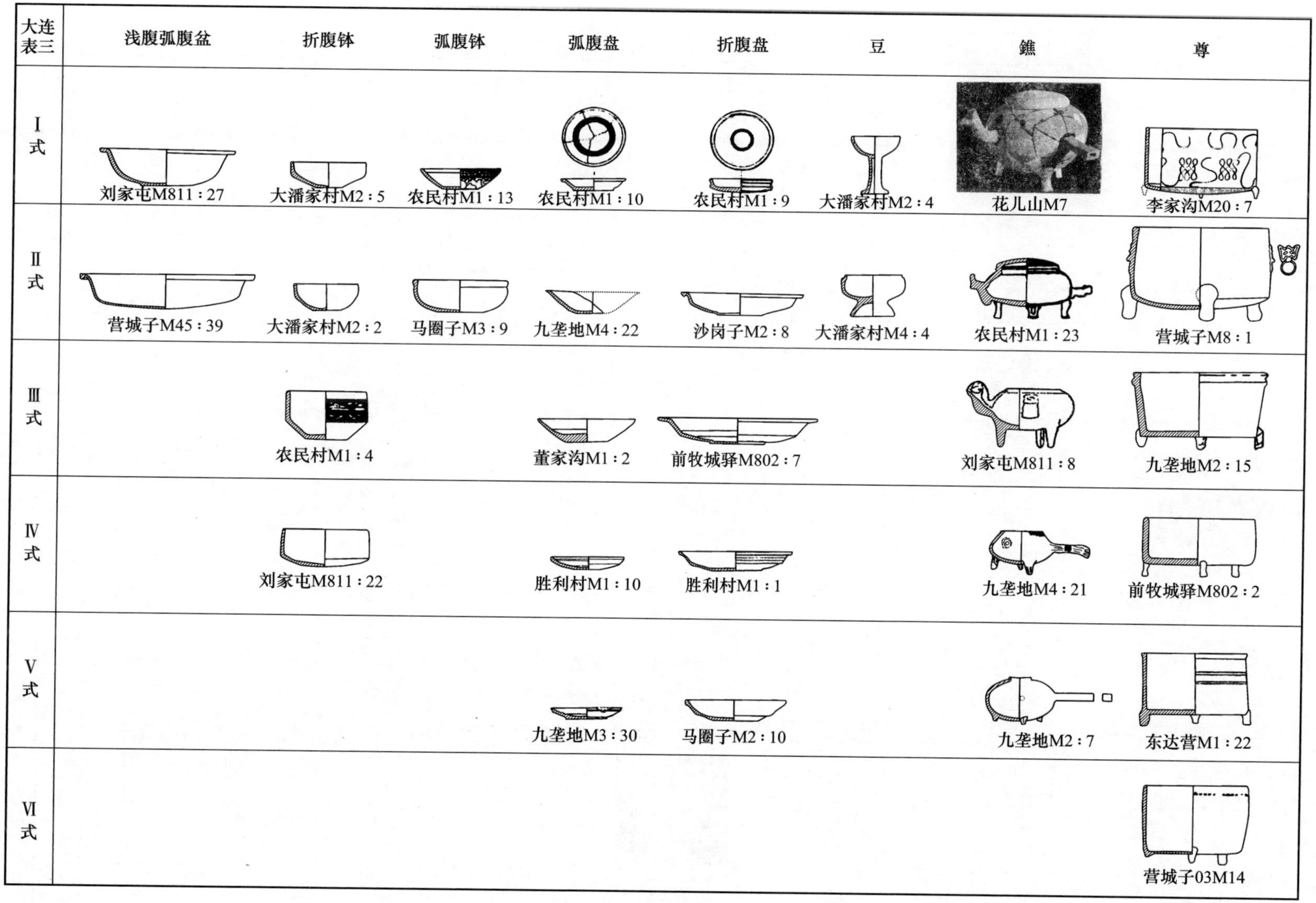

图三　辽东地区汉墓陶器分期表（三）

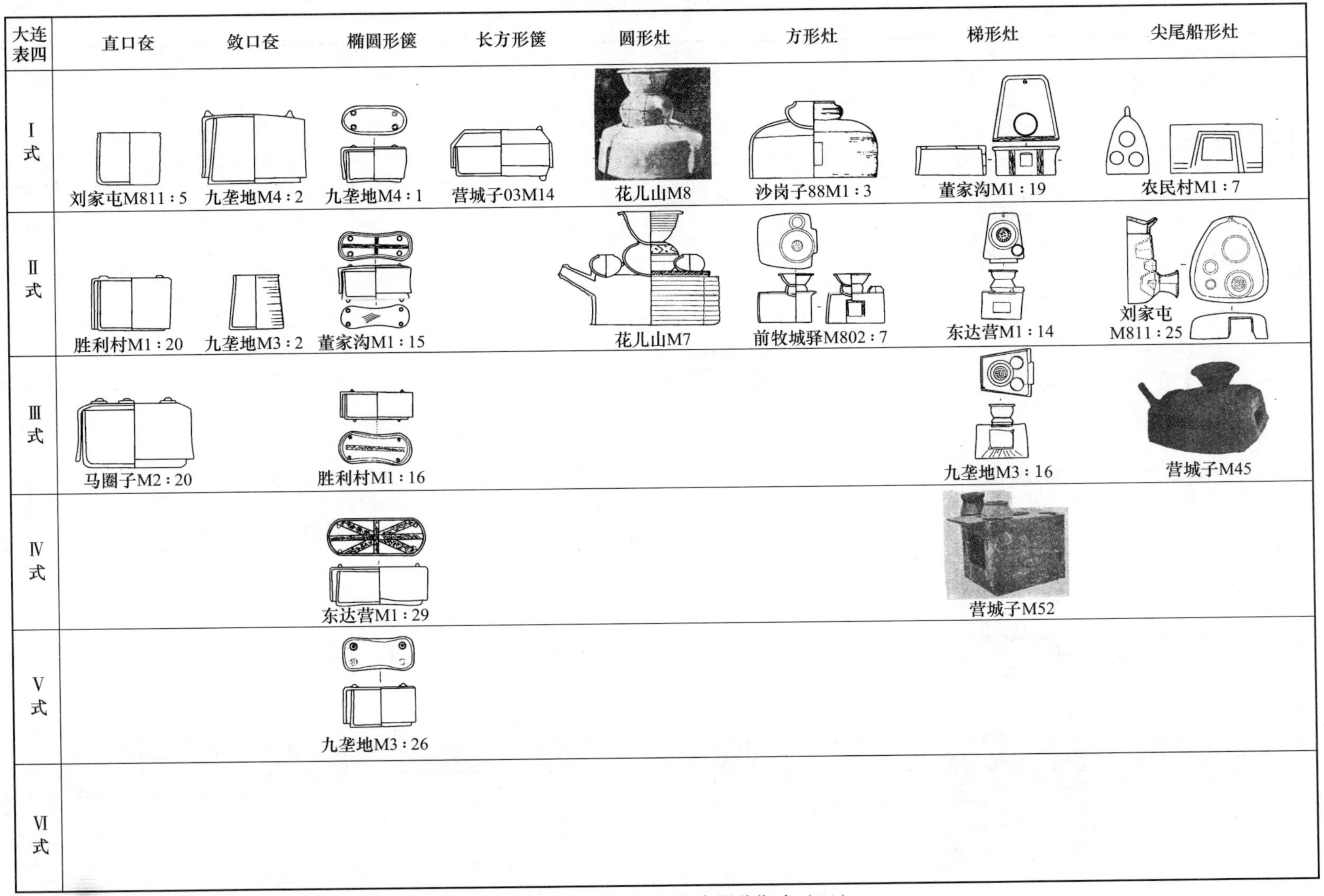

图四　辽东地区汉墓陶器分期表（四）

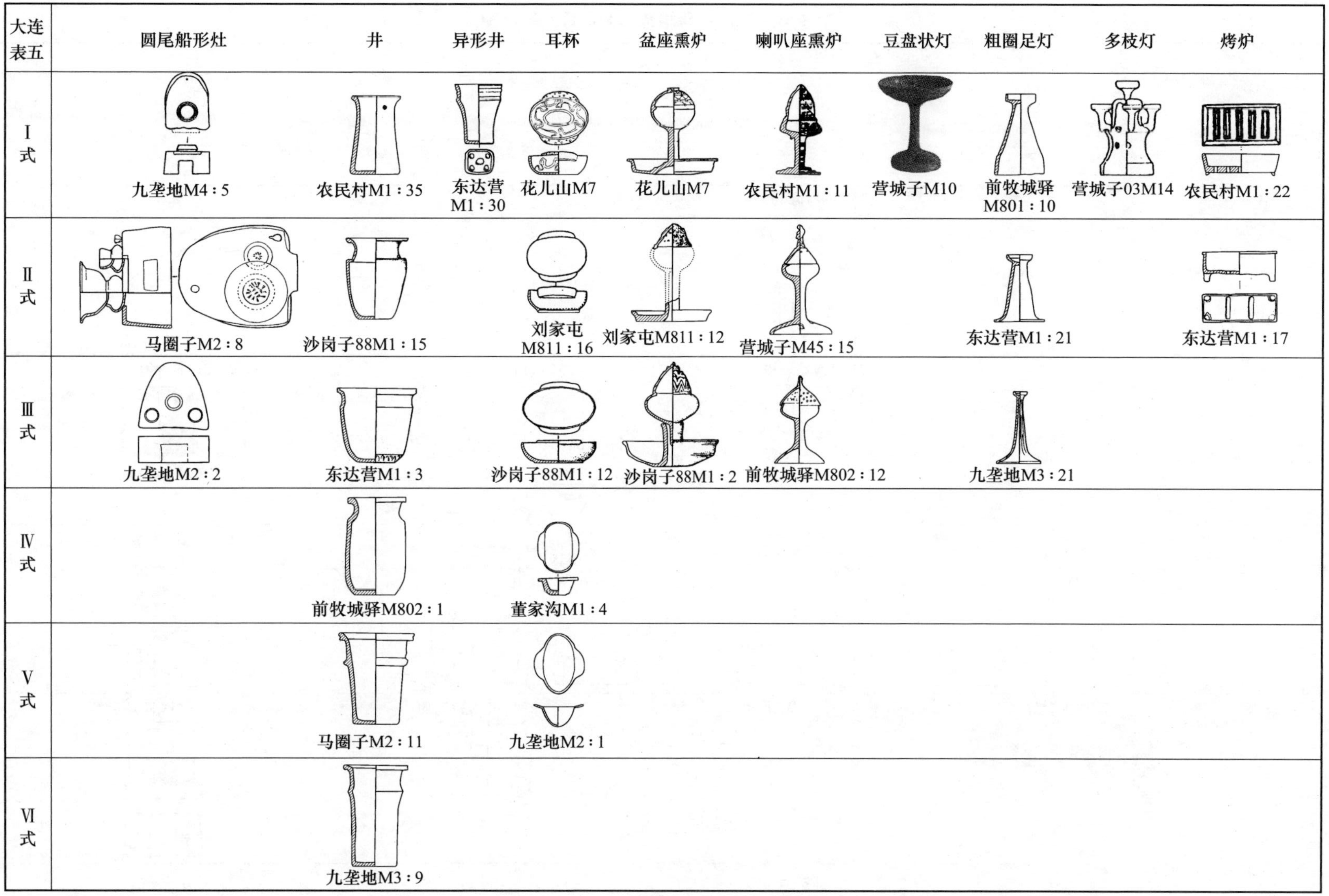

图五　辽东地区汉墓陶器分期表（五）

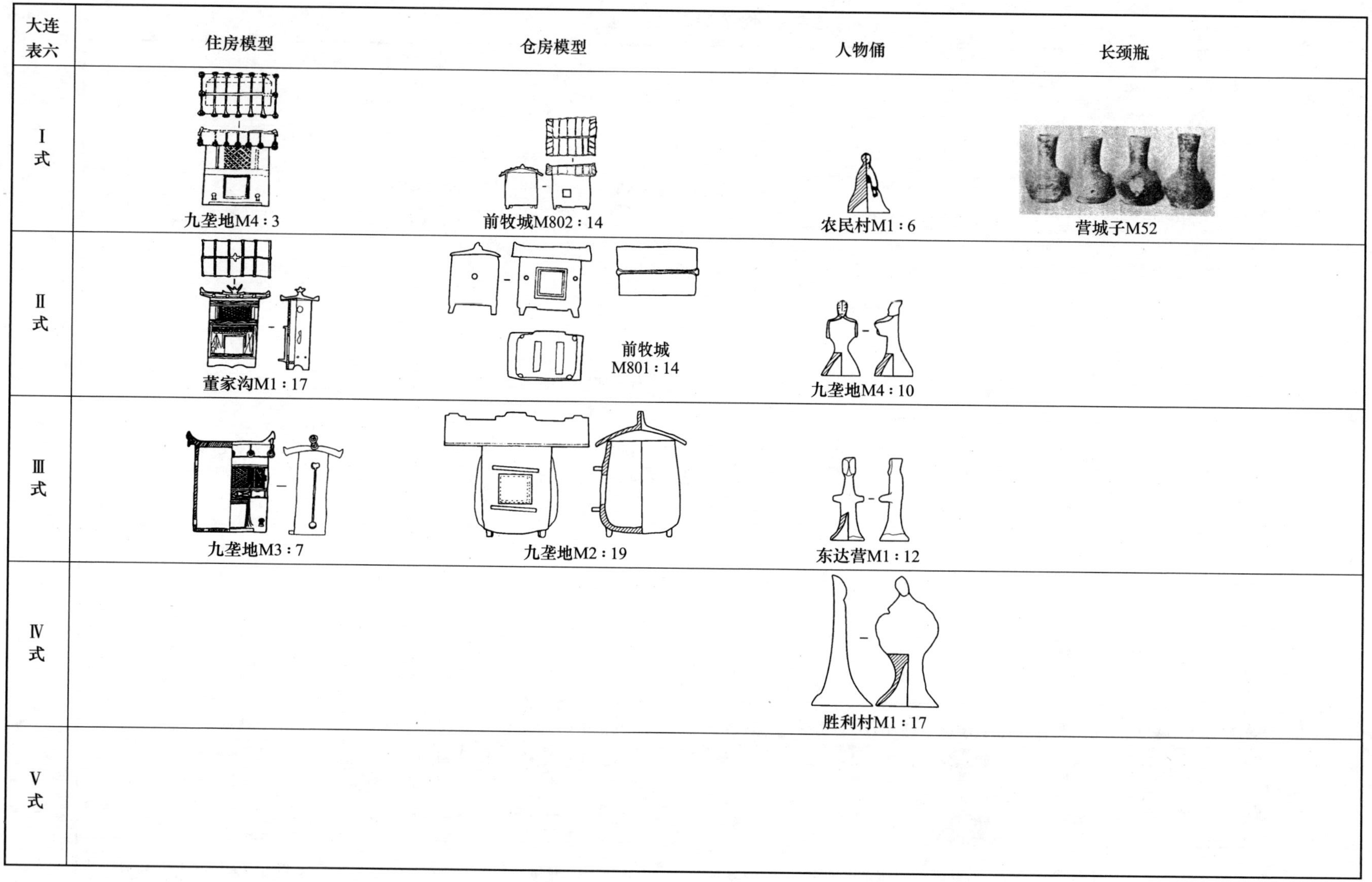

图六 辽东地区汉墓陶器分期表（六）

Ⅱ式：农民村 M1，方唇，口外撇，长颈内曲，颈中有一周凸弦纹，溜肩，隆鼓腹，最大径靠上，小平底。

Ⅲ式：营城子 M30：23，圆唇，沿外翻，直口，直颈，颈间有二周凸弦纹，溜肩、隆鼓腹，底近平，微内凹。

Ⅳ式：刘家屯 M811：4，圆唇，沿外翻，直口，直颈，颈间有两周凸弦纹，溜肩，鼓腹，最大径靠上，平底。

Ⅴ式：东达营 M1：1，唇近方，直口，直沿，直颈，颈间有两周凸弦纹，削肩，鼓腹，平底。

扁壶　汉代专名为椑。

Ⅰ式：营城子 M25：12，方唇，叠沿，侈口，斜颈较高，广肩，肩上两侧有贯耳，椭圆形扁腹，底近平，圈足外撇。

Ⅱ式：营城子 M22：13，方唇，叠沿，直口、直沿，直颈较Ⅰ式矮，广肩无耳，椭圆形扁腹，底近平，圈足少外撇，且较Ⅰ式矮。

3. 盒

分小盖盒、敦式盒、套盒。

小盖盒　分三式。

Ⅰ式：营城子 M19：1，圆形。有盖，盖形接近半球，圜顶。盒口内敛，鼓腹，平底。

Ⅱ式：营城子 M28：1，圆形。有盖，盖顶近平，口稍内敛，弧腹，平底。

Ⅲ式：刘家屯 M811：14，圆形。有盖，盖顶弧形，上面有纽。盒口近直，弧折腹，平底。

敦式盒　花儿山 M1，圆形。有盖，盖与下面对称，盖口直口，盖顶近平，上有圈纽。盒体口内敛，呈子母口，弧腹，平底，圈足。

套盒　分二式。

Ⅰ式：花儿山 M7，圆形。有盖，直盖口，向上弧折成圜顶。盒体直口内收，成子母口，下面成一平面撑住盒盖，折腹上直下弧，平底。

Ⅱ式：农民村 M1：12、胜利村 M1：11，圆形，有盖，直盖口，折而向上，盖顶圜顶。盒口呈子母口，高度与盒盖口接近，折腹，在折腹处有凸弦纹平面撑住盒盖，平底。这种盒延续时间较长。

4. 罐

分直领罐、侈口罐、异形罐。

直领罐　A 型，大型直领罐；B 型，小型直领罐。

A 型Ⅰ式：大潘家村 M2：4、M2：7，唇近方，平沿外展，直口，直领，削肩，圆鼓腹，平底，最大径在中间。还有花儿山 M7。

A型Ⅱ式：农民村M1：26、M1：27、M1：28、M1：29、M1：30、M1：31、M1：32、M1：34，平沿，直口，直领，削肩，鼓腹，平底，最大径在中间以下。

A型Ⅲ式：九垄地M4：18，直口，直领，削肩，鼓腹，平底，最大径在中部。还有胜利村M1：6、营城子M52。

B型Ⅰ式：营城子M22：19，平沿，直口，直领，溜肩，圆鼓腹，平底，最大径靠中部以上。

B型Ⅱ式：农民村M1：33，平沿，直口，直领，削肩，鼓腹，平底，最大径在中部以下。

侈口罐　分二式。

Ⅰ式：花儿山M7：22，方唇，平沿外翻，口外撇，束颈，溜肩，圆鼓腹，平底。

Ⅱ式：东达营M1：8，沿外翻，束颈，削肩，鼓腹，平底。还有东达营M1：9。

异形罐　有董家沟M1：13、M1：16，前牧城驿M801：7、M801：8，九垄地M3：32等。

5. 盆

分深腹盆、浅腹盆。

深腹盆　分弧腹盆、斜腹盆、直腹盆。

弧腹盆　分六式。

Ⅰ式：大潘家村M2：9，外叠唇，侈沿，敞口，深弧腹，平底。

Ⅱ式：花儿山M7，尖唇，沿外翻，敞口，深弧腹，平底。

Ⅲ式：农民村M1：16，平沿外展，敞口，深弧腹，薄饼形平底。

Ⅳ式：沙岗子88M1：44，唇翘起，沿外展，敞口，深弧折腹，平底，圈足。同时还有马圈子M2：2、营城子M45：25等。

Ⅴ式：董家沟93JDM1：18，方唇，平沿外展，敞口，深弧折腹，平底。

Ⅵ式：九垄地M3：15，方唇，平沿外展，敞口，深弧折腹，折痕在中部以下，平底。

斜腹盆　分二式。

Ⅰ式：农民村M1：17，方唇，平沿外展，大敞口，深斜腹，微曲，平底。

Ⅱ式：沙岗子88M2：4，方唇，平沿外展，大敞口，深斜直腹，平底。

直腹盆　分二式。

Ⅰ式：农民村M1：18，圆唇，折沿，外翻，直腹下折，平底。

Ⅱ式：沙岗子88M2：4，方唇，平沿外展，斜直腹，平底。

浅腹盆　分折腹盆、弧腹盆。

折腹盆　A型，下腹弧腹；B型，下腹斜直腹。

A型Ⅰ式：大潘家村M3：1，方唇，平沿外展，口近直稍内敛，折腹，上腹近直，下腹弧形，平底。

A型Ⅱ式：农民村M1∶15，方唇，平沿外展，直口，折腹，上腹直，下腹弧，平底。

A型Ⅲ式：营城子第二地点M14，方唇，侈沿，折腹，上腹直，下腹弧，平底。

B型Ⅰ式：大潘家村M3∶2，方唇，平沿外展，直口，折腹，折痕靠上，上腹直，下腹斜，平底。还有花儿山M1。

B型Ⅱ式：花儿山M7，圆唇，沿外翻，直口微外敞，折腹靠中间，上腹近直，下腹斜，平底。还有农民村M1∶19。

B型Ⅲ式：刘家屯M811∶30，方唇，沿外侈，口近直，折腹折痕在中部以下，上腹近直，下腹斜，平底。

B型Ⅳ式：刘家屯M811∶26，方唇，沿外侈，大敞口，折腹，折痕在中部或以下，上腹、下腹均斜，平底。

弧腹盆　分二式。

Ⅰ式：刘家屯M811∶27，方唇，平沿外展，敞口，弧腹，平底。

Ⅱ式：营城子M45∶39，方唇，沿外翻，敞口，弧腹近折，底近平。

6. 钵

分折腹钵、弧腹钵。

折腹钵　分四式。

Ⅰ式：大潘家村M2∶5、M2∶8、M2∶13，唇近圆，直口，折腹，上腹直，下腹斜，折痕在中部，平底。

Ⅱ式：大潘家村M2∶2，圆唇，直口，折腹，上腹直，下腹斜，深腹近弧，平底。

Ⅲ式：农民村M1∶4，直口，折腹，折痕靠下，上腹直，下腹斜，平底。

Ⅳ式：刘家屯M811∶22，直口，微内敛，折腹，折痕近底，上腹近直，下腹斜，平底。

弧腹钵　分二式。

Ⅰ式：农民村M1∶13，圆唇，口稍内敛，弧腹，平底。

Ⅱ式：马圈子M3∶9、M3∶10，平沿，直口，弧腹，平底。这种形制，持续很长时间，如董家沟M1∶11。

7. 盘

分弧腹盘、折腹盘。

弧腹盘　分五式。

Ⅰ式：农民村M1∶10，沿近平，大敞口，弧腹，薄饼型平底。

Ⅱ式：九垄地M4∶22，尖唇、侈沿，大敞口，弧腹，平底。

Ⅲ式：董家沟93JDM1∶2，尖唇，大敞口，弧腹，平底。

Ⅳ式：胜利村M1∶10，方唇，大敞口，弧腹，隐约有折痕，平底，盘很浅。

Ⅴ式：九垄地 M3：30，尖唇，大敞口，弧腹，薄饼形平底，盘很浅。

折腹盘　分五式。

Ⅰ式：农民村 M1：9，圆唇，敞口，折腹，平底。

Ⅱ式：沙岗子 88M2：8，尖唇，平沿外展，敞口，折腹，平底。

Ⅲ式：前牧城驿 M802：7、M802：16、M802：15，尖唇，侈沿，大敞口，折腹，前两个薄饼形平底，后一个平底。

Ⅳ式：胜利村 M1：9，尖唇，斜沿，大敞口，折腹，平底。盘很浅。

Ⅴ式：马圈子 M2：10、M2：18，圆唇，斜沿，大敞口，折腹，平底。还有马圈子 M3：3。

8. 豆

分高圈足和矮圈足二型。

高圈足豆　大潘家村 M2：4，圆唇，敞口，弧腹，圜底，细高圈足。

矮圈足豆　大潘家村 M4：4，口内收形成子母口，直口，圜底，圈足外撇。

9. 鐎

Ⅰ式：花儿山 M7，有盖，圜顶。圆肩鼓腹，圜底，兽口状流，长方筒形鋬手，三兽足。

Ⅱ式：农民村 M1：23，有盖，圜顶。直口，扁圆腹，腹中部前置一兽首形流，底近平，三足为马首形，施纹为马面，鋬为龟首形。还有东达营 M1：23。

Ⅲ式：刘家屯 M811：8，盖已失。子母口，扁圆腹，圜底，三锥足，长方筒形鋬手，筒见细，龟首形流。

Ⅳ式：九垄地 M4：21，盖已失。平沿，敛口，鼓腹，圜底。腹下三尖足，前流已失，侧面附一柱状柄。

Ⅴ式：九垄地 M2：7，盖已失。敛口，圆鼓腹，圜底。腹下三尖足，前面流已失，侧面有一长方形柱状鋬手。

10. 樽

Ⅰ式：李家沟 M20：7，花儿山 M7，刘家屯 M811：3、M811：9，有盖，圜顶，盖上有纽。樽直口、直腹，平底，底外缘附三兽足。

Ⅱ式：营城子 M8：1，盖已失。直口，直腹，腹部两侧有虎头衔环铺首，底近平。底外缘附三兽足。

Ⅲ式：九垄地 M2：15，平沿，叠唇，口近直，腹近直，平底，底外缘附三兽足。

Ⅳ式：前牧城驿 M802：2，平沿，叠唇，直口，直腹，平底，底外缘附三兽足。

Ⅴ式：东达营 M1：22，直口，直腹，平底，底外缘附三兽足。

Ⅵ式：营城子第二地点 M14，直口，直腹，平底。底稍内收，在内收底缘外附三尖足。

11. 奁

分直口和敛口二型。

直口奁　分三式。

Ⅰ式：刘家屯 M811：5，盖已失。直口，直腹，平底。

Ⅱ式：胜利村 M1：20，有盖。平顶，顶上两边有两个乳钉形纽。奁体直口、直腹、平底。

Ⅲ式：马圈子 M2：20，有盖。盝顶，盝顶边缘有三个乳钉形纽。奁体直口、直腹，平底。还有前牧城驿 M801：5、M802：3、M802：8，九垄地 M3：1，东达营 M1：6、营城子第二地点 2003M14 等。

敛口奁　分二式。

Ⅰ式：九垄地 M4：2，有盖。直口，直腹，平顶，顶边缘有三个乳钉形纽。奁体敛口，斜腹，平底。

Ⅱ式：九垄地 M3：2，盖已失。敛口，斜腹，平底。

12. 簇

分二型，椭圆形和长方形。

椭圆形簇　分五式。

Ⅰ式：九垄地 M4：1，椭圆形。有盖，盖口稍内敛。直壁向上，平顶，在椭圆转角处有四个乳钉形纽，椭圆不太规则，两长端略鼓。下体直口，直腹，平底。

Ⅱ式：董家沟 93JDM1：15，有盖。椭圆亚腰形，两端半圆部分近平，长端中间内凹，盖直口，腹壁微曲，平顶，在两端转角处有四个小乳钉纽。下体直口，直腹微曲，平底，平底转角外缘有四个乳钉足。

Ⅲ式：胜利村 M1：16，有盖。椭圆亚腰形，两端为半圆，长端中间内凹，盖直口，直腹壁，平顶，在两端转角处有四个小乳钉纽。下体直口，直腹，平底。

Ⅳ式：东达营 M1：29，椭圆形。有盖，非常规则，两远端为半圆，中间为长方形，在椭圆转角处，有四个豆形纽，平顶。下体口稍内敛，腹壁稍内斜，平底。

Ⅴ式：九垄地 M3：26，有盖。椭圆亚腰形，两端半圆部分近平，长端中间内凹，近于长方形，盖直口，直腹壁，平顶，在两端转角处有四个小乳钉纽。下体直口，直腹，平底。

长方形簇　营城子第二地点 M14，长方形。有盖，盝顶，顶直口，折腹壁，在顶部四角有四个乳钉形纽。下体直口，直腹，平底，底下四角有四个乳钉状足。

13. 灶

分圆形灶、方形灶、梯形灶、船形灶。

圆形灶　分二式。

Ⅰ式：花儿山 M8，圆形。灶身前有长方形通地火门，火门前置一可活动的挡板，灶后为一圆孔，为出烟孔。灶台弧起，中央为大釜孔，上置大釜和甑，后面为小釜孔，上置一小釜。

Ⅱ式：花儿山 M7，圆形。瓦棱灶身，前有出檐通地火门，后有斜出柱状烟囱。灶台弧起，中央为大釜孔，置一大釜，釜上放甑，前后为小釜孔，各置一小釜。

方形灶　分二式。

Ⅰ式：沙岗子 88M1：3，平面呈圆角方形。灶台突起，上面中间有一釜。灶面中间偏左有一长方形不通地灶门。

Ⅱ式：前牧城驿 M802：7，平面圆角方形。灶面长方形，中间有方形不通地灶门，上端灶檐前出。灶台前部偏左有一大釜孔，右侧有一小釜孔。

梯形灶　分四式。

Ⅰ式：董家沟 93JDM1：19，平面呈梯形。灶面近长方形，中间有一方形不通地灶门。灶台平面前部中间有一釜孔，后端中间有一出烟孔。

Ⅱ式：东达营 M1：14，平面呈梯形。灶面长方形，中间有长方形不通地灶门，上端有灶檐前出。灶台中间有一大釜孔，右上角有一小釜孔，后缘中间有一出烟孔。

Ⅲ式：九垄地 M3：16，平面呈梯形。灶面长方形，中间有一方形不通地灶门，上端灶檐前出。灶台中间靠后有一大釜孔，前部两边有两个小釜孔，后缘左角有一出烟孔。

Ⅳ式：营城子 M52，平面呈梯形。灶面长方形，中间有方形灶门，上端灶檐前出。灶台平面中间有一大釜孔，其前有三个小釜孔，右后侧有一小釜孔，左后侧有一出烟孔。

船形灶　灶面平面，灶尾分 A 尖形、B 圆形二型。

A 型Ⅰ式：农民村 M1：7，平面呈船形。灶面为平面，中间有方形不到地火门。灶台为平面，上有三釜孔，两小孔在前，一大空在后，后有柱状斜出烟囱。

A 型Ⅱ式：刘家屯 M811：25，平面呈船形。前有通地火门，后有柱状烟囱，灶面微凸，右侧有两大釜孔，左侧有两小釜孔。

A 型Ⅲ式：营城子 M45，平面呈船形。前面为平面，有不通地的火门，后有柱状烟囱。灶台有四个釜孔，前部横排两个小釜孔，置二釜其上，中央有一大釜孔，放一釜一甑，后部有一个釜孔，较前部的大，放一釜。

B 型Ⅰ式：九垄地 M4：5，平面呈船形。灶面长方形，中有长方形通地火门，上端有前出灶檐；灶台前方后圆，中间靠前有一釜孔，后端有一小孔为出烟孔。

B 型Ⅱ式：马圈子 93M2：8，平面呈船形。灶面长方形，中间有长方形不通地灶门，上端有前出灶檐；灶台前方后圆，前部左侧有一大釜孔，右侧有一小釜孔，灶台后部偏左有一出烟孔。

B 型Ⅲ式：九垄地 M2：2，平面呈船形。灶面长方形，中间有长方形通地灶门。灶台前平后圆，靠中部以前有三个大小相近的釜孔，前二后一。

14. 井

Ⅰ式：农民村 M1：35，方唇，撇口，颈内收，腹内曲，平底。在颈部有一镂孔。

Ⅱ式：沙岗子 88M1：15，尖唇，平沿外翻，曲颈，平肩，腹略弧，平底。还有沙岗子 88M2：5、营城子 M34 等。

Ⅲ式：东达营 M1：3，尖唇，斜沿，侈口，颈稍内曲，肩有折痕，腹略弧，平底。

Ⅳ式：前牧城驿 M802：1，方唇，沿外翻，曲颈，削肩，直腹下弧，平底。

Ⅴ式：马圈子 M2：11，唇有凹槽，沿外翻，口外撇，直颈，颈部有凸弦纹，直腹，平底。

Ⅵ式：九垄地 M3：9，唇近方，面有凹槽，侈沿，口外撇，颈内曲，颈部有凸弦纹，直腹，平底。还有营城子 M52 等。

异形井　东达营 M1：30，口外撇，颈内曲，下腹内收，方形平底，底有五孔。

15. 耳杯

Ⅰ式：花儿山 M7，模制，平面呈椭圆形，两长边弧形，双耳上翘，口近直，弧腹，椭圆形平底，微见薄饼形底。

Ⅱ式：刘家屯 M811：16、M811：17，平面呈椭圆形。双耳上翘，两长边弧形，口近直，弧腹，薄饼式椭圆形平底。

Ⅲ式：沙岗子 88M1：12，平面呈椭圆形。两长边弧形，短边有些凸出。两侧双耳依然上翘，但双耳见薄，上翘幅度下降。敞口，弧腹，薄饼式椭圆形平底。

Ⅳ式：董家沟 93JDM1：4，平面呈椭圆形，两边近平，双耳平伸，弧腹，薄饼式椭圆形平底。还有九垄地 M3：5 等。

Ⅴ式：九垄地 M2：1，平面呈椭圆形。两侧双耳上翘，耳更薄，两长边近平，短边更尖，弧腹，圜底。前牧城驿 M801：9，平面呈椭圆形。双耳上翘，但幅度更小，两长边趋平，弧腹，薄饼式椭圆形平底。

16. 熏炉

可分为二型，A 型盆式座熏炉、B 型喇叭座熏炉。

A 型Ⅰ式：花儿山 M7，半圆形炉碗。上面有半圆形盖，盖上有一圆形纽，熏盖孔之间，刻划线条相连，中央呈五角星状，柱状柄，盆形座。

A 型Ⅱ式：刘家屯 M811：12，已残。圆盘座，空柱柄，盖肖博山，有孔，表面涂有银粉，有彩。

A 型Ⅲ式：沙岗子 88M1：2，已经分体。由炉盖、炉身和底盘组成。盖呈山形，上半部有镂孔，下半部饰有山形图案。炉呈罐形，子母口，身下底部有柄插入座间柱。底盘为圆形，中间有空心柱。

B 型Ⅰ式：农民村 M1：11，彩绘。有盖，盖呈高山状。炉呈罐状，下为实心炉柄和饼状座。营城子 M10：90 为圈足，余则与之相近。

B 型Ⅱ式：营城子 M45：15，有盖。盖呈土山形，上有火焰形装饰物。炉呈钵状，实心柱柄，倒斗盘式圈足。

B 型Ⅲ式：前牧城驿 M802：12，有盖。镂孔满身，呈山形，上有突出状尖纽。炉呈钵状，实心柱柄，倒碗状圈足。

17. 灯

分三型，A 型豆盘状灯、B 型粗圈足状灯、C 型多枝灯。

A 型：营城子 M10，灯盏似斗盘，下有细柱柄，盘状圈足。

B 型Ⅰ式：前牧城驿 M801：10，钵状灯盏。直口，下为空心高粗圈足，足沿近直。还有营城子第二地点 M14。

B 型Ⅱ式：东达营 M1：21，碗状灯盏。下为斜腹高空心粗圈足，圈足外撇。

B 型Ⅲ式：九垄地 M3：21，小碗状灯盏。下为细高空心圈足，圈足外撇。

C 型：营城子第二地点 M14，灯盏的盏托中心高举一枝，四周低一点分列四只，粗圈足，圈足底近直。

18 烤炉

Ⅰ式：农民村 M1：22，平面呈长方形。截面呈梯形，平沿，斜腹，平底，在地步安装五个炉箅，底下四角有四个乳钉状足。口大底小，整体呈倒梯形台。还有营城子第二地点 M14 的烤炉与之接近，四面弧形，底足略高。

Ⅱ式：东达营 M1：17，平面呈长方形。整体呈长方体，平沿，直腹壁，平底，底有两个横向的漏灰槽，底四角有四个柱足。

19. 仓房模型

这里指的是可以固定在某地的放物或住人的场所。而不包括临时用来盛粮食的囤。这里可分为二型，A 型住人的，B 型置物的。

A 型Ⅰ式：九垄地 M4：3，平面方形。悬山顶，前后坡均仿筒瓦形象，正面下部至底开方形门，门上有菱格窗，门两侧的屋角各有一通气孔。

A 型Ⅱ式：董家沟 93JDM1：17、93JDM1：20，平面方形。悬山顶，房脊两端稍翘起，前后坡均仿筒瓦，正面下部开方形门，门不到地，门上部有菱格窗，门左面下角有通气孔，山墙亦有。

A 型Ⅲ式：九垄地 M3：7，平面方形。悬山顶，房脊两端高高翘起，前后坡均仿筒瓦，正面下部开方形门，门到地，门上部有菱格窗，门左右下角有通气孔，山墙亦有。

B 型Ⅰ式：前牧城驿 M802：14，平面方形。悬山顶，房脊两端稍翘起，前后坡均仿筒瓦，而对山墙部分也有仿筒瓦，正面下部开方形门，门不到地，偏左，无窗，不见通气孔。

B型Ⅱ式：前牧城驿M801：14，平面方形。囤顶，房脊两端稍翘起，前后坡均仿板坡，正面下部开方形门，门不到地，无窗，门左右两侧中间有通气孔，山墙亦有，底部有两条漏气槽。

B型Ⅲ式：九垄地M2：19，平面呈圆角方形。“山”字形顶，也是变形囤顶，前后板坡，正面中间开方形门，门上下有门楣和门枢垫板，截面似口袋形。

20. 长颈瓶

仅见于营城子M52，发现4件。平沿，直口，直颈，溜肩，鼓腹，平底。两件腹部各有两孔，另两件腹部各有一孔，4件底部各有一孔。

21. 人物俑

Ⅰ式：农民村M1：6，彩绘。头上圆下窄，颈部明显，垂肩，手臂下垂，露手。短衣窄袖，裙至腋下，宽大下垂。

Ⅱ式：九垄地M4：10，瓜子脸，平肩，两臂抬起，宽袖，长衫展开拖地。九垄地M2：3也与之相似。

Ⅲ式：东达营M1：12，面部简单，长颈，窄袍袖，长衫不拖地，较瘦。

Ⅳ式：胜利村M1：17，面部不清，宽袍，长衫拖地，但内曲似鱼尾。

（二）鞍山、辽阳地区

西汉墓发表的材料比较少，东汉墓较多，汉墓随葬陶器主要有鼎、壶、盒、罐、盆、钵、盘、鐎、细颈瓶、樽、奁、篋、灶、井、耳杯、熏炉、灯、烤炉、房屋模型、长颈瓶等（图七～图一一）。

1. 鼎

Ⅰ式：鹅房L0M13，圆鼎。有盖，盖口近直，圜顶，顶部近平。鼎口为子母口，内敛，直腹，在直腹下部有一周凸弦纹，在两侧凸弦纹上附两方形竖鋬耳，板耳内镂空，向外弧出，向上斜伸，球状圜底。在凸弦纹下腹部附三兽足。

Ⅱ式：旧城东门里M：9，圆形，盖已失。子母口内敛，直腹，在直腹下有一周凸弦纹，在凸弦纹上两侧紧贴鼎腹附两环形鼎耳，凸弦纹下为球状圜底，在底部距凸弦纹有一定距离附三兽足。

Ⅲ式：南郊街M2：54，尖唇，侈口，沿内斜外近直，形成子口，肩近平，腹壁弧直，外折突出，形成圜底，细高兽足。在腹、底交界处平沿之上两侧分别有长方形穿孔，为安装鼎耳之处。

2. 壶

分平底壶、圈足壶、扁壶（椑）。

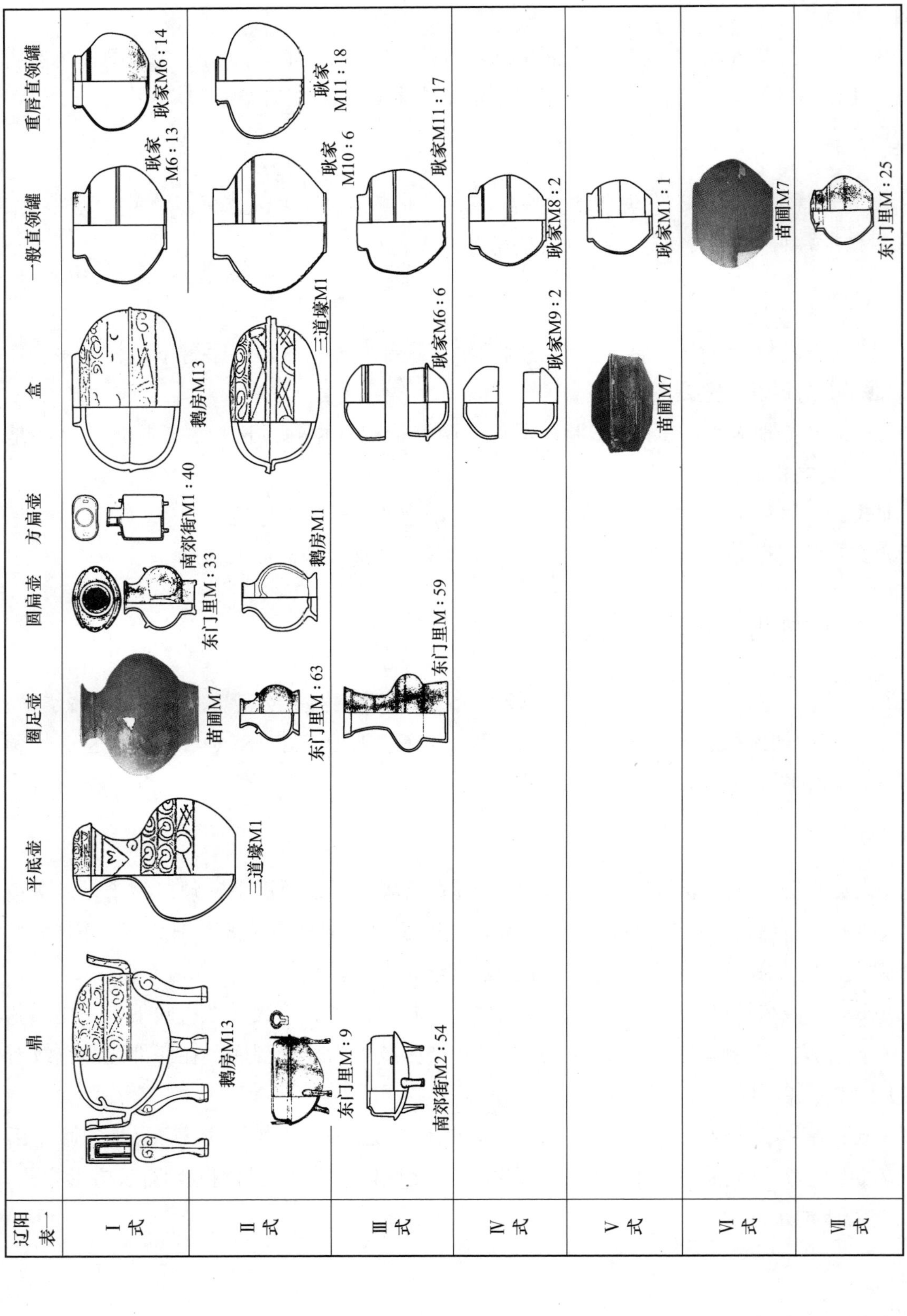

图七　辽东地区汉墓陶器分期表（七）

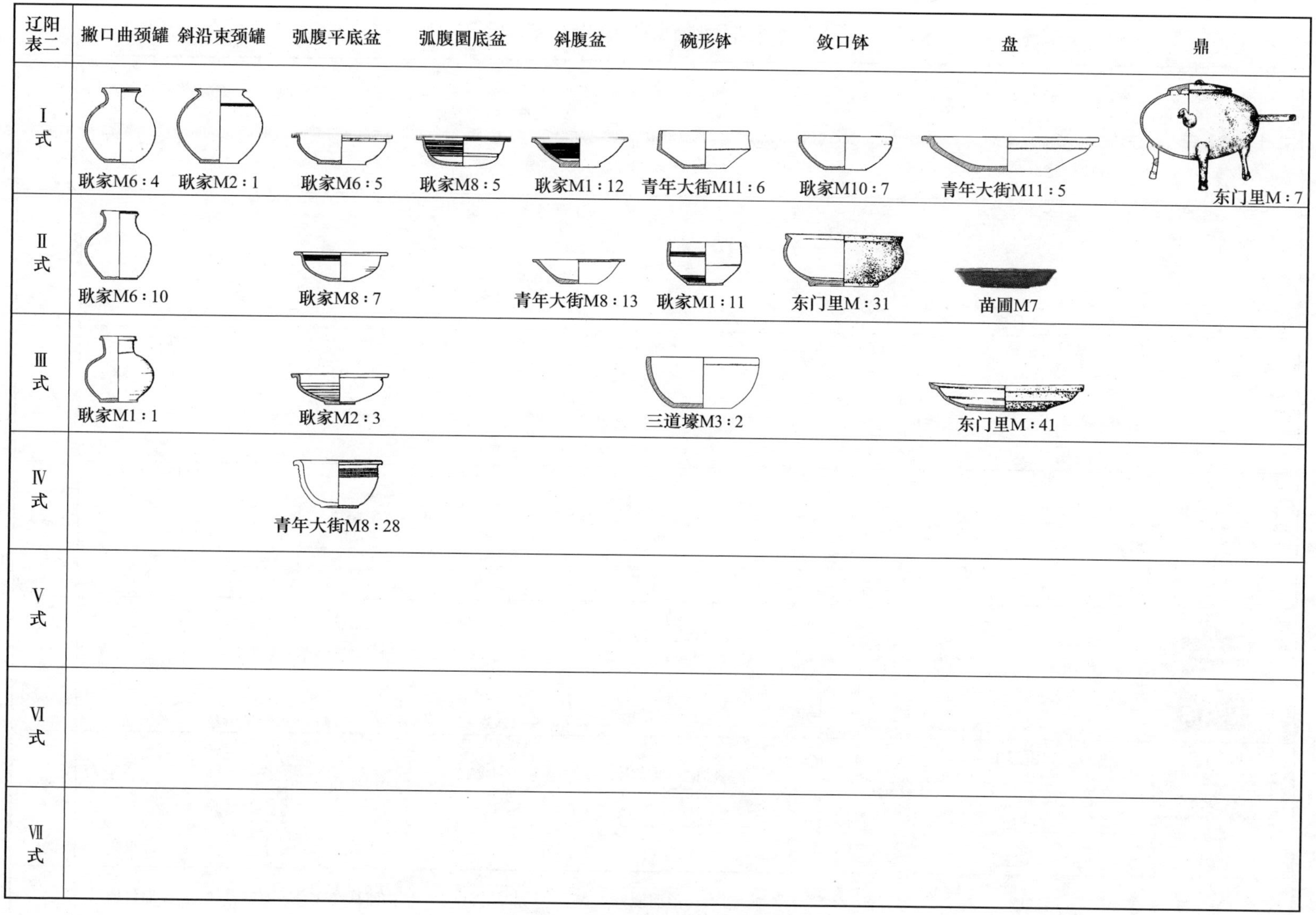

图八　辽东地区汉墓陶器分期表（八）

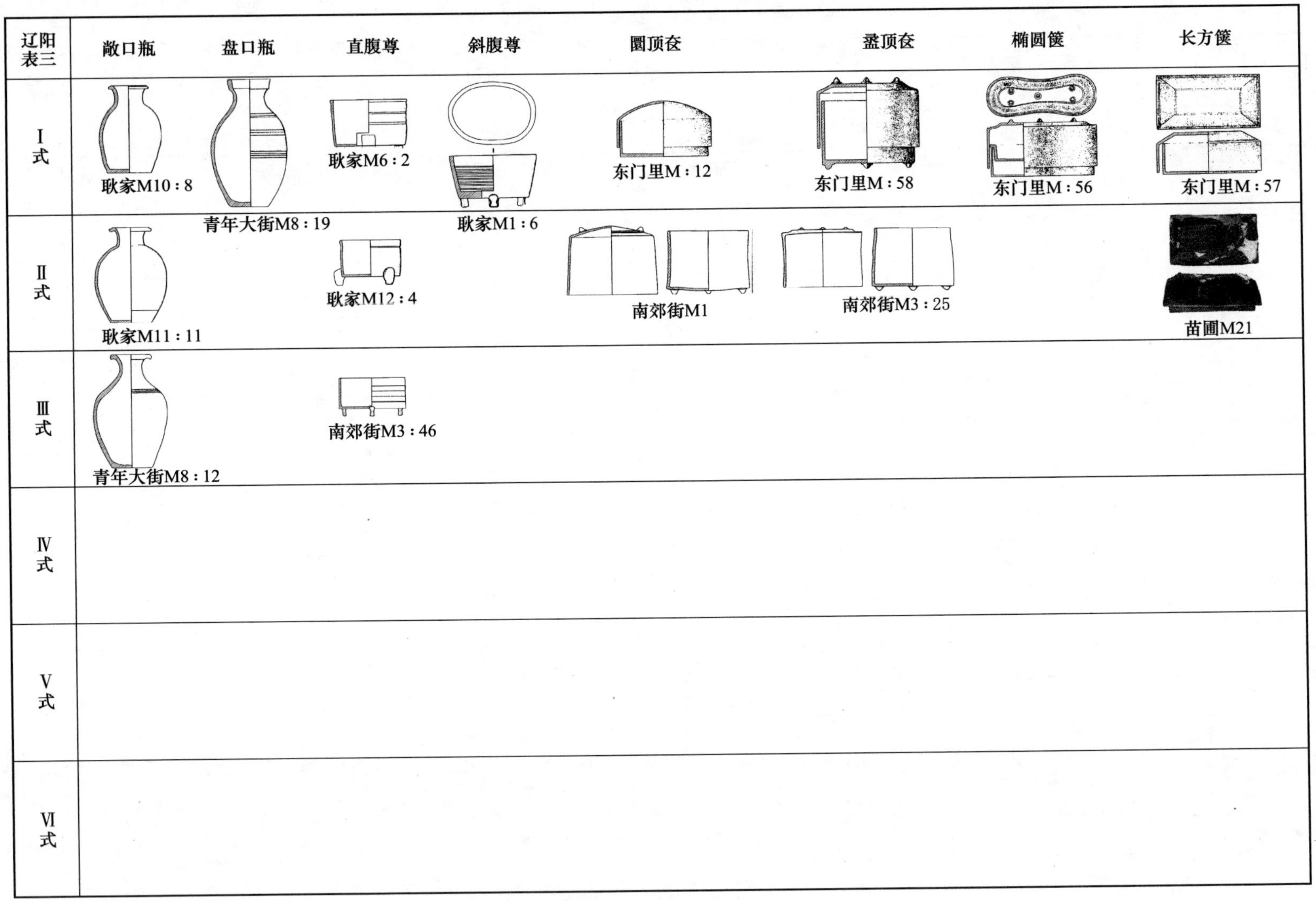

图九　辽东地区汉墓陶器分期表（九）

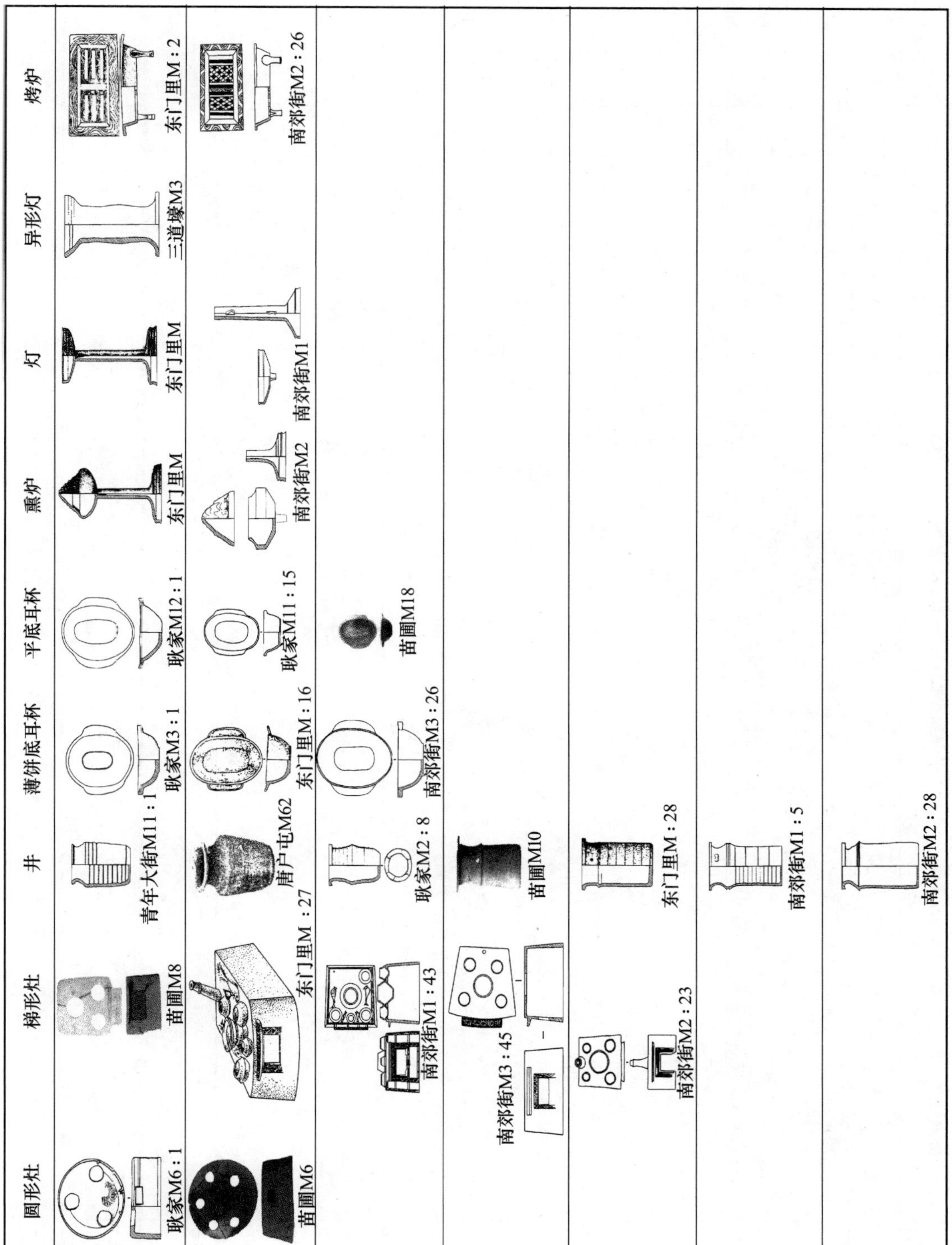

图一〇 辽东地区汉墓陶器分期表（一〇）

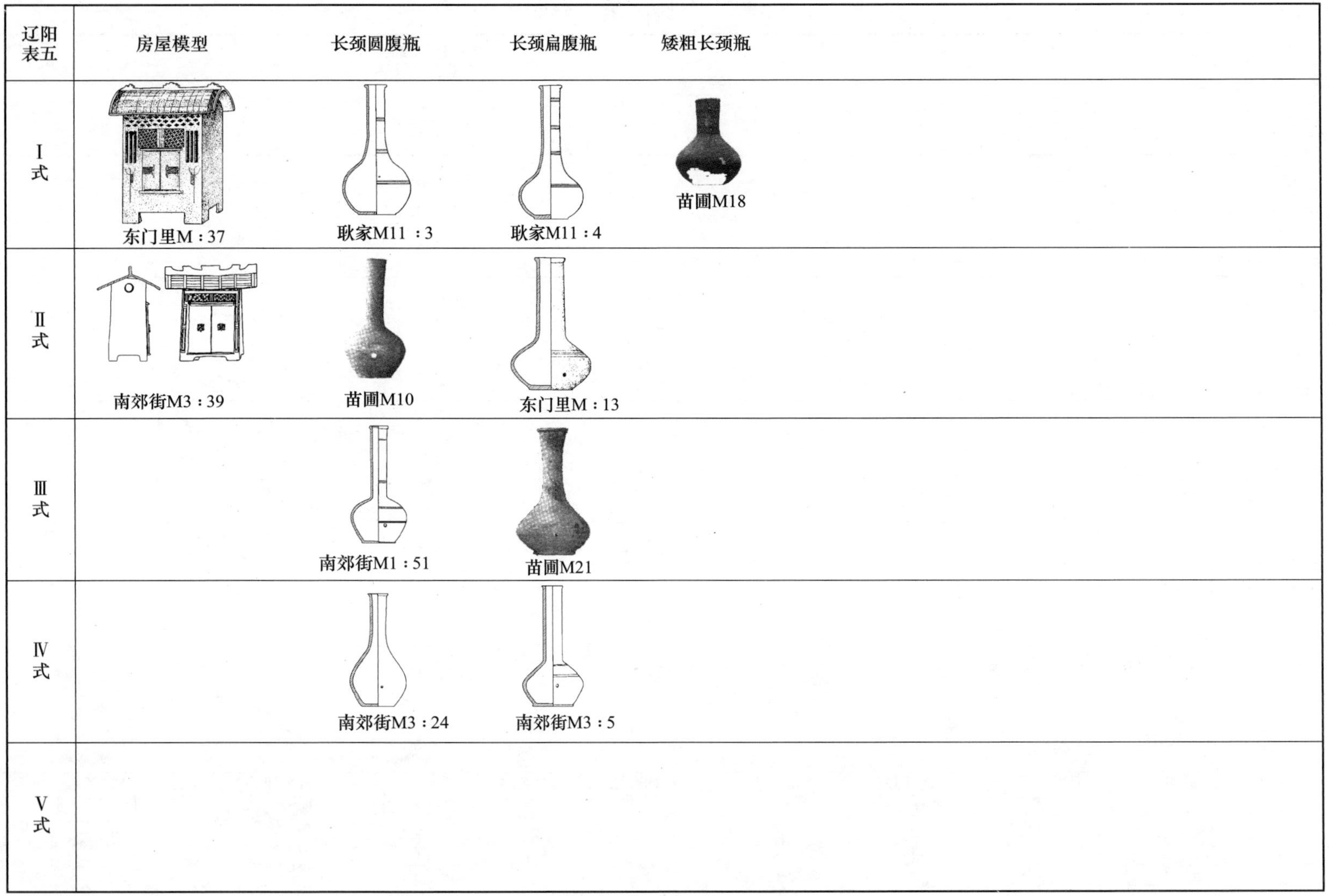

图一一　辽东地区汉墓陶器分期表（一一）

平底壶　三道壕M1，有盖，盖敞口，圜顶，顶部近平。壶口外撇，束颈，溜肩，圆鼓腹，平底。

圈足壶　分三式。

Ⅰ式：苗圃M7，撇口，束颈，溜肩，圆鼓腹，圈足内斜。

Ⅱ式：东门里M∶63，盘口侈沿，曲颈，溜肩，肩部两侧各有一个环状耳，鼓腹，圈足外斜。

Ⅲ式：东门里M∶59，盘口侈沿，曲颈，溜肩，下扁鼓腹，高假圈足稍外斜。还有苗圃M4的壶与之相近。

扁壶（椑）分A型圆腹，B型直腹二型。

A型Ⅰ式：东门里M∶33，口外撇，曲颈，溜肩，肩上两侧各有一个环状耳，正面圆鼓腹，平面扁腹，假圈足近直。

A型Ⅱ式：鹁房M1，撇口，曲颈，溜肩，正面鼓腹，截面扁腹，圈足外撇。

B型：南郊街M1∶40，壶体扁圆，方唇外叠，直口，直沿，高领，肩近平，肩上有两个系绳用的立式扁耳，扁耳中间有穿孔，肩缘周边修平。直腹，两扁面微凹。平底，底缘刀修，下有纵向立式板形平足。

3. 盒

均为敦式盒。

Ⅰ式：鹁房L0M13，圆形。有盖，盖口稍内敛，圜顶，顶部近平，上面有环形纽；盒体平沿直口，弧腹，圜底。上下对称。

Ⅱ式：三道壕M1，圆形。有盖，盖平沿外展，敞口，弧腹，圜顶，顶部近平；盒体平沿外展，敞口，弧腹，圜底。上下对称。

Ⅲ式：耿家M6∶6、M6∶8，圆形。有盖，盖口近直，折腹而成圜顶，顶部近平。盒体直口内收，下面成平沿，折腹下弧，平底。还有耿家M8∶1、M8∶6、M11∶6。

Ⅳ式：耿家M9∶2、M9∶6，圆形。有盖，盖口近直，弧腹，平顶。盒体直口内收，下面成平沿，折腹下弧，平底。青年大街M8∶3、M8∶18等与之相似。

Ⅴ式：苗圃M7，圆形。有盖，盖口近直稍外斜，折腹，平顶。盒体直口内收，下面成平沿，折腹下弧，平底。上下对称，还有南郊街M3∶11。

4. 罐

分直领罐、撇口曲颈罐、侈口束颈罐三型。

直领罐　分A型一般直领罐，B型重唇直领罐。

A型Ⅰ式：耿家M6∶13，口稍内敛，直领，溜肩，鼓腹，薄饼形平底。

A型Ⅱ式：耿家M10∶6，平沿，直领，口有内敛痕迹，溜肩，鼓腹，薄饼形平底。

A型Ⅲ式：耿家M11∶17，平沿，直领，口内敛明显，溜肩，鼓腹，平底。还有苗圃 M10。

A 型Ⅳ式：耿家 M8∶2，平沿，直领，口内敛明显，削肩，鼓腹，薄饼形平底。

A 型Ⅴ式：耿家 M1∶1，圆唇，直沿，直领，口内敛，削肩，鼓腹，平底。

A 型Ⅵ式：苗圃 M7，圆唇，直口，直领，口内敛，削肩，鼓腹，薄饼形平底。还有苗圃 M21。

A 型Ⅶ式：东门里 M∶25，沿稍内卷，直领，敛口，溜肩，鼓腹，平底。还有南郊街 M3∶37、南郊街 M2∶25、鹅房 M1 等。

B 型Ⅰ式：耿家 M6∶14，唇外重唇，口稍内敛，直领，削肩，鼓腹，平底微内凹。

B 型Ⅱ式：耿家 M11∶18，唇外重唇，直领，口内敛，广肩，鼓腹，平底。

撇口曲颈罐　分三式。

Ⅰ式：耿家 M6∶4，唇外重唇，口外撇，束颈曲颈，溜肩，圆鼓腹，薄饼形平底。

Ⅱ式：耿家 M6∶10，唇外重唇，口外撇，曲颈，溜肩，圆鼓腹，薄饼形平底。

Ⅲ式：耿家 M1∶1，唇外重唇，口稍外撇，高领微曲，溜肩，圆鼓腹，薄饼形平底。

侈口束颈罐　耿家 M2∶1，斜沿，侈口，束颈，溜肩，圆鼓腹，薄饼形平底。

5. 盆

分弧腹盆、斜腹盆两类。

弧腹盆　分 A 型平底弧腹盆，B 型圜底弧腹盆。

A 型Ⅰ式：耿家 M6∶5、M6∶7，方唇，沿外翻近平，敞口，弧腹，假圈足平底。

A 型Ⅱ式：耿家 M8∶7，圆唇，平沿外展，敞口，弧腹，平底，假圈足近于消失。还有耿家 M11∶12、耿家 M1∶3 等。

A 型Ⅲ式：耿家 M2∶3，方唇，平沿外展，敞口，弧腹，小平底，有明显假圈足。

A 型Ⅳ式：青年大街 M8∶28，方唇，沿外翻近平，敞口，弧腹，平底，有较明显的假圈足。

B 型：耿家 M8∶5，方唇，平沿外展，敞口，弧腹，圜底，底近平。

斜腹盆　分二式。

Ⅰ式：耿家 M1∶12、M1∶13，方唇，斜沿，大敞口，斜弧腹，薄饼形平底。

Ⅱ式：青年大街 M8∶13、M8∶15、M8∶17，方唇，平沿外展，大敞口，斜腹微弧，平底。

6. 钵

分 A 型碗形钵，B 型敛口钵。

A 型Ⅰ式：青年大街 M11∶6，方唇，直口，折腹，平底。

A 型Ⅱ式：耿家 M1∶11，圆唇，直口，弧腹近弧，平底。

A 型Ⅲ式：三道壕 M3∶2，圆唇，口近直稍内敛，弧腹，平底。

B 型Ⅰ式：耿家 M10∶7，圆唇，直沿，沿外侧有凹弦纹，直口，弧腹，薄饼形平底。

B 型Ⅱ式：东门里 M∶31、M∶39，尖唇，斜沿，敛口，弧腹，圈足底。鹅房 M1∶2 与之相近。

7. 盘

Ⅰ式：青年大街 M11∶5，方唇，平沿外展，大敞口，折腹，平底。

Ⅱ式：苗圃 M7，方唇，外斜沿，大敞口，折腹，平底。还有南郊街 M2∶22、M3∶32。

Ⅲ式：东门里 M∶41，尖唇，外斜沿，大敞口，折腹近弧，薄饼形平底。苗圃 M21、南郊街 M2 与之相近。

8. 鐎

东门里 M∶7，圆形。有盖，盖尖唇，圜顶，上面有纽。鐎直口，直领，溜肩，扁圆鼓腹，圜底，腹下附三兽足。在鐎腹部一侧有象鼻状流，其右侧 90° 腹部有长方形实心手柄。南郊街 M3∶53、M2∶55 与之相似。

9. 细颈瓶

分撇口瓶、盘口瓶。

撇口瓶 分三式。

Ⅰ式：耿家 M10∶8，圆唇，沿外翻，口外撇，颈内曲，削肩，弧腹，平底。还有青年大街 M11∶1，耿家 M3∶2、M3∶3，耿家 M8∶4，苗圃 M7。

Ⅱ式：耿家 M11∶11，圆唇，沿外翻，口外撇，颈内曲近直，溜肩与颈有折痕，弧鼓腹，平底。还有耿家 M1∶4、唐户屯 M62 等。

Ⅲ式：青年大街 M8∶12，圆唇，沿外翻，撇口，细颈内曲，削肩，弧腹，平底。

盘口瓶：青年大街 M8∶19，方唇，平沿，斜口，下折曲颈，削肩，弧腹，平底。

10. 樽

分二型，A 型直腹，B 型斜腹。

A 型Ⅰ式：耿家 M6∶2，唇外叠，平沿，直口，直腹，平底，腹底缘附三板形足。

A 型Ⅱ式：耿家 M12∶4，圆唇，直口，直腹，平底。腹底缘附三兽足。

A 型Ⅲ式：南郊街 M3∶46，圆唇，直口，直腹，平底，在腹底缘附三兽足。还有 M2∶11。

B 型：耿家 M1∶6，口平面椭圆，平沿，斜口，斜腹，平底。在腹底缘附三兽足。还有耿家 M10∶5、青年大街 M8∶8。

11. 奁

分 A 型圜顶平底，B 型盝顶平底。

A 型Ⅰ式：东门里 M：12，圆形。有盖，盖直口，直腹，圜顶。奁体直口，直腹，平底。还有东门里 M：8、三道壕 M3。

A 型Ⅱ式：南郊街 M1：33-1、M1：33-2，圆形。有盖，盖直口，直腹微外斜，圜顶上有三个乳钉状纽。奁体直口，直腹，平底。底部边缘有 3 个乳钉足。

B 型Ⅰ式：东门里 M：58，圆形。有盖，直口，直腹，盝顶，在盝顶边缘有 3 个乳钉纽。奁体直口，直腹，平底。在底边缘有 3 个乳钉足。

B 型Ⅱ式：南郊街 M3：25、M3：18，圆形。有盖，盖直口，直腹稍外撇，盝顶，在盝顶边缘有 3 个乳钉纽。奁体直口稍内斜，直腹，平底，在底边缘有 3 个乳钉足。

12. 篋

分 A 型椭圆形，B 型长方形二型。

A 型：椭圆形篋。东门里 M：56，束腰椭圆形。有盖，盖直口，直腹，盝顶，在顶部四角转弯处及中间计有 5 个乳钉纽。篋体直口，直腹，平底。内有一层屉，形制极为少见。

B 型Ⅰ式：东门里 M：57，平面呈长方形。有盖，盖直口，直腹，盝顶。篋体直口，直腹平底。还有南郊街 M3：2，青年大街 M8：20 等与之相近。

B 型Ⅱ式：苗圃 M21，平面呈长方形。有盖，盖直口，直腹稍外斜，盝顶，在顶部四角及中间各有 1 个乳钉纽。篋体直口直腹，平底，底部应该有 4 个乳钉足。还有南郊街 M1：27、M2：46 等。

13. 灶

分 A 型圆形灶和 B 型梯形灶二型。

A 型Ⅰ式：耿家 M6：1，平面呈圆形。正面灶面靠上开有长方形灶门，灶门不到地，灶台有大小相近的三釜孔。有的有出烟孔。与之相近的还有青年大街 M11：2，耿家 M10：1，M9：5，M9：9、唐户屯 M62，耿家 M11：19、M1：2、M2：4 等。

A 型Ⅱ式：苗圃 M6，平面呈圆形。不甚规则，正面靠上开有近方形灶门。灶台上有大小相近的 5 个釜孔，2 个在灶门两侧，2 个在灶台中间两侧靠后，1 个在灶台后面。这种圆形五孔灶还是少见的。

B 型Ⅰ式：苗圃 M8，平面梯形近方。正面灶面长方形，中间靠上开有长方形灶门，灶面上缘长方形灶檐前出。灶台上有 3 个釜孔，前面两个较小，主釜孔靠后，左上角有出烟孔。苗圃 M10 灶门开在灶面中间，而苗圃 M7 灶门开在中间以下，出烟孔在灶台后面中间，但是大体形制还是相近的。

B 型Ⅱ式：东门里 M：27，平面梯形近方。正面灶面中间略靠上开有长方形灶门，灶面上缘有长方形灶檐前出。灶台分布 5 个釜孔，前面 3 个，两边大一些，中间的略小，主釜孔在灶台中间，最大，后面还有 1 个釜孔，与前面两边的大小相当。在灶台后边中间有圆筒形烟囱向后斜伸。这也是少见的形制。苗圃 M21，形制与之相当，灶门开在灶面中间。

B 型Ⅲ式：南郊街 M1∶43，平面呈梯形，前大后小。灶面呈梯形，上小下大，中间为灶门近长方形，不到地，其上 4 厘米处有长方形灶檐前出。灶台中间为主灶眼，前部有 3 个灶眼，两边大、中间小，右上角有 1 个灶眼，大小与前边两侧的相当，左上角为出烟孔。与之形制一致的还有苗圃 M21 等。

B 型Ⅳ式：南郊街 M3∶45，平面呈梯形。正面灶面中间略靠上开有长方形灶门，灶面上缘为长方形灶檐。灶台上有 5 个灶眼，中间为主，其前后四角各有 1 个小灶眼，出烟孔在后缘中间。青年大街 M8∶22，形制与之相当，只是正面灶面中间靠下开长方形灶门。

B 型Ⅴ式：南郊街 M2∶23，平面近方形，实则梯形，前大后小。正面灶面中间至底为近方形灶门，灶面上缘长方形灶檐前出。灶台上有 5 个灶孔，中间为主，四角各一，烟囱在后缘中间，斜向后立，且有口、有颈、有体。

14. 井

Ⅰ式：青年大街 M11∶1，口外撇，束颈，折肩，直腹，平底。青年大街 M8∶21，其井造型较之相当或早于之。

Ⅱ式：唐户屯 M62，沿外翻，口外撇，颈内曲，折肩，直腹，平底。苗圃 M21 与之相近。

Ⅲ式：耿家 M2∶8，方唇，沿外翻成平沿，口稍外撇，颈稍内曲，折肩，直腹，平底。

Ⅳ式：苗圃 M10，方唇，沿外翻呈平沿外展，口稍外撇，颈稍内曲，肩有折痕，直腹，平底。

Ⅴ式：东门里 M∶28，方唇，沿外翻，沿近平，口稍外撇，颈稍内曲，肩部有折痕，直腹，平底。

Ⅵ式：南郊街 M1∶5，沿外卷，平沿外展，唇近方，撇口，束颈，折肩，内弧腹，平底。

Ⅶ式：南郊街 M2∶28，平沿外展，方唇，口稍外撇，束颈，折肩，直腹，平底。

15. 耳杯

分 A 型假圈足，B 型平底二型。

A 型Ⅰ式：耿家 M3∶1，平面呈椭圆形，双耳较厚，上翘，耳在沿上，平沿，敞口，弧腹，椭圆形假圈足。苗圃 M21、青年大街 M8∶10、耿家 M11∶13 与之相近。

A 型Ⅱ式：东门里 M∶16，平面呈椭圆形。长边较长，双耳上翘，耳在沿下，平沿，敞口，弧腹，椭圆形假圈足。

A 型Ⅲ式：南郊街 M3∶26，平面呈椭圆形。长边较弧，双耳微上翘，耳与沿平，平沿，敞口，弧腹，椭圆形假圈足。南郊街 M1：19 与之相近。

B 型Ⅰ式：耿家 M12：1，平面呈椭圆形。长边较弧，双耳上翘，耳与沿平，平沿，敞口，弧腹，平底。青年大街 M8：10 与之相近。

B 型Ⅱ式：耿家 M11：15，平面呈椭圆形。长边较长，双耳上翘，耳与沿平，平沿，敞口，弧腹，平底。

B 型Ⅲ式：苗圃 M18，平面呈椭圆形。长边较长，双耳平，耳与沿平，平沿，敞口，弧腹，平底。南郊街 M2：20 与之相近。

16. 熏炉

Ⅰ式：东门里 M，分熏炉盖、炉身、底座三部分。盖为山峰状，从内向外的戳刺烟孔，形成突起。盖扣在小口炉身上，炉身底外部有插榫，插入圈足底座的空心柱内。

Ⅱ式：南郊街 M2，分熏炉盖、炉身、底座三部分。盖形似山丘，尖唇、敞口，沿有磨痕，中空，外部口沿 1 厘米上以水波纹、山岳、云雾纹修饰整体。尖唇，侈沿，敛口，束颈，折腹，平底。柄已缺失。方唇、直口、直沿，细长颈，底呈喇叭形，圈足直壁外斜，喇叭形平圈足。

17. 灯

Ⅰ式：东门里 M，分灯盏、底座二部分。灯盏平沿，直口，圜底，底部有榫头插入圈足底座的空心柱内。

Ⅱ式：南郊街 M1，灯盏平沿，直口，平底，环柄，方唇，直口，细长颈，底呈喇叭形，圈足直壁外斜，喇叭形平圈足。

异形灯：三道壕 M3，敞口，浅盘，粗高柄，喇叭形圈足。

18. 烤炉

南郊街 M2：26，平面呈长方形。方唇，平沿外展，沿与腹、腹与底均成折角，形成一个倒梯形槽，腹壁斜直，平底。底两侧各一道、中间两道横向镂沟，镂沟间为菱形镂孔。腹壁两侧近底角处贴有 4 个兽足。在沿上以刀划出四个区域，两端各有四组正反相间的水波纹，两侧各有七组正反相间的水波纹，每组三道，在兽足足部各有二道凹痕，底部中间也有三组水波纹。东门里 M：2 与之形制一致，只是炉内漏灰装置是以中间漏沟为界，两边顺向各有三条漏沟。

19. 房屋模型

Ⅰ式：东门里 M：37，囤顶，脊饰三处山形饰件，弧形屋顶，两面坡以方格纹仿板瓦，排山处划菱格纹饰，正面檐下透雕仿木菱格镂孔，门额处两扇透雕斜格子窗，两侧是直棂窗。正中两扇板门向外开，上边门轴插入象征性的“鸡栖木”圆孔内，下边门轴落于门枢孔内。门闩两侧划斜方格纹带。门两侧壁上各划 1 柄棨戟。两侧山墙上部各有 1 个方形的镂孔窗。四个墙角各有 1 个三角形托脚板。苗圃 M21 与之相近。

Ⅱ式：南郊街 M3：39，体扁而高，悬山顶，屋脊为五齿状向上突起。正面屋顶由竖道划纹六组（每组二道）分成五部分，每部分以五个横划纹分为六部分，模拟板瓦。后坡为素面。正面檐下为仿木构的菱形镂孔板，门额处是两扇透雕的斜格子窗，在两扇窗中间及两侧为直棂窗。正中两扇板门向外开，两扇板门中间各有 1 个兽形铺首，上边门轴插入横在上边的“鸡栖木”两端圆孔内，下边门轴落于门枢的圆孔中，门两侧均有仿木窗，上、下两孔均以仿木板实之。两侧山墙上部各有 1 个圆形镂孔窗。陶房四壁下端中间均镂成圆角长方形空间，以形成陶房四脚着地；其体内中空，门槛距地表 3.6 厘米。面阔 44.8、进深 31.6、举架高 45.2 厘米。苗圃 M4，悬山顶，起二层密沿，仿筒瓦，脊两端上翘。下分两层两门户，缺门少窗。亦有三角形托脚板。房顶与之相近。

20. 长颈瓶

分 A 型细长颈的长颈瓶，B 型短粗颈的长颈瓶。

A 型长颈瓶又可分为 a 型圆鼓腹的长颈瓶和 b 型扁圆腹的长颈瓶。

Aa 型Ⅰ式：耿家 M11：3，叠唇，平沿，直口，细高直长颈，溜肩，圆鼓腹，最大径在腹中部，薄饼形平底。在腹部最大径上下，均有针眼状镂孔，底部中心也有 1 个镂孔。

Aa 型Ⅱ式：苗圃 M10，唇外叠，平沿，直口，细高直长颈，溜肩，隆鼓腹，最大径在腹部中线以上，薄饼形平底。在腹部最大径下有镂孔，底部也有。还有南郊街 M2：1 与之相近。

Aa 型Ⅲ式：南郊街 M1：51，唇外叠成方唇，直口、斜沿近平，瘦高直长颈，溜肩，隆鼓腹，薄饼形平底。最大径靠上。其长颈上部有两道凹弦纹，中部有划痕，下部有两道凹弦纹，其肩部有两道凹弦纹，最大径下 2 厘米有两道凹弦纹，下腹部 3 个镂孔均靠近下腹凹弦纹，距底部 6 厘米，底部中间也有镂孔。

Aa 型Ⅳ式：南郊街 M3：24，平沿唇外突，口稍内敛，唇近梯形，细长颈，口部和下部粗，中间细，削肩，隆鼓腹，平底；在下腹三面均匀分布 3 个镂孔，在底中间有 1 个镂孔。

Ab 型Ⅰ式：耿家 M11：4，唇外突，平沿，直口，细长颈，溜肩，扁圆鼓腹，薄饼形平底。最大径在腹部中间。

Ab 型Ⅱ式：东门里 M：13，外叠唇外突，平沿，直口，细长直径，溜肩，扁鼓腹，平底。最大径在腹部中间偏上。在腹部及底部均有镂孔。

Ab 型Ⅲ式：苗圃 M21，唇外突，沿近平，口稍外撇，细长颈，颈稍内曲，削肩，扁鼓腹，薄饼形平底。最大径在腹部中间偏下。在最大径下及底部中间均有镂孔。

Ab 型Ⅳ式：南郊街 M3：5，唇外突，直口、直沿，细长颈，不规则，削肩，扁鼓腹，薄饼形平底。上腹部有两组凹弦纹，在腹部近最大径处分布有 3 个镂孔，在底部中间也有1个镂孔。

B型：苗圃M18，方唇，平沿，直口，粗短直颈，削肩，平底。

（三）沈阳、抚顺地区

这个地区相对工作较少，发表的材料也不够系统，但是作为陶器分期的材料还是可以的。这个地区汉墓出土的随葬陶器主要有壶、盒、罐、瓮、盆、钵、盘、细颈瓶、樽、奁、灶、井、耳杯、房屋模型、长颈瓶等（图一二～图一四）。

1. 壶

分为A型圈足壶，B型平底壶。

A型Ⅰ式：刘尔屯77M2，尖唇，斜沿，侈口，斜颈，削肩，圆鼓腹，圈足稍外斜。

A型Ⅱ式：刘尔屯77M2，尖唇，斜沿，撇口，颈内曲，圆鼓腹，最大径下垂，圈足外撇。

A型Ⅲ式：刘尔屯77M3，尖唇，斜沿，撇口，瘦高曲颈，扁鼓腹，圈足外斜。

B型Ⅰ式：刘尔屯2008M21，重唇，斜沿，撇口，颈内曲，弧腹，最大径下垂，平底。

B型Ⅱ式：刘尔屯2008M10，圆唇外有重唇，斜沿，撇口，长颈内曲，溜肩，弧腹，平底。

2. 盒

Ⅰ式：刘尔屯2008M21，圆唇，直口、直沿内收形成平沿，折腹下弧，薄饼形平底。

Ⅱ式：红宝山墓，平面呈圆形。有盖，盖平沿直口。折腹，圜顶。盒体圆唇，直沿，直口，折腹，平底。

3. 罐

分为A型单唇罐，B型重唇罐。

A型单唇罐，分Aa型高领曲颈罐、Ab型矮领束颈罐、Ac型直领罐。

Aa型Ⅰ式：刘尔屯77M2：4，尖唇，沿外翻，口外撇，溜肩，鼓腹，平底。

Aa型Ⅱ式：刘尔屯77M2：2，尖唇，沿外翻，撇口，长颈内曲，溜肩，圆鼓腹，最大径靠上，平底。

Aa型Ⅲ式：刘尔屯77M3：1，尖唇，沿外翻，撇口，长颈内曲，溜肩近于广肩，鼓腹，最大径靠上，平底。

Aa型Ⅳ式：刘尔屯77M3：3，尖唇，沿外翻，口外撇，溜肩，扁鼓腹，最大径在中部，平底。

Ab型Ⅰ式：刘尔屯77M3：4，圆唇，沿外翻，口外撇，内曲束颈，溜肩，鼓腹，平

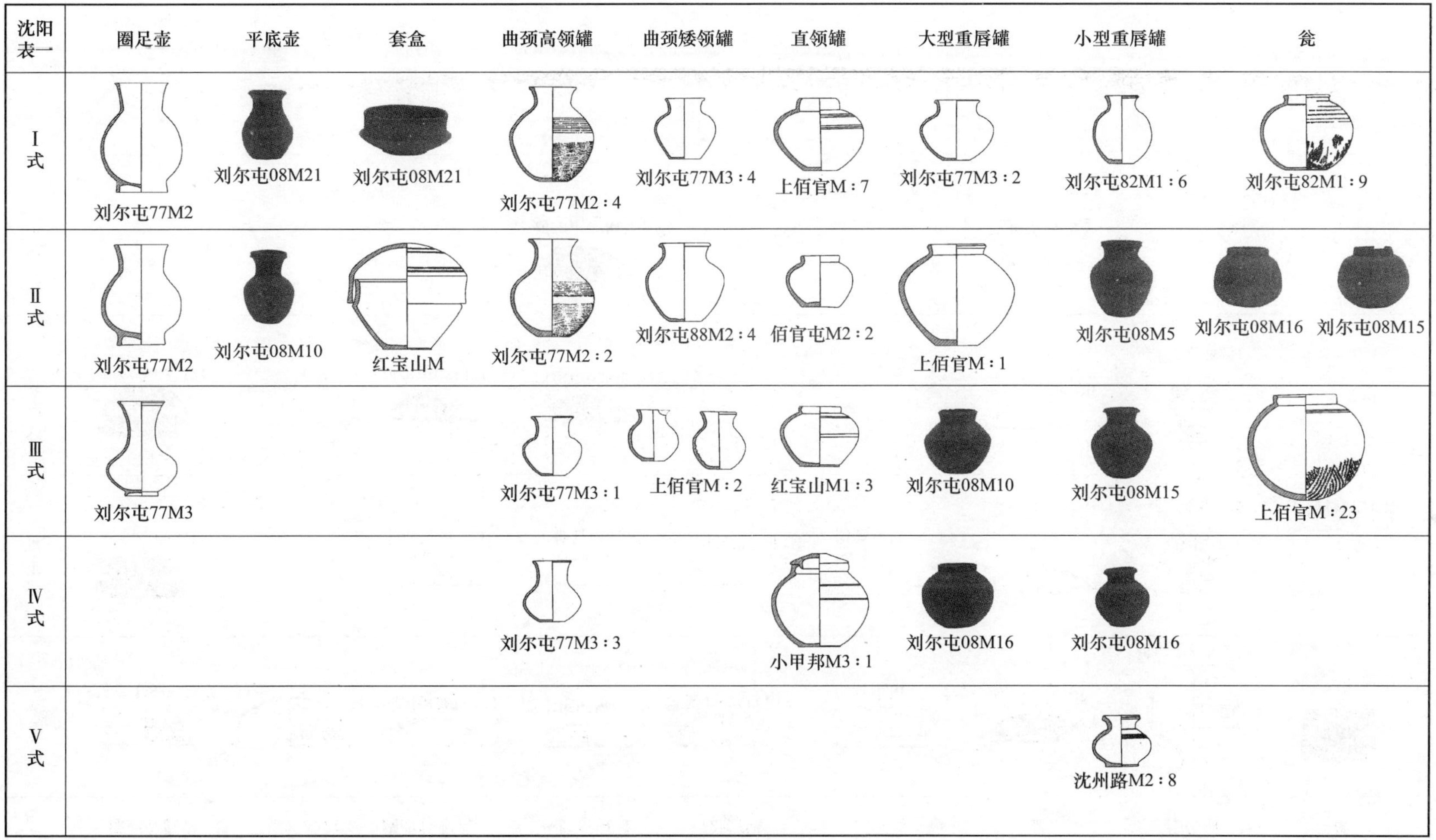

图一二　辽东地区汉墓陶器分期表（一二）

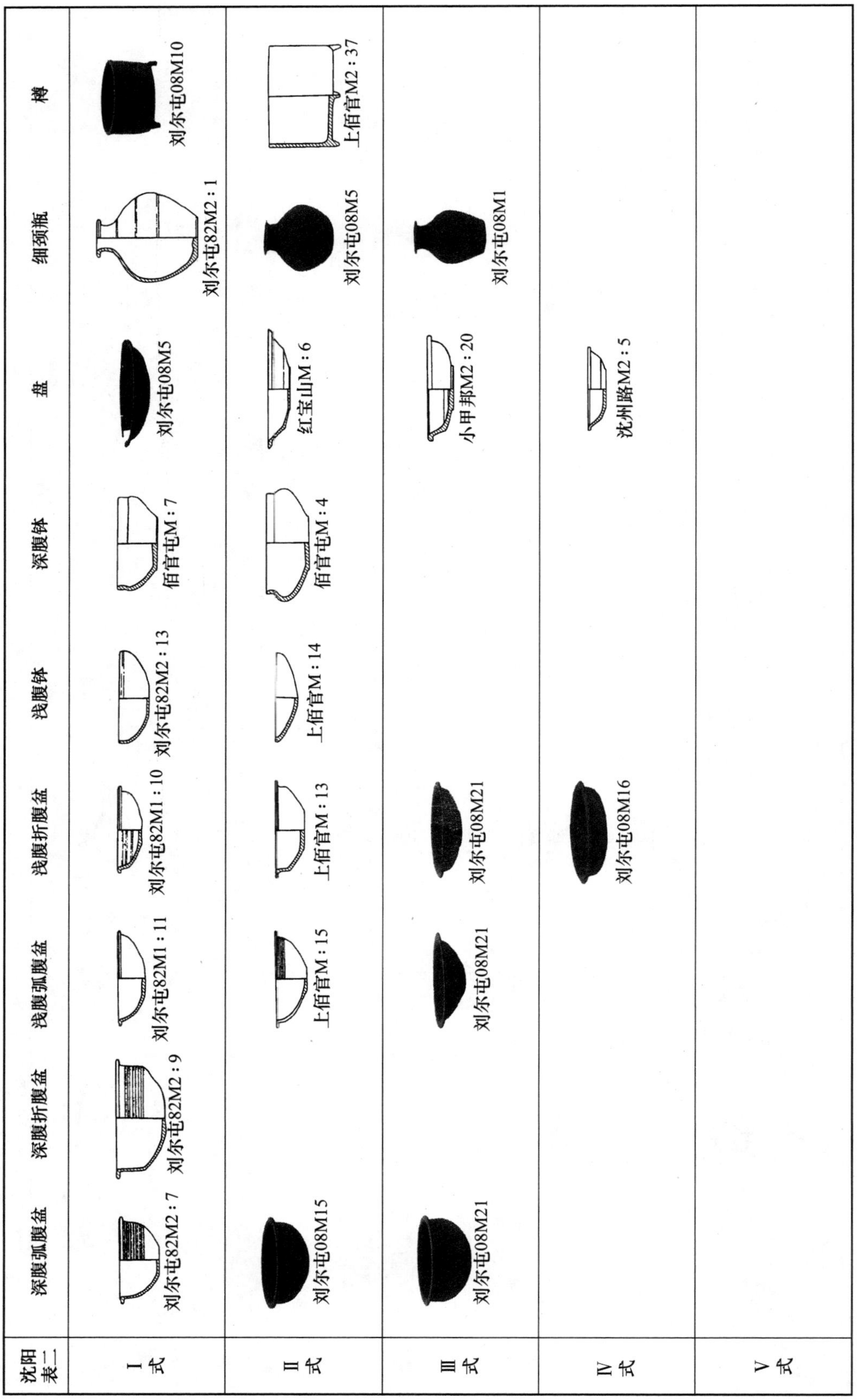

图一三 辽东地区汉墓陶器分期表（一三）

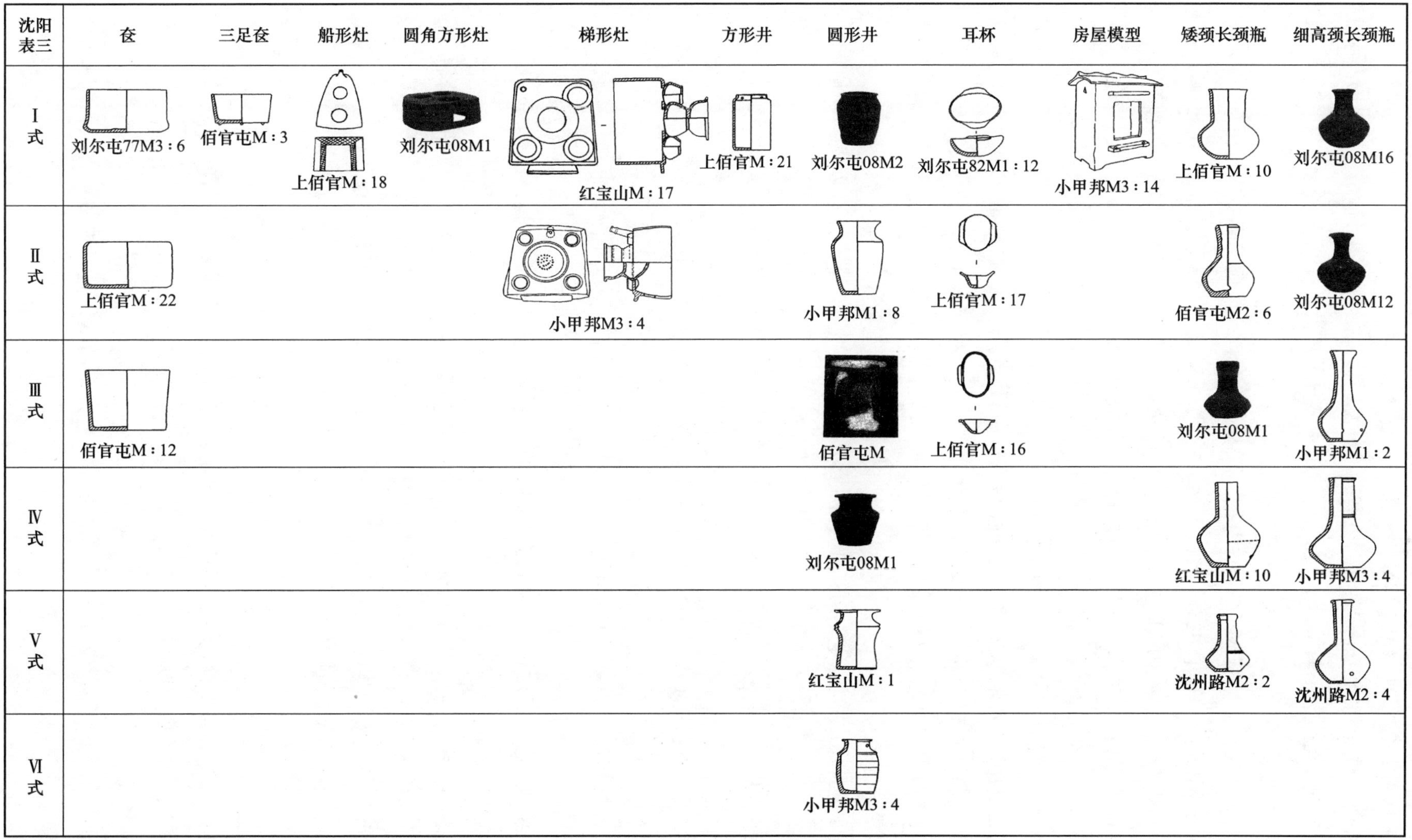

图一四　辽东地区汉墓陶器分期表（一四）

底。还有刘尔屯 82M2：6、82M1：1 等。

Ab 型Ⅱ式：刘尔屯 82M2：4，方唇，沿外翻，口外撇，束颈，溜肩，弧鼓腹，平底。

Ab 型Ⅲ式：上佰官 M：2、M：9，尖唇或方唇，沿外翻，口外撇，束颈，圆鼓腹，平底。

Ac 型Ⅰ式：上佰官 M：7，唇内卷，口内敛，直领，溜肩，隆鼓腹，平底。

Ac 型Ⅱ式：伯官屯 62M2：2，方唇，平沿，直口，直领微斜，溜肩，隆鼓腹，平底。

Ac 型Ⅲ式：红宝山 M：3，尖唇内卷，平沿，敛口，领近直，溜肩，隆鼓腹，平底。

Ac 型Ⅳ式：小甲邦 M2：1，尖唇内卷，平沿，敛口，直领，溜肩，圆鼓腹，薄饼形平底。

B 型重唇罐，分 Ba 型大型罐和 Bb 型小型罐。

Ba 型Ⅰ式：刘尔屯 77M3：2，圆唇外有重唇，沿外斜，口外撇，颈近直，溜肩近于广肩，鼓腹，平底。

Ba 型Ⅱ式：上佰官 M：1，圆唇外有重唇，斜沿，口外撇，领近直，溜肩，隆鼓腹，平底。

Ba 型Ⅲ式：刘尔屯 2008M10，圆唇外有重唇，沿稍外斜，口近直，削肩，鼓腹，平底。

Ba 型Ⅳ式：刘尔屯 2008M16，圆唇外有重唇，直沿，直口，直领，溜肩，隆鼓腹，平底。

Bb 型Ⅰ式：刘尔屯 82M1：6，圆唇外有重唇，斜沿，口外撇，束颈，溜肩，圆弧腹，最大径在中间，平底。

Bb 型Ⅱ式：刘尔屯 2008M5，圆唇外有重唇，斜沿，口外撇，束颈，溜肩，弧腹，最大径靠上，平底。

Bb 型Ⅲ式：刘尔屯 2008M15，圆唇外有重唇，斜沿，口外撇，束颈，溜肩，圆弧腹，最大径靠上，平底。

Bb 型Ⅳ式：刘尔屯 2008M16，圆唇外有重唇，斜沿，口外撇，束颈，溜肩，圆鼓腹，最大径在中间，可见薄饼形平底。还有 2008M4 等。

Bb 型Ⅴ式：沈州路 M2：8，圆唇外有重唇，斜沿，口外撇，束颈，溜肩，扁圆鼓腹，最大径在中间，薄饼形平底。

4. 瓮

Ⅰ式：刘尔屯 82M1：9，唇外叠，平沿，直口稍内敛，直领，溜肩，圆鼓腹，平底。

Ⅱ式：刘尔屯 2008M15，圆唇，直沿，口稍内敛，直领，溜肩，鼓腹，平底。还有 2008M16 等。

Ⅲ式：上佰官 M：23，整体呈球形。唇近方，斜沿，直口内敛，直领，溜肩，圆鼓腹，圜底。

5. 盆

分为A型深腹盆，B型浅腹盆。

A型深腹盆，分Aa型弧腹盆、Ab型折腹盆。

Aa型Ⅰ式：刘尔屯82M2∶7，圆唇，平沿外展，敞口，弧腹，平底。还有刘尔屯2008M10等。

Aa型Ⅱ式：刘尔屯2008M15，方唇，平沿外展，直口，弧腹，平底。

Aa型Ⅲ式：刘尔屯2008M21，圆唇，平沿外展，直口，弧腹，平底。

Ab型：刘尔屯82M2∶9，圆唇，平沿外展，直口，折腹，圜底。

B型浅腹盆，分Ba型弧腹盆、Bb型折腹盆。

Ba型Ⅰ式：刘尔屯82M1∶11，尖唇，平沿外展，敞口，弧腹，小平底。

Ba型Ⅱ式：上佰官M∶15，方唇，平沿外展，敞口，弧腹，小平底。

Ba型Ⅲ式：刘尔屯2008M21，圆唇，沿外翻，敞口，弧腹，小平底。

Bb型Ⅰ式：刘尔屯82M1∶10，尖唇，沿外卷，敞口，折腹，小平底。

Bb型Ⅱ式：上佰官M∶13，圆唇，平沿外展，直口，折腹，平底

Bb型Ⅲ式：刘尔屯2008M21，圆唇，沿外翻，斜口，折腹，薄饼形平底。还有刘尔屯2008M1等。

Bb型Ⅳ式：刘尔屯2008M16，尖唇，沿外折，直口，折腹，平底。

6. 钵

分浅腹钵和深腹钵。

浅腹钵　分二式。

Ⅰ式：刘尔屯82M2∶13，圆唇，口内敛，弧腹，平底。

Ⅱ式：上佰官M∶14，圆唇，口内敛，弧腹，圜底。

深腹钵　分二式。

Ⅰ式：佰官屯M∶7，盖已失。方唇，平沿，直口稍内收，弧腹，平底。

Ⅱ式：佰官屯M∶4，盖已失。方唇，平沿，直口内收，扁鼓腹，平底。

7. 盘

Ⅰ式：刘尔屯2008M5，圆唇，沿外折，斜沿，大敞口，折腹，平底。

Ⅱ式：红宝山M∶6，尖唇，沿外折平展，大敞口，折腹，平底。

Ⅲ式：小甲邦M2∶20，唇近方，沿近平，敞口，折腹，平底。

Ⅳ式：沈州路M2∶5、M2∶6、M2∶7，方唇，平沿外展，大敞口，平底。

8. 细颈瓶

Ⅰ式：刘尔屯82M2∶1，尖唇，沿外翻，撇口，细颈内曲，溜肩，弧鼓腹，平底。

还有上佰官 M：4 之壶与之相近。

Ⅱ式：刘尔屯 2008M5，尖唇，沿外翻，撇口，细颈内曲，溜肩，鼓腹，平底。

Ⅲ式：刘尔屯 2008M1，尖唇，沿外翻近平，颈内曲，溜肩，弧鼓腹，平底。

9. 樽

Ⅰ式：刘尔屯 2008M10，方唇，直口，直腹，平底，底外缘附 3 个兽足。还有刘尔屯 2008M1 之樽与之相近。

Ⅱ式：上佰官 M2：37，方唇，直口，直腹，平底，底外缘附 3 个锥足。

10. 奁

Ⅰ式：刘尔屯 77M3：6，圆唇，直沿，直口，下腹外折，平底。

Ⅱ式：上佰官 M：22，唇近方，直沿，直口，直腹，平底。

Ⅲ式：伯官屯 62M2：12，圆唇，斜沿，直口，斜直腹，平底。还有中央路 M4：3 与之一致。

三足奁　伯官屯 62M2：3，方唇，斜沿，直口，直腹，平底，底下边缘有 3 个乳钉足。

11. 灶

分三型，有船形灶、圆角方形灶、梯形灶。

船形灶　上佰官 M：18，平面呈船形。灶面近方形，中间开到地大灶门，无灶檐。灶台前端微弧，后端近圆，灶台上前后有 2 个大小相近的釜孔，后缘烟囱向后斜立。

圆角方形灶　刘尔屯 2008M1，平面呈圆角方形。灶面长方形，在灶面正中靠下开长方形灶门，在灶面上缘，有长方形灶檐前出。在灶台上，有 3 个大小相近的釜孔，1 个大一点的在前，2 个稍小的在后，出烟孔在后面。

梯形灶　分二式。

Ⅰ式：红宝山 M：17，平面呈梯形。在正面灶面中间开长方形灶门，在灶面上缘有梯形灶檐前出。在灶台上有 4 个釜孔，中间为大釜孔，前端两角及右后角为小釜孔，出烟孔在左后角。

Ⅱ式：小甲邦 88M3：4，平面呈梯形。正面灶面呈梯形，灶面中间靠上开长方形灶门，灶面上缘长方形灶檐前出。在灶台上有 5 个釜孔，中间 1 个大釜孔，四角各 1 个小釜孔，出烟孔在灶台后缘。

12. 井

分方形和圆形二型。

方形井　上佰官 M：21，平面呈长方形。口内敛，短颈内收，在井口四面各有 2 个穿孔，直腹，平底。

圆形井 分六式。

Ⅰ式：刘尔屯2008M21，方唇，侈沿，束颈，削肩下折，直腹，平底。

Ⅱ式：小甲邦M1：8，圆唇，侈沿，撇口，束颈，削肩，斜腹，平底。

Ⅲ式：伯官屯墓图版一，方唇，平沿外展，颈内曲，折肩，直腹，平底。

Ⅳ式：刘尔屯2008M1，方唇，平沿外展，口外撇，颈内曲，折肩，斜腹，平底。

Ⅴ式：红宝山M：1，尖唇，斜沿，侈口，束颈，折肩，直腹，平底。

Ⅵ式：小甲邦88M3：4，尖唇，平沿，直口，束颈，折肩，直腹，平底。

13. 耳杯

Ⅰ式：刘尔屯82M1：12，平面呈椭圆形。平沿，敞口，弧腹，平底。两侧双耳上翘。还有刘尔屯2008M5之耳杯与之相近。

Ⅱ式：上佰官M：17，平面呈椭圆形。平沿，敞口，弧腹，平底。两侧双耳上翘。还有刘尔屯2008M10耳杯与之相近。

Ⅲ式：上佰官M：16，平面呈椭圆形。平沿，敞口，弧腹，平底。两侧双耳平行外展。还有红宝山M：7与之相近。

14. 房屋模型

小甲邦88M3：14，囤顶，脊不规则，正面中间开门，上有鸡栖木，下有门枢。山墙上部有通气孔。房屋四角各有1个三角立桩托脚。

15. 长颈瓶

分A型矮颈长颈瓶和B型细高颈长颈瓶。

A型Ⅰ式：上佰官M：10，应叫长颈壶，方唇，平沿，直口，长颈，圆鼓腹，平底。

A型Ⅱ式：伯官屯62M2：6，尖唇，斜沿，口稍外撇，颈稍内曲，长颈，鼓腹，平底。下腹三孔，底部中间一孔。还有沈州路M2：1与之相近。

A型Ⅲ式：刘尔屯2008M1，尖唇，斜沿，直口，直长颈，溜肩，鼓腹近折，平底。下腹部有3个小镂孔，底部1个小镂孔。

A型Ⅳ式：红宝山M：10，方唇，平沿，直口，直长颈，溜肩，鼓腹，最大径靠上，平底。在颈部中间1个镂孔，下腹部4个镂孔，底部1个镂孔。

A型Ⅴ式：沈州路M2：2，方唇，斜沿，口近直，长颈近直，鼓腹近折，平底。在下腹部有3个镂孔，底部1个镂孔。

B型Ⅰ式：刘尔屯2008M16，唇近方，斜沿，撇口，粗长颈稍内曲，溜肩，圆鼓腹，平底。

B型Ⅱ式：刘尔屯2008M12，方唇，斜沿，口外撇，细长颈稍内曲，溜肩，圆鼓腹，平底。

B型Ⅲ式：小甲邦M1：2，圆唇，斜沿，口外撇，细长颈稍内曲，削肩，鼓腹，平底。在下腹部有3个镂孔，底部有1个镂孔。

B型Ⅳ式：小甲邦M2：4，唇外叠突出，平沿，直口，细长直颈，溜肩，扁鼓腹，平底。在上腹部有3个镂孔，底部有1个镂孔。

B型Ⅴ式：沈州路M2：4，唇外叠突出，斜沿，直口，细长直颈，削肩，鼓腹近折，平底。在下腹部有3个镂孔，底部有1个镂孔。

五、汉墓随葬陶器期别研究

辽东地区汉墓随葬陶器，从南到北有大连、营口，鞍山、辽阳，沈阳、抚顺三地差别存在，联系广泛、紧密，故先分别按地区进行陶器分期，再叙述它们之间的文化影响。

（一）大连、营口地区

本地区汉墓是辽东地区发表材料最多的，故分期材料也最充分，相对期别也最清楚（附表一、附表二）。

第一期：这一时期持续时间较长，从汉初到武帝元狩五年（前118年）共计88年，本地区的墓葬随葬品在第一期内也应该有个传承过程。主要有Ⅰ式鼎，Ⅰ式圈足壶和平底壶，Ⅱ式圈足壶，Ⅱ式平底壶，Ⅲ式圈足壶，Ⅰ式扁壶（又叫椑，这是汉代对这种器物的专属称谓），Ⅰ式小盖盒，Ⅱ式小盖盒，敦式盒，Ⅰ式大型直领罐，Ⅰ式深腹弧腹盆，Ⅰ式折弧腹盆，Ⅰ式折斜腹盆，Ⅰ式、Ⅱ式折腹钵，Ⅰ式高圈足豆和矮圈足豆等。可以看出，大连、营口地区西汉早期墓主要集中在大连，随葬品以鼎、壶、盒、豆等陶礼器为主，生活用品以罐、盆、钵为主，不见明器随葬，从壶的发展序列可以得出这一时期随葬品的传承关系。

第二期：这一时期相对持续时间较短，从武帝元狩五年（前118年）至宣帝甘露四年（前50年），共计68年。这一时期本地区汉墓随葬陶器已经很丰富了，主要有Ⅱ式鼎，较Ⅰ式鼎在腹部出现收分，周围有一周凸棱，鼎耳上移至腹中部，不再贴着鼎身；Ⅳ式壶较前三式腹部变圆；节颈壶增多，这种器物在早期就已经出现只是不见报告图片，这是有本地区特点的器物；另有Ⅱ式扁壶（椑），Ⅰ式套盒，Ⅰ式小型直领罐，Ⅰ式侈口罐，Ⅱ式深腹弧腹盆，Ⅱ式折斜腹盆，Ⅰ式鐎，Ⅰ式樽，Ⅰ式、Ⅱ式圆形灶，Ⅰ式耳杯，Ⅰ式盆形座熏炉等，据李家沟M20墓葬图记载还有仓、井等很多明器。这一时期的明器种类较第一期已经丰富很多。

第三期：这一时期在西汉持续时间是最短的，从元帝黄龙元年（前49年）至平帝元始五年（5年）共计54年。这一时期汉墓随葬陶器有Ⅲ式鼎，Ⅴ式、Ⅵ式圈足壶，Ⅱ式、Ⅲ式、Ⅳ式节颈壶，Ⅲ式小盖盒，Ⅱ式套盒，Ⅱ式大型直领罐，Ⅱ式小型直领罐，Ⅲ式深腹弧腹盆，Ⅰ式深腹斜腹盆，Ⅰ式深腹直腹盆，Ⅱ式折弧腹盆，Ⅲ式、Ⅳ式折斜腹盆，Ⅰ式浅弧腹盆，Ⅲ式、Ⅳ式折腹钵，Ⅰ式弧腹钵，Ⅰ式弧腹盘，Ⅰ式折腹盘，Ⅱ式、Ⅲ式鐎，Ⅱ式樽，Ⅰ式、Ⅱ式直口奁，Ⅰ式、Ⅱ式船形灶，Ⅰ式井，Ⅱ式耳杯，Ⅱ式盆形座熏炉，Ⅰ式喇叭座熏炉，Ⅰ式烤炉，Ⅰ式人物俑等。可见该期随葬陶器较第二期更为丰富，种类更齐全，特别是出现了人物俑，可以折射出王氏外戚、特别是王莽主政时崇尚节俭但又厚葬事孝的社会风气。

第四期：这一时期持续时间虽短，但对中国历史的影响却非常大，从居摄元年（6年）至地皇四年（23年），共计18年。这一时期汉墓资料很多，墓中随葬陶器也非常全面，它们有Ⅳ式鼎，Ⅲ式大型直领罐，Ⅳ式、Ⅴ式深弧腹盆，Ⅱ式深斜腹盆，Ⅱ式浅弧腹盆，Ⅱ式、Ⅲ式弧腹盘，Ⅱ式折腹盘，Ⅳ式鐎，Ⅰ式敛口奁，Ⅰ式、Ⅱ式椭圆箧，Ⅰ式圆角方形灶，Ⅰ式梯形灶，Ⅲ式尖尾船形灶，Ⅰ式圆尾船形灶，Ⅱ式井，Ⅲ式、Ⅳ式耳杯，Ⅲ式盆座熏炉，Ⅱ式喇叭座熏炉，Ⅰ式豆盘状灯，Ⅰ式、Ⅱ式住房模型，Ⅱ式人物俑等。这一期礼器减少，明器种类增加，尤其灶的种类丰富。尽管不见图版，但营城子M10还出有长方形灶，这很可能是大连或辽东地区汉代长方形灶的最早形制。随葬品中生活用具也很多。

第五期：光武帝、明帝、章帝时期（25～88年），共计64年。在王莽时期的基础上，此阶段汉代文化空前发展，表现在汉墓发现多，随葬品丰富。它们有Ⅴ式鼎，Ⅴ式节颈壶，Ⅱ式侈口罐，Ⅳ式弧腹盘，Ⅲ式、Ⅳ式折腹盘，Ⅴ式鐎，Ⅲ式、Ⅳ式、Ⅴ式樽，Ⅲ式、Ⅳ式椭圆箧，Ⅱ式圆角方形灶，Ⅱ式梯形灶，Ⅱ式、Ⅲ式圆尾船形灶，Ⅲ式、Ⅳ式、Ⅴ式井，Ⅰ式异形井，Ⅴ式耳杯，Ⅲ式喇叭座熏炉，Ⅰ式、Ⅱ式粗圈足灯，Ⅱ式烤炉，Ⅰ式、Ⅱ式、Ⅲ式仓房模型，Ⅲ式、Ⅳ式人物俑等。随葬品种类等与第四期接近，但生活气息更浓。

第六期：东汉中期，即和帝、殇帝、安帝、顺帝时期（88～143年），共计55年。这一时期墓葬材料不多，随葬陶器有Ⅵ式深腹弧腹盆、Ⅱ式弧腹钵、Ⅴ式弧腹盘、Ⅱ式敛口奁及盝顶奁盖、Ⅴ式椭圆箧、Ⅲ式梯形灶及Ⅳ式梯形灶、Ⅵ式井、Ⅲ式粗圈足灯、Ⅲ式房屋模型、Ⅰ式长颈瓶等。还有一些不具分期意义、但生活中必不可少的生活用具。随葬礼器已经不见，只剩一般生活用具。

第七期：东汉晚期，即冲帝、质帝、桓帝、灵帝、少帝、献帝时期（144～220年），共计76年。时间很长，材料很少。这一时期陶随葬品有Ⅵ式樽、Ⅲ式奁、Ⅰ式长方形箧、Ⅱ式井、Ⅰ式粗圈足灯、Ⅰ式多枝灯、Ⅰ式烤炉、Ⅲ式耳杯等，还有卮、勺等晚期器物。这些以明器居多的随葬品，说明到东汉晚期，生活实用器越来越少随葬。

（二）鞍山、辽阳地区

本地区在西汉时期的墓葬发表材料很少，但王莽至东汉阶段的墓葬材料丰富且具有显著地方特点，再加上历史上行政区划与沈阳、抚顺不同，故把它与沈阳、抚顺地区分开（附表三、附表四）。

第一期：本地区能确定为西汉时期的墓葬材料只有辽阳三道壕M1、鹅房M13及一些瓮棺葬。因此本地区西汉墓葬随葬陶器不再具体分期，只能是西汉时期。这几座墓葬随葬陶器有Ⅰ式鼎、Ⅰ式平底壶、Ⅰ式盒、Ⅱ式盒等。该时期鼎还没有出现腹部凸棱，与大连地区花儿山M1比较应早于前者。而彩绘平底壶与大连地区的花儿山M1的彩绘陶壶形态接近。Ⅱ式彩绘盒与营城子M28的套盒风格接近，故鹅房M13时间应该在西汉早期的较早阶段，而三道壕M1的时代应在西汉早期的后段。

第二期：王莽时期，从居摄元年（6年）至地皇四年（23年），共计18年。这一时期辽阳地区发现大量墓葬，出土大量随葬品，但发表材料相对不多。随葬陶器有Ⅲ式，Ⅳ式盒，Ⅰ式、Ⅱ式一般直领罐，Ⅰ式重唇直领罐，Ⅰ式、Ⅱ式撇口曲颈罐，Ⅰ式弧腹平底盆，Ⅰ式碗形钵，Ⅰ式敛口钵，Ⅰ式盘，Ⅰ式细颈撇口瓶，Ⅰ式、Ⅱ式直腹樽，Ⅰ式圆形灶，Ⅰ式井，Ⅰ式薄饼形底耳杯等。从中可以看出陶礼器不见，明器较多，具有本地特点的细颈瓶出现。

第三期：东汉早期，光武帝、明帝、章帝时期（25～88年），共计64年。发现墓葬较多，发表材料不多，墓葬随葬陶器有Ⅲ式、Ⅳ式、Ⅴ式一般直领罐，Ⅱ式重唇直领罐，Ⅲ式撇口曲颈罐，Ⅰ式斜沿束颈罐，Ⅱ式、Ⅲ式弧腹平底盆，Ⅰ式弧腹圜底盆，Ⅰ式斜腹盆，Ⅱ式碗形钵，Ⅱ式撇口细颈瓶，Ⅰ式斜腹樽，Ⅱ式圆形灶，Ⅱ式、Ⅲ式井，Ⅰ式圆腹长颈瓶，Ⅰ式扁腹长颈瓶等，不见礼器，生活用品以罐、盆居多。总体墓葬等级不太高，只有耿家M11在当时当地身份较高，出现了本地最有代表性的器物——长颈瓶，这应该是地方文化特色的标志性器物。

第四期：东汉中期，分两段。东汉中期前段为和帝、殇帝、安帝、顺帝时期（88～143年），共计55年；东汉中期后段为冲帝、质帝、桓帝、灵帝时期（144～188年），共计45年。东汉中期前段墓葬随葬陶器有Ⅰ式圈足壶、Ⅴ式盒、Ⅵ式一般直领罐、Ⅱ式盘、Ⅰ式梯形灶、Ⅳ式井、Ⅱ式圆腹长颈瓶、Ⅱ式扁腹长颈瓶、Ⅰ式矮粗颈长颈瓶，还有不具分期意义的俎、釜等明器。东汉中期后段墓葬随葬陶器有Ⅱ式鼎，Ⅱ式、Ⅲ式圈足壶，Ⅰ式圆扁壶（椑），Ⅶ式一般直领罐，Ⅱ式敛口钵，Ⅲ式盘，Ⅰ式鐎，Ⅰ式圜顶奁，Ⅰ式盝顶奁，Ⅰ式椭圆篋，Ⅰ式、Ⅱ式长方篋，Ⅱ式梯形灶，Ⅴ式井，Ⅱ式薄饼形底耳杯，Ⅰ式熏炉，Ⅰ式灯，Ⅰ式烤炉，Ⅰ式房屋模型，Ⅱ式扁腹长颈瓶等。东汉中期在辽阳地区长达一百年，所以必须进一步划分它的文化内涵，这也是本期分两段的原因所在。

第五期：东汉晚期，少帝、献帝时期（188～220年），其文化传承可至曹魏景初二年（238年），共计50年。这是公孙氏统治辽东的时期，也是汉代辽东大繁荣、大发展的时期，表现在考古学文化上就是晚期汉墓发现很多，大型墓增多，特别是大型壁画墓增多。这一时期墓葬随葬的陶器有Ⅲ式鼎，Ⅱ式圆扁壶（椑），Ⅰ式方扁壶（椑），Ⅶ式一般直领罐，Ⅲ式碗形钵，Ⅲ式直腹樽，Ⅱ式圜顶奁，Ⅱ式盝顶奁，Ⅰ式、Ⅱ式长方篋，Ⅲ式、Ⅳ式、Ⅴ式梯形灶，Ⅵ式、Ⅶ式井，Ⅲ式薄饼形底耳杯，Ⅱ式熏炉，Ⅱ式灯，Ⅰ式异形灯，Ⅱ式烤炉，Ⅱ式房屋模型，Ⅲ式、Ⅳ式圆腹长颈瓶，Ⅳ式扁腹长颈瓶等。也有釜、甑、俎等相关明器，种类丰富，数量很多，这也是辽阳地区汉代经济最辉煌的时期。

（三）沈阳、抚顺地区

本地区汉代墓葬围绕上佰官汉代城址为中心分布，各个时期均有发现。但总体材料不多，不够丰富（附表五）。

第一期：西汉早期，从汉初（前206年）到武帝元狩五年（前118年），共计88年。这一时期在大连及辽阳地区均有礼器墓出现，但是在沈阳、抚顺地区却不见。这一时期墓葬随葬陶器有Ⅰ式、Ⅱ式圈足壶，Ⅰ式、Ⅱ式曲颈高领罐。还有一件陶瓮，重唇，斜沿，侈口，束颈，削肩，鼓腹，底部已残缺，肩部饰弦纹，下腹饰绳纹。这是早期后段的特征，说明沈阳、抚顺地区开发较晚或在西汉早期不够兴盛。

第二期：西汉中期，从武帝元狩五年（前118年）至宣帝甘露四年（前50年），共计68年。这一时期发现墓葬也不多，墓中随葬陶器有Ⅲ式圈足壶，Ⅲ式、Ⅳ式曲颈高领罐，Ⅰ式、Ⅱ式曲颈矮领罐，Ⅰ式大型重唇罐，Ⅰ式深弧腹盆，Ⅰ式深折腹盆，Ⅰ式浅腹钵，Ⅰ式细颈瓶，Ⅰ式奁等。不难看出，西汉中期随葬陶器种类增加很多，数量也大量增加。

第三期：西汉晚期，从元帝黄龙元年（前49年）至平帝元始五年（5年），共计54年。这一时期的材料不多，汉墓随葬陶器有Ⅰ式、Ⅱ式、Ⅲ式小型重唇罐，Ⅰ式、Ⅱ式瓮，Ⅱ式深弧腹盆，Ⅰ式浅弧腹盆，Ⅰ式浅折腹盆，Ⅰ式盘，Ⅱ式细颈瓶，Ⅰ式耳杯等。种类较西汉中期略有增加，数量大体相当。

第四期：王莽时期，从居摄元年（6年）至地皇四年（23年），共计18年。这一时期的汉墓发现较多，随葬陶器有Ⅰ式、Ⅱ式平底壶，Ⅰ式套盒，Ⅲ式曲颈矮领罐，Ⅰ式直领罐，Ⅱ式、Ⅲ式、Ⅳ式大型重唇罐，Ⅳ式小型重唇罐，Ⅱ式、Ⅲ式瓮，Ⅲ式深弧腹盆，Ⅱ式浅弧腹盆，Ⅱ式、Ⅲ式浅折腹盆，Ⅱ式浅折腹钵，Ⅰ式、Ⅱ式樽，Ⅱ式奁，Ⅰ式船形灶，Ⅰ式方形井，Ⅱ式、Ⅲ式耳杯，Ⅰ式矮颈长颈瓶，Ⅰ式、Ⅱ式细高颈长颈瓶等。这一期出土随葬品种类多、数量大，是该地文化相对繁荣时期。

第五期：东汉早期，光武帝、明帝、章帝时期（25～88年），共计64年。这一时期的墓葬随葬陶器有Ⅱ式直领罐，Ⅰ式、Ⅱ式深腹钵，Ⅲ式奁，Ⅰ式三足奁，Ⅱ式、Ⅲ式圆形井，Ⅱ式矮颈长颈瓶，Ⅲ式细高颈长颈瓶等。还有釜、甑、敛口罐等明器。但是数量都不多。

第六期：东汉中期，分两段。东汉中期前段为和帝、殇帝、安帝、顺帝时期（88～143年），共计55年；东汉中期后段为冲帝、质帝、桓帝、灵帝时期（144～188年），共计45年。东汉中期前段墓葬随葬陶器有Ⅲ式矮颈长颈瓶、薄饼形底耳杯、Ⅱ式瓮、Ⅳ式圆形井、Ⅰ式圆形井、Ⅰ式圆角方形灶、Ⅰ式樽、Ⅱ式深弧腹盆、Ⅲ式浅弧腹盆、Ⅲ式浅折腹盆、Ⅲ式细颈瓶等。还有近于Ⅰ式盒及釜、甑、勺、水斗等明器。东汉中期后段墓葬随葬陶器有Ⅱ式盒，Ⅲ式、Ⅳ式直领罐，Ⅱ式、Ⅲ式盘，Ⅰ式梯形灶，Ⅴ式圆形井，Ⅳ式矮颈长颈瓶，Ⅳ式细高颈长颈瓶等。这个时期墓葬数量多，社会变化较大，但是一个相对稳定的社会，故把它们分为一期两段。

第七期：东汉晚期，少帝、献帝时期（188～220 年），其文化传承可至曹魏景初二年（238 年），共计 50 年。这一时期的墓葬发现不多，出土随葬陶器有Ⅴ式小型重唇罐、Ⅳ式盘、Ⅱ式梯形灶、Ⅵ式圆形井、Ⅰ式房屋模型、Ⅴ式矮颈长颈瓶、Ⅴ式细高颈长颈瓶等。还有小甲邦 M3 的盂等与辽阳南郊街东汉晚期墓出土的盂几乎一致。这些都是东汉晚期的典型器物。但是在大连、辽阳地区东汉早期或中期出现的房屋，在这里此时才发现，也是说明这里的文化传承有一个过程。

六、结　　语

辽东地区汉墓随葬的陶器，陶礼器有鼎、壶、盒，个别有豆，从南到北、从大连到辽阳，多受山东地区的影响，与中原礼仪制度接近。但大连地区可引用的资料中花儿山 M1 的鼎不是该地最早的，最多也就是大连地区早期后段，即景帝至武帝前期的东西，大连应该另有更早的礼器，与战国时期的燕国或齐国的鼎相近才好。而辽阳鹅房发现的彩绘鼎则应该早于花儿山 M1 的鼎，但是辽阳三道壕 M1 发现的彩绘壶则与花儿山 M1 形制一致，可以确定为西汉早期后段，这些与山东临沂银雀山 3、4 号墓相一致[60]。辽东地区还未发现西汉初期的墓葬。大连地区西汉中期开始鼎腹部出现折腹形成的凸棱，对辽阳影响也不小，如前牧城驿 M802 的鼎与辽阳东门里的鼎几乎一致，但前牧城驿的时代较东门里的时代要早，这也进一步印证了礼器从南到北传播的过程，另外还有盒等礼器也是如此。沈阳、抚顺地区则不见陶礼器，只见生活用具。而这三地的生活用具大体一致，皆为罐、盘、盆、钵等，这可能和当地生活的土著居民生活习惯有关。

而生活用品中则有许多当地文化因素，如大连地区的节颈壶，据刘俊勇先生介绍，这种壶出现于西周至春秋时的土著墓葬中，在汉墓中一直到王莽时期还存在，在大连地区最北不过普兰店，实则在盖县农民村还有发现。但是再往北确实没有发现。辽阳、沈阳地区常见的长颈瓶，在辽阳东汉早期就有发现直到汉末，沈阳则在王莽时期就有长颈瓶的雏形。这种器物在鞍山、辽阳地区发现的多细长颈的长颈瓶，制作精细，多为 5 个一组；在沈阳、抚顺地区尽管也有发现，但是多为矮粗颈长颈瓶，发现细长颈的长颈瓶也制作不够精致。这种器物在大连地区仅见于营城子 M52 和老铁山汉墓。营城子 M52 时代在东汉中晚期，老铁山汉墓是东汉晚期的，这说明这种器物传到大连地区已经是东汉中晚期的事了。还有在沈阳、辽阳发现的从西汉中晚期开始出现的细颈瓶，到王莽时期已大量出现直到东汉晚期还有，甚至到魏晋南北朝以至辽金时期都有这种器物的影子。

辽东地区汉墓随葬的明器从西汉中期就有所发现，如花儿山 M7、M8 的圆形灶，李家沟 M20 的灶、井、仓等明器都已经出现，到西汉晚期以后直到汉末明器已经泛滥，且出现了人物俑和动物俑。而辽阳地区在王莽时期才出现圆形灶、井，东汉中期出现梯形灶直到晚期。沈阳、抚顺地区也是在王莽时期出现船形灶，即使后来的梯形灶、圆角方形灶、井等明器直到汉末出现。这也说明随葬明器的葬俗也是从南往北传播的。到了王莽及东汉早期以后，即使是随葬的生活用具，制作也非常粗糙，不堪使用，这也可以看作实用器明器化的表现。

辽东地区汉代陶器在大连地区从早到晚更多的是受山东地区、苏北地区汉墓的影响；辽阳地区受大连地区影响较大；沈阳、抚顺地区受影响较小。到东汉中晚期，辽东地区从辽阳以南与中原地区几乎完全一致。而此时辽阳对大连地区还是有影响的，营城子、老铁山出现的长颈瓶就是例证，而这种器物很可能从沈阳地区传入辽阳，但是在辽阳地区发扬光大了，制作更精美了。沈阳地区的生活用具，与锦州的长颈圈足壶有些相近，只能是有一定影响，而朝阳地区的影响则更多一些，如王莽时期的长颈瓶，在朝阳袁台子汉墓中就能见到它的影子。这也是沈阳地区汉墓与北方长城地带更接近的例证。无论在地理上还是行政区划方面，沈阳、抚顺地区更应该是内陆地区，与北方土著居民更接近，无论风俗还是生活习惯，体现在葬俗上就是随葬品受辽阳地区影响，也与北方民族联系更多。

文化从中心向四周传播是有时间过程的。长江黄河流域历来是中国的文化中心，在汉代也不例外。在中原地区，西汉早期就已经使用明器了，但是在辽东地区目前发现最早的汉代明器出现在西汉中期，这就是文化传播的滞后性。大连地区和辽阳地区的相互影响进一步印证了这一点。

从汉代的行政区划到目前发现的墓葬随葬品组合，我们可以得出这样的结论，以辽阳为中心的辽东地区其南部，即辽阳以南，应该与山东地区墓葬习俗更接近，而纵观锦州、天津、山东沿海、东南沿海，它们在墓葬习俗上相互影响更大，联系更紧密一些。而沈阳地区则与北方长城沿线汉代墓葬习俗更接近一些。

附注：本文成文首先感谢所里领导给笔者这次机会，再则感谢李龙斌、李海波、徐政、白宝玉、司伟伟、徐韶钢等同志提供相关资料，还有万成忠、马洪光等帮助作图、制表。

注　释

[1] 徐苹芳：《中国历史考古学分区问题的思考》，《考古》2000年7期。

[2] 佟柱臣：《考古学上汉代及汉代以前的疆域》，《考古学报》1956年1期。

[3] 郑君雷、赵永军：《从汉墓材料透视乐浪郡的居民构成》，《北方文物》2005年2期；郑君雷：《论“西汉墓幽州分布区”》，《考古与文物》2005年6期；郑君雷：《中国东北地区汉墓研究》，吉林大学博士学位论文，1997年。

［4］李文信：《辽阳北园画壁古墓记略》，国立沈阳博物院筹委会汇刊，1947 年；《东北文物工作队一九五四年工作简报》，《文物参考资料》1955 年 3 期；李文信：《辽阳发现的三座壁画墓》，《文物参考资料》1955 年 5 期；东北博物馆：《辽阳三道壕两座壁画墓的清理简报》，《文物参考资料》1955 年 12 期；李文信：《辽阳三道壕西汉村落遗址》，《考古学报》1957 年 1 期；以上均见《李文信考古文集》，辽宁人民出版社，1992 年。

［5］孙守道：《论辽南汉魏晋墓葬制之发展演变》，《辽海文物学刊》1989 年 1 期。

［6］辽宁省博物馆资料室：《辽宁考古学、博物馆学文献目录》（1900～2003）。

［7］许玉林：《辽南地区花纹砖墓和花纹砖》，《考古》1987 年 9 期；许玉林：《辽宁盖县东汉墓》，《文物》1993 年 4 期。

［8］刘俊勇：《辽宁汉墓述论》，《辽宁师范大学学报（社会科学版）》1990 年 6 期；刘俊勇：《辽宁汉代贝墓类型与分期探讨》，《博物馆研究》1995 年 1 期；刘俊勇：《辽宁新金县花儿山汉代贝墓第一次发掘》，《文物资料丛刊·4》，文物出版社，1981 年；刘俊勇：《旅顺鲁家村发现一处汉代窖穴》，《文物资料丛刊·4》，文物出版社，1981 年；《大连前牧城驿汉墓清理简报》，《辽宁文物》，1981 年；刘俊勇：《大连尹家村、刁家村汉墓发掘简报》，《大连文物》1990 年 2 期；刘俊勇：《辽宁大连大潘家村西汉墓》，《考古》1995 年 7 期；刘俊勇：《辽宁大连刘家屯西汉贝墓》，《博物馆研究》1995 年 3 期。

［9］王珍仁：《大连地区出土的汉代陶屋》，《博物馆研究》1992 年 3 期；王珍仁、于临祥：《大连地区汉代花纹小砖刍议》，《北方文物》1987 年 1 期。

［10］刘美晶：《大连汉墓研究》，《大连文物》1996 年 1 期。

［11］郑岩：《魏晋南北朝壁画墓研究》，文物出版社，2002 年。

［12］刘未：《辽阳汉魏晋壁画墓研究》，《边疆考古研究》（第 2 辑），科学出版社，2004 年。

［13］同［6］日文部分。

［14］于临祥：《大连营城子发现贝冢墓葬及汉墓》，《文物参考资料》1954 年 10 期；于临祥：《旅顺尹家村发现古墓》，《文物参考资料》1955 年 7 期；于临祥：《大连郊区营城子发现贝壳墓》，《文物参考资料》1955 年 12 期；于临祥：《旅顺老铁山发现古墓》，《考古通讯》1956 年 3 期；于临祥：《旅大劳动公园东门前发现古墓》，《文物参考资料》1956 年 6 期；于临祥：《旅顺牧羊城发现古井古墓》，《文物参考资料》1956 年 8 期；《旅顺市三涧区墓葬清理简报》，《考古通讯》1957 年 3 期；于临祥：《营城子贝墓》，《考古学报》1958 年 4 期；于临祥：《旅顺李家沟西汉贝墓》，《考古》1965 年 3 期；于临祥：《大连市出土彩绘陶楼》，《文物》1982 年 1 期。

［15］许明纲：《旅大市郊营城子区清理了古砖墓两座》，《文物参考资料》1956 年 1 期；许明纲：《旅顺三涧区发现古墓》，《文物参考资料》1956 年 2 期；许明纲：《旅大市营城子古墓清理》，《考古》1959 年 6 期；许明纲：《大连沙岗子东汉墓清理简报》，《大连文物》1990 年 2 期；许明纲、吴青云：《辽宁大连沙岗子发现二座东汉墓》，《考古》1991 年 2 期；许明纲、刘俊勇、吴青云：《辽宁瓦房店市马圈子汉魏晋墓地发掘》，《考古》1993 年 1 期。

［16］辽博考古队：《辽宁盖县九垅地发现东汉纪年砖墓》，《文物》1957 年 9 期。

［17］旅顺博物馆：《辽宁大连前牧城驿东汉墓》，《考古》1986 年 5 期；《金州马圈子汉墓发掘简报》，《金州

博物馆》(创刊号),1990年。
[18] 许明纲等:《辽宁新金县后元台发现铜器》,《考古》1980年5期。
[19] 刘俊勇:《辽宁新金县花儿山汉代贝墓第一次发掘》;《文物资料丛刊·4》,文物出版社,1981年;同[8]。
[20] 戴廷德:《辽宁新金县马山汉代贝墓》,《文物资料丛刊·4》,文物出版社,1991年。
[21] 崔艳茹等:《盖县农民村汉墓群发掘简报》,《辽宁考古文集(二)》,科学出版社,2010年。
[22] 旅顺博物馆:《辽宁大连前牧城驿东汉墓》,《考古》1986年5期。
[23] 同[15]。
[24] 同[17]。
[25] 同[8]。
[26] 同[15]。
[27] 同[8]。
[28] 刘长源:《金州马圈子东汉墓》,《大连文物》1995年2期。
[29] 徐建华:《大连董家沟东汉墓清理简报》,《大连文物》1997年1期。
[30] 刘金友等:《大连沙岗子农科院汉墓发掘记略》,《大连文物》,1999年。
[31] 崔艳茹等:《辽宁营熊岳镇胜利村汉墓清理简报》,《北方文物》2002年1期。
[32] 未正式出版,见《万欣文集》。
[33] 未刊。
[34]〔日〕八木奘之郎:《满州考古学》,1928年。
[35] 同[4]。
[36] 同[4]。
[37] 同[4]。
[38] 王增新:《辽阳市棒台子二号壁画墓》,《考古》1960年1期;《辽阳县南雪梅村壁画墓及石墓》1960年1期。
[39] 冯永谦等:《辽阳旧城东门里东汉壁画墓发掘报告》,《文物》1985年6期。
[40] 刘景玉等:《北陶官屯东汉墓发掘简报》,《鞍山市文物汇编》,1992年。
[41]《辽阳(六一委小区)新发现11座东汉古墓》,《沈阳日报》1993年9月19日。
[42] 王宏:《鞍钢疗养院附近发现汉代古墓》,《辽沈晚报》1997年4月1日。
[43] 梁振晶:《辽宁辽阳南郊街东汉壁画墓》,《文物》2008年10期。
[44] 待刊。
[45] 待刊。
[46] 待刊。
[47] 同[4]。
[48] 同[4]。
[49] 郑明等:《沈阳伯官屯汉魏墓葬》,《考古》1964年11期。
[50] 抚顺市博物馆:《辽宁抚顺县刘尔屯西汉墓》,《考古》1983年11期。

［51］ 李积群等：《抚顺小甲邦东汉墓》，《辽海文物学刊》1992年1期。

［52］ 佡俊岩：《沈阳上伯官汉墓清理报告》，《辽海文物学刊》1991年2期。

［53］ 郑辰：《抚顺中央路汉墓发掘简报》，《辽海文物学刊》1991年2期。

［54］ 林茂雨：《沈阳大南益文小区汉墓清理简报》，《沈阳文物》(创刊号)，1992年。

［55］ 李龙彬：《沈阳发现东汉墓群》，《中国文物报》1999年8月11日。

［56］ 王昕：《沈阳发现东汉早期墓群》，《辽宁日报》2002年4月18日。

［57］ 刘焕民：《辽宁沈阳八家子汉魏墓葬群发掘简报》，《北方文物》2004年3期。

［58］ 沈阳市文物考古研究所：《沈阳市五爱墓群发掘报告》，《沈阳考古文集》第5集，科学出版社，2015年。

［59］ 徐韶钢等：《辽宁抚顺刘尔屯汉魏墓群的发掘》《考古》2014年4期；高振海等：《辽宁抚顺李石开发区四号路墓群发掘简报》，《北方文物》2013年4期。

［60］ 蒋英炬等：《临沂银雀山四座西汉墓葬》，《考古》1975年6期。

附表一　大连、营口地区汉墓随葬陶器分期表（一）

分期 \ 型式 \ 器类		鼎	圈足壶	平底壶	节颈壶	扁壶（榑）	小盖盒	敦式盒	套盒	大型直领罐	小型直领罐	侈口罐	异形罐	深弧腹盆	深斜腹盆	深直腹盆	浅折弧腹盆	浅折斜腹盆	浅弧腹盆	折腹钵	弧腹钵	弧腹盘	折腹盘	豆	鐎
西汉时期	第一期	I	I	I		I	I	I		I				I			I	I		I				I	
			II	II			II													II					
			III																						
	第二期	II	IV		I	II			I		I	I		II				II							I
	第三期	III	V		II		III		II	II	II			III	I	I	I	III	I	III	I	I	I		II
			VI		III													IV		IV					III
					IV																				
王莽时期	第四期	IV								III				IV	II	II			II			II	II		IV
														V								III			
东汉时期	第五期	V			V							II										IV	III		V
																							IV		
	第六期													VI							II	V			
	第七期																III								

附表二 大连、营口地区汉墓随葬陶器分期表（二）

时期	分期＼型式＼器类	尊	直口奁	敛口奁	椭圆筪	长方筪	圆形灶	方形灶	梯形灶	尖尾船形灶	圆尾船形灶	井	异形井	耳杯	盆座式熏炉	圈足式熏炉	豆盘状灯	粗圈足灯	多枝灯	烤炉	住房模型	仓房模型	长颈瓶	人物俑
西汉时期	第一期																							
	第二期	Ⅰ					Ⅰ							Ⅰ	Ⅰ									
							Ⅱ																	
	第三期	Ⅱ	Ⅰ							Ⅰ		Ⅰ		Ⅱ	Ⅱ	Ⅰ				Ⅰ				Ⅰ
			Ⅱ							Ⅱ														
王莽时期	第四期			Ⅰ	Ⅰ			Ⅰ	Ⅰ	Ⅲ	Ⅰ	Ⅱ		Ⅲ	Ⅲ	Ⅱ	Ⅰ				Ⅰ			Ⅱ
					Ⅱ									Ⅳ							Ⅱ			
东汉时期	第五期	Ⅲ			Ⅲ			Ⅱ	Ⅱ		Ⅱ	Ⅲ	Ⅰ	Ⅴ		Ⅲ		Ⅰ		Ⅱ		Ⅰ		Ⅲ
		Ⅳ			Ⅳ						Ⅲ	Ⅳ						Ⅱ				Ⅱ		Ⅳ
		Ⅴ										Ⅴ										Ⅲ		
	第六期			Ⅱ	Ⅴ				Ⅲ			Ⅵ						Ⅲ			Ⅲ			
	第七期	Ⅵ	Ⅲ			Ⅰ			Ⅳ										Ⅰ				Ⅰ	

附表三 鞍山、辽阳地区汉墓随葬陶器分期表（一）

时期	分期＼型式＼器类	鼎	圈足壶	平底壶	圆扁壶（榫）	方扁壶（榫）	盒	一般直领罐	重唇直领罐	撇口曲颈罐	斜沿束颈罐	弧腹平底盆	弧腹圜底盆	斜腹盆	碗形钵	敛口钵	盘	鐎	撇口瓶	盘口瓶	直腹尊	斜腹尊	圜顶奁	盝顶奁	椭圆筪
西汉时期	第一期	Ⅰ		Ⅰ			Ⅰ																		
							Ⅱ																		
	第二期																								
	第三期																								
王莽时期	第四期						Ⅲ	Ⅰ	Ⅰ	Ⅰ		Ⅰ			Ⅰ	Ⅰ	Ⅰ		Ⅰ		Ⅰ				
							Ⅳ	Ⅱ		Ⅱ											Ⅱ				

续表

型式／分期	器类	鼎	圈足壶	平底壶	圆扁壶（榫）	方扁壶（榫）	盒	一般直领罐	重唇直领罐	撇口曲颈罐	斜沿束颈罐	弧腹平底盆	弧腹圜底盆	斜腹盆	碗形钵	敛口钵	盘	鐎	撇口瓶	盘口瓶	直腹尊	斜腹尊	圜顶奁	盝顶奁	椭圆篋
东汉时期	第五期							Ⅲ	Ⅱ	Ⅲ	Ⅰ	Ⅱ	Ⅰ	Ⅰ	Ⅱ				Ⅱ			Ⅰ			
								Ⅳ				Ⅲ													
								Ⅴ																	
东汉时期	第六期		Ⅰ				Ⅴ	Ⅵ								Ⅱ	Ⅱ								
		Ⅱ	Ⅱ		Ⅰ			Ⅶ									Ⅲ	Ⅰ					Ⅰ	Ⅰ	Ⅰ
			Ⅲ																						
	第七期	Ⅲ			Ⅱ	Ⅰ						Ⅳ		Ⅱ	Ⅲ				Ⅲ	Ⅰ	Ⅲ		Ⅱ	Ⅱ	

附表四　鞍山、辽阳地区汉墓随葬陶器分期表（二）

型式／分期	器类	长方篋	圆形灶	梯形灶	井	假圈足耳杯	平底耳杯	熏炉	灯	异形灯	烤炉	房屋模型	圆腹细长颈瓶	扁腹细长颈瓶	矮粗长颈瓶
西汉时期	第一期														
	第二期														
	第三期														
王莽时期	第四期		Ⅰ		Ⅰ	Ⅰ	Ⅰ								
东汉时期	第五期		Ⅱ	Ⅰ	Ⅱ		Ⅱ						Ⅰ	Ⅰ	
					Ⅲ										
	第六期				Ⅳ		Ⅲ						Ⅱ	Ⅱ	
		Ⅰ		Ⅱ	Ⅴ	Ⅱ		Ⅰ	Ⅰ		Ⅰ	Ⅰ			Ⅰ
														Ⅲ	
	第七期			Ⅲ	Ⅵ									Ⅳ	
		Ⅱ		Ⅳ	Ⅶ	Ⅲ		Ⅱ	Ⅱ	Ⅰ	Ⅱ	Ⅱ	Ⅲ		
				Ⅴ									Ⅳ		

附表五 沈阳、抚顺地区汉墓随葬陶器分期表

分期	器类	圈足壶	平底壶	盒	单唇高领曲颈罐	单唇矮领曲颈罐	单唇直领罐	重唇大型罐	重唇小型罐	瓮	深弧腹盆	深折腹盆	浅弧腹盆	浅折腹盆	浅腹钵	深腹钵	盘	细颈瓶	尊	奁	三足奁	船形灶	圆角方形灶	梯形灶	方形井	圆形井	耳杯	房屋模型	矮颈长颈瓶	细高颈长颈瓶
西汉时期	第一期	Ⅰ			Ⅰ																									
		Ⅱ			Ⅱ																									
	第二期	Ⅲ			Ⅲ	Ⅰ		Ⅰ			Ⅰ	Ⅰ			Ⅰ			Ⅰ		Ⅰ										
					Ⅳ	Ⅱ																								
	第三期								Ⅰ	Ⅰ	Ⅱ		Ⅰ	Ⅰ			Ⅰ	Ⅱ									Ⅰ			
									Ⅱ	Ⅱ																				
									Ⅲ																					
王莽时期	第四期		Ⅰ			Ⅲ	Ⅰ	Ⅱ	Ⅳ				Ⅱ	Ⅱ	Ⅱ				Ⅰ	Ⅱ		Ⅰ			Ⅰ		Ⅱ		Ⅰ	Ⅰ
								Ⅲ		Ⅲ				Ⅲ					Ⅱ								Ⅲ			Ⅱ
								Ⅳ																						
东汉时期	第五期						Ⅱ									Ⅰ				Ⅲ	Ⅰ					Ⅱ			Ⅱ	Ⅲ
																Ⅱ										Ⅲ				
	第六期		Ⅱ	Ⅰ			Ⅲ						Ⅲ					Ⅲ					Ⅰ			Ⅳ			Ⅲ	
				Ⅱ			Ⅳ				Ⅲ			Ⅳ			Ⅱ							Ⅰ		Ⅰ			Ⅳ	Ⅳ
																	Ⅲ									Ⅴ				
	第七期								Ⅴ								Ⅳ							Ⅱ		Ⅵ		Ⅰ	Ⅴ	Ⅴ

双州双城县的调查与微论

赵晓刚[1]　赵菊梅[2]
（1. 沈阳市文物考古研究所；2. 沈阳张氏帅府博物馆）

沈北新区辽河南岸的石佛寺地区山清水秀，风光迤逦。山脉似七星连珠，俗称七星山。山下辽河曲绕，波光粼粼。山顶有半截辽塔屹立，塔影映河，形成了“拉塔湖”景观。塔下东南方向有古城一座，城墙伟岸，因此被称作石佛寺城址。20世纪80年代山顶辽塔地宫被人打开，出土石函、石碑等物，石碑中有“前双州同知兼管内巡检萧孝妇、守双城县主簿耶律景云”等字样，因此被李仲元先生考订为辽双州城址。此观点在学术界已基本成为定论，沈阳市政府所确定的市级文物保护单位“辽双州城址”即指该城。然而，考古调查表明，石佛寺村附近并非仅有此一座辽金城址，而是有两座城址（石佛寺城址和石佛一村城址）或三座城址（苏家台城址）。因此，究竟哪座城址或哪两座城址应该是辽双州城，学界出现了不同的声音。因工作之便，笔者曾多次亲往该地进行考古调查，对几处遗存均进行了详细的踏勘。之后在《沈阳地区辽金城址刍议》[1]一文中略作推论，认可了双城说，并将其定位为石佛寺城址和石佛一村城址，然未详述理由。今特作小文，述之以理，不当之处，还望大家批评指正。

一、以往的考证

关于辽双州城的定位，以往共有三种观点。

1. 铁岭城西六十里古城子村

见于《辽东志》卷一《地理志·古迹》：“双城县，铁岭城西六十里，今在境外。”和《铁岭县志》卷二《建置沿革》谓：“《全辽志》，双城县在银州西六十里，即今辽河西六十里古城子村，犹有城址可寻。”这个古城子村，铁岭市博物馆周向永先生认为是铁岭县西南的阿吉镇古城子村，该村距铁岭市银州区约20千米。据调查，该村确有辽金古城存在。“2008年春全国‘三普’期间对古城子村进行的调查结果表明，该城城墙无存，城区现已全部被民居覆盖，从遗迹观察，城墙原来长宽各在200米左右，在农家房前屋后的田地中，尚可拣拾到布纹瓦、泥质灰陶器壁等辽金时期遗存标本，古城子村名所来，当有所据。”[2]此外，根据《铁岭的考古与历史》书中列表，在距铁岭市银州区约六十里的调兵山市晓南镇高力沟村亦有一辽金时期城址——城子屯城址[3]。笔者认为，上述两条史料中所说的古城子村的城址可能正是城子屯城址。

2. 石佛寺城址

首倡者为李仲元先生，他在《辽双州城考》一文中对此观点进行了详细论述[4]。其理由有五：①辽塔石碑碑文证明此地为辽双州城；②从所在的地理位置看，当为双州城；③从后世州县城堡建置的地理关系看，当为双州城；④从砖塔建筑地点分析，当为双州城；⑤石佛寺古城为辽双州之考定纠正了旧说之误。

因有石佛寺辽塔地宫碑石强有力之佐证，该说渐为学界主流所认可，《辽代历史与考古》[5]《沈阳地域文化通览》[6]《沈阳史话》等均持此说。周向永先生在《凡城双塔研究》一文中不仅肯定了此说，更是对双州之名进行了考释，提出“知双州之名，系俘获汉地镇、定双州之民置之得名”，并认为“一般以该州为两座城址相并迩近作考，实则大误”[7]。

3. 石佛一村城址和苏家台城址（遗址）

李鑫先生《沈阳东陵前山嘴子城址考》一文对其进行了描述：“经近年来对石佛寺乡石佛村的考古调查得知，石佛寺村内确有南北两座相距仅有约300米的辽金时期的古城，而北侧的城址内发现有官府性质的建筑瓦件饰件，双州双城县从实地考古调查确有双城即南北两座城址的存在。”[8]经笔者亲自询问，她所认为的南北两座城址指的是石佛一村城址和苏家台城址（遗址），而她认为石佛寺城址应为明代十方寺堡城址。

细审以上三说，其实质的区别不仅仅在于将城址定位在了不同的地点，更在于对双州、双城县的理解有分歧，即存在一城说与双城说两种观点。那么，究竟辽双州是一座城还是两座域呢？下面我们从史料和考古调查材料两方面试做分析。

二、相关史料分析

查阅史籍和考古资料，与双州、双城县地理位置相关的资料有如下几条。

（1）《辽史》卷三八《地理志二》载：“双州，保安军，下，节度。本挹娄故地。渤海置安定郡，久废。沤里僧王从太宗南征，以俘镇、定二州之民建城置州。察割弑逆诛，没入焉。故隶延昌宫，后属崇德宫，兵事隶北女直兵马司。统县一：双城县。本渤海安夷县地。”

从该条史料中，我们可知：①双州城为辽初沤里僧王俘汉民所建的头下军州，建于辽太宗时期；②后因其子孙察割叛逆，被收归中央，变为隶宫州，前后隶于辽穆宗和辽景宗皇后；③其军事隶属设于辽州的北女真兵马司管辖，与韩州（昌图县八面城城址）、银州（今铁岭市凡河镇新兴堡村）、同州（今铁岭市中固镇新屯村）、咸州（今开原老城）、郢州（待考）、安州（今昌图县四面城城址）、檀州（今康平县小塔子城址）同属一个兵马司，应距这些州城较近；④州下仅统一县之地，县名双城；⑤双州及双城县所在地域在渤海国时属安定郡安夷县地；⑥双州双城县的属民是北宋的镇州和定州两城的居民。

（2）《金史》卷二四《地理志上》载："沈州辖县五。"其双城县下注云："辽双州，保安军也，皇统三年降为县，章宗时废。"

从该条史料，我们可以看出：①双州在金皇统三年（1143 年）降州为县，隶属于沈州，县名双城；②金双城县在金章宗时被废弃。

（3）北宋曾公亮《武经总要》前集卷二二："银州，阿保机所建，女真国旧地。东至逆流河五里，入生女真界，西至双州七十里，南至东京三百里，北至渤海州六十里。双州，契丹号保安军，有通吴军营垒。东至逆流河二里，入生女真界，西至辽州七十里，南至沈州七十里，北至渝州百二十里。"

这条史料主要说明的是双州的相对位置，即双州向东二里为逆流河（今辽河），向东到银州（今铁岭市凡河镇新兴堡村）七十里，向西到辽州（今辽滨塔古城）七十里，向南至沈州（今沈阳老城区地下古城）七十里，向北至渝州（待考）一百二十里。由此，我们就可以大体把双州的地理范围确定在今沈阳北部沈北新区、法库县、铁岭市西部一带。

（4）七星山塔地宫出土两块石碑，碑文内容如下。

甲碑碑阳：

诸法因缘生佛说 是因缘因缘尽故灭我作如
是说　　当院尊宿沙门智嵩塔主首座沙门□□
当院讲经沙门崇係紦首办塔沈州弘妙寺讲经律业论沙门智岳
僧智广僧云白僧□英僧可严僧宣悟僧宣德僧宣章
僧宣英僧宣霞僧宣爱僧峙志僧惠开僧惠才僧惠福
僧行教僧行宽僧惠戒僧即父同办塔持念大德沙门宣昭
僧德忍当寨尼行实尼智云尼志净尼智余潘药师女
□□邑首刘下李可道韩守宁守时守政李用培崔亮
赵守美时和尚郑用行齐开杨□王景遇齐道父
宋惟志柴士行讲经律沙门智信李守澄时李氏时氏
咸雍十年七月七日中衔时葬讫 □

甲碑碑阴：

前双州同知兼管内巡检萧 孝妇
见同知率副率管内巡检耶律 □□□
守双城县主簿耶律景云时父遂 刘开 □立□□
史氏刘氏陈氏曹氏李氏李氏王氏王氏马氏孙氏

崔氏齐氏齐氏刘氏王氏高氏孙氏刘氏齐氏高氏
武氏赵氏韩氏王氏李氏李氏金氏上寨婆娘邑
大姐柴氏柴氏任氏王氏王氏王氏郝氏刘氏杜氏韩氏
阎氏李氏杜氏李氏王氏齐氏杨氏徐氏杜氏李氏王氏
马氏刘氏刘氏刘氏李氏时王氏齐杨氏齐王氏小邑
蔡氏张氏刘氏刘氏刘氏高氏杜氏王氏孙氏刘氏张氏
殷氏王氏李氏蔡氏时氏朱氏王氏齐王氏刘王氏

乙碑碑阳：

时家寨净居院建塔邑首
宣议郎试秘书省校书郎守双州
双城县令边 昌裔
副邑齐方维那前通引官时　行
维那前商酒都监时式维那齐文谏
维那齐干维那李经行维那前通引官刘徹
维那同知衙都孔目官刘臻维那王唯宝
维那高立维那齐谅维那孙永孝杜加义
维那刘桂通维那时延政维那齐希王道
李景崔谅刘守一刘及齐开崔颖
齐文已齐开齐进张守清胡道行

乙碑碑阴：

刘积刘升刘守道崔迭李道宁李善
安怀进刘延佑时延庆时康时奇武坰
时世长李宜泰时守方杜守和时及王德澄
刘利方李公孝前都孔目官孙克忠
孙继宁李可及齐文兴潘荣时公显
张教崔允刘从仁李详齐卓崔子宁
刘孝忠齐勍宋师颜李宜用刘延琛
卢可方李继阜崔端齐乡杜闰方
齐惟忠李□遂李□銮王宪杜守恒
齐臻张元进齐准崔守澄齐远齐怀女

右侧碑文：

砌匠作头燕京武清张文宝小匠刘永坚

小匠僧行德小匠张灵寿砖匠广州韩守全

石匠中京马遵锻匠安人用高守从

左侧碑文：

张守宁张小狗儿刘元化

李继登刘寅刘封刘文一崔氏

指挥使王□齐位画匠王牛儿

碑文说明了建塔的时间为辽咸雍十年（1074 年）七月七日，建塔的地点是时家寨净居院，建塔的邑首是守双州双城县令边□昌裔，并有前双州同知兼管内巡检萧孝妇、见同知率副率管内巡检耶律□□□、守双城县主簿耶律景云等双州或双城县的多个高官参与塔的兴建，可知时家寨不仅属双州双城县管辖范围，而且双州双城县应在距寨较近的地方。

（5）金大定七年“沈州双城县北范家庄西山道院宗主禅师塔铭”内容如下。

第一面：

沈州双城县北范家庄西山道院宗主禅师塔铭

旧有云神山之僧久□□□执一□□独处一室罕与人接□户者六七

万一启开□□□处之□□□□然□者僧□之下固多矣黎明□人师可

谓一了万了及受请住杭州会草贼作乱杀人于门其僧方食不觉失□

第二面：

箸逾垣仅免震悸不已尔后皆匿□而已盖已不能自了乃贻伊岁其

□□□岂困守一涂或忱山楼□或乐耕耘或居门阅或作土木之功故

无□□□自得之□比□□禅师亦达斯义也□门山□播殖谷□其□

□□□□□□与其执一无变不自了□□□者哉 师本双州辽州

第三面（无文字）

第四面（无文字）

第五面：

□□□□师□□□□□□□□□□□□□□□□□□□□□□□□

常□□□□□□□□□□□□□□□□□□□□□□□□□□□□

俗矣□□皆服所想 师后意在农□□□不已虽□□可通者悉□□□□

至□谷积车矣又凿□山为数级下置栏□□□□□□□□□□□□堂

第六面：

皆□上□建大殿绘十方佛刻十经□畜以大藏经全帙内塑□□□□□

复绘一百二十贤圣悉以金缕五十为饰耳得建钟楼三间至上□庵数间□殖
于□五百余株□□始于休功历二有八年尔于大定七年二月内示疾门人欲致
医药 师却之居十七日午未间索浴更衣奄然而逝时年八十九门人建

第七面：

塔藏 真身于寺南送者殆五十人观者皆潸然出涕□者也□受度者
五十人法学拔萃者□人曰觉□曰觉智既而求文于□仟□□辞以□
□苦逼而□切乃为之志云而
大定七年五月二十八日　门人觉行

第八面：

觉纪　觉本　觉智　觉藏　觉忍　觉派等立石
求荫□不得□□书之□□　　石匠张永安 郭松 王□造塔并刻石
异谟□□南三□三得□□肱喃□□之位　侄提婆娑诃
南谟僧伽吒法门　若人欲了知　三世一切佛 观法界　一切隹心造

该塔铭自名“沈州双城县北范家庄西山道院宗主禅师塔铭”，可知石塔立于金大定七年（1167年）五月二十八日，立塔地点位于沈州属县双城县境内北部的范家庄，该庄内有一西山道院。据铁岭考古工作者调查，范家庄即今铁岭市腰堡镇范家屯村，而西山道院即屯西的小西山遗址[9]。由此，双城县应在腰堡镇以南的区域求之。因此，位于其北的阿吉镇古城子村的城址和晓南镇的城子屯城址当可排除其为双城县的可能。

（6）“大定十六年塔铭”内容如下。

第一面：

□□供俸班祇候
□□县翟　雄飞□□□□□□□□□□□□□□□□□□□□□□
大师□□□智沈州双城县□□□□□□□□□□□□□□□□□□
辛亥岁三月十一日夜梦梵僧谓□□□□□□□□□□□□□□□

第二面：

乃诞骇乎有异瞑目若寐焉三日则□□□□□□□□□□□□□□
摩其顶曰必当大弘法教言讫而灭屏去荤□□□□□□□□□□
过其门挽持袈裟喜不自胜闻梵呗之声辄泣下□□□□□□□
即出家矣父母执不可大师不食累日后相与异之乃听其□□

第三面：

西山道院宣圆禅师落发沙弥倜傥明敏未尝有过失暨□□□
伟其音如钟执经问道神色怡然大师曰为丈夫者在家则张□
翼天子扶世导俗出家则运慈定慧佐如来以阐教利生□□□
为丈夫也于是隶咸平府证觉院听学岁□□度为□□□□□

第四面：

叩会宁今改上京法云寺传华严大义历居数载□□□□□□□□
于中京今改北京三学寺听大疏岂不闻出家人止如孤鹤□□□□
过顶大师当不惑之年禀持犯于兴中府延昌寺习经律论□□
逢源会委滔滔然莫能济于畔岸矣是岁答题补□□□□□□

第五面：

大师之号由是声德绰绰有余裕焉自兹远近郡牧辐辏□□□
劝行未成不期遇疾翌日出杖屦衣尽散其遗徒众皆号□□□
浴整衣侧卧而灭如何短折背世湮沉时大定甲午岁戊辰□□
寿四十四僧腊三十二于是大定丙申岁四月初八日□□□□

第六面：

□伐石纪辞力葬西南隅呜呼大师得妙用善机故能□□□□
□好学博览符彩超迈词理响捷虽造次应对未□□□□□□
务至于经史百家之说通达而绝口伟哉生而有异□□□□□
□□有异德垂世有异名夫四者足以传不朽然□□□□□□

第七面：

哀我生灵	出经破尘	教纲高张	孰辩孰□
经律论藏	戒定慧学	深浅同源	孰正□□
大金启运	敷弘大教	千载冥符	三□□□
空门正辟	法宇方开	水月镜像	□□□□

第八面：

监寺沙门觉藏　首座□□　□□□□□□□□□□□□□
□□县北南刁务同办孝弟□□
大定十六年　辛巳月初□□　□□□□□
□□王宁□□□□□

该塔铭与上一塔铭立于一地，唯年代略晚，为金大定十六年（1176年）所立，所反映的有关双城县的位置信息与上一塔铭相同。

（7）法库大孤家子镇李贝堡村石经幢[10]记载：

沈州双城县官庄人也

该幢文字简单，仅能据此得知法库县大孤家子镇李贝堡村一带在金代时曾为双城县属境，名官庄。

根据以上七条史料，我们大致可将双州双城县的地理位置确定在沈北新区石佛寺地区，该区域距沈州、辽州、银州的里程数与史料相合。另外，从塔铭和石经幢所记可知，双城县的管辖范围北可至法库县大孤家子镇，东可至铁岭市凡河镇，南可至沈北新区石佛寺乡。然而，双州究竟是得名于俘获的两州民众，还是现实中真有两座城址，因此而名之“双城”，还有待考古给出答案。

三、石佛寺地区辽金遗存的考古调查

根据第三次全国文物普查的结果，在石佛寺地区共发现与双州双城县相关的辽塔1座、辽金城址2座、墓群1处、遗址4处[11]。现分别简述如下。

1. 石佛寺塔

位于沈北新区石佛寺乡七星山顶部，原为六角七层密檐式砖塔，现仅存南、东南、西北三面塔基及部分塔身。塔角为圆形倚柱，正中有佛龛，两侧有胁侍，上有宝盖，飞天，具有典型的辽塔特征。1982年5月，沈阳市文物工作者对古塔地宫进行发掘。地宫在塔基下面正中呈六角形，用砖砌筑，地宫中央置石函，两侧各立一小石碑。从碑石铭文可知，这座塔是辽代双州双城县时家寨净居院舍利佛塔，塔的建造年代是辽咸雍十年（1074年）。据实测，塔外层砖尺寸为320毫米×200毫米×70毫米，为素面砖；内层砖长320毫米×150毫米×50毫米，为沟纹砖，砖面为规则的七道沟纹。据此分析，该塔建于辽代，在明代时曾进行了一次较大规模的维修。

2. 石佛寺城址

位于沈北新区石佛寺街道石佛寺一村东0.2千米的山冈上。南距沈阳主城区26千米，北距辽河1.5千米。城址西北1千米的七星山，山顶有辽代石佛寺塔。城址平面呈矩形，朝向259°。经实测，夯土城墙残高2～4、残宽7～12米，夯层厚10～15厘米。东城墙全长347米，方向259°；南城墙全长180米，方向165°；西城墙全长347米，方向259°；北城墙全长185米，方向165°。城门4座，分别置于四面城墙中段。东城门豁口宽15、进深12米；南城门豁口宽15、进深12米，城门外置环形瓮城。瓮城城门朝西开，豁口宽 5、进深 6 米；西城门豁口宽 16、进深 12 米；北城门豁口长 14、宽 8 米，门外有不规则的高台基址，推测是被破坏的瓮城遗址。城内遗物不丰，可见有泥质灰陶、白釉瓷、酱釉、黑釉瓷器皿残片和少量泥质灰陶布纹瓦残片。从城内地表采集遗物看，青铜时代的遗物最多，其次是辽金时期，还有少量明代遗物[12]。

3. 石佛一村城址

位于石佛一村内七星山东坡下，双州城址西约 150 米处，绝大部分被压在现代村庄之下。2003～2006 年，沈阳市文物考古研究所的工作人员调查发现并确认其为城址[13]。2007 年，第三次全国文物普查时再次对该城址进行了调查。长城调查时认为该城址为明代十方寺堡[14]。

城址为方形，边长在 250 米左右。城址西北角明显可见，高 2～3 米。北墙和东墙尚存部分墙体，基宽 4～5、顶宽 2～3、残高 1.5～2 米。城址内辽代遗物颇丰，布纹瓦、灰陶片、白瓷片在地表俯拾皆是。城址南墙已被山洪冲毁，其结构、门址、城内道路等情况不明。只是在村路旁的断崖上可见到深 3 米左右的辽代灰坑。城墙上发现有大量明代城砖残块。该城址内亦发现有青铜时代和金、明遗物，或可表明该城址是辽代兴建于青铜时代遗址之上的，金、明两代沿用。明代即为十方寺堡所在。

4. 石佛寺墓群

位于石佛寺乡七星山石佛寺庙内，在七星山主峰北侧山体的北坡上，距七星山塔直线距离约 450 米。墓群东距村落约 400 米，南有一条公路从庙前通过，西、北均为山体。

该墓群是因在七星山南坡看到石佛寺庙盖房施工中挖出的沟纹砖后才发现的。因目前寺庙已基本建成，仅有一个殿刚刚挖完基础，我们即在该殿北侧剖面上发现一座辽代石筑单室墓，直径约 2.5 米，墓底距墓顶高约 2 米，墓顶距离地表面 0.5 米。墓葬仅剩一半，墓内填满褐色土壤，未见遗物。根据发现的沟纹砖推测该墓群还应有砖筑辽墓存在。

5. 苏家台遗址

位于沈阳市沈北新区石佛寺乡石佛二村，石佛一村城址正北方约 200 米处的高台地上。2003～2006 年，沈阳市文物考古研究所的工作人员首先识别出该处应为城址。2007 年三普调查时，因城墙痕迹不明显，暂将其认定为遗址。

该遗址北部有一明代烽火台，当地人俗称其为苏家台，因此将该遗址命名为苏家台遗址。根据调查的遗物分布范围来看，遗址略呈方形，北至苏家台，东、南至断崖，西至七星山山坡下，边长 200 余米。遗址内可采集到大量辽金时期遗物。在一居民院内可见 1 米多厚的辽代地层堆积，包含大量辽代布纹瓦、泥质灰陶片等，可知该地应有较大型的建筑。此外，遗址内还发现有青铜时代遗物和地层堆积。

6. 七星山北坡遗址

位于石佛二村村西，南面为七星山北坡，坡地种植松树，北面距辽河 1000 米，东面是石佛寺大庙，东南角有民国时期碉堡一座，西面有冲沟断崖。遗址南高北低，南北长，东西窄，为长方形，分布面积约为 3000 平方米。地表有少量泥质灰陶片、酱釉瓷片等遗物。未发现明显的文化层。

7. 柳蒿台遗址

位于石佛二村西北，南距七星山北坡 2000 米，东面为石佛二村耕地，西为石佛二村村民耕地，有自然冲沟，北距辽河约 500 米。遗址南北长，东西窄，大体呈长方形，面积约 2000 平方米。地表采集有少量白瓷片、泥质灰陶片、碎砖块等。

8. 白家台遗址

位于石佛二村村北，南为石佛二村村民住宅，东临提水站，西为石佛二村村民耕地，北距辽河 1000 米。遗址略呈长方形，长约 300、宽约 150 米，面积大约为 5000 平方米。地表采集有青铜时代陶片以及辽金时期陶片。文化层厚约 1 米，可分为表土、辽金和青铜时代三层。

四、微　　论

通过考古调查，我们可以明确石佛寺地区有 2 座辽金时期城址存在，两城为东西布局，相距不足 200 米。虽然有学者指出，石佛一村城址是否始建于辽代，为明延用，尚有待考古发掘证明[15]，但从地表采集遗物来看，城内的辽金遗物远远多于青铜时代和明代遗物，而且较之石佛寺城址地表所见的辽金遗物而言要丰富得多。虽然，地表暴露遗物不能完全反映地下遗存的实际情况，但至少表明石佛一村城址内辽金遗存还是很丰富的。特别是在城址东部断崖上剖面所见的深达 3 米的辽代灰坑及厚约 1.5 米的辽金文化层，使我们有理由相信这是一处使用时间较长的辽金时期城址。石佛寺城址的城内堆积相对较薄，特别是辽金遗物并不丰富。笔者推测这种现象或与石佛寺城址为契丹贵族所居，石佛一村城址为所俘汉民所居有关[16]。辽金之后，石佛寺城址被废弃，而石佛一村城址则为明所利用，成为明辽东镇长城沿线上的十方寺堡。

辽代州县命名均有深意，辽东地区的州县名或取自渤海内迁，或取自俘掠的中原郡县，或有历史渊源，双州之名或为俘获镇、定二州的居民所建城而来，然双城之名当亦有所据，石佛寺城址与石佛一村城址两座城址的客观存在使我们有理由相信双城县之名当得之于此。

苏家台遗址，虽然北部地势较高，但南部的梯田使遗址形成断面，看不出有城墙的迹象。遗址的堆积比较清楚，底部为青铜时代文化层，上部为辽代文化层。较多的布纹瓦堆积反映出遗址内应有较高规格的建筑物存在，且遗址正处于七星山辽塔正东方向的山脚下，或与七星山塔地宫石碑所载的时家寨有关。

至于白家台遗址、柳蒿台遗址和七星山北坡遗址，虽然发现有辽金时期遗物，但或者未见明显地层堆积，或者辽金文化层较薄，应是辽金时期人类短期活动的结果，或为小型村落。

注 释

[1] 赵晓刚：《沈阳地区辽金城址刍议》，《辽金历史与考古》（第六辑），辽宁教育出版社，2016 年，3～15 页。

[2] 周向永：《凡城双塔研究》，《辽金历史与考古》（第二辑），辽宁教育出版社，2010 年，261～273 页。

[3] 周向永、许超：《铁岭的考古与历史》，辽海出版社，2010 年，160 页。

[4] 李仲元：《辽双州城考》，《辽金史论集》（第 2 辑），书目文献出版社，1987 年，96～104 页。

[5] 项春松：《辽代历史与考古》，内蒙古人民出版社，1996 年，95、96 页。

[6] 沈阳市文史研究馆：《沈阳地域文化通览》，沈阳出版社，2013 年，115 页。

[7] 同 [2]。

[8] 李鑫：《沈阳东陵前山嘴子城址考》，《辽宁省博物馆馆刊》（第 3 辑），辽海出版社，2008 年，347～350 页。

[9] 同 [2]。

[10] 许志国：《金大定七年沈州双城县北范家庄西山道院宗主禅师石塔考略》，《北方文物》2004 年 3 期。

[11] 沈阳市文物局：《沈阳市文物普查名录汇编》，沈阳出版社，2014 年，90～98 页；沈阳市第三次全国文物普查资料。

[12] 沈阳市文物考古研究所：《沈阳市辽金城址调查》，《沈阳考古文集》（第 5 集），科学出版社，2015 年，176～205 页。

[13] 同 [8]。

[14] 辽宁省文物局：《辽宁省明代长城资源调查报告》，文物出版社，2011 年，289 页。

[15] 同 [12]。

[16] 同 [1]。

辽代的覆钵式塔

郎智明
（中国科学院沈阳自动化研究所）

辽代是我国历史上一个极度崇佛的朝代，境内对佛塔的营建十分盛行，至今仍有大量的古塔遗存。

辽塔以辽代中晚期创建的辽式密檐塔为主，还有少量辽中期所建的楼阁式塔，以及一种特别造型的花塔。但鲜为人知的是，辽塔除上述三种类型之外，还有一种覆钵式塔。

一、覆钵式塔的结构及出现在中土的时间

覆钵式塔作为我国古塔的主要类型之一，其祖型就是古印度的窣堵坡，一般为半球形覆钵体之上竖立相轮的结构。覆钵之名来自其圆形的塔身，形如倒扣的钵盂，俗称“塔肚”。竖立于“塔肚”之上的多层相轮，呈圆锥形，俗称“塔脖”，相轮之上为塔刹。

图一　北京妙应寺白塔（高俊卿拍摄）

过去，传统的观点认为覆钵式塔型是在元代随着藏传佛教的传播而出现在中土，认为覆钵式塔就等同于喇嘛塔。例如，北京妙应寺白塔（图一），就是元至元八年（1271 年）由尼泊尔工匠阿尼哥主持修建的。

这个观点影响至深，以至于对于某些以覆钵相轮收顶的非喇嘛塔，如蓟县观音寺塔，许多先贤都曾做出错误的推断。例如，梁思成先生在其 1932 年的《蓟县观音寺白塔记》中认为蓟县白塔“盖在晚明，塔之上部必已倾圮，惟存第一二层。而第三层只余下半，于是就第三层而增其高，

使为圆肚之座，以上则完全晚明以后所改建也。圆肚上之八角部分，或为原物之未塌尽部分，而就原有而修砌者，以其大小及位置论，或为原塔之第六层亦未可知也。房山云居寺塔，亦以辽塔下层，而上冠以喇嘛塔者，其现象与此塔颇相似”[1]。还有日本学者村田治郎，他在《辽代佛塔概说》一文中，也曾怀疑覆钵部分为后代维修所致，但未敢肯定[2]。

先贤们由于当时各种客观条件的限制，信息渠道不比今人，其实覆钵相轮的结构早就出现在中土。今有大量北朝隋唐时期的亭阁式覆钵相轮收顶浮雕塔存世，此类塔的构筑物实物现存北齐的安阳宝山灵泉寺道凭法师烧身塔。此外，五代两宋时期南方的宝箧印经塔也有覆钵相轮收顶的元素。即便是喇嘛塔，亦有著名的西夏青铜峡 108 塔，也是建于元代之前。

二、辽代覆钵式塔的形制

（一）前人对辽代覆钵式塔的认识与理解

在辽代，也兴建了一种类型的覆钵式塔。最典型、最为人熟知的恰恰就是蓟县观音寺白塔。然而，人们对这种类型覆钵式塔却一直不够重视，对其形制的认识也一直存在严重的误区。

1. 早期的认识与理解

最早对这类佛塔进行研究的当属梁思成、林徽因夫妇。前文已经叙述了梁思成先生在 1932 年对蓟县白塔的推断，之后的时间里，梁先生又得到了几座具有相似特征的古塔信息。于是其在 1942～1944 年间于四川李庄主编的《中国建筑史》第六章第七节“宋·辽·金建筑特征之分析”中提出了宋、辽、金佛塔计有六型，此类塔为其中之一：“窣堵坡顶塔，塔之下段与他型无大区别，多三层，其上塔顶硕大，如窣堵坡，河北房山云居寺北塔、蓟县白塔、易县双塔庵西塔、邢台天宁寺塔，皆属此型。此型之原始，或因建塔未完，经费不足，故潦草作大刹顶以了事，遂形成此式，亦极可能，但其顶部是否后世加建，尚极可疑。”[3]

梁思成先生还在他主编的《中国建筑史》第六章第六节“五代·宋·辽·金之实物”中提到：“邢台天宁寺塔在河北邢台，其下第一层塔身以下，与其他辽塔相同，其上但出叠涩檐三重，而顶上乃以类似喇嘛之窣堵坡为刹。河北房山县云居寺北塔，蓟县观音寺白塔，易县双塔庵西塔，皆属此型，亦辽代所特有之塔型也。”[4]

但梁思成夫妇受时代所限，并没有确定窣堵坡顶究竟是辽代原制还是后世加建，给出的是一个模棱两可的结论。

之后，刘敦桢先生在其 1965 年成书的《中国古代建筑史》第六章“宋、辽、金时期的建筑”中[5]，对这类塔却并没有提及。同样，1979年出版的潘谷西先生所著的《中国建筑史》第一篇第五章“宗教建筑”中[6]共介绍了六种佛塔，同样也没有提及此类佛塔。

2. 近三十年来学界的认识与理解

经20世纪80年代的考古发掘，蓟县观音寺白塔的原始形制已得到确认。其现结构形制，基本上保持了辽代的原貌和风格[7]。然而，这一重要的信息却依旧没有得到足够的关注。在其后成书的如2003年出版的郭黛姮著《中国古代建筑史（第3卷）：宋、辽、金、西夏建筑》中[8]，对于此类佛塔也是一笔带过。

只有在近年来出版的一些专门介绍古塔的读物中，才能看到一些对这类佛塔的简单描述，但介绍内容也并不确切[9]，多数读物的作者依旧是把两座体量较大的覆钵收顶塔——蓟县观音寺白塔（图二，右）和房山云居寺红塔（云居寺北塔，图二，左）相互参照，将这两座辽塔[10]归为一类。

在做具体介绍时，有的学者认为蓟县、房山二塔都是辽代特殊的塔型[11]；有的学者强调房山云居寺北塔的覆钵相轮为后世所改，但又提到与蓟县白塔的辽代形制相似[12]。这种含混的表述经常让读者摸不着头脑，二塔相似的仅仅是顶部的覆钵相轮，覆钵往下的塔身差异极大，倘若其中一座的覆钵是后改的。那么在始建的辽代，它们是不是就不相似了，那是不是就不应该被归为一类了？

图二 房山云居寺红塔（左）和蓟县观音寺白塔（右）（左：秦卫华拍摄；右：郎智明拍摄）

因此有必要对此二塔的原始形制重新做一个澄清。

（二）房山与蓟县二塔覆钵体的考古学结论

事实上，房山云居寺北塔的确为后世所改，云居寺北塔本应为辽代所建的五层楼阁式塔。据《白带山志》中记载："今塔下二级中，木梯断折，……今塔顶作螺旋状（层层相轮，笔者注）为不类，则非同时修建可知。盖辽时重建之塔五级，其上三级不知何年倾颓，而塔顶螺旋状者，则明初建耳。"[13] 据在 2012 年此塔维修时曾顺着脚手架登上此塔的考古工作人员介绍，此塔楼阁部分构造较涿州辽代双塔简单，属辽代所建的简易楼阁式塔（同种类型的塔有三层的房山天开塔和易县千佛塔）。其覆钵部分用砖与下面两层楼阁部分差异较大，绝不是同一年代之砖。二层以上塔内的原始状态绝非如此收顶，顶层定是在后世某次灾害中受损或倒掉，其覆钵相轮部分为狗尾续貂之作。有可能如梁思成先生所言，由于"经费不足"或其他原因，"故潦草作大刹顶以了事，遂形成此式"。

而蓟县观音寺白塔在 1976 年唐山地震后进行了考古发掘，发现在现覆钵体内还有覆钵，现覆钵为后代包砌的产物，内覆钵为辽代始建时的原物，其上还有残留的辽代相轮根部[14]，这就直接证明了覆钵相轮结构是辽代原构。

由此得出，房山云居寺北塔与蓟县观音寺白塔在辽代始建时的原始形制完全不同。

（三）辽代覆钵式塔真实形制的分析与探讨

蓟县白塔在考古发掘后，考古人员还给出了其复原图（图三），可当时在绘制复原图的时候还是有思维定式的，参照现塔的外观给出了"双檐一座"的复原，这个"座"的具体复原还参照了房山云居寺北塔的覆钵之座[15]。房山云居寺北塔的覆钵相轮结构为后世所改，以辽代之后改动的形制作为辽代始建时的复原依据，这是不对的，是当时认识的局限所导致。

可见当时蓟县的文物考古人员并没有推断出蓟县观音寺白塔的真实形制。尽管他们曾提出河北易县双塔庵西塔、昌平银山宝塔与蓟县白塔有传承关系[16]，但他们完全没有意识到这几座塔本就应该属同一类型的塔。

1. 金、元覆钵密檐组合式塔的形制特征

上述易县双塔庵西塔[17]（图四，1）、昌平银山宝塔[18]（图四，3）这种形制的佛塔，学界定义为"覆钵密檐组合式塔"。我国共尚存数座金、元覆钵密檐组合式塔（含已毁但留下照片者，图四：2 为北京白瀑寺圆正法师塔[19]、图四：4 为邢台天宁寺塔[20]），通过这四座塔的形制可以总结出以下几点。

图三　蓟县白塔复原图（左）与现状（右）
（来自天津市历史博物馆考古队：《天津蓟县独乐寺塔》，《考古学报》1989 年 1 期）

1　2　3　4

图四　金、元覆钵密檐组合式塔
1. 易县双塔庵西塔　2. 北京白瀑寺圆正法师塔　3. 昌平银山宝塔　4. 邢台天宁寺塔
（1. 郎智明拍摄；2、3. 宋万雍拍摄；4. 来自常盘大定、关野贞：《支那文化史迹（第八辑）》，法藏馆，1940 年，图版 101）

（1）基座和第一层塔身与传统辽式密檐塔相类。

（2）塔身往上（含塔身）再无任何辽金塔系常见的仿大木作特征：塔身转角不施檐柱，以砖雕小塔或经幢代之。第一层檐下无斗拱、阑普（而辽代密檐塔第一层檐下部分乃以砖仿木之精华），密檐以枭混曲线出檐，皆为三层。檐上无椽飞、覆瓦。

（3）第三层檐上置半球形覆钵体，覆钵之上为相轮。

看来上述金、元诸塔只出三层密檐乃定制。蓟县白塔与之相比，几乎完全具有上述特征，唯一的区别就是“三层密檐”。由此推断蓟县白塔的原始形制也应是“三檐”，而不是“双檐一座”，复原其原始形制也不用再去参照房山云居寺北塔那明代所改的覆钵之座了。于是笔者根据蓟县文物考古人员给出的“双檐一座”复原图[21]（图五，2），略加修改，绘出了自己心目中的蓟县白塔“三檐”复原图（图五，1）。

可问题来了，上述形制特点的归纳都是金、元覆钵密檐组合式塔的特征，是否就完全适用于辽代的蓟县白塔呢？尽管金、元去辽未远，但以金、元的形制为辽代古塔做复原，还是缺乏作为确凿论据的力度。如果再能找到一座类似的辽塔，那情况就完全不一样了。

图五　蓟县白塔两种复原图

1. 蓟县白塔“三檐”复原图　2. “双檐一座”复原图

（1. 郎智明据图五：2 改绘；2. 来自天津市历史博物馆考古队：《天津蓟县独乐寺塔》，《考古学报》1989 年 1 期）

2. 赤峰静安寺塔的年代与形制

可喜的是，在 2013 年，又有一座覆钵密檐组合式辽塔出现在人们的视野里[22]。

（1）赤峰静安寺塔的年代确定。

赤峰塔子山白塔，位于赤峰以南元宝山区的塔子山上，长期以来一直年代无考，通常根据其形制和地理位置认为是辽金遗存。

直到 2000 年 8 月，在赤峰塔子山白塔所在山腰出土了契丹大字“耶律昌允墓志”和汉字“耶律昌允妻萧氏墓志”，再结合早年流落于宁城县辽中京大明塔下的“耶律昌允妻创建静安寺碑”记载，终于确定了此塔的年代范围和名称。

塔子山白塔以其所在寺院命名，应唤作静安寺塔。“创建静安寺碑”[23]中记载，静安寺为咸雍八年（1072 年）落成，碑记中提到立龛设殿，但并未言及建塔。“耶律昌允妻萧氏墓志”[24]记载，萧氏病逝于大安七年（1091 年），享年 81 岁，当时塔已落成。所以过去常以此二石刻内容推断赤峰静安寺塔的年代应为 1072～1091 年[25]。

但契丹大字“耶律昌允墓志”经释读后[26]发现在第 22 列有“塔山于”字样，而前面紧邻的两列里（第 20 列和第 21 列）有“清宁八壬寅年九月乙巳朔二十六庚午曰卯时于”字样，这个精确的时辰和“塔山”字样，应该是描述下葬的具体时间以及地点。但清宁八年（1062 年），静安寺尚值建寺初期，“创建静安寺碑”记中所言葬佛牙舍利之事是在咸雍五年（1069 年）[27]，1062 年即有塔于理不合。

而契丹大字“耶律昌允墓志”经释读后[28]发现在倒数第二列有“大康十年六月五日”字样，通常的契丹墓志，结尾处都是年款、书写者的姓名、身份，以及墓志作者的一些自谦辞。这个大康十年（1084 年）显系年款，说明“耶律昌允墓志”是在耶律昌允下葬 22 年之后刻制的。刻制之时，塔已落成，故而墓志中出现了“塔山”字样。这样又把此塔的年代提前到 1072～1084 年。

总之，“耶律昌允墓志”和其妻“萧氏墓志”中所记载的塔为辽塔无疑。

那么，现存静安寺塔是否为两方墓志中所指的塔？此塔四隅面各有一砖雕菩萨，砖雕菩萨像周边有“凸”字形分界面，这是在建塔之时在塔身上预留出的空位，是传统辽地典型的塔身大型砖雕镶嵌作法。此外，菩萨双足各踏一朵莲，手托供物，衣纹线条流畅，极富辽代人物雕刻的“曹衣出水”之风，还有须弥座也是辽代风格。这些都说明现存之塔正是“耶律昌允妻萧氏墓志”中所记载之塔，为辽代建筑无疑。

（2）赤峰静安寺塔的形制确认。

此塔以前残损（图六），人们一直认为此塔是普通的辽式密檐塔，残存三层，为不折不扣的半截塔。至于塔顶有一块残缺的圆形砖砌部分，同样未被认为是原构，多年以来一直被当作是后世维修时在半截塔顶所加。

但观此塔与易县双塔庵西塔等金、元覆钵密檐组合式塔一样无斗拱、阑普、檐柱等砖仿木作，并且也是三层密檐，檐部形状为雕刻了莲瓣的枭混曲线，檐上亦无椽飞、覆瓦等。再细看那久被人诟病的残损塔顶，不正是个半球形的覆钵吗？除覆钵之上的相轮早已不存外，全塔各部分，包括转角的八大灵塔处理手法，与蓟县白塔的形制非常相似。那为什么多年来就没有人意识到此塔就是以覆钵收顶的呢？主要是由于现存类似实例太少，以及学界对辽塔的形制种类琢磨不够等因素。

图六　赤峰静安寺塔（陈术石拍摄）

赤峰静安寺塔形制的确认[29]，说明了辽代存在这类塔的事实。一座是孤例，可能是偶然，而距离并非很近的两座形制相近的辽塔的存在，就不再是偶然了。

于是，以后再提到蓟县白塔，一定要更换掉它以前的同伴——房山云居寺北塔，以赤峰静安寺塔取而代之。房山云居寺北塔完全不属于这一塔系，赤峰[30]（图七，左）、蓟县（图七，右）二塔才是这类塔的祖型。

3.“辽式覆钵塔”即“覆钵三檐组合式塔”概念的提出

由前面的分析可知，辽代所创，金、元沿用的这一类型的塔，都是覆钵与三层密檐组合式，三檐应为定式，檐下皆无斗拱，只是塔身截面形状由辽代的八边形过渡到了金、元的六边形。所以说所有的覆钵密檐组合塔都是原装的。如果还有人硬说是后世改造的，难道改造时还要故意除掉斗拱？难道不管是建没建完，不管是尚存几檐，都要统统改造成三檐？

所以对于这一类塔，定义为覆钵密檐组合式塔并不贴切，因为其塔身往上（含塔身）无仿木结构，并且只出三檐，檐部形状为枭混曲线，与辽式密檐塔的密檐截然不同。特别是塔身往上全无檐柱、阑普等辽代砖塔常见砖仿大木，第一层檐下无砖仿斗拱，檐上无椽飞瓦垄，完全区别于常见的辽式密檐塔，这种“三檐”很有可能属于覆钵体的附属部分。同时又鉴于其形制有别于元、清的覆钵式塔（喇嘛塔），应重新定义这类创建于辽，金、元沿用的塔型为“辽式覆钵塔”，或者就叫“覆钵三檐组合式塔”。

图七 赤峰静安寺塔（左）与蓟县白塔（右）（郎智明拍摄）

三、辽代覆钵式塔的建筑背景

（一）蓟县白塔的建筑背景

接下来谈一下笔者对于这类型塔的建筑背景的理解，我们先看蓟县白塔。

蓟县白塔，也叫观音寺白塔，矗立于蓟县观音寺院内，位于赫赫有名的蓟县独乐寺正南。观音寺为明嘉靖年间所建，在辽时该塔未必隶属于今天的观音寺。梁思成先生首先注意到："塔的位置……似正在独乐寺之南北中线上……则不偏不倚，适当菩萨之前……可谓独乐寺平面配置之一部分。"[31]该塔的位置显然是"因寺而定"。

而独乐寺观音阁在辽代重建，与统和初年的"尚父秦王"密切相关，这个尚父秦王，就是韩匡嗣，韩匡嗣为韩德让之父，属辽代著名的玉田韩氏家族，玉田当时隶属蓟州，而玉田韩氏一族有足够的财力重建他们家乡的独乐寺。宿白先生曾著文认为独乐寺重建的主要目的就是韩匡嗣欲荣耀乡里，当时辽境有建立家寺的风俗，而独乐寺重建之时又正当韩家势盛之世[32]，因此这座重建于辽代的独乐寺很可能是玉田韩氏的家寺。

同时，宿白先生还根据 1983 年于蓟县白塔内发现的舍利石函上清宁四年（1058 年）的铭文推断，清宁四年的前一年，发生过道宗以韩德让无子，命皇族魏王之子为文忠王，作为韩德让后嗣的事件，因而认为此塔极有可能是清宁四年为韩氏的家寺独乐寺所增建之佛塔[33]。

但蓟县白塔在内覆钵经清理发掘后，发现此塔在建成后不久即进行过一次维修。由于清宁三年（1057 年），今北京大兴区附近曾发生过较大地震，故而推断石函上的清宁四年应该是地震后维修的时间，而其始建年代极有可能与独乐寺重建的时间相同[34]。因而此塔属于独乐寺的一部分无疑。

此外，蓟县白塔内发现的舍利石函的前面有“中京留守、兼侍中韩知白葬定光佛舍利一十四尊”字样。这个中京留守韩知白，跟韩德让的祖父韩知古名字相近，宿白先生著文认为其极可能不是蓟州玉田韩氏族人[35]。宿先生还提到元好问的《中州集》卷八记录了韩知白家世：“知白，仕辽为中书令，孚为中书门下平章事。赐田盘山，遂为渔阳人。”笔者认为，韩知白家族族人在后来成了蓟州人，这当然也不排除其攀附势盛的韩德让一系，于地震后在对韩氏家寺的佛塔进行维修之时葬入舍利。

总而言之，蓟县白塔辽代时属于独乐寺，而白塔则属于辽代家寺的附属佛塔。

（二）赤峰静安寺塔的建筑背景

再来看赤峰静安寺塔及其所在的静安寺。据“创建静安寺碑”和“耶律昌允夫妇墓志”所记，静安寺塔明显与耶律昌允家族有关。耶律昌允的四世祖为辽太祖耶律阿保机之二弟耶律剌葛，其祖辈皆为辽之重臣，耶律昌允家族领有投下州义州，建静安寺之地，就位于义州城北。

清华大学李若水博士在其学位论文中通过对《创建静安寺碑铭》的分析得知[36]，静安寺从选址到建造、延请僧人，所有事务均由耶律昌允家族操办，又建于其投下州城外形胜之处，显然不是为普通信众而建的公共性寺院，而属耶律昌允一家所有。可见静安寺最基本的作用就是为耶律昌允家族在世与去世之人祈福。

此外，“创建静安寺碑”中还记载：“每至旸谷欲暝，曦轮将坠，舍利之影落覆邱茔。则太师公之遗墟承荫其下。”[37]可见耶律昌允夫妇合葬墓应位于舍利所在石龛（即塔的位置）东侧不远处。经考古人员发掘，静安寺塔正东和东南约百米处，共出土两座辽墓，正东即为耶律昌允夫妇合葬墓，另一座可能为耶律昌允后代之墓。这更说明佛牙舍利特为耶律昌允夫妇而“尘沾影覆”。同时，契丹大字“耶律昌允墓志经”解读后发现有“祖父大王之墓”[38]字样，很可能其祖辈墓地也在此处[39]。

李若水还认为耶律昌允家族墓地与静安寺的位置关系密切，静安寺遗址位于耶律昌允墓东南数十米处的台地上，寺、墓、塔三者位于自东南向西北的同一直线上。从耶律昌允墓与静安寺的营建顺序上来说，应为先选定寺址、后建墓、最后建塔，墓与静安寺应是同步规划营建的，静安寺具有耶律昌允家族坟寺的性质[40]。也就是说静安寺极有可能是耶律昌允家族陵域内修造的“家寺”。

义州在《辽史·地理志》中失载，说明义州所管辖范围及经济实力并不大，属于比较小的州城。因而静安寺更具有“家寺”的性质，那么静安寺塔也就属于辽代家寺的附属佛塔了。

（三）小结

由此看来，现存两例覆钵三檐组合式辽塔，也就是辽代的覆钵式塔，都具有家寺附属佛塔的性质。

尽管辽境有建立家寺的风俗，但并非所有的家寺都建有附属佛塔。而功德坟寺，在辽国以南的宋境十分普遍，但在辽境所见的实例很少，静安寺是辽代贵族建立坟寺的珍贵例证[41]。这也可能是辽代的这种家寺的附属佛塔存世数量较少的原因吧。

而金、元两代所建的这种类型的塔相对存世较多，只是塔身截面形状由辽代的八边形演化为金、元的六边形。其中北京西郊的白瀑寺塔为辽末金初高僧圆正法师墓塔，邢台天宁寺塔为元代高僧虚照禅师墓塔，看来此种覆钵三檐组合式佛塔在辽金时期必有其特殊的宗教用途。

对于其形制的由来，郑琦在《覆钵式塔建筑艺术》一文中认为：“当年辽国在征讨突厥和回鹘的过程中，曾西至甘州（张掖）、肃州（酒泉）一带，极有可能是随契丹南下的工匠把残存在西北的覆钵塔形制带到了京冀，又结合了当地原有的楼阁式和辽金古塔的典型形式密檐式创造了这些不伦不类的塔形式。”[42]而笔者觉得，称其不伦不类并不合适，此种类型的佛塔檐部为枭混曲线，三重檐为定制，这种特殊形状的三重檐极有可能象征着过去、现在、未来三世。并且其覆钵为半球型，相较后世的元、清覆钵式塔，更接近古印度窣堵坡原型，其形制的具体成因还有待专家学者进一步研究。

四、现存的问题

纵使蓟县白塔的考古报告问世已20多年，前往蓟县独乐寺以及白塔朝圣、旅游的八方客也是络绎不绝，可人们依旧没有把覆钵三檐组合式塔看成是辽代所创的一种独立塔型，以致今日仍有此类塔为元代改建的文字见诸报端，如2015年10月25日《燕赵都市报》登载的文章《鹫峰寺塔的发现》[43]。

文中认为，金朝灭亡后，旧有的审美开始被打破。由于蒙古人的提倡，流行于西藏的喇嘛教开始在内地传播，喇嘛塔作为佛塔中的新样式，亦开始传入内地。

而位于河北阳原县的鹫峰寺塔当时刚建了一半，因战乱在金元更替之际便停工了。

图八　鹫峰寺塔（高俊卿拍摄）

等再次开工的时候，提倡喇嘛教的蒙古人已成为统治者。佛塔的建造者发现，按原计划建造这座佛塔已不符合新形势，亦有悖于现实需求。朝廷的审美趣味和方向发生了改变，佛塔的建造亦要跟上时代。于是新建的鹫峰寺塔（图八）上，密檐塔和喇嘛塔完美结合在了一起。文中还认为，鹫峰寺塔的改建是一种大胆的符合时代潮流和时代精神的创新，使喇嘛塔融入内地信徒的内心。

为什么时至今日还会有这种完全臆想的文章发表？这都是缘于覆钵式塔出现于元代这种观念荼毒太深。尽管蓟县白塔的真相大白于天下已有近 30 年，但对其真相的宣传力度是相当欠缺的。另一方面的原因，就是长期以来赤峰静安寺塔“养在深闺无人识”。所以说，对于辽式的覆钵塔，也就是覆钵三檐组合塔这种特殊的类型，有必要引起足够重视，一些介绍古塔的文字资料也是时候进行改写了。

注　释

［1］梁思成：《蓟县观音寺白塔记》，《中国营造学社汇刊》1932 年第三卷 2 期。

［2］〔日〕村田治郎：《辽代佛塔概说》，《建筑学会论文集》，1942 年 25 号（《中国建筑史丛考——佛寺佛塔篇》，《村田治郎著作集》，中央公论美术出版社 1988 年再收入）。

［3］梁思成：《中国建筑史》，生活·读书·新知三联书店，2011 年，197、212 页。

［4］同［3］。

［5］刘敦桢：《中国古代建筑史》，中国建筑工业出版社，1984 年，214～233 页。

［6］潘谷西：《中国建筑史》，中国建筑工业出版社，2008 年，175～187 页。

［7］天津市历史博物馆考古队、蓟县文物保管所：《天津蓟县独乐寺塔》，《考古学报》1989 年 1 期，83～119 页。

［8］郭黛姮：《中国古代建筑史（第 3 卷）：宋、辽、金、西夏建筑》，中国建筑工业出版社，2009 年，465～522 页。

［9］罗哲文：《中国名塔》，百花文艺出版社，2000 年，61～63 页；汪建民、侯伟：《北京的古塔》，学苑出版社，2003 年，282 页；张驭寰：《中国塔》，山西人民出版社，2000 年，36、41 页。

［10］天津市历史博物馆考古队、蓟县文物保管所：《天津蓟县独乐寺塔》，《考古学报》1989 年 1 期，

83～119页。可知蓟县独乐寺塔建于976～1057年之间，为辽塔无疑。据罗哲文《中国名塔》描述，房山云居寺北塔建于辽天庆年间；据汪建民、侯伟《北京的古塔》描述，房山云居寺北塔的基座下部周围，包砌着一圈浮雕砖，每块砖上刻有一座佛塔图案，塔的上部两旁，刻有“法舍利塔”字样，塔身刻有偈语“诸法因缘生，我说是因缘，因缘尽故灭，我作如是说”。偈语的内容，与北京西山八大处二处辽道宗咸雍七年（1071年）所建灵光塔下偈语相同，因而推断为房山云居寺北塔辽代所建。

［11］ 同［9］罗哲文所著。

［12］ 同［9］汪建民等文。

［13］ 溥儒：《白带山志》，中国书店，1989年，18～19页。

［14］ 同［7］。

［15］ 同［7］。

［16］ 同［7］。

［17］ 即河北易县净觉寺积翠屏西塔。该塔位于河北省易县太宁山半山腰积翠屏处，据其旁边100米处东塔塔前万历十四年（1587年）《大明重修双塔碑记》，碑记中明确记载了西塔的始建年代为“南宋高宗绍兴甲子建修之遗迹”。宋高宗绍兴甲子年（1144年）时，此地为金朝领地，当为金熙宗皇统四年，即1144年。因此，此塔为金塔。

［18］ 薛增起、薛楠：《北京的塔》，北京出版社，2002年，334页。该塔位于昌平银山塔林主塔林南100米处，没有明确始建年代，但专家根据其形制，认为应为金元时期所建。

［19］ 汪建民、侯伟：《北京的古塔》，学苑出版社，2003年，276页。该塔位于北京市门头沟区雁翅镇田庄乡淤白村北面的金城山下，塔为金天会十二年（1134年）圆正法师舍利塔，一说建于金皇统六年（1146年）。

［20］ 塔原位于河北邢台天宁寺大殿后，现已毁。为元代高僧虚照禅师灵塔，建于1252年。图片来源于常盘大定、关野贞：《支那文化史迹》（第八辑），法藏馆，1940年，图版101。

［21］ 同［7］；《考古学报》给出的蓟县白塔复原图中的檐部之上无覆瓦。而蓟县白塔现塔檐之上有瓦，当为后世维修时没有弄清原始形制，想当然地认为檐上应有覆瓦。反叠涩之上的覆瓦也属于仿木构的组成部分，对于檐部往上皆无仿木特征的塔形，覆瓦当然不应该有。

［22］ 佟强、郎智明、郭雪松：《静安寺塔和静安寺》，《草原文物》2013年1期，57～64页。

［23］ 向南：《辽代石刻文编》，河北教育出版社，1995年，360～363页。

［24］ 向南、张国庆、李宇峰：《辽代石刻文续编》，辽宁人民出版社，2010年，208、209页。

［25］ 同［22］。

［26］ 白明霞：《契丹大字〈耶律昌允墓志〉》，内蒙古大学硕士学位论文，2014年。

［27］ 同［23］。

［28］ 同［26］。

［29］ 同［22］。

［30］ 赤峰静安寺辽塔现已维修，塔顶现为金属相轮。其实相轮并不是塔刹，辽代原构应为砖砌。推测原塔相轮也应该是也毁于1290年的武平路大地震。

［31］ 同［1］。

［32］ 宿白：《独乐寺观音阁与蓟州玉田韩家》，《文物》1985 年 7 期，32～48 页。

［33］ 同［32］。

［34］ 同［7］。

［35］ 同［32］。

［36］ 李若水："辽代佛教寺院的营建与空间布局"，清华大学博士学位论文，2015 年。

［37］ 同［23］。

［38］ 同［26］。

［39］ 同［36］。

［40］ 同［36］。

［41］ 同［36］。

［42］ 郑琦：《覆钵式塔建筑艺术》，《华中建筑》2008 年 2 期，180～184 页。

［43］ 刘学斤：《鹫峰寺塔的发现》，《燕赵都市报》2015 年 10 月 25 日第 10 版。

沈阳地区辽塔出土的碑、函及相关研究

李　鑫
（沈阳市文物考古研究所）

辽代是沈阳地区佛教发展的一个重要时期。辽代的佛教兴起是由统治者倡导的，其发展共分为两个阶段：从辽太祖到辽圣宗时期，统治者倡导佛教的目的是为了笼络占领区的汉人和渤海人，以维持其统治的稳定；到了中后期，在兴宗、道宗等帝王的大力倡导下，佛教在辽代得到了蓬勃的发展，"所在修盖寺院，度僧甚众"，其中辽兴宗尤重浮图法，统治者修寺建塔成为风尚，这种风尚耗费了国家大量财力、物力，最终导致了"辽以佛亡"。辽代距今已有千余年历史，共经历了九位帝王，历时两百多年，在我国历史上有着十分重要的地位。但这一时期，社会经常处于战乱之中。社会的动荡，使大量的历史文献遗失殆尽。目前，我们能够阅读到的辽代文献已经很少了，位属边垂的沈阳地区历史文献就更为缺乏。值得庆幸的是，这个时期的塔湾无垢净光舍利塔地宫石函、卓望山无垢净光塔石函、石佛寺七星山舍利塔地宫双石碑、崇寿寺塔地宫石函、辽滨塔天宫石碑经过考古发掘得以保存，这些石刻文字成为填补文献缺失的第一手资料。

一、沈阳地区辽塔碑、函考古发掘概况

无垢净光舍利塔，位于沈阳市皇姑区崇山路西端以北约300米处的黄土岗上。由于该塔位于沈阳塔湾一带，故又称塔湾舍利塔。1962年沈阳市人民政府公布舍利塔为市级文物保护单位。1985年沈阳市政府对该塔进行全面维修。4月下旬，维修工程单位在施工中先后于塔顶部发现一小型龛室和塔身中部通向塔内的通道口。这一发现引起了各级领导及专家的极大重视，经报请上级有关部门批准，于同年7月11日～8月30日，对塔宫进行了全面清理。

在塔宫内共出土各类文物一百余件，包括金、银、铜、铁、锡等金属制品，瓷、石、木器、经卷、绢帛及各种谷类[1]。塔外部遗物有铜香炉1件、铜镜4件、风铎2件、铁门1副、钱形铁饰件1件；在腹宫中主要出土了错金银铜鼎1件、鎏金铜佛1件、393粒舍利、咒语经卷26卷、地藏菩萨经1部及瓷杂玉器等；在地宫中发现石函1件，黑褐砂岩质，子母口对合，函盖和函身均刻有楷书铭文，共5000余字。

卓望山无垢净光塔石函，1953年初沈阳市委移交东北博物馆（今辽宁省博物馆前

身），据说出土于沈阳市南郊白塔堡村塔山。白塔堡在沈阳南 10 余千米，该地原有砖塔一座，日俄战争时毁于炮火，因为这座塔不是建在山上，而是建在白塔堡村内，所以这个石函就不可能出土于白塔堡砖塔的地宫之内。章万岩《辽沈州卓望山无垢净光塔石棺铭》一文中认为“只有出土于今沈阳南五十余华里陈相屯塔山才比较合理”。他得此结论是因为在沈阳东南 25 千米的苏家屯、陈相屯以东的塔山上也有一座古塔早年遭到毁坏，所以就将卓望山无垢净光塔石函说成是陈相屯塔山塔出土，而将辽代的卓望山比定为塔山。许多专家学者都赞同此种说法。姜念思先生早年也同意此说法，但先生根据沈阳市考古研究所李晓钟研究员提供的第二次全国文物普查的线索——在桃仙镇莫子山曾发现辽代塔基，并于 2008 年 4 月进行实地调查后，认为卓望山石函应该出土于莫子山[2]，莫子山即辽代的卓望山。卓望山无垢净光塔石函是新中国成立之初开山放炮时发现的，由于莫子山当时归白塔堡管辖，因此石函由当地村民送到了白塔堡镇政府，又由白塔堡镇政府送到中共沈阳市委，最后由沈阳市委移交给东北博物馆。这个过程经过了几个单位，经手人也许更多，最初的出土地点逐渐模糊，只知道由白塔堡送来，从而造成了半个多世纪的误解。

石佛寺七星山舍利塔，位于沈阳北郊 30 千米处，该塔为六角七层密檐砖塔，现存残塔，只有一面塔身还算完整。塔角为圆形倚柱，正中有佛龛，两侧有胁侍，上有宝盖、飞天，具有典型的辽塔特征。1982 年，该塔地宫意外被人撬开，文物部门随即派人对古塔地宫进行发掘。地宫在塔基下面正中呈六角形，用砖砌筑，地宫中央置石函，两侧各立一小石碑。石函长 28、宽 17.5 厘米。内套装铁函、银函、金函，在金函内放有水晶珠、玛瑙珠、大小珍珠 100 余粒，即称之“舍利子”。两甬石碑龙首龟趺，为花岗岩质，碑形相同，尺寸稍异，一甬 88 厘米，一甬 82 厘米，两碑阴刻楷书，共 800 余字。

崇寿寺塔俗称白塔，位于沈阳老城区小北门外（今白塔小学院内），为八角十一层密檐砖塔，高约 25.88 米，塔身每面均有一个佛龛，中有一座佛，两侧各立一胁侍，上加宝盖、飞天，宝盖下砖上刻有佛名。因年久失修，塔身倾斜，1956 年经沈阳市人民委员会同意决定拆除。拆除工作由沈阳故宫博物院负责。拆塔时所出文物共有 92 件，其中有舍利子 298 颗，装舍利子的铜盒盖上还刻有文字，正中为“乾统八年”，右为“佛舍利子”，左为“三月廿三日”[3]。沈阳故宫博物院为了对该塔的建筑情况作一全面了解和研究，于 1956 年 4 月 22 日开始进行地宫部分的发掘工作，历经一个月的发掘。在清理地宫时，发现石函一件，长 37、前宽 22.5、后宽 20.5、高 19.6 厘米。石函顶部与函身都刻有文字，楷书，共计 300 余字。石函内套装铁函、铜函、银函（三函内部均有积水，石函外部异常湿润，但地宫内部无积水痕迹）、立方小银镜亭。在银镜亭内盛一瓷质小葫芦，装有舍利子百余颗。石函与铁函间，置有汉、唐、五代、宋、辽各代铜钱 300 余枚，以“周元”“唐国”二种为最多[4]。

辽滨塔位于辽宁省新民市西北 27 千米公主屯镇辽滨塔村内。塔为密檐十三层仿木结构砖塔，残高 31.4 米。1993 年 7～10 月，沈阳市文物考古工作队配合辽滨塔抢救维修工程，对辽滨塔进行勘察及抢救清理。清理中发现塔由下至上有三处存藏佛教舍利等文物的塔宫，分别为下宫、中宫和天宫。塔之三处宫室内共发现各类文物108件[5]。其中下宫遗物有舍利函、木函、银塔、木质舍利塔、影青瓷碗、白瓷盘、铜熏炉、铜箸、铜匙、木塔式盖罐、银龙首珍珠幡、铜币、砖雕菩萨座相；中宫遗物有舍利函、木函、铜函、青瓷盏、铁丝编盏托、铜熏炉、铜净瓶、佛珠、木塔、木供案、锦袋；天宫内仅发现石碑一甬，玄武岩质，平面为菱形，碑阳以细线划方格，顶底两端为三角形。碑高54、宽21、厚8厘米。碑阳、碑阴、碑侧均刻有文字。碑阳楷书，竖式4行，全文60字；碑阴阴刻楷书，竖式5行，全文55字；碑侧阴刻楷书，竖式1行，计10字。

二、沈阳地区辽塔出土碑、函文字的整理和研究

对辽塔出土石刻文字的整理，为我们进行相关研究提供了以下几个方面的信息。

1. 提供了辽代沈阳地区佛教发展状况的信息

塔湾舍利塔石函函身前面，刻有："奉为太后」皇帝皇后太后万岁诸王公主千秋文武百」僚恒居禄位州尊太师福寿延长雨顺风」调国泰人安万民乐业邑人李弘遂等百」余人见武家庄东埚上地维爽凯平坦如」镜以此众邑人请到前僧政沙门云秀为」功德主转请到僧法直为塔院主共同发愿造」无垢净光舍利塔一所……"在函盖顶面，还刻有"维南瞻部州大契丹国辽东沈州西北丰稔村东重熙十三年岁次甲申四月大壬辰朔……葬佛舍利一千五百四十六颗……"除此之外，都是施财参与建塔人士的题名，共计1000余人[6]。据石函铭文可知，沈阳无垢净光舍利塔始建于辽重熙十三年（1044年），参与者多达千余人，说明辽代沈洲居民信奉佛教的人数众多，每修一座塔庙，社会各阶层都热心参与。参与塔湾"无垢净光舍利塔"捐助的官员从沈洲昭德军节度使耶律庶几到中下级官吏，还有在外地做官和已退休的官吏及其眷属；民众从乡贡进士到一般城乡男女百姓；僧人从高僧到普通僧人。另外，石函上有许多题名是后补刻上去的，说明参加人员踊跃。而且，参加捐助题名的人多以家庭的形式出现，大家庭三四代人，小家庭一二代人。已故的人有的也被列入，显然是后人为其祈福而列入的。从铭文可以看到，建塔的发起人是邑人李弘遂，辽代常见的佛教社团通常以"邑"冠名，"辽代石刻常见有'千人邑''太子邑''螺钹邑''佛顶邑''生天塔邑''钟楼邑'等字样，盖皆是群众自发组织的宗教团体名称"。卓望山无垢净光塔石函函盖顶面刻有"维那乡贡进士郑懿文邑人王延进」都维那霍匡密邑人王文似邑人赵士圆邑人耿守则邑人赵德"，辽代千人邑主要由邑长、都维那、维那、邑录、邑众等构成。千人邑的成员需要通过一定贡献来完成其义务，或定期缴纳财物以做功德，或根据各自能力提供劳役，以期完成预定的佛事。辽代民间佛教的邑社组织名称很多，其名称一般都与具体的佛事活动密切相关，这种组织通常以"千人

结义”为号召，可通称为“千人邑”。这类组织的宗旨是“结一千人之社，合一千人之心，春不妨耕，秋不废获，立其信，导其教，无贫富后先，无贵贱老少，施有定例，纳有常期，贮于库司，补兹寺缺”[7]。千人邑成员多是佛教信徒，也有僧尼。辽代这种邑社组织在各地十分普遍。但根据立邑的性质，又可具体分为以念佛祈福为目的的“念佛邑”，以供给寺院灯烛费用的“塔灯邑”，纪念皇室特定喜事的“太子诞邑”，及其他根据特定性质命名的邑社等。在塔湾无垢净光塔石函函盖左面刻有“上生邑”的字样，可能是请高僧讲解《弥勒上生经》而组成的邑社。另外，石函铭文中施财参与建塔的女性不在少数。据此，我们不难看出辽代女性比历代女性有更突出的崇佛信仰。辽代女性从后妃、皇族到普通女性，无不虔诚礼佛，她们有的以佛教语为名，如石函题名中的佛“家奴”“佛女”“吉祥奴”“定光女”“罗汉奴”“文殊奴”“观音奴”等，有的甚至出家为尼，更有女子不但加入邑社组织参与修寺建塔的捐资活动，还担任了女邑长。

2. 提供了辽代沈阳地区城址方位的信息

今天的沈阳地区，在辽代主要属于东京道，建有沈州、双州、辽州、广州、集州和祺州等州县。按史料记载，辽代沈州统州一、县二，即太祖俘蓟州三河民，所建的三河县，后更名为乐郊县；又有太祖俘蓟州吏民，所建的渔阳县，后更名为灵源县。辽金时期的沈州和属县据诸多学者考证[8]，沈州在沈阳市老城区内，即沈阳故宫周围[9]，已为定论；渔阳县有的学者认为是“沈阳市于洪区马三家子古城子村”[10]。而据卓望山无垢净光塔出土的辽重熙十四年（1045 年）石函上题名中有“维徵事郎试太子正字守沈州渔阳主簿兼知县尉飞骑尉王运机张希用”的记载，从辽代诸州、县建佛塔寺院均于其州县附近的情况看，渔阳县应地处沈州之南，而非是马三家子古城。而 1045 年渔阳县也尚未改名灵源县。

1982 年在沈北新区石佛寺乡七星山的辽塔地宫中出土的两甬石碑，甲碑正面及碑阴刻有铭文，其碑正面 11 行，其中刻有“咸雍十年七月七日中衙时葬讫”；碑阴 11 行，刻有“前双州同知兼管内巡检萧　孝祖」见同知事副率管内巡检耶律　□□□」守双城县主簿耶律景云时文遂刘开越立□道」……”乙碑正面刻文 11 行，其中有“时家寨净居院建塔邑首」宣议郎试秘书省校书郎守双州」双城县令边　昌裔」副邑齐方维那前通引官时　行」……”碑文记载了辽双州双城县时家寨修建净居院舍利塔事宜，这说明这里是辽代双州双城县的辖境[11]。1988 年，沈阳市文物复查组对这座城址进行了复查，发现城墙内部用土夯实，外壁用白灰口的青砖包筑，所用青砖是典型的明代青砖，砖宽 20～21、厚 9～11 厘米。城内遗物基本是以青铜时期夹砂红褐陶片和明代青花瓷片等遗物为主，少见辽代遗物。这座“辽代双州古城址”具有明显明代城址的特征。辽代的双州、双城县的位置在何处，也就成了考古研究的一个问题。1990 年以来，沈阳市文物考古工作者多次前往石佛寺进行调查，并在七星山东麓的村内先后发现一处古城址，现称南城址。该城址位于石佛寺村内中部西侧，地表尚可见有城垣遗迹，城内较为平坦，城内北侧、东侧已开辟为村舍，城内遗物丰富，有灰陶片、辽白瓷片等遗物。2001年11月，沈阳市文物考古研究所派人在城址的西墙、北墙进行了考古钻探，并在北墙东侧的断崖部分进行勘探，发现了城垣。城垣为夯土筑制，残高1.3～2.2、宽6米。初步测量城垣南北长250、东西长260米。2006年11月，沈阳市文物考古研究所再次对石佛寺村进行全面考古调查，在石佛寺村内西侧北部又发现一处城址遗迹，现称为北城址。北城址西墙、南墙、东墙城垣尚有部分保存，在北侧中部发现有1处建筑材料散布较集中的区域，发现官府性质的建筑材料有辽代沟纹砖、饰件等。城址内文化层厚约1米，东南侧暴露的断崖可见有灰坑等遗迹。测量城垣得知，城垣呈方形，南北残长220、东西残宽215、西墙垣残高约1米。南、北城址相距以南城址北墙至北城址南墙为计约有120米。据《辽史》卷三十八《地理志二·东京道》记载："双州，保安军，下，节度。……沤里僧王从太宗南征，以俘镇、定二州之民建城置州。察割弑逆诛，没入焉。故隶延昌宫，后属崇德宫，兵事隶北女直兵马司。统县一：双城县，本渤海安夷县地。"《金史》卷二十四《地理上》记载："上京路……沈州，昭德军刺史，中。县五。……双城。"又："辽双州保安军也，皇统三年降为县，章宗时废。"辽双州、双城县先是"沤里僧王从太宗南征，以俘镇、定二州之民建城置州"，时在辽太宗会同九年（946年），属于辽代初期所建。《辽史·耶律察割传》作"欧辛"从辽太宗南征，以所俘镇、定二州之民所建的私人头下州城，因察割杀辽世宗而被没收。金代归属沈州并降为县即双城县，章宗（1188～1208年）时废。现石佛寺村新发现的南、北两座城址正应是辽代的双州和双城县，双州和双城也与南北两城暗合。但究其何为双州、何为双城县现尚难以确定。七星山辽塔出土石碑中有"时家寨净居院建塔"可知石佛寺村在辽代建塔之时应是时家寨之名，碑中"守双城县主簿耶律景云、时文遂"，时文遂即守双城县主簿，也应是时家寨之宗人。《天下郡国利病书·北直十卷》中载："沈阳城、抚顺所城及靖远、长营、平上、榆林、十方寺五堡，正统七年筑。"可知明代石佛寺称十方堡，筑于1442年。《辽东志》："十方寺堡，属台十四，官军三百零一员名。"明代边墙的城、堡、墩台多为外包砖砌筑，回过头来说位于石佛寺村东南侧的古城址也如《铁岭县志》卷十六《古迹》条记载："石佛寺古城，在城西南九十里石佛寺。"又同书《古迹》条记载："古石佛，城西南九十里石佛寺村西，辽河旁山上，有石佛一尊。"这正是石佛寺之由来。

3. 提供了辽代沈阳地区日常风俗及官制等方面的信息

从辽塔出土的石刻文字中我们看到，在当时，无论男女都有用佛号命名的习俗。男子常用的有"寺家奴""佛家奴""文殊奴""和尚奴"等，有的直接以"和尚"命名。女子则多与佛教有关的字词加"女"命名，如"佛女""潘药师女""观音女"等。从我们在金石文献中发现的与佛教有关的大量辽代人名来看，在辽代社会民众受到佛教文化的影响，用佛号来命名在辽代社会已经非常普遍，以佛号命名，在崇信佛教的佛教徒中已成为特有的文化习俗。除了姓名习俗，佛教的盛行对辽代丧葬习俗也有很深的影响。在塔湾无垢净光舍利塔地宫石函函盖顶面刻有："……军衙巡官张宁故父张延进妻杨氏……"1980 年柳条湖辽墓出土的石棺幢，幢身八面柱体，其中七面刻有《佛顶尊胜陀罗尼经》，一面刻有"清宁二年丙申岁九月小庚辰朔二十九日乙时葬」前随驾马步军都孔目官张宁男文质葬讫"等文字[12]。这是军衙巡官张宁的儿子张文质为其父所立，这种墓幢多立于墓前或封土之上。除此墓外，目前还未曾发现有直接立于石棺盖之上的石经幢[13]。检索关于辽代的出土石刻资料会发现有大量的经幢存在，仅《全辽文》《辽代石刻文编》及其续编就有 196 篇。在辽代立经幢的情况和原因有很多，其中一种就是张文质这种儿子为亡父所立的经幢，其目的就是"上祷金仙，福佑慈父"。家庭成员为亡故亲人建幢主要就是为了纪念亲人，为在世的人祈福或保佑亡者可以在虚无的彼岸世界获得幸福。还有一种是沙门弟子为亡故的高僧建立经幢的现象，目的是感念先师之恩。根据已经出土的辽代石刻资料，佛教徒和僧人建幢主要以以上两种情况为主。

据史料记载，辽代沈州隶属东京，军名昭德。辽代的州分为节度、观察、团练、防御、刺史五个层次。节度又分上、中、下三等。沈州为中节度州，统乐郊、灵源两县和一个岩州支郡。岩州军名白岩，为下刺史州，领白岩一县。沈州的官职有节度使、节度副使、同知节度使、留后、同知军州事、行军司马、军事判官、掌书记、衙官、马步军都指挥使、马步军副都指挥使、马军指挥使、马军副指挥使、步军指挥使、步军副指挥使。县级职官有县令、县丞、主簿、县尉等。这些官名在辽塔出土的石函、石碑中提到不少。在卓望山无垢净光塔出土的石函上题名中有"维徵事郎试太子正字守沈州渔阳主簿兼知县尉飞骑尉王运机……"的记载，而"徵事郎"不见于《辽史·百官志》，考辽太平八年《李知顺墓志》的撰写人结衔是"徵事郎试大理司直守大定府司录武骑尉向载言撰"，可见辽代职官中确有"徵事郎"一职，可补《辽史》之缺。

三、结　　语

对沈阳地区几座辽塔出土碑、函铭文的考证，填补了历史研究的空白，但大量的出土文物的考证还没有真正展开，可以说，对于沈阳辽代古塔及其出土文物的研究工作尚处于初级阶段，大量的出土文物为我们进行深入细致的研究提供了实物资料，只要我们努力工作，以出土文物和铭文为依据进行各方面的深入研究，就一定会取得更大的科研成果。

注　　释

[1] 沈阳市文物管理办公室:《沈阳塔湾无垢净光舍利塔塔宫清理报告》,《辽海文物学刊》1986 年 2 期。

[2] 姜念思:《辽代沈洲卓望山调查记》,《沈阳考古文集》(第 2 集)，科学出版社，2009 年。

[3] 李彩畬:《沈阳崇寿寺白塔的文物》,《考古通讯》1957 年 6 期。

［4］ 胡醇、丁军：《沈阳白塔地宫发掘工作》,《文物参考资料》1957 年 8 期。
［5］ 沈阳市文物考古研究所．《沈阳新民辽滨塔与塔宫清理简报》,《文物》2006 年 4 期。
［6］ 石函铭文详见沈阳市文物考古研究所：《沈阳碑志》，辽海出版社，2011 年，557 页。
［7］ 向南：《云居寺供灯塔邑记》,《辽代石刻文编》，河北教育出版社，1995 年。
［8］ 朱子芳：《辽代沈州建置考》,《沈阳地方志资料丛刊》（第 6 辑），沈阳市人民政府地方志编纂办公室，1986 年。
［9］ 阎万章：《沈阳历史沿革及有关问题》,《沈阳地方志资料丛刊》（第 6 辑），沈阳市人民政府地方志编纂办公室，1986 年。
［10］ 冯永谦：《沈阳地区辽代城址调查》,《沈阳文物》创刊号，1992 年。
［11］ 李仲元：《辽双州遗址遗物考》，1983 年中国辽金契丹女真史研究会第二次年会论文。
［12］ 王菊尔：《沈阳柳条湖辽代石棺墓》,《辽宁文物》总第二期，1981 年。
［13］ 沈阳市文物管理办公室：《沈阳市文物志》第六章《碑刻》，沈阳出版社，1993 年。

明辽东长城东段变迁考

刘　明
（沈阳市文物考古研究所）

明辽东长城，是指明朝辽东都指挥使司（亦称辽东镇）下辖的长城，亦称辽东边墙。明辽东长城分布在今辽宁省境内，东起鸭绿江右岸的丹东市宽甸满族自治县虎山南麓，西至葫芦岛市绥中县永安堡乡锥子山东侧（北线）和荆条沟北山（南线），与明蓟州镇“吾名口关”长城相接[1]。

本文中的明辽东长城东段是指鸭绿江和太子河之间的明长城段落。明万历年间，依据防御对象和方向，以三岔河和辽河为界，将辽东长城分为河东、河西两段[2]。依此分法，该段长城属河东段。《辽宁省明长城资源调查报告》依据建造的年代和历史沿革及其分布的地理、地貌特点，以镇北关、白土厂关为分界点，将辽东明长城分为辽东山地、辽河平原和辽西丘陵三个段落[3]。依此分法，该段长城属明辽东长城辽东山地段。

明辽东长城东段行经的区域位于辽东山区腹地，北迄太子河，南至鸭绿江，西迄草河，东至蒲石河，跨辽河和鸭绿江两大水系及其分水岭。其地貌以高山深谷为主，主要河流有属辽河水系的太子河及其支流南太子河等，属鸭绿江水系的鸭绿江及其支流草河、瑷河、安平河、蒲石河等。

该区域在今行政区划上自北向南分属本溪市和丹东市。这一区域位于明朝辽东都指挥使司治所辽阳城的东南方向，北迄太子河右岸的清河堡，南至鸭绿江右岸的汤站堡、江沿台堡、长奠堡，东南隔鸭绿江与朝鲜半岛相望，是明朝辽东、属国朝鲜、建州女真三方交往、冲突的前沿。

辽宁省长城资源调查工作者在这一区域发现、确认的明长城遗存有长城墙体、城堡、烽燧等。这一区域的长城墙体始建于成化五年（1469 年），由分守辽阳副总兵韩斌主持修建[4]。此后的百余年间，随着明朝辽东和边外女真部落交往关系的变化及其军事力量的消长，明辽东长城东段经历了多次变迁（图一；附表一）。

一、辽东长城东段的肇创

作为明朝在辽东地区与女真族交往和冲突的产物，辽东镇东线长城修建、变迁与女真族的迁徙、发展，及其与明朝交往关系的变化有着密切联系。

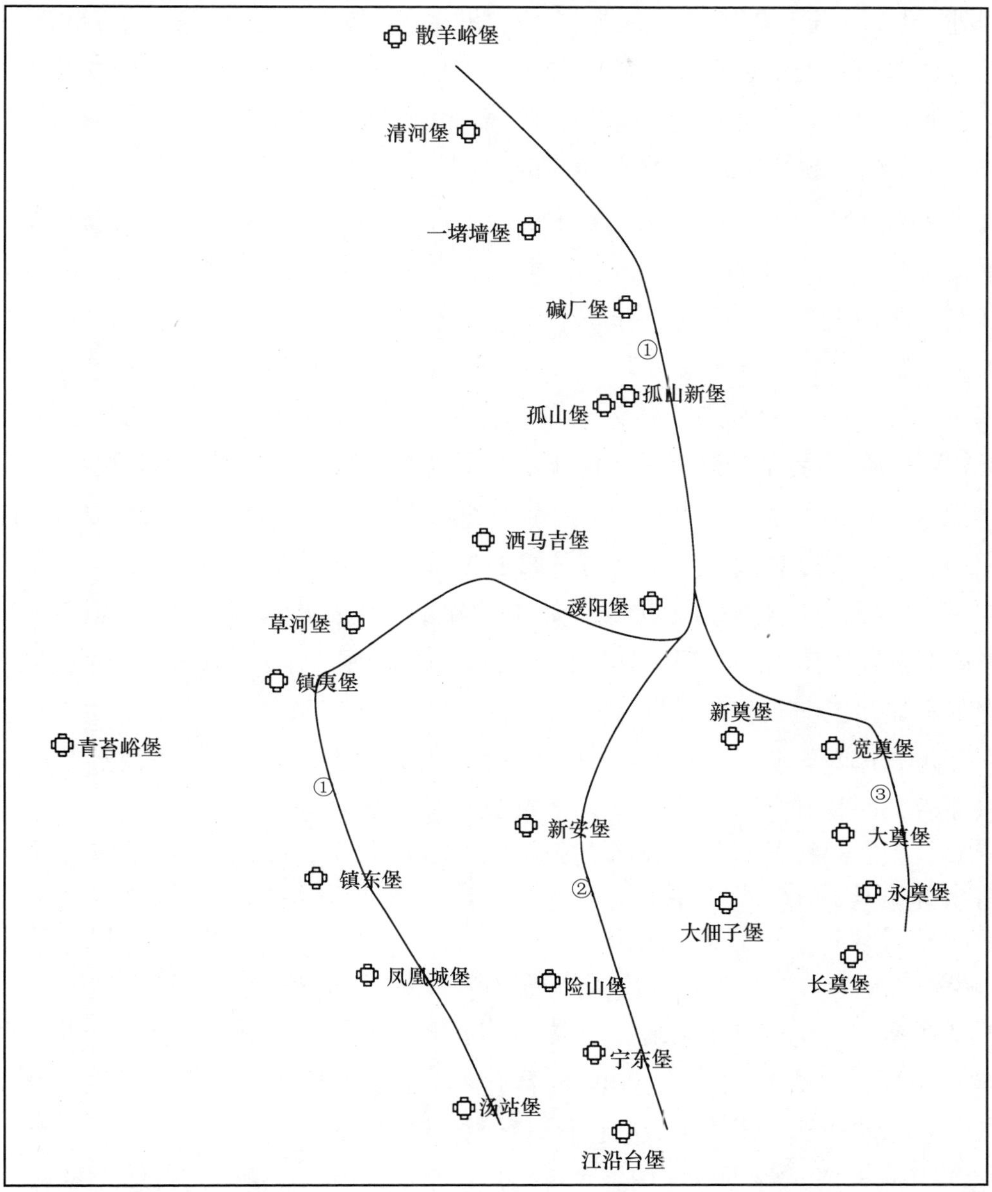

图一　明辽东长城东段变迁示意图

①明辽东长城东段肇创线　②明辽东长城东段首次东移线　③明辽东长城东段再次东移线

明初，女真族各部落居住于黑龙江、松花江流域及长白山一带，东滨海，西接兀良哈，南邻朝鲜，北至奴儿干[5]。永乐二十一年至二十二年（1423～1424年），明朝批准女真建州卫首领李满住率部迁徙到婆猪江（又名泼猪江，今浑江）流域住牧[6]。正统三年（1438年），建州卫“旧住猪婆江，屡被朝鲜国军马抢杀，不得安稳。今移住灶突山东南浑河上”[7]。宣德八年（1433年），建州左卫首领猛哥帖木儿及其长子阿古（又名阿谷、童权豆）被杨木答兀等七姓野人杀害[8]。正统五年（1440年），因遭朝鲜逼迫，明朝敕令辽东总兵官曹义等安插建州左卫继任首领凡察（猛哥帖木儿之弟）和董山（猛哥帖木儿之子，又名童仓、童山）及其部众于“三土河及婆猪江迤西冬古河两界间，同李满住居处”[9]。正统七年（1442 年），析分建州左卫，置建州右卫。董山、凡察俱升都督同知，分领建州左卫、建州右卫[10]。加上李满住所部的建州卫，史称“建州三卫”。海西女真在永乐初来归，明朝分其地授官置塔鲁木卫、塔山卫，后住牧于开原城东北的镇北关外和东部的广顺关外，故称为北关和南关[11]。

女真诸部迁徙至辽东外徼后，逐渐发展壮大。与此同时，明朝北边防御主要针对蒙古部落，无暇东顾。“建州等卫女直都督李满住、董山等自正统十四年以来，乘间窃掠边境，辽东为之困敝。”[12]至成化初年，“阳为助顺，阴纵抄掠”更加猖獗，“拥众六千分掠开原、抚顺、沈阳、辽阳等处”[13]，“恃强为恶，自开原以及辽阳六百余里，数万余家，率被残破”[14]。女真部落肆无忌惮的劫掠，最终招来明朝的大举挞伐。成化三年（1467 年）九月，“命左都御史李秉提督军务，武靖伯赵辅佩靖虏将军印充总兵官”，会同朝鲜兵，讨伐建州女真，犁庭扫穴[15]。此次东征，明军累计生擒百余人，斩首 600 余级，俘获男妇 150 余人，夺回被掳男妇 1100 余人，获其牛马器仗无数，焚其巢寨房屋一空[16]。建州左卫首领董山伏诛[17]。朝鲜军助“攻建州东北泼猪江李满住等所居诸寨……斩李满住（建州卫首领）及其子古纳哈、打肥剌等二百八十六级，生擒满住、古纳哈妻等男妇共二十三名口，获马一十七匹、牛一十头，杀牛马二百二十九头匹，焚烧庐舍一百九十五座及其积聚二百一十七所，收其家产”[18]。建州女真因而元气大伤。

东征后，明朝开始筹划针对辽东镇东部女真部落的防御策略。成化三年十一月丁卯，曾参与东征的提督军务左都御史李秉奏：“建州三卫，结构诸夷，剽掠边方。朝廷已命将出师捣其巢穴，苟不乘胜立为经久之计，恐班师后逃遁余贼复为边患。臣今会总兵官赵辅等议得……辽阳迤东凤凰山、鸦鹘关、抚顺所、奉集堡诸处皆通虏大路，往因无事不为设备，今贼既探知虚实为寇，请相地远近筑立千户所、城堡以腹里。”[19]

韩斌奏陈的《辽东防守规画》记载：“自抚顺而南四十里设东州堡，东州之南三十里设马根单堡，马根单之南九十里设清河堡，清河之南七十里设碱厂堡，碱厂之南一百二十里设叆阳堡。烽堠相望，远近应援，拓地千里焉。”[20]

《全辽志》记载韩斌“进辽阳副总兵，建东州、马根单、清河、碱场、叆阳、凤凰、汤站、镇东、镇夷、草河十堡拒守，相属千里”[21]。

“韩斌墓志铭”记载：“……戊子（成化四年，1468 年）春，改充副总兵官，分守开原，提督辽阳镇巡等官。会奏，仍移公（韩斌）为辽阳守，上可其请。己丑（成化五年，1469 年），……缘边自抚顺关抵鸭绿江，和其地势，创东州、马根单、清河、碱场、叆阳等五堡……立烽堠，实兵马，辟灌莽，广屯田，迄今虏不敢深入，而居民乐业，公之功也。”[22]

创立城堡的同时，还修建了长城墙壕。《朝鲜李朝实录》记载，成化五年六月，朝鲜官员奏报：“（辽东）都司言，自今年四月去辽东五十里松鹘山，东自抚顺千户所，筑长墙至贵国碧潼江边而止。每三十里营一大堡，常令军马三、四百戍御，又于十里设烟墩，候望贼变……”[23]“自辽东至我国境筑长墙，设五堡，分定军人。又设指挥及都提调以守长墙。其五堡：一曰东州堡，距辽东二日程，守护正军七百，余丁七百；二曰马根单堡，距东州二日程，军数与东州同；三曰清河堡，距马根单一日程，其军数亦同；四曰碱阳堡（碱厂堡），其军数亦同；五曰叆阳堡，与我国昌城相对，距碱阳一日程，守护正军一千，余丁一千。长墙自东州至碱阳，或以石或以土筑之。自碱阳之叆阳，今年燔甓以筑……”[24]“见长墙之界，川溪则以木石交构作沟，墙高六尺，广四尺。平地则以木交置，广百余尺。南距十余里高峰筑烟台，用木交积，高八尺，四面各十三尺，台上造板屋，高五尺。烟台相距或二十余里，或十五余里。”[25]

据此可知，成化三年（1467年）东征建州女真之后，“恐班师后逃遁余贼复为边患”。明朝从成化五年（1469年）起，在辽阳迤东，北迄抚顺千户所，南至叆阳堡的区域，创建东州、马根单、清河、碱场、叆阳五座城堡，并立烽燧、筑“长墙”（即长城），构筑起“城堡以容兵众、墩台以明瞭望、壕墙以制冲突”的长城防御体系。

建州三卫“名为屏蔽，而叛服不常，得利则朝，失利则寇。又与海西女直联络杂处最难防御”，屡犯清河、碱厂、叆阳等辽东东路辽阳地方，“辽东土人屡经残掠，含怒切齿思报其仇”。成化十五年（1479年），命抚宁侯朱永佩靖虏将军印充总兵官，以太监汪直监督军务，再次讨伐建州女真[26]。“运银五万两于辽东，以备边储，时将有事于建州故也。”[27]并“命朝鲜国王李娎出兵夹击建州女直”[28]。此战，明军“分为五路出抚顺关。半月抵其境，贼据险迎敌，官军四面夹攻，且发轻骑焚其巢穴，贼大败。擒斩六百九十五级，俘获四百八十六人，破四百五十余寨，获牛马千余，盔甲军器无算”[29]。朝鲜兵“斩首一十六级，生擒男妇共一十五名，获马二匹、牛一十四头，射杀头畜，焚烧庐舍，收其家产……”[30]。

鉴于叆阳堡以北关防甚严，女真部落无隙可乘。而凤凰山南北戍御疏虞，明朝“拟欲甜水站、草河口子、凤凰山等处设大小镇筑城，移内地不紧镇卫军马，复设八站以严防戍”[31]。

成化十七年（1481年）六月“癸酉，筑辽东凤凰山等处城堡。初朝鲜国使还，路经凤凰山为建州野人所掠。奏乞于旧路以南新开一路以便往还。诏下守臣议。至是，巡抚辽东都御史王宗彝等奏凤凰山前后实虏寇出没要途，距辽阳三百余里，其间土地广漠，旧无烽堠，请自山之东北至叆阳间筑墩台一十三座；自通远堡东南至沿江间筑墩台二十二座；距山之西北一十五里旧有古城遗址，于此筑立一堡名为凤凰城，屯驻军马一千；距城西六十里曰斜烈站筑立一堡名镇宁堡；距站之西北六十里曰新通远堡之南筑立一堡名宁夷堡；各屯驻军马五百以为凤凰城声援，如此则自辽阳直抵朝鲜，烽堠联络，首尾相应，一以拒虏贼东南之窃掠，一以便朝鲜使臣之往来。奏下兵部请改镇宁堡为镇东，宁夷堡为镇夷。余悉如所奏从之”[32]。

《辽纪》记载：成化十七年夏六月“朝鲜国王李娎奏……请于东八站迤南另开新路，以便行李。事下边镇评议。于是，都督同知缑谦等议言：……自凤凰山至叆阳设墩一十三座，自通远堡东南沿江设墩二十二座，分布军马，措置刍积，以防护往来。自鸭绿江西至凤凰山约计百里中有汤站，堪以立堡为凤凰城前锋，以便栖止。疏入许之”[33]。

据此可知，成化十七年明朝决定将辽东长城东段从叆阳堡向南延伸至鸭绿江，“自辽阳直抵朝鲜，烽堠联络，首尾相应，一以拒虏贼东南之窃掠，一以便朝鲜使臣之往来”[34]。在凤凰山西北十五里筑凤凰城堡，凤凰城堡西北六十里又立镇宁堡（后改名镇东堡），镇宁堡西北六十里再立宁夷堡（后改名镇夷堡），又在鸭绿江和凤凰山之间立汤站堡。并在沿线增置烽燧 45 座。

至此，以成化间创立的东州堡、马根单堡、清河堡、碱厂堡、叆阳堡、镇夷堡、镇东堡、凤凰城堡、汤站堡和洪武十三年（1380 年）设立的草河堡[35]为支撑的明辽东长城东段才最终完成。它既是明代这一区域最早修建的长城，亦是辽东镇长城最晚修筑的段落，它的告竣才使始建于正统二年（1437 年）的明辽东长城完成闭合。

这一时期辽东长城东段的走向是，东迄鸭绿江，沿今国道丹霍线（G304）向西北，历汤站堡、凤凰城堡、镇东堡，至镇夷堡后折向东北，沿今省道张庄线（S203）东行，历草河堡，至洒马吉堡后再折向东南，沿县道北（台镇）叆（阳镇）线至叆阳堡，又折向西北，沿今省道铁长线（S202）向北，过太子河—鸭绿江分水岭，历碱厂堡，至太子河右岸的清河堡。

通观辽东长城东段，叆阳堡至鸭绿江之间的长城防线设于元代“东八站”一线。这样的布局置叆阳堡于长城防线的突出部。叆阳堡北距碱厂堡一百二十里，西北距洒马吉堡六十里，西南距凤凰城堡一百四十里，策应维艰，后援难继，屡遭敌寇。明朝认识到这一缺陷，并予以补救，即在叆阳堡和凤凰城堡之间添置了新安堡以为策应和后援。

关于新安堡的创立时间，文献中虽不见明确记载，却有线索可寻。《明武宗实录》记载：正德十二年（1517 年）二月“治虏入清河、新安二堡失事罪。都指挥王宣及指挥耿铎、郑钺等俱逮治，副总兵孙文夺俸三月，太监赵英姑宥之”[36]。可见，新安堡创建的时间应在正德十二年之前。《辽纪》又载：正德四年（1509 年）冬十二月御史赵应龙条陈边务“叆阳堡至凤凰城一百四十里……沿江墩去汤站堡九十里、凤凰城二百里……臣阅得李宽老营为诸堡适中之地，堪立堡以便策应辽阳六卫……”[37]。新安堡的地理位置正当凤凰城堡和叆阳堡之中。可见，新安堡应创建于正德四年十二月后至正德十二年二月前。从长远看，新安堡的增置，虽未改变辽东长城东段的走向，却为后来嘉靖朝在这一区域的展拓和长城防线东移提供了据点。

二、辽东长城东段的首次东移

明朝中叶，蒙古鞑靼部兴起，至俺答汗时势力强盛，屡犯北境。女真部落在“成化东征”后经过半个世纪的恢复、发展，势力逐渐壮大，屡寇辽边。嘉靖时期，明朝辽东面临西控“北虏”，东御“东夷”的两线压力，防务日重。而辽东边备久弛，巡抚辽东都御史李承勋实地查得“边墙处处倒塌，墩台仅存颓垣，是边防之狼狈，不独开原一处为然也”[38]。

正德十六年（1521年）十一月，鉴于“辽东边备久弛……墙堡墩台颓圮殆尽”，从巡抚都御史李承勋所请，命户部拨银修复[39]。从兵部所议，恐“诸夷”乘辽东修筑墙堡之虚寇边，差遣刑科给事中刘穆赍敕抚谕辽东“诸夷”“布示恩信”宽宥其寇边之罪，并“与镇巡等官议修边防寇事宜，小者自决大者驿闻”[40]。嘉靖四年（1525年），“辽东议修边墙未及四年又以积雨颓坏”，张琏等复请修筑，朝廷准请，令“酌量缓急以渐修理，务令坚厚经久，不许卤莽徒费财力”，并拨工费银13万两[41]；嘉靖二十二年（1543年），准孙禬所请，修开原等处长城[42]，次年成[43]；嘉靖二十五年（1546年），准辽东巡抚于敖奏请，南迄铁场堡，北抵小虹螺山台，修浚墙濠45000余丈，墩台150余座，至于皆阴障（背阴障）当永安堡、三山营之中，并“发太仓银三万六百两于辽东修边”[44]，历三年“修筑墙垣墩台工浚”[45]。

在调整、强化辽东西线和北线长城防线的同时，明朝着手调整辽东长城东段的防御。

嘉靖二十二年四月，给事中林庭坣上言边政，建议“移要害以利防御。请移汤站堡于小宽佃，移凤凰城于宽佃子，使首尾易于应援”。建议升叆阳守备为叆阳参将统辖东州等八堡，不再受辽阳副总兵节制，以彼此策应。朝廷决定不设叆阳参将，但将东州等八堡改隶叆阳守备，仍听辽阳副总兵节制[46]。

嘉靖二十三年（1544年）十一月，巡按御史贾大亨之议：“改东州、马根单二堡隶辽阳副总兵。其凤凰城、泗（洒）马吉、新安、汤站、镇东、镇夷、草河、清河、碱厂等十堡分隶叆阳守备兼管。以二堡近辽阳而，守备专制十堡便于统驭。”[47]

嘉靖二十五年七月，辽东巡抚于敖奏：“东州堡去汤站堡相隔八九百里，独有叆阳守备一人，卒三千人，墩堡疏旷，救援不及，兵力寡弱，策应为难。乞于散羊谷（峪）、一堵墙、孤山、险山、江沿台等处因水石之利以增墩堡，掣散缓之兵，以实戎行。且随山斩伐，因地耕种，瞭守益明，住牧可久。”朝廷准许，并令总兵张凤督建[48]。《全辽志》亦有载，与散羊峪堡、一堵墙堡、孤山堡、险山堡、江沿台堡同时修建的还有北路开原地方的彭家湾堡和李屯堡[49]。

综合以上文献记载，从嘉靖二十五年起，明朝在东州堡和汤站堡之间增置墩堡，为辽东长城东段首次向东展拓。在马根单堡和清河堡之间增设散羊峪堡、在清河堡和碱厂堡之间增设一堵墙堡、在碱厂堡和叆阳堡之间增设孤山堡，仅是对既有长城防线的强化，长城走向未有变动。而在新安堡以南增设险山堡和江沿台堡，则改变原有的长城走向，将原来的新安堡—镇东堡—凤凰城堡—汤站堡一线的长城东移至新安堡—险山堡—江沿台堡一线。从此，江沿台堡取代汤站堡成为明辽东长城东段第一堡。其大致走向是，东迄鸭绿江叆河口的虎山，沿今宽甸满族自治县和凤城市行政界向北，历江沿台堡、宁东堡、险山堡、新安堡、叆阳堡，过太子河—鸭绿江分水岭，历孤山堡、碱厂堡、一堵墙堡，至太子河右岸的清河堡。

嘉靖四十三年（1564年）九月，从巡抚辽东都御史王之诰奏请，在险山堡和江沿台堡之间修媳妇山废堡，改名宁东堡，发军戍守，并择“高阜之地设木墩传报”[50]。

嘉靖四十四年至四十五年（1565～1566 年），明朝采纳巡按辽东御史李辅之奏议，调整、加强辽东镇东南部的长城防线。其一，徙江沿台堡于康家哨旧江沿台处，拨汤站堡部分守军并入江沿台堡，并设备御官一员，与叆阳守备为险山参将之东、西两翼，以成犄角之势；其二，在险山堡东三十里增设大佃子堡，并分兵屯种防守；其三，将定辽右卫从辽阳城徙治于凤凰城堡，并添设左、右、中千户所[51]。

嘉靖末年，明朝对首次东移的辽东长城东段进行调整，即宁东堡和大佃子堡的添置、江沿台堡的移置、定辽右卫的徙治，只是对东移后的辽东长城东段叆河沿线险山堡和江沿台堡之间防线的强化，并未改变长城的走向。

三、辽东长城东段的再次东移

万历初年，冲龄践祚的明神宗在首辅张居正辅佐下推行新政，励精图治。但北境边防日重，"辽东孤悬一隅，两河千里。朵颜夷人、建州、海西诸虏虽通贡市每肆鼠窃；土蛮诸部窥伺垂涎，岁无宁日"[52]。在此背景下，明朝着手全面整饬辽东边防。

明神宗万历元年（1573 年）七月，"辽东全镇修完城堡一百三十七座，铺城九座，关厢四座，路台、屯堡、门角、台圈、烟墩、山城一千九百三十四座，边墙二十八万二千三百七十三丈九尺，路壕二万九千九百四十一丈，俱各坚固足堪经久，因叙督抚镇道诸臣劳绩并请给前项工程银一万六千九百一十两得报。巡抚张学颜、总兵李成梁、兵备李松、参将马文龙等各升赏有差"[53]。万历二年（1574 年）二月，"蓟镇督抚刘应节等题修筑辽东西台墙共七百九十一里，调军夫一万，匠役六百，扣算须四十余年报完，用官银四十余万。兵部覆，该镇勘估先造土墙，乃甃之甎，又筑之台，又为之铺，边长工钜，为力甚难。莫若先举台工，计地百丈，建台一座，如昌平镇之制空心实下，庶可经久，两台之间止用砖与乱石为墙，盖有台可据，即墙未高厚亦可限隔，先修宁前西接石门一带，次及锦义广宁以东。其工程冲缓钱粮军夫等项再行该镇估计会奏。从之"[54]。万历二年五月，"兵部覆蓟辽督抚刘应节等题，估勘宁前应修台工三百九十六座，又先修土堡一十一座，墙三万九千六百七丈，议用银一十二万余两，必二十年方完。较原议似若少省，计完限尤属甚迟，各官复就中酌量缓急止修台三百座，故计费止用银三万两，计成则五年可完，但修工军三千人每年筑台六十座，似为大劳，每台增估银一百两亦似不足，欲成大计岂惜小费？合于原估外，每台加顾夫银一百二十两，如保镇例准将广宁库贮夫丁银一万二千两先行动支，不敷银一万八千两，照户七兵三事例，其雇夫银三万六千两，本部动支马价分作三年解发报可"[55]。万历三年（1575 年）五月，鉴于"阅视蓟辽侍郎汪道昆、刘应节等累有修筑宁前一带台墙之议，部覆以边长费钜，议修台而不修墙"。总督侍郎杨兆复议以谓："台而不墙与无台同，墙不坚厚与无墙同。且台而不墙，壁垒无依，无以防虏，亦无以台为也。审时度势，必台墙兼举，且言宜允任宁前副使李松以重责成，于是部议覆听焉。"[56]

在此背景下，阅视蓟辽保定等处边务、兵部右侍郎汪道昆于万历元年八月奏议“辽东善后六事”，建议在辽东镇东南端开拓障塞，移建六堡。“开障塞。臣阅辽阳迤东，据总兵官李成梁揭议移建六堡，其一为孤山堡，其五皆属险山。夫孤山去叆阳堡百里间，日与洒马吉堡、碱厂堡尤近，先年建堡于此，添设提调戍之。……去堡东三十里，有沃土一区，地名张其哈喇佃子……其地当虏四冲，扼虏温洞之口，则叆阳、洒马吉、碱厂皆为内地。请以孤山堡军移建于彼，则南赴叆阳仅五十里，北赴碱厂仅三十里，非惟声援易，及重以肥衍可耕，则皆戍守之利也。险山最为极边，东南接宁东堡、江沿台，东接大佃子堡，东北接新安堡、叆阳、洒马吉。先任巡抚王之诰建议特设参将，驻守险山，由是虏患少纾，诚为得策。顾五堡亦皆内地，地乃不毛，军无可耕，难与持久。出险山一百八十里，亦得沃地五区：曰宽佃子、曰长佃子、曰双墩儿、曰长岭、曰散等，皆为边冲。塞外地曰松子岭、曰干滩子、曰短错江、曰十岔口、曰青崖子、曰文大人营、曰锅儿听、皆虏冲也。巡抚王之诰先议筑宽佃子堡以驻参将，则其本谋，缘力诎时艰，草昧难于经始，拓故堡以安新集，渐次图之，积有岁时，及今乃可从事。请仍以险山参将部军移建宽佃子，以扼松子岭、干滩子二冲；江沿备御部军移建长佃子，以扼短错江，仍以守堡官领军百名应接朝鲜贡道；宁东堡军移建双墩儿，以扼十岔口、青崖子、文大人营三冲；新安堡军移建长岭，以扼锅儿听；大佃子堡移建散等，接应长佃子。各堡互相联络，远者七八十里，近者五六十里。凡此，昔皆林箐幽翳虏可蔽形，出没无时，远戍莫能追捕，今则门庭御寇，其险与我共之，且土地饶，军食可渐给。视旧五堡，尤为得所依焉，加以孤山则六堡矣。计以旧堡遗之附近居民，新工取之各堡军力，治陶于舍，采木于山，其或军力不敷，听拨回部协济。……臣随会巡抚张学颜亦符其议。比臣阅视，当场面诘险山各部官军，一闻迁移，莫不称便。窃惟地利之肥硗、地形之夷险业已相悬；工料之易办、人心之乐从又复相副。且主将力任其事，抚臣谋亦佥同，况用银粮不多。是役也、中国无亡矢遗镞之劳，一举而拓边一百八十里，何利如之？”[57]朝廷同意并施行[58]，并“发太仓银……四千一百二十两于辽东，为前修筑敌台移建堡城支用”[59]。

万历二年（1574年）八月，因王台、土蛮部落窥伺，边防吃紧，“暂停孤山、江沿台、宁东、新安、大佃子六堡移建于长岭等处工役”[60]。不久，在辽东总兵李成梁攻剿建州女真王杲部落告捷，“王台部落以唇亡而丧胆，环辽诸酋以观衅而寝谋”[61]。之后而复工。

次年，即万历三年（1575年）正月，明朝着手筹划新、旧长城防线的移防，并在后勤保障方面给予土地政策上的优待。兵部覆阅视蓟辽保定边务兵部右侍郎汪道昆议：“将孤山堡军移驻张其哈剌佃子，险山参将部军移驻宽奠子，江沼（沿）台备御部军移驻长佃子，宁东堡军移驻双堆儿，新安堡军移驻长岭，大佃子军移驻散等，各修筑城堡，久任副使翟绣裳以董其事。而宽奠控五堡之中尤为要地，参将傅廷勋量加副总兵职衔，管参将事，以重责成。”[62]户部覆奏蓟辽总督侍郎杨兆条陈筑宽奠子等六堡未尽事宜二事：“一谓军夫修作塞外，远赴良苦，议重加口粮盐酱。一言各堡山林丛密，土地膏腴，堡成之日，先尽移住军士，每军给地五十亩，听其开垦、耕种，永不起科。将官堡官养廉菜地量行拨给，不许多占，有剩余地方许军丁及附近居人给帖领种三年。之外照屯田纳粮事例起科，以备军士月粮支用，通造总册送部以备稽查。”[63]

随着新建城堡告竣，守军的移防也随之展开。将孤山堡及其守军移防至张其哈喇佃子，即孤山新堡；将险山堡及险山参将所部移防至宽奠子，即宽奠堡；将江沿台堡及其守军移防至长佃子，即长奠堡；将宁东堡及其守军移防至双堆儿，即永奠堡；将大佃子堡及其守军移防至散等，即大奠堡。因宽奠堡地处要冲，以原险山参将领加副总兵职衔任宽奠参将，统辖六堡防务。至万历四年（1576 年），宽奠六堡的移建最终完成[64]。

《创筑大奠堡记》碑文对大奠堡的修筑有详细的记载：“大佃子堡境外一百二十里，地名散等，系东胡分犯要地……当移大佃子堡于此地，以扼掳冲……修筑始于万历三年三月初十日，终于本年十月二十日。城高连垛口二丈五尺，底厚二丈，收顶一丈，周围四百三十丈，门角敌台一十二座，俱用砖石包砌……迁大佃子堡官军四百四十四员名于内……沿边建瞭守台八座……堡成之日，易以今名。东南至永奠、长奠二堡俱六十里，北至新奠堡八十里，西至险山旧堡六十里。”[65]

《创筑孤山新堡记》碑文记载：“旧孤山堡沿河东北三十里，地名张其哈喇佃子，系东胡分犯要地……当移孤山堡于此地，以扼掳冲……清河守备王惟屏筑堡移兵，惟畏惮劳，伪呈不便。在旧堡（即孤山堡）东北十里建新堡。始于万历二年五月十一日，终于万历三年八月三十日。城高连垛口二丈五尺，底厚二丈，收顶一丈，周围三百六十丈，门角敌台九座，俱用砖石包砌……迁孤山旧堡官军一百七十三员名于内……沿边建瞭守台五座……堡成之日，易以今名……因有违原议，坐惟屏以罪，而各官俱不与赏。然堡在两山之间，视旧堡据守为易……”[66]可见孤山新堡并未修建于张其哈喇佃子，在孤山旧堡东北三十里，而张其哈喇佃子则被置入塞外，沦为建州女真樵採地。万历三十八年（1610 年）春，努尔哈赤提出要退还张其哈喇佃子，而明朝欲在此建城堡时，熊廷弼实地勘察了张其哈喇佃子“乃是一山峡，起孤山堡迤东、北而插入建地中二十五里，宽不踰数十丈，窄仅十数丈，形如拗项瓠，有入无出，两旁皆高山峻壁，深林密菁。向属建夷樵採，虽云捷径西接碱厂三十里，东接叆阳五十里，并无立界起墩，且不通援道。若改堡于此地，以数十里据山口，断其外援，全堡皆为寇藉，我不能有也。奴酋以我不能有之地愚我”。故上疏建议朝廷张其哈喇佃子“不可堡而守也”[67]。

至此，明朝将嘉靖朝设置辽东长城东段的新安堡—险山堡—宁东堡—江沿台防线再次东移，构筑了清河堡— 一堵墙堡—碱厂堡—孤山新堡—叆阳堡—新奠堡—宽奠堡—大奠堡—永奠堡—长奠堡防线。其走向是东迄鸭绿江，沿今省道铁长线（S202）北行，历长奠堡、永奠堡、大奠堡，至宽奠堡折向西北，经新奠堡、叆阳堡，过太子河—鸭绿江分水岭，经孤山新堡、碱厂堡、一堵墙堡，至太子河右岸的清河堡。

随着宽奠六堡的移建和辽东长城东段的东移，明朝一劳永逸地解决了置叆阳堡处于防线突出部的格局。此后，再次东移后的辽东长城东段，一直被明朝坚守和经营，直至辽东镇河东地区失陷。

四、明末辽东长城东段的最后经营和终结

万历二十年（1592年）五月，获悉倭寇侵略朝鲜后，明朝严饬辽东、山东等沿海地方戒备，督、抚、道、镇等官严加整练，防御无致疏虞[68]，并令保定总兵倪尚忠移驻天津，总管二镇兵马以备倭[69]。作为属国，朝鲜世修职贡、事大以诚，加之朝鲜半岛与辽东一衣带水，唇齿相依。念及唇亡齿寒，户破堂危之理，行宗主国之大义以全藩属，明朝决定倾全国之力援朝抗倭。同年六月，"遣知兵文武大臣各一员，统领蓟、辽南北兵马直抵朝鲜，存属国以固门庭。"[70]此前，已命辽东抚镇发精兵应援朝鲜，并仍发年例银二十万给辽东镇备用[71]。援朝抗倭期间，辽东成为援朝抗倭战争的出兵前沿和战略后方[72]。

援朝抗倭战争严重消耗了明朝的国力，而辽东首当其害，加之万历二十二年（1594年）至二十七（1599年）年，辽阳、广宁、开原、铁岭、盖州等处地震灾害频发，使其边备废弛、民生凋敝，"辽左当倭虏交讧之后，矿税繁兴之日，譬之尫羸之夫，奄奄垂尽"，"东征调发，行伍空虚"。

蛰伏已久的蒙古察罕部乘隙屡犯辽东镇北路开原、东路辽阳西线、西路锦义、南路宁前等地。万历二十五年（1597年）八月，"辽阳副总兵李如梅从（铁岭卫）镇西堡出塞邀虏失利……"[73]之事奏闻朝廷；同年十二月，吏科左给事中杨廷兰奏："辽左残破已极……顷，东西二虏纠众十万，自塞外以至（沈阳中卫）静远堡，深入盖数百里，自初七以至十四，抢掠业将旬日……"[74]万历二十六年（1598年）四月，"虏寇辽东，总兵李如松远出捣巢，死之……以李如梅自朝鲜驰还代任"[75]。万历二十七年（1599年）闰四月，"虏犯辽东，我师拒之出塞，然死伤多"，朝廷令辽东镇"宜加意防御，东征回还兵将简阅精勇惯战者分防要地，总督邢玠暂留辽阳……"[76]九月，沈一贯"揭报辽东义州虏警"[77]；十月，沈一贯"揭报辽左锦州虏警"[78]。万历二十八年（1600年），"虏寇"入犯南路宁前地方东关驿[79]。万历三十三年（1605年）六七月，锦州大茂堡、戚家堡遭劫掠[80]。万历二十九年（1601年）三月，因"戎务尽弛，战守无资，辽事大坏"，从大学士沈一贯之请，启用"镇守辽东二十年，虏人畏服"的李成梁，令其"以原官挂印镇守辽东"[81]。

辽东镇东部塞外的女真部落在与明朝辽东和属国朝鲜的交往中不断壮大。万历十一年（1583年），因祖、父被明朝误杀，建州女真首领努尔哈赤以十三副遗甲衔恨起兵[82]。此后逐渐剪灭建州女真苏克苏护河、哲陈、完颜、浑河、董鄂五部。明朝边政失策，不事弹压，反对其推行安抚、羁縻政策。万历十七年（1589年）九月，逐渐鸱张的努尔哈赤被明朝授予都督佥事之职[83]，又封龙虎将军[84]。在援朝抗倭期间，朝鲜受战争的摧残，实力被严重削弱，解除了建州女真的后顾之忧。明朝忙于朝鲜战事无暇内顾，加之辽东凋敝，无力进剿，又为建州女真坐大提供了可乘之机。万历十九年（1591年），灭女真

长白山、鸭绿江部[85]。万历二十一年（1593 年），大败海西女真叶赫、辉发、哈达、乌拉、嫩河科尔沁蒙古、锡伯、卦勒察、珠舍哩、纳殷九部联军，“杀其兵四千，获马三千匹，盔甲千副，满洲（建州女真）自此威名大震”[86]。

建州女真在辽东东路“抚顺、清河、宽奠、叆阳四处关口互市交易，以通商贾。因此，满洲民殷国富”[87]。而宽奠等六堡，“逼邻东虏，汉夷接壤”，成为错居之地，争扰不断。万历三十四年（1606 年），辽东巡抚赵楫和辽东总兵官李成梁以宽奠等处六城堡孤悬，“……虑其遂开边衅也，锐然以招抚为事。专委废将韩宗功，而宗功实成梁子壻（婿），纳建酋（努尔哈赤）重贿。凡种地之家，概作逃民，户给免帖，逼还故土……于是室房积聚焚略一空，膏腴复为瓯脱”[88]。朝廷受其蒙蔽，以罪为功，嘉赏李成梁、赵楫、蹇达等官[89]。这一谬举很快遭到兵科给事中宋一韩[90]和巡按御史熊廷弼[91]等的严词弹劾。

尽管被斥责“弃地啗虏”，但从后来的史料记载看，李成梁、赵楫仅是将生活在宽奠六堡周边的居民强行迁徙至故土，而在军事防御上并未弃守。其一，统辖宽奠等六堡的军政长官——宽奠参将、负责宽奠堡本城防务的宽奠游击等官职并未撤销。万历三十六年（1608 年）六月，“允辽东督抚会题，革宽奠参将伊添爵任，下巡按提究，以李泽补其缺”[92]。同年十一月，又“以克军殃民罪革宽奠参将李泽任，仍行巡按御史提问”[93]，“以镇清参将王臬为宽奠参将”[94]。万历四十三年（1615 年）十月，“命宽奠参将倪承勋实授宁远参将……刘士英量升参将职衔管宽奠游击事”[95]。在明金萨尔浒之战中，“东南以宽奠为一路，从凉马佃出边，以总兵刘綎为主将，管宽奠游击事”[96]。其二，明朝从未放弃对辽东长城东段宽奠六堡的城堡、墩台等设施的修葺。万历三十六年（1608 年），受熊廷弼檄令，宽奠参将李泽“新包大奠、草河堡城二座，宽奠城南关一座……”[97]。万历三十七年（1609 年），熊廷弼全面整修全辽沿边城堡台墙时，准许“重包过大奠堡一座，周围四百三十丈，高连垛头二丈五尺，改券西城门一座，西门楼与腰角台楼共十二间，铁裹城门二扇……又挑过围堡壕堑一道，周围五百三十丈，深、阔各一丈五尺……又宽奠创起钟楼一座……本城腰敌台八座，东关门台一座，南、北二面敌台三座，角台四座……”，“包修长奠堡一座，周围连腰角台共四百三十丈，内外城门二座，俱高连垛头二丈五尺，裹门庭房三间、腰角台、更房六间……”，“补修孤山堡城东北角台一座、墩台七座”[98]。

万历四十六年（1618 年）四月十五日，后金攻克抚顺千户所城和东州、马根单二堡[99]；七月二十二日，入鸦鹘关，克清河堡，毁一堵墙、碱场二堡，叆阳、宽奠闻风溃散[100]。万历四十七年（1619 年）二月，明朝号称四十七万的四路挞伐之师，被后金各个击破，三路败绩，一路退回，从此明金攻守易位[101]。同年六月十六日，入广顺关，陷辽东镇北路屯兵城—开原城[102]。同年七月二十五日，破铁岭卫城[103]。天启元年（1621 年）三月十日，破沈阳中卫城[104]。天启元年（1621 年）三月二十一日，明朝经营 250 余年的全辽政治、军事中心辽东都指挥使司城兼东路屯兵城——辽阳被攻克[105]。随着辽阳及其迤北的沈阳、铁岭、开原等辽东重镇的失陷，包括在明辽东长城东段沿线的孤山、洒马吉、叆阳、新安、新奠、宽奠、大奠、永奠、长奠、汤站、凤凰城、镇东、镇夷、草河等70余座辽东河东地区城堡的官民俱薙发降金[106]。至此，始建于成化五年（1469年）、经营150余年、经历两次迁徙的明辽东长城东段结束了其历史使命。

注　释

［1］辽宁省文物局：《辽宁省明长城资源调查报告》，文物出版社，2011年，453～455页。

［2］《明神宗实录》卷之四百五十六，国立北平图书馆红格钞本，中研院历史语言研究所校印，8595～8597页（后引《明实录》均为此版本，不再一一注明版本信息）；（明）熊廷弼：《与刘义斋道长·东西虏情》，（明）熊廷弼：《熊经略集》一，（明）陈子龙等：《皇明经世文编》卷四百八十，《四库禁毁书丛刊》编纂委员会：《四库禁毁书丛刊》集部第二九册，影印明崇祯云间平露堂刻本，北京出版社，1998年，426～427页；（明）熊廷弼：《议屯田修边疏》，万历三十七年七月十九日，（明）熊廷弼：《按辽疏稿》卷之三，明刻本，《四库禁毁书丛刊》编纂委员会：《四库禁毁书丛刊》史部第九册，北京出版社，1998年，464～474页。

［3］辽宁省文物局：《辽宁省明长城资源调查报告》第二章，文物出版社，2011年，15、77页。

［4］刘明、陈山、熊增珑：《铁岭市东北部明辽东长城研究——兼论明辽东长城的始建时间》，《边疆考古研究》（第11辑），科学出版社，2012年，304页。

［5］（明）申时行等修、（明）赵用贤等纂：《大明会典》卷之一百七，万历四年刊本，《续修四库全书》编纂委员会：《续修四库全书》七九一《史部·政书类》，上海古籍出版社，2002年，92页；（明）茅瑞征：《东夷考略·女直通考》，郑振铎：《玄览堂丛书》初辑，正中书局，1981年，16页；（明）魏焕：《皇明九边考》卷第二《辽东镇·边夷考》，嘉靖刻本，王德毅：《丛书集成续编》第二四一册，新文丰出版公司，1989年，670页；（明）严从简、余思黎点校：《殊域周咨录》二十卷《女直》，《中外交通史籍丛刊》，中华书局，1993年，744页；（明）彭孙贻：《山中闻见录》卷九《东人志·女直考》，《清入关前史料选辑》（第三辑），中国人民大学出版社，1991年，138页；（明）天都山臣：《女直考》，清钞本，上海图书馆藏，《四库禁毁书丛刊》编纂委员会：《四库禁毁书丛刊》史部第三十六册，北京出版社，1998年，421页。

［6］（明）韩斌：《辽东防守规画》；（明）任洛等：《辽东志》卷七《艺文志》，金毓黻：《辽海丛书》第一册，辽沈书社，1985年，456页；（明）茅瑞征：《东夷考略·女直通考》，郑振铎：《玄览堂丛书》初辑，正中书局，1981年，19页；（明）天都山臣：《女直考》，清钞本，上海图书馆藏，《四库禁毁书丛刊》编纂委员会：《四库禁毁书丛刊》史部第三十六册，北京出版社，1998年，第421～422页；吴晗：《朝鲜李朝实录中的中国史料》，中华书局，1980年，314、316页。

［7］《明英宗实录》卷之四十三，840～841页；吴晗：《朝鲜李朝实录中的中国史料》，中华书局，1980年，405～406页。

［8］《明宣宗实录》卷之一百十，2466页；吴晗：《朝鲜李朝实录中的中国史料》，中华书局，1980年，373页。

［9］《明英宗实录》卷之七十一，1383～1384页；吴晗：《朝鲜李朝实录中的中国史料》，中华书局，1980年，415～418页。

［10］《明英宗实录》卷之八十九，1791～1792 页；吴晗：《朝鲜李朝实录中的中国史料》，中华书局，1980 年，415～418 页。

［11］（明）茅瑞征：《东夷考略・女直通考》，郑振铎：《玄览堂丛书》初辑，正中书局，1981 年，43～44 页；（明）王在晋：《三朝辽事实录》总略，《续修四库全书》编纂委员会：《续修四库全书》四三七《史部・杂史类》，上海古籍出版社，2002 年，34～35 页；（明）冯瑗：《开原图说》卷上《开原控制外夷图》，明万历间刊本，郑振铎：《玄览堂丛书》初辑，正中书局，1981 年，326 页；（明）彭孙贻：《山中闻见录》卷十《东人志・海西》，《清入关前史料选辑》（第三辑），中国人民大学出版社，1991 年，142 页。

［12］《明英宗实录》卷之二百九《废帝郕戾王附录第二十八》，4500 页。

［13］《明宪宗实录》卷之三十四，688 页。

［14］《明宪宗实录》卷之四十四，898～899 页。

［15］《明宪宗实录》卷之四十二，865 页；（明）赵辅：《武靖侯赵辅征讨建州诸夷纪略》，（明）任洛等：《辽东志》卷七《艺文志》，金毓黻：《辽海丛书》第一册，辽沈书社，1985 年，456～457 页；（明）赵辅等：《平夷赋》，（明）李辅等：《全辽志》卷六《艺文志下》，金毓黻：《辽海丛书》第一册，辽沈书社，1985 年，679～680 页；（明）谈迁：《国榷》卷三十五，中华书局，1958 年，2240 页；吴晗：《朝鲜李朝实录中的中国史料》，中华书局，1980 年，579～582 页。

［16］《明宪宗实录》卷之四十七，975～977、980～981 页。

［17］（明）谈迁：《国榷》卷三十五，中华书局，1958 年，2242 页。

［18］吴晗：《朝鲜李朝实录中的中国史料》，中华书局，1980 年，586 页。

［19］《明宪宗实录》卷之四十八，985～986 页。

［20］（明）韩斌：《辽东防守规画》，（明）任洛等：《辽东志》卷七《艺文志》，金毓黻：《辽海丛书》第一册，辽沈书社，1985 年，456 页。

［21］（明）李辅等：《全辽志》卷四《人物志・韩斌》，金毓黻：《辽海丛书》第一册，辽沈书社，1985 年，626 页。

［22］（明）贺钦：《医闾先生集》卷四《明故镇国将军辽东副总兵韩公墓志铭》，金毓黻：《辽海丛书》第二册，辽沈书社，1985 年，1087～1089 页。

［23］同［18］，596 页。

［24］同［18］，603 页。

［25］同［18］，599～600 页。

［26］《明宪宗实录》卷之一百九十五，3437～3438 页。

［27］《明宪宗实录》卷之一百九十五，3441 页。

［28］《明宪宗实录》卷之一百九十五，3443～3444 页。

［29］《明宪宗实录》卷之一百九十七，3471～3472 页。

［30］同［18］，658～659 页。

［31］同［18］，654～655 页。

［32］《明宪宗实录》卷之二百十六，3757～3758 页。

[33]（明）田汝成:《辽纪》，金毓黻:《辽海丛书》第四册，辽沈书社，1985年，2572页。
[34]《明宪宗实录》卷之二百十六，3758页。
[35]（明）任洛等:《辽东志》卷一《地理志・沿革・辽阳・东宁卫》，金毓黻:《辽海丛书》第一册，辽沈书社，1985年，353页;（明）李辅等:《全辽志》卷一《沿革志・辽阳・东宁卫》，金毓黻:《辽海丛书》第一册，辽沈书社，1985年，532页。
[36]《明武宗实录》卷之一百四十六，2847页。
[37]（明）田汝成:《辽纪》，金毓黻:《辽海丛书》第四册，辽沈书社，1985年，2576页。
[38]（明）李承勋:《李康惠公奏疏》一《辽东据处残破疏略边城疏略》，（明）陈子龙等:《皇明经世文编》卷之一百，明崇祯云间平露堂刻本，四库禁毁书丛刊编纂委员会:《四库禁毁书丛刊》集部第二三册，北京出版社，1998年，314～316页。
[39]《明世宗实录》卷之八，288～289页。
[40]《明世宗实录》卷之八，314页;《明世宗实录》卷之九，347页。
[41]《明世宗实录》卷之五十六，1351页。
[42]《明世宗实录》卷之二百八十一，5474～5475页。
[43]《明世宗实录》卷之三百，5705页。
[44]《明世宗实录》卷之三百十，5822、5825页。
[45]《明世宗实录》卷之三百五十三，6366～6367页。
[46]《明世宗实录》卷之二百七十三，5371～5372页。
[47]《明世宗实录》卷之二百九十二，5606页。
[48]《明世宗实录》卷之三百十三，5868页。
[49]（明）范鏓:《增建河东七堡记》，（明）李辅等:《全辽志》卷五《艺文志上》，金毓黻:《辽海丛书》第一册，辽沈书社，1985年，651～652页。
[50]《明世宗实录》卷之五百三十八，8723～8724页。
[51]《明世宗实录》卷之五百五十三，8900～8901页;《明世宗实录》卷之五百五十八，8971～8972页;（明）李辅:《补议经略东方未尽事宜以安边境疏》，（明）李辅等:《全辽志》卷五《艺文志上》，金毓黻:《辽海丛书》第一册，辽沈书社，1985年，665页。
[52]《明神宗实录》卷之三，67～69页。
[53]《明神宗实录》卷之十五，461～462页。
[54]《明神宗实录》卷之二十二，589页。
[55]《明神宗实录》卷之二十五，631～632页。
[56]《明神宗实录》卷之三十八，890～891页。
[57]（明）汪道昆:《汪司马太函集》一《辽东善后事宜疏》，（明）陈子龙等:《皇明经世文编》卷之三百三十七，明崇祯云间平露堂刻本，四库禁毁书丛刊编纂委员会:《四库禁毁书丛刊》集部第二七册，北京出版社，1998年，208～214页。
[58]《明神宗实录》卷之十六，481～482页。

[59]《明神宗实录》卷之十六，487 页。

[60]《明神宗实录》卷之二十八，686 页。

[61]《明神宗实录》卷之三十一，737 页。

[62]《明神宗实录》卷之三十四，789 页。

[63]《明神宗实录》卷之三十四，791～792 页。

[64]《明神宗实录》卷之五十三，1247 页。

[65] 王晶辰：《辽宁碑志》，辽宁人民版社，2002 年，445～446 页。

[66] 同 [65]，164～165 页。

[67]（明）熊廷弼：《东夷归疆起贡疏》，（明）程开祜：《筹辽硕画》卷之一，明万历刻本，王德毅：《丛书集成续编》第二四二册，新文丰出版公司，1989 年，64～67 页；（明）熊廷弼：《谨叙东夷归疆起贡疏》，万历三十九年三月十七日，（明）熊廷弼：《按辽疏稿》卷之六，明刻本，四库禁毁书丛刊编纂委员会：《四库禁毁书丛刊》史部第九册，北京出版社，1998 年，638～641 页。

[68]《明神宗实录》卷之二百四十八，4616 页。

[69]《明神宗实录》卷之二百四十八，4620～4621 页。

[70]《明神宗实录》卷之二百四十九，4644 页。

[71]《明神宗实录》卷之二百四十九，4630～4631 页。

[72]《明神宗实录》卷之二百五十三，4706～4707 页。

[73]《明神宗实录》卷之三百八，5750 页。

[74]《明神宗实录》卷之三百十七，5908～5909 页。

[75]《明神宗实录》卷之三百二十一，5969 页。

[76]《明神宗实录》卷之三百三十四，6199 页。

[77]《明神宗实录》卷之三百三十九，6303 页。

[78]《明神宗实录》卷之三百三十四，6199 页。

[79]《明神宗实录》卷之三百五十一，6583 页。

[80]《明神宗实录》卷之四百一十一，7694～7696 页。

[81]《明神宗实录》卷之三百五十七，6667～6668、6674 页。

[82]《清实录》第一册《满洲实录》卷一，中华书局，1987 年，32 页；《满洲实录》卷一，据旧钞本重印，国学文库第九编，1934 年，16 页。后引《清实录》《满州实录》均为此版本，不再一一注明版本信息。

[83]《明神宗实录》卷之二百一十五，4028 页。

[84]《清实录》第一册《满洲实录》卷二，80 页；《满洲实录》卷二，38 页。

[85]《清实录》第一册《满洲实录》卷二，77 页；《满洲实录》卷二，37 页。

[86]《清实录》第一册《满洲实录》卷二，87～99 页；《满洲实录》卷二，41～45 页。

[87]《清实录》第一册《满洲实录》卷二，73 页；《满洲实录》卷二，35 页。

[88]（明）宋一韩：《宋都谏奏疏》之《抚镇弃地啗虏请查勘以正欺君负国之罪疏》，（明）陈子龙等：《皇明经世文编》卷之四百六十七，明崇祯云间平露堂刻本，四库禁毁书丛刊编纂委员会：《四库禁毁书

丛刊》集部第二九册，北京出版社，1998年，263～265页。
[89]《明神宗实录》卷之四百二十四，8014页。
[90] 同[88]。
[91]《明神宗实录》卷之四百五十五，8591～8593页；(明)熊廷弼：《勘覆地界疏》，万历三十七年二月十三日，(明)熊廷弼：《按辽疏稿》卷之二，明刻本，四库禁毁书丛刊编纂委员会：《四库禁毁书丛刊》史部第九册，北京出版社，1998年，397～411页；(明)熊廷弼：《抚镇弃地啗虏疏》，(明)程开祜：《筹辽硕画》卷之一，明万历刻本，王德毅：《丛书集成续编》第二四二册，新文丰出版公司，1989年，85～93页。
[92]《明神宗实录》卷之四百四十七，8471页。
[93]《明神宗实录》卷之四百六十四，8747页。
[94]《明神宗实录》卷之四百六十四，8760页。
[95]《明神宗实录》卷之五百三十八，10224页。
[96]《明神宗实录》卷之五百七十九，10962～10966页；(明)杨镐：《恭报师期疏》，(明)程开祜：《筹辽硕画》卷之十六，明万历刻本，王德毅：《丛书集成续编》第二四二册，新文丰出版公司，1989年，528～533页。
[97] (明)熊廷弼：《亟处贪将疏》，万历三十七年十月初六日，(明)熊廷弼：《按辽疏稿》卷之三，明刻本，四库禁毁书丛刊编纂委员会：《四库禁毁书丛刊》史部第九册，北京出版社，1998年，500～503页。
[98] (明)熊廷弼：《修边举劾疏》，万历三十七年十二月十三日，(明)熊廷弼：《按辽疏稿》卷之四，明刻本，四库禁毁书丛刊编纂委员会：《四库禁毁书丛刊》史部第九册，北京出版社，1998年，532～540页。
[99]《明神宗实录》卷之五百七十九，10685～10687页；(明)李维翰：《黠虏计陷孤城疏》，(明)程开祜：《筹辽硕画》卷之三，明万历刻本，王德毅：《丛书集成续编》第二四二册，新文丰出版公司，1989年，116～119页；(明)薛三才：《奴酋计杀官兵疏》，(明)程开祜：《筹辽硕画》卷之三，明万历刻本，王德毅：《丛书集成续编》第二四二册，新文丰出版公司，1989年，125～126页；(明)谈迁：《国榷》卷三十五，中华书局，1958年，5115页；中国第一历史档案馆、中国社会科学院历史研究所译注：《满文老档》第二函·第六册，中华书局，1990年，55～59页；《清实录》第一册《满洲实录》卷四，198～202页；《满洲实录》卷四，93～98页。
[100]《明神宗实录》卷之五百七十二，10808页；(明)陈王庭：《建贼攻克清河疏》，(明)程开祜：《筹辽硕画》卷之九，明万历刻本，王德毅：《丛书集成续编》第二四二册，新文丰出版公司，1989年，351～353页；(明)杨镐：《权变移民以绝贼望疏》，(明)程开祜：《筹辽硕画》卷之十，明万历刻本，王德毅：《丛书集成续编》第二四二册，新文丰出版公司，1989年，364～365页；(明)谈迁：《国榷》卷三十五，中华书局，1958年，5122页；吴晗：《朝鲜李朝实录中的中国史料》，中华书局，1980年，3003页；中国第一历史档案馆、中国社会科学院历史研究所译注：《满文老档》第二函·第七册，中华书局，1990年，65页；《清实录》第一册《满洲实录》卷五，216页；《满洲实录》卷五，102页。

［101］《明神宗实录》卷之五百七十九，10962～10966 页；（明）杨镐：《恭报师期疏》，（明）程开祜：《筹辽硕画》卷之十六，明万历刻本，王德毅：《丛书集成续编》第二四二册，新文丰出版公司，1989 年，528～533 页；（明）谈迁：《国榷》卷八十三，中华书局，1958 年，5131 页；中国第一历史档案馆、中国社会科学院历史研究所译注：《满文老档》第二函・第七册，中华书局，1990 年，72～82 页；《清实录》第一册《满洲实录》卷五，225～253 页；《满洲实录》卷五，107～119 页。

［102］《明神宗实录》卷之五百八十三，10962～11101 页；（明）张延登：《罪己用人疏》，（明）程开祜：《筹辽硕画》卷之二十二，明万历刻本，王德毅：《丛书集成续编》第二四二册，新文丰出版公司，1989 年，732～734 页；（明）冯嘉会：《辽警迫近神京疏》，（明）程开祜：《筹辽硕画》卷之二十二，明万历刻本，王德毅：《丛书集成续编》第二四二册，新文丰出版公司，1989 年，735～736 页；（明）谈迁：《国榷》卷三十五，中华书局，1958 年，5139 页；中国第一历史档案馆、中国社会科学院历史研究所译注：《满文老档》第二函・第十册，中华书局，1990 年，93～94 页；《清实录》第一册《满洲实录》卷五，259～261 页；《满洲实录》卷五，122～124 页。

［103］《明神宗实录》卷之五百八十五，11181～11182 页；（明）谈迁：《国榷》卷三十五，中华书局，1958 年，5140 页；中国第一历史档案馆、中国社会科学院历史研究所译注：《满文老档》第二函・第十一册，中华书局，1990 年，102～103 页；《清实录》第一册《满洲实录》卷六，268～271 页；《满洲实录》卷六，127～129 页。

［104］《明熹宗实录》卷之八，378～380 页；（明）谈迁：《国榷》卷三十五，中华书局，1958 年，5188 页；中国第一历史档案馆、中国社会科学院历史研究所译注：《满文老档》第二函・第十九册，中华书局，1990 年，176～178 页；《清实录》第一册《满洲实录》卷六，308～310 页；《满洲实录》卷六，150～151 页。

［105］《明熹宗实录》卷之八，378～390 页；（明）谈迁：《国榷》卷三十五，中华书局，1958 年，5188～5189 页；中国第一历史档案馆、中国社会科学院历史研究所译注：《满文老档》第二函・第十九册，中华书局，1990 年，178～180 页；《清实录》第一册《满洲实录》卷六，322～329 页；《满洲实录》卷六，156～162 页。

［106］《清实录》第一册《满洲实录》卷六，328～329 页；《满洲实录》卷六，160 页。

附表一　辽东长城东段堡城名称位置对照表

序号	名称	位置
1	东州堡	抚顺县救兵镇大东村
2	马根单堡	抚顺县救兵镇马郡村
3	散羊峪堡	抚顺县救兵镇山龙村
4	清河堡	本溪满族自治县清河城镇清河城村
5	一堵墙堡	本溪满族自治县马城子村，观音阁水库
6	碱厂堡	本溪满族自治县碱厂镇碱厂村
7	孤山堡	本溪满族自治县碱厂镇孤山堡村
8	险山堡	凤城市东汤镇河西村北

续表

序号	名称	位置
9	宁东堡	凤城市东汤镇土城子村围子里
10	江沿台堡	丹东市振安区楼房镇东城村
11	镇夷堡	凤城市通远堡镇老堡村北砖城里
12	镇东堡	凤城市鸡冠山镇薛礼村中心街东部
13	凤凰城堡	凤城市凤凰城街道
14	汤站堡	丹东市振安区汤山城镇汤山城村
15	新安堡	凤城市石城镇石城子村后堡子自然村
16	草河堡	本溪满族自治县草河城镇草河城村
17	叆阳堡	凤城市叆阳城镇叆阳城村
18	洒马吉堡	凤城市赛马镇赛马村城里堡
19	大佃子堡	宽甸满族自治县杨木川镇土城子村
20	孤山新堡	本溪满族自治县东营坊乡新城子村
21	新奠堡	宽甸满族自治县青椅山镇赫甸城村
22	宽奠堡	宽甸满族自治县县城内
23	大奠堡	宽甸满族自治县永甸镇坦甸村
24	永奠堡	宽甸满族自治县永甸镇永甸村
25	长奠堡	宽甸满族自治县长甸镇长甸村

沈阳石台子山城 SIF1 灶址出土植物遗存分析

刘晓辰
（沈阳市文物考古研究所）

一、遗 址 背 景

沈阳石台子山城位于现在辽宁省沈阳市东北约 35 千米的辉山风景区内棋盘山水库北岸，地属长白山余脉哈达岭西麓的辉山丘陵地带，山城东、南两侧紧邻原浑河的支流蒲河（现为棋盘山水库），地势平坦开阔，西、北与群山相连。石台子山城城墙沿山体的自然走势修筑，西高东低，平面呈不规则的四边形，周长约 1384 米。山城发现于 1980 年，1988～1990 年辽宁省文物考古研究所和沈阳市文物考古研究所联合对其进行了调查和试掘，确定其时代为高句丽晚期。

1997 年 5 月～2006 年 10 月，辽宁省文物考古研究所会同沈阳市文物考古研究所，对山城进行了多次考古调查和发掘，发掘出保存较好的石筑城墙、城门、敌台、大型蓄水池、拦水坝、瞭望台、结构独特的排水系统、房址、灰坑等重要遗迹以及分布在山城外西、北部的同时期墓葬 60 余座，基本搞清了山城的范围、城墙结构、城门位置、城内布局和城外墓地等[1]。

山城的发现与发掘为研究高句丽晚期城址的基本特征、文化内涵提供了新的资料，对研究高句丽晚期历史及山城建筑具有非常重要的意义。

二、采样与浮选

沈阳市文物考古工作队在 1990～1991 年对石台子山城试掘中，发现一马蹄形烧土坑，推测为灶址，烧土坑内有许多燃烧过的谷物[2]。2006 年，沈阳市文物考古研究所对石台子山城部分遗迹进行了补充发掘，重新清理了 SIF1 内的灶址，提取了灶内遗留的炭化谷物[3]。限于当时的技术条件，并未对炭化谷物进行鉴定分析，土样保存在沈阳市文物考古研究所文物库房内。为了探讨石台子高句丽先民对植物的利用情况，2016 年 8 月，赤峰学院考古学实验室对当年采集的土样进行了浮选。浮选采用的是小水桶浮选法，收取炭化植物遗存的分样筛规格是 80 目（筛网孔径 0.2 毫米）。

浮选结果阴干后在赤峰学院植物考古学实验室进行了分类、植物种属鉴定。鉴定过程中，得到中国社会科学院考古研究所科技考古研究中心植物考古学实验室杨金刚先生的具体指导。

三、浮选结果

通过实验室整理和种属鉴定，在灶址浮选样品中共发现了 2399 粒各种炭化植物种子。作为农作物的粟（*Setaria italica*）、黍（*Panicum miliaceum*）和小麦（*Triticum miliaceum*）总数为 2398 粒，占所有出土炭化植物种子总数的 99.9%。剩余 1 粒为杂草类禾本科（Poaceae）的植物种子稗（*Echinochloa crusgalli*）（表一）。

表一　浮选出土植物种子统计表

植物种属	绝对数量	数量百分比
粟（*Setaria italica*）	1	0.03
黍（*Panicum miliaceum*）	1	0.03
小麦（*Triticum miliaceum*）	2396	99.9
稗（*Echinochloa crusgalli*）	1	0.03

1. 农作物种子

（1）粟（*Setaria italica*）。灶址浮选出土的农作物籽粒中，炭化粟仅 1 粒，呈近圆球状，籽粒长 1.5 毫米，宽度和厚度在 1.2 毫米左右，粟粒表面光滑，胚部较长，因烧烤而爆裂呈凹口状（图一）。

（2）黍（*Panicum miliaceum*）。灶址浮选出土炭化黍粒数量为 1 粒，炭化黍粒均呈近圆球状，但个体相对炭化粟粒较大，直径在 2 毫米左右。表面粗糙，胚区较短，爆裂后呈“V”状（图二）。

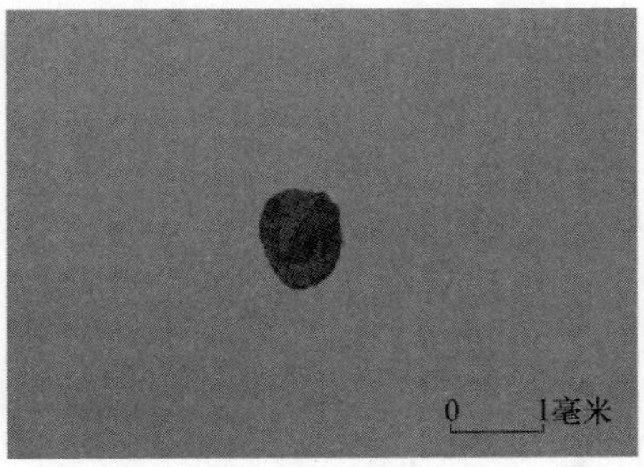

图一　粟

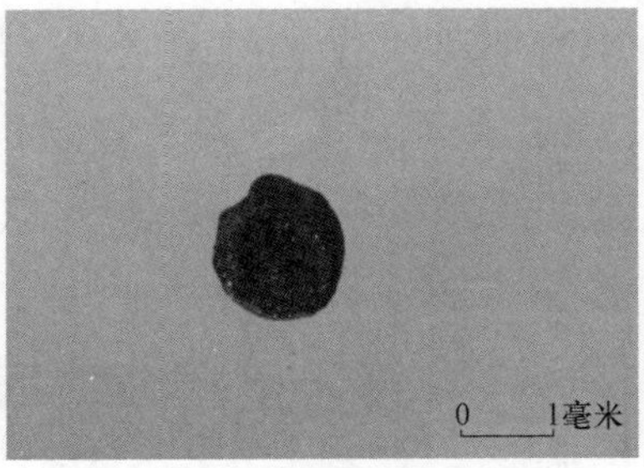

图二　黍

（3）小麦（*Triticum miliaceum*）。从灶址浮选样品中共发现了 2396 粒炭化小麦，约占出土农作物总数的 99.9%，这些小麦的形态特征十分明显，均呈圆柱形，背部隆起，腹沟很深（图三）。

2. 禾本科植物种子

稗（*Echinochloa crusgalli*）。灶址浮选出土稗种子 1 粒，籽粒整体平凸，胚部近圆形，爆裂明显。

稗，属禾本科稗属，亦称“稗草”，一年生。在我国大部分地区及亚洲热带、非洲温暖地区都有栽培（图四）。

图三　小麦

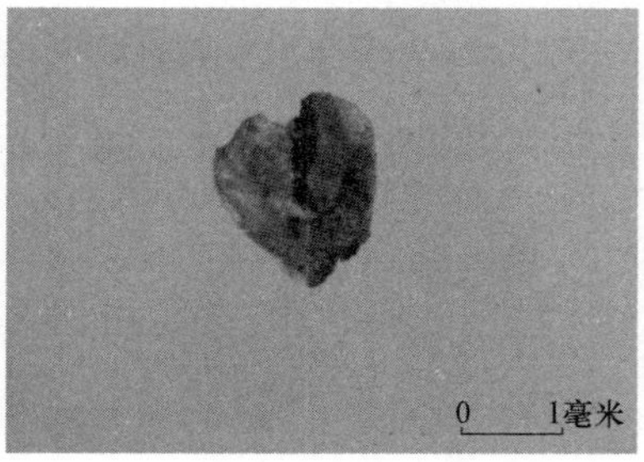

图四　稗

四、分析与讨论

石台子山城灶址出土的农作物经鉴定属于粟、黍和小麦三种谷物，这三种谷物占所有出土炭化植物种子总数的 99.9%，其中小麦多达 2396 粒。

普通小麦为草本植物，一般一年生或越年生。小麦对环境有很强的适应性，在全球分布范围很广，主要生长于北半球 30°～60° 的温带地区，主要分布在海拔 3000 米以下的地区。小麦，籽实磨成粉可供食用，也可以用来制糠或酿酒，为重要的粮食作物。从文献记载来看，《诗经》《春秋经传》《管子》等多有关于小麦的记载和描述，小麦还是先秦典籍中所记述的五谷之一。中国典籍中小麦最早出现在《诗经 · 周颂 · 思文》："贻我来牟，帝命率育。"《诗经》中的“来”注释为小麦。根据《本本纲目》中记载，小麦亦具有药用价值，具有养心安神，除烦的功效。《齐民要术》中对小麦的栽培方法有详细的记载。

小麦起源于西亚，大约在龙山时代传入中国。目前在中国发现最早的小麦出土于甘肃民乐东灰山遗址，^{14}C 测定其年代为距今 4230 年 ±250 年[4]。到了先周时期，根据周原遗址浮选结果，周人已经开始规模性地种植小麦[5]。根据文献记载，到秦汉时期，小麦已经成为中国北方地区的重要农作物品种。在高句丽文献中，也有关于小麦的记载和描述。《三国史记 · 高句丽本纪》中记载："陨霜杀麦"，说明小麦是当时主要的农作物之一。此次石台子山城灶址出土了小麦，可以说明在隋唐时期，小麦就与高句丽先民的日常生活密切相关了。

小麦的种皮坚硬不适于粒食，而磨成面粉后黏性强，很容易加工为面条、馒头等食品。自古，进行栽培小麦的地方，就同时发展了面食技术[6]。由此可以推测，高句丽先民已经开始利用小麦，并开发小麦的食用价值。

同时，小麦的另一重要利用价值是酿酒。文献记载，高句丽人都喜欢饮酒，《三国志·高句丽传》记载："高句丽在辽东之东千里……其民喜歌舞，国中邑落，暮夜男女群聚，相就歌戏。无大仓库，家家自有小仓，名之为桴京。其人洁清自喜，善藏酿。"[7]这里的"善藏酿"就包含酿酒。有关高句丽人饮酒的情况，从高句丽的壁画和出土文物中也能够得到证实。关于灶址内出土的大量小麦是否是当时人们酿酒用的原材料，还需要运用科学技术手段在考古发掘和遗物分析中来证实。

在石台子山城灶址浮选出土农作物遗存中，除了小麦以外，还有粟和黍两种农作物。粟和黍是中国北方地区农业生产的主要谷物，虽然此次浮选仅发现一粒粟和一粒黍，但高句丽文献中有关于粟的记载。《册府元龟·帝王部》中贞观十九年（645年）四月，"李勣拔盖牟城，获户口二万余人，仓粮十余万石"，五月，攻陷辽东城"俘其胜兵万余人，口四万斛，收仓粟五十万石"。《旧唐书·高丽传》中后奉诏班师，"辽州粟尚十万斛，士取不能尽"。《周书·高句丽传》中"赋税绢布及粟……量贫富差等输之"。这里的"粟"是作为赋税来反映的，由此可见，在隋唐时期，辽河流域高句丽粮食之丰富。从灶址浮选出的粟和黍，应该是高句丽先民种植的主要粮食作物，也从考古学角度证实粟和黍在古代人们生活中的重要性。

本次浮选的结果中，除了农作物种子外，还有一粒禾本科稗属杂草类植物种子。稗属植物是十分常见的田间杂草，杂草是伴随着人类的出现而形成的、依附于人类的生产和生活而存在于某种人工生态环境的一类特殊植物。田间杂草之所以被人类视为危害，是因为它们生长环境十分特殊，位于人类耕种的农田，与人类所种植的农作物相伴而生。因此，在石台子山城灶址出土的杂草类植物应该与人类的活动有某种直接或者间接的联系。

石台子山城属于高句丽时期晚期的城址，这一时期随着中原铁器的流入，铁器广泛应用于农业生产，农业开发还是颇见成效的。在石台子山城城址的几次发掘过程中，出土了大量的铁器，有铁犁、铁镢头、铁铲、铁斧等农业生产工具。这些铁器的出现说明农业在石台子先民经济生活中具有很重要的地位。结合文献资料、出土器物和植物浮选结果，可以做出初步的判断，在石台子山城城址的生产方式中，农业占有一定的比重。同时，推测高句丽先民已经有了多种农作物种植制度。

五、结　　论

沈阳石台子山城是一处高句丽晚期的城址，浮选可以帮助我们在文献资料的基础上，深入了解高句丽晚期农作物的种类。石台子山城灶址浮选结果表明，有粟、黍、小麦三种农作物，属于北方旱作农作物，并证实了据《三国史记·高句丽本纪》载“地宜五谷”中的三种，说明当时处于比较发达的农业经济阶段，为多品种种植结构。但是作为分布在浑江流域的少数民族由于受到地理条件、生态环境的影响，可用耕地面积有限，粮食产出依旧无法满足高句丽人的生活需要，而高句丽人活动地域有丰富的野生动植物及鱼类资源，并且石台子山城出土的大量铁镞、石网坠表明高句丽人可以通过渔猎获得动物及鱼类来弥补粮食产量不足的状况。通过对文献记载和植物考古学新资料的综合分析，以石台子山城城址为代表的高句丽晚期先民是以农业为主兼营渔猎的经济类型。

石台子山城灶址浮选获得的植物遗存较为丰富，但作为首次开展浮选工作的高句丽文化遗址，其意义在于使我们对石台子山城城址居民的生业方式有了初步的认识和了解，并为其他高句丽遗址的植物考古研究积累了经验，但此次的浮选仅是灶址一个遗迹现象，并未做全面的揭露，难以反映石台子山城城址文化内涵全貌，仅做出初步的判断，后续研究有待更多的植物考古学资料进行补充。

注　释

［1］辽宁省文物考古研究所、沈阳市文物考古研究所：《石台子山城》，文物出版社，2012 年。

［2］李晓钟、刘长江、佡俊岩：《沈阳石台子高句丽山城试掘报告》，《辽海文物学刊》1993 年 1 期。

［3］同［1］。

［4］甘肃省文物考古研究所、吉林大学北方考古研究室：《民乐东灰山考古》，科学出版社，1998 年。

［5］赵志军：《陕西扶风周原遗址王家嘴地点浮选结果分析报告》，《植物考古学：理论、方法和实践》，科学出版社，2010 年。

［6］〔日〕篠田统：《中国食物史研究》，中国商业出版社，1987 年。

［7］（晋）陈寿、（宋）裴松之：《三国志·高句丽传》，中华书局，1999 年。

康平张家窑林场辽代墓群考古工作的意义

张连兴[1]　周向永[2]

（1. 沈阳市文物考古研究所；2. 铁岭市博物馆）

材料表明，在辽宁省境内，迄今为止在某一特定区域进行较大规模的辽代墓葬考古工作（包括调查、勘探、清理和发掘）共有四次。第一次是20世纪70年代初对法库叶茂台西山萧氏家族墓群进行的一系列工作，叶茂台墓群影响较大，蜚声遐迩，这其中的原因也无非有二：①墓群本身规模较大，现已清理发掘23座墓葬，而且明确表明墓主人身份的墓志铭也有出土，墓葬规格普遍较高；②墓群出土了一批重要文物，其品类质量之好，工艺水平之高，都是以往康平县境内辽代考古发现中不曾见到的。虽然距该墓群的发现已近半个世纪，在此期间辽宁省境内发现的辽墓也有不少，但单就墓中出土文物数量、质量而言，到现在为止还没有发现超出这一成果的文章发表。第二次是1982年在北票莲花山对耶律仁先家族墓地的发掘，出土"耶律仁先墓志"，并在盖内发现阴刻5100余字的契丹小字志文，这也是迄今为止出土契丹小字文字最多的辽代墓志，其史料价值弥足珍贵[1]。第三次在辽宁省境内较大规模辽墓考古工作应该是对阜蒙县关山墓群所进行的工作[2]。在关山种畜场内两个邻近山洼中发现并发掘辽墓9座，连同早年在该墓地出土的6方墓志、1件石经幢、陶瓷铜铁器若干，是新中国成立以来辽墓考古中少有的大发现。第四次是目前仍在进行的在北镇医巫闾山中进行的辽代帝陵的勘探与发掘[3]，因墓主人本身的原因，其重要性不言而喻，相关发掘工作举世瞩目，首批成果已经发表，相信随着今后工作的深入开展，出现更为令人惊喜的发现也是情理之中的事情，而且这一工作对今后辽北地区辽代历史研究将产生深远影响，这也是值得期待和毋庸置疑的。

2016年，经国家文物局批准，沈阳市文物考古研究所启动了对康平张家窑林场境内辽墓群的全面调查勘探和清理工作，笔者认为这是辽宁省境内对辽墓群成规模考古的第五次。虽然以前考古工作者在这一地区也做过类似工作，但多为对零星发现墓葬的清理，就规模而言，这次在张家窑林场的工作应该说是尚属首次。时间长，任务重，需勘探调查的范围广，现已掌握的墓葬数量多，不但对沈阳市文物考古研究所业务素质方面提出了更高要求，更重要的是，在这一过程中很多问题都是第一次面对，需要参与这一工作的全体人员认真对待。

康平张家窑林场位于康平县西北，与阜新市彰武县和内蒙古科尔沁左翼后旗毗邻，其地理位置位于科尔沁沙地的南缘区域。新中国成立初期，为防范科尔沁沙地扩张，在这里成立张家窑林场，广植树木，通过半个多世纪的努力，沙丘基本得到控制，流沙多变为相对固定的沙丘，自然环境得到很大改观。林区内有很多辽墓，从 20 世纪 80 年代起，这里便发现有盗墓现象，考古人员曾在被盗掘的墓葬中清理出绿釉鸡冠壶、黑陶盖壶、石骨朵、马具等文物。近些年来，盗墓情况愈加猖獗。2015 年 12 月，又有一墓被盗，在当地公安部门的配合下，沈阳市文物考古研究所及早介入，在隆冬时节对张家窑 10 号墓做了抢救性清理，出土了包括笼罩尸骨全身的银丝网络、银鎏金面具、银质马鞍桥、绿釉鸡冠壶、白瓷碗、篦齿纹陶壶、铁剑、铁灯、铜鎏金马具等一批珍贵文物，可以确定 10 号墓是一座契丹贵族墓葬。该墓清理以后，消息不胫而走，学界反响热烈，在 2016 年 8 月黑龙江省绥滨县召开的第十三届中国辽金契丹女真史学术研讨会上，张家窑林场 10 号辽墓发掘工地负责人付永平作为特邀代表，介绍了 10 号墓的发掘情况。鉴于张家窑林场辽墓的实际情况，我们制定了利用两年左右的时间，对整个林场范围内辽墓群分布情况及现状做一全面调查的计划，并且得到了国家文物局的批准。2016 年开始的这个调查，就是这次大规模全面考古工作的一部分。

在以往很长一段时间里，沈阳市文物考古研究所的工作重点是在沈阳市城区。多年来，在配合城区基本建设过程中发掘文物及保证文物安全上沈阳市文物考古研究所做了很多工作，城市考古成为沈阳市文物考古研究所的一项重点任务。在长期的工作中，沈阳市文物考古研究所也积累了一些关于城市考古的基本经验，培养了一批业务干部，出土了一些学术价值很高的各时期文物。随着社会形势发展变化，城市考古也日渐面临着一些较之从前有着很大不同的新情况，这就不得不让我们调整工作思路，主动地而不是被动地去寻找考古契机，不仅要在城区用功，也要在乡间用力，兼顾县乡考古需要，把需要在乡间做的考古工作做实、做好。乡间可施展的范围更大，面临的情况相对而言也更复杂，更能在多方面培养考古业务人才。在康平张家窑林场范围内所做的考古勘探与清理，就提供了这一契机。

张家窑林场辽墓群所在地位于科尔沁沙地，在沙漠地区进行的田野考古作业，与在普通非沙化区域有着巨大区别。

相关信息显示，科尔沁沙地在中国北方 12 大沙漠中，按面积排列位居第 5，是由于历史上的滥砍滥伐和开垦荒地形成的“人造沙漠”。所谓流沙，就是这种类型沙漠的载体。在流沙形成过程中，因为地表沙尘是直接受风力影响搬运而来，其矿物成分、颗粒度、甚至颜色都基本相同，所以在地层区别中很难辨认，传统层位学理论在这里要接受新挑战。但也并非绝对没有区别，这就要看考古作业人员的细心、耐心、观察力和判断力如何了。在沙漠地区的考古发掘，要根据沙色来划分流沙的堆积层次，实践证明这是相当困难的，在某些情况下还可能判断错误。这里不妨举一个通俗的例子：流沙的堆积自然也是自下而上，从早到晚的时间序列，但由于风力搬运的作用，有的时候还会出现“古沙居上”的现象，流沙在堆积过程中，表层的晚沙最先被吹扬搬运，首先落到原先地表，成为新流沙的最底层，后期被吹扬搬运的晚沙，被堆积在沙丘的上部，这样一来，就会出现早期沙和晚期沙在再堆积过程中相互易位的现象。所以，根据流沙判断层位必须要有综合考察的能力，不能简单地对号入座。

在张家窑林场发掘中，我们发现了一个值得注意的迹象，即墓葬的最底层也是沙渍，并非是原生地层或基岩，这种情况给人的提示是，关于这里成为沙漠的时间，可能要早到辽代，甚至是辽代以前。我们通常以为，由于受到当时生产力发展水平的制约，古代人类对自然环境影响的幅度并不是很大，拿张家窑林场及康平西北部的沙金台乡区域来说，这里在遥远的古代应该是水草丰美、林木蓊郁的地方，草地和林地是构成这里自然环境的主要部分。因为在康平沙金乡张家窑林场区域除了有契丹人的古墓以外，在同处沙金台乡的敖力营子南坨子、嘎土窝堡马架子、沙金鹿场等遗址中还曾发现过新石器时期的细石器、打制石斧、磨制石铲、石磨盘和包括彩陶在内的一批陶器残片[4]，这些遗物似乎从一个侧面向人们展示了距今5000年以前自然环境的一些情况。但墓葬发掘结果告诉我们，历史事实并非如此，这里早在1000多年前就已经开始了沙漠化的进程。辽代时，这里的人们就已经生活在和今天可能区别并不是很大的沙地环境中了。

张家窑林场考古工作因置身于科尔沁沙地，要求我们在掌握田野考古操作的基本方法的基础上，还应具备自然学科意义上的沙漠概念、沙漠形成、历史时期的沙漠变迁等方面的知识，如能在这方面有所突破，将是沈阳市文物考古研究所除传统考古学成果之外的又一大收获，事实上，这次工作也在客观上给有志于研究环境考古学的人提供了一次难得的学习与研究机遇，我们乐见有心人在这些方面做出努力并取得成绩。

沙漠考古对沈阳市文物考古研究所来说并不陌生，因为对张家窑辽墓群的考古调查并非自现在开始的。康平县自1993年行政划归沈阳以后，沈阳市文物考古研究所曾于2000年左右对张家窑林场穷棒山地区残存的几座辽代墓葬进行过清理发掘；2015年底至2016年1月对张家窑林场10号墓的抢救性清理，实际上也可以看作是对以往工作的继续。2016年10月开始的这次考古调查，则是在更大范围、更大规模上的新开始。

传统考古学是以古代人类活动的遗迹、遗物作为考察研究的目标。达到补史、证史的目的。就这个意义而言，恢复和重建古代社会，给世人提供一个真实可信的历史，丰富和充实一些历史篇章，是我们历来所认知的考古学永恒不变的任务所在。张家窑林场辽墓群考古调查与清理发掘工作，当然也要遵从这一认知，严格按照考古操作规程来处理所见到的遗迹遗物。

科技考古是田野考古的重要组成部分，需要我们在考古操作过程中，不但要注意人类社会活动信息的提取，还要注意自然信息的提取，而后者又恰恰是沈阳市文物考古研究所在今后的考古实践中更需要领队人员及其他参与工作的同志加以特别留心的。很多史料记载契丹人有尚东习俗，辽人崇尚东方是辽代考古过程里一个最起码的历史常识，文献中不乏记载，考古发掘中也以各种形式多次被证实。辽金城址中有一些城内地势有西高东低的情况，不少城址被形象地称为“偏脸城”，一些建筑遗址如辽上京早期宫殿遗址也反映了类似的情况，这其实就是契丹人崇尚东方观念的具体体现。不仅遗址如此，墓葬也是一样。阜新关山辽墓发掘的9座墓葬，墓向基本在95°～155°之间，大体在东和东南方向。张家窑林场2015年清理的10号墓和2016年清理的几座墓葬的墓道也都是朝向东或东南的，真实地反映了契丹人尚东的思想。这只是古人观念方面的信息在考古作业中的体现。而在衣、食、住、行、植被、气候、动物及农作物、人种等其他与环境相关信息的提取方面，限于目前的考古实际，我们做得还远远不够，还不能履行当代考古学所赋予我们的重要责任，需要我们为之不懈努力。

考古学研究范围的不断扩大，是考古学发展的总趋势，认清这一趋势，也就认清了考古人未来为之努力的方向。对康平张家窑林场辽墓群的考古工作是使沈阳市文物考古研究所业务能力提高的一个大好时机。沙漠考古概念的引入，使得环境考古意识得到提高，将有助于提高今后田野考古工作的质量。在考古工作中注意收集沙漠变迁与人类活动关系的线索和证据，是摆在考古人面前的一个不容忽视的重要任务。如果真能摸索到哪怕一点点这种关系的规律，将其加以认真总结归纳后，形成公众的普遍认知，一定程度上以我们的考古工作成果满足社会需要，进而得到社会支持，那真是令人期待的事情。

所谓对考古学认知方面的更新，其实是个老话题，这一命题要求考古研究人员不仅要成为专业方面的行家里手，而且也要掌握相关不同学科的基本知识，成为复合式的考古人才。就沈阳市文物考古研究所现在研究人员状况而言，就其知识结构而论，我们还有很长的一段路要走，知识面有待拓宽，业务水平有待提高。不能满足于每一次田野考古作业结束之后写出一篇发掘报告就了事，也不仅仅是写出一篇关于此问题的综合研究论文就万事大吉，我们还要在由考古工作生发出的其他相关学科领域中有所建树，这才符合当代考古人的素质要求。笔者前面说过，要达到这一目的还很难，现在也只能是理论层面上提出意见，但通过张家窑林场考古工作，沈阳市文物考古研究所至少可以为今后在科尔沁沙地边缘地带进行的沙漠考古作业提供范例。

注　释

[1] 阎万章：《北票出土契丹小字考释》，《辽海文物学刊》1992年2期。

[2] 辽宁省文物考古研究所：《关山辽墓》，文物出版社，2011年。

[3] 辽宁省文物考古研究所：《辽宁北镇市辽代帝陵2012～2013年考古调查与试掘》，《考古》2016年10期。

[4] 张少青：《康平县新石器时代遗址调查》，《辽海文物学刊》1988年2期。

五载同窗　半世情缘
——沉痛悼念姜念思兄

王绵厚
（辽宁省博物馆）

2016年的冬天，我是在澳大利亚女儿家度过的。去探亲临行前3天的12月8日，我和老伴曾去念思家探望和告别，因为此前已稍知念思病情。一周前应邀参加沈阳市文物考古研究所石台子山城保护规划学术讨论会，作为该所业务顾问的他因病没能出席会议，我方知其病情加重。病床前，当其夫人刘祥荣简单介绍了病情后，他和我谈起两件未了的心事：一是编写的《流人诗僧函可》；二是拟编写中的《辽代佛教研究》（暂定名）。我揪心地望着他更加消瘦的面容说："一定先把身体养好，其他的都好说，等我回来如需要我可帮您一下。"谁知他突然说了一句："我怕等不到你们回来。"听到此话我握着他的手不禁潸然泪下，鼓励他说："您要好好配合治疗，调整好心态，我们一定能回来相见……"可是万万没有想到，到澳大利亚墨尔本的女儿家才一个多月，噩耗传来，我与念思的行前交谈竟成人生永诀！

我总在想，在当今社会交往中，除亲情外，同学情、师生情、战友情，皆是一切友情中最真诚和不带任何功利色彩的纯真友谊。我自信是唯物主义者，从来不相信来世因果，但在和念思的交往中，冥冥中好像总有一种特殊的偶然性在牵挽着。以这次染病为例。2011年11月，我在体检时发现肺叶上有一小肿块，当即住进沈阳盛京医院。手术时除家属外，只有念思夫妇得知后守候在手术室外。2014年春，念思被确诊为喉癌，同样住在盛京医院，手术那天除他的夫人外，也只有我和丕任兄从早到晚守候在手术室外，直到看到医生拿出病灶来。这次惊闻噩耗后，我在澳大利亚连续几天睡不好觉。回忆我和念思先生的同学友情，更有比一般的同窗有着不同经历的特殊的"人生三同"。

第一次是1964年秋，同一天到北京大学报到。

记得刚入北大历史系还没分专业，吕遵谔和孙淼先生带领全年级去周口店参观。回来经卢沟桥下车，我因构思一篇诗文和观看"卢沟晓月"的碑文而被校车丢在桥头，待晚风轻月淡才独自一人返校。此事常被念思兄等同学引为笑谈，戏说我有点"痴"。后来同分到考古班则朝夕相处，同住过一个寝室。忘不了在京郊清河毛纺厂，一个车间里共同劳动锻炼，工闲时畅想未来；忘不了在昌平太平庄"教改"时同住一间土屋，曾畅游居庸关、十三陵和八达岭；忘不了 1966 年徒步“大串连”中，我们结伴从西安赴延安，在陕北农家我急性肠炎突发，念思和圣敏等，急切地站在马路中间拦截大货车送我去铜川医院；也忘不了毕业后待分配、在北京房山县霞云岭公社庄户台，同住老乡一铺土炕上劳动的日日夜夜……

第二次是 1970 年 3 月，同一天分配到辽宁。

这是改变我们命运的一次分离。当天一张车票、一节车厢把我们送到辽宁。他在盘锦下车，我在开原下车。在以后的两年里，虽然不能见面，但也有书信往来。得知他在田庄台和我在上肥地一样，虽然心有不甘，但我们可以无愧地说，我们同是干一件事，无论在逆境或顺境，对事业总是有一种执着精神。那两年为在农村杏坛执教、课徒，我们都倾注了自己的心血。

第三次是 1972 年 3 月，一纸调令、同一天选调至辽宁省博物馆。

这次机遇使我们从此共事相交近 50 年。事后得知由于母校的推荐，我们是有幸最早“归队”的考古专业毕业生。来到辽宁省博物馆后我们一直住同一间独身宿舍，直到 1979 年我全家迁居沈阳。最难忘当年在不到 10 平方米的斗室里，没有电视，没有电话，只有一张我们共用的书桌，分别在两端放着我们常看的书籍。但最大的幸福是同班兄弟朝夕相伴。读书、看报，是我们工余的最大乐趣，偶尔也下盘围棋。记得我们借来《契丹国志》《大金国志》《析津志》残本等互相抄写，有时在一起讨论《辽宁史迹资料》中的有关问题等。当我们都结婚后仍两地生活。这时我们俩有一个不言的默契，谁的老伴来探亲，另一个自动搬到办公室睡觉。1975 年春，辽宁省博物馆恢复“文化大革命”前“东北博物馆”的业务机构，也是同一天他与我同时分别被任命为辽宁省博物馆文物工作队长和研究室副主任（主任为资深文物专家郭文宣）。1984 年夏，他和我又同一天被宣布为正、副馆长，如果加上馆内的这二次工作变动，我们可称有“五同”。直到 1987 年他奉调辽宁省文化厅任文管办副主任。在任职期间，他以高度的责任感，深入各市、县调研文物保护，关心和培养文博人才，组织编写《辽宁文物大观》等论著，在辽宁省文物管理的业务行政岗位上，做出了自己的重要贡献。

念思的第二次回馆任职是 1992 年 9 月。记得时任辽宁省文化厅长的北京大学学兄祁茗田来馆和我谈话，说这次厅党组想以辽宁省博物馆班子组建试点，念思回来做馆长，你做党委书记。厅里只直接任命你们两位，其他副职可由馆提名聘任。在以后的几年里，念思把全部精力用于馆内工作，他勤政廉洁、为人谦诚。与我相比，更慎言谨行，有淳厚长者之风，我一直真诚地以兄长视之。还要提及和感谢的是，作为多年同窗，他深知和理解我多年不舍业务。所以在馆内班子工作分工时，我这个本来应更多承担行政工作的党委书记，他却让我全面分管业务，并经研究努力聘任了专职行政副馆长兼党委副书记，减轻了我不少繁杂的馆内行政事务。以使我能在那几年于繁杂的馆务工作之余，完成了《秦汉东北史》的写作。正如我在该书的前言中真诚地说，该书的完成，“首先要感谢我的 30 年同窗姜念思先生”。此后他也一直关心此事，直到去年我的《东北亚古代交通史》出版后，他还建议我如有精力，应该修订和补充《秦汉东北史》，因为那是20世纪较早的一部东北断代史。

正当念思想在辽宁省博物馆干一番事业时，发生了1994年夏的文物被盗案。不久他就调往沈阳故宫博物院任职。去沈阳故宫博物院前我们有一次谈话，言语中我感知他觉得“命运不公”，“天灾”偏偏落到他的头上，并有意想在沈阳故宫博物院再干些事情。并告之在当下博物馆处于低谷的困难时期，我身兼馆长和党委书记，千头万绪，要好自为之。他调去沈阳故宫博物院后，虽然不能天天见面，但经常通电话联系。得知虽然他在工作中并不像想象的那样顺心，但却对沈阳故宫博物院和沈阳的历史文物进行了认真研究。退休后他出版的《沈阳史话》，就是其代表性成果之一。当他把这本书送我后，我认真读了两遍，感到内容丰富、论述精审、文笔流畅。我对沈阳的历史考古缺乏深入研究，但就我陋见，这本书在以往出版的类似地方史书和普及读物中，还没有出其右者。所以在他生前我曾建议他，在补充《盛京通志》等内容后，应以《沈阳史略》的名字再版，以凸显该书区别于一般的“史话”。

作为师出同门的50年同窗，我与念思即使在退休后的10余年间，也是业务交往最多的校友之一。除了我应聘在全国第三次文物普查项目组的在京近3年外，近10年我们几乎全程参与了辽宁省第三次文物普查的近百个市、县、区的普查验收工作和长城资源调查，以及第一次全国可移动文物普查的数据审核，并先后被沈阳市人民政府聘为文史研究馆馆员。我们几乎每个月、甚至每周都有在一起讨论业务的机会。长期的合作共事，我深知念思在专业上也是一个孜孜以求、勤勉敬业的优秀学者。他是多年来与我业务交流最多的学术知音之一。最早如1975年，他刚担任文物队长和冯永谦先生在鞍山发掘明代崔源墓。当时我也刚任研究室副主任，副馆长李善义派我去现场学习考察，要求结合发掘写一篇《明代管理奴儿干的历史新证》的文章，并写了两首赴千山考察后的诗。当时我们正住在博物馆的同一间独身宿舍里。他自然是对我的诗文最先提出修改意见的人和第一位读者。后来我总撰的《辽宁省长城资源调查报告》等，也先请他过目。他也常把最新写的文章最先让我阅读和交流，如数月前，他就曾将他写的《流人诗僧函可》提纲给我看过并征求意见。他有时和我谈起自己因多次工作岗位变动而耽误了许多学业，但他在每一个新的岗位，都努力尽职和学习。尽管我们的专业方向不尽相同，他主攻辽金历史考古和沈阳的历史文物，早年既与冯永谦先生等调查过赤峰境内的诸多辽金古城址；我则侧重东北历史地理、交通史和高句丽考古与长城研究。有时我们也难免有不同见解，如我曾著文认为，辽西大凌河古道的商周青铜器窖藏，应是“战国燕王喜败逃辽西时埋藏”，请他提意见。他仍持传统的“西周初祭祀埋藏说”。但我们都时时关注东北地方历史考古研究并经常交流心得，并从来没有因某些学术观点的不同，而影响同窗兄弟情谊。念思文如其人，在学术上亦勤勉、缜密而执着，有时会显出一点孤傲。如前些年，我们共同参与国家项目《中国地域文化通览·辽宁卷》的编写并担任副主编。他和另一位辽宁省内资深历史学者关于“沈阳”名称的来源有争论。他不同意传统的“沈水之阳”说，认为应是“沈州”和“辽阳”各取一字的组合。为此直到去世前不久，还多次和我谈起彼此间的争论。我赞同他的“组合说”。因为辽代以前的古“辽阳”和“沈州”地望，都在今沈阳地区，并至今存在明确史迹。但我劝过他此事不必急下结论，因为一个新的学术观点被接受，需要历史的积淀，“真知”的初期往往是少数。由此不难看出，念思在治学上也是敬业、勤勉、善于独立思考的。他对与沈阳和辽沈历史有关的沈阳城市史和清初名僧函可的关注和研究、对辽代佛教文物的关注等许多研究结论都表现出能“见微而知著”的特点。这也是他近年对辽沈地方历史文化研究的重要学术成果。近年他又被聘为沈阳市文物考古研究所的学术顾问，参与并指导编写《沈阳碑志》等论著，为沈阳的历史考古研究和文化遗产保护，做出了重要贡献。

写到这里我想到古人云“文章千古终有尽”，再抒笔墨也无法道尽我与念思 50 年的同窗情谊。回忆 2014 年 9 月 4 日，在与念思同赴辽宁绥中参加北京大学 1964 级考古班入校 50 周年聚会的火车上，我曾对姜兄提起，人逢古稀，更加感悟到“豁然面对人生、淡然面对名利、坦然面对生死”的真谛。有如季羡林先生生前一句满带诙谐的哲理名言：在黄泉路上，谁也不必“加缝”，要“鱼贯而进”。我们都是年过古稀，看透世事红尘之人，最终的目标是一致的。

望念思兄先走一步，在驾鹤的路上顺风顺水，不改初衷。

附：

痛悼念思兄

——2017 年 1 月 20 日记于墨尔本

南澳惊悉噩耗闻，悲切痛肠欲断魂。
行前沈水曾寄语，海外微波探病身。
五载燕园共沐雨，半纪情缘笃情深。
平生三同堪殊遇，黄泉不隔天地人。

沈阳考古的十年发展
——怀念姜念思先生

姜万里
（沈阳市文物考古研究所）

2016年12月15日，为沈阳考古和历史研究事业做出重大贡献的思想者姜念思先生，停止了思想。

噩耗传来，大家都不敢相信这个事实，尽管姜念思先生疾病缠身已有多年，但这个噩耗来得还是太早、太突然了！苍天无情，人生有限，姜老还是走得仓促，走得匆匆……

悲痛之余，不禁想起沈阳市文物考古研究所近十年的发展，都和姜老密切相关。姜老曾任沈阳市文物考古研究所学术委员会副主任，这位满头银发的儒雅学者，为沈阳市考古事业的发展，付出了辛勤劳作。

姜老20世纪60年代从北京大学历史系考古专业毕业后，就来到了辽宁，先后在辽宁省文化厅文物处、辽宁省博物馆担任领导工作。在主持全省文物保护工作的同时，他把学术研究的视野重点，也放在了辽宁。2006年退休后，沈阳市文物考古研究所聘请姜老为学术顾问。10年来，他把自己的研究重心，放在了沈阳地区的历史、考古学上。2008年初，他又担任沈阳市文物考古研究所学术委员会副主任（主任是郭大顺先生，成员有李仲元、辛占山、朱泓、田立坤等）。姜老除参加省内学术活动外，几乎每天都坚持到沈阳市文物考古研究所坐班，从沈阳市文物考古研究所学术委员会的角度，指导全所业务研究工作，思考如何用学术来治所的理念。当时，沈阳市文物考古研究所和国内其他省市考古所一样，工作重心是配合城市基本建设项目的考古勘探、发掘工作，重视能够取费的基建考古，忽视考古学术研究。而且，业务队伍年轻，研究基础薄弱。鉴于当时沈阳市文物考古研究所的这种情状，姜老在不同场合，多次和我谈到过这些问题，也研究过改变这种现状的方法。但由于我每天被各种琐碎的事务缠身，谈过了，想过了，一段时间后又淡忘了。有一天，姜老郑重其事地约我，并拿出书面解决方案，我才意识到姜老做事的认真。姜老不是说说而已，而是深入地进行了研究。姜老提出："提高考古所的考古发掘和学术研究工作，应从基础抓起，在注重田野发掘的同时，要加强后期考古资料的研究整理。"并一一谈及改变目前状况的措施和办法。在姜老的这次建议下，沈阳市文物考古研究所领导班子研究决定，从 2007 年起，定期出版《沈阳考古文集》，整体提高全所业务人员的研究水平，改变只重田野发掘而轻视报告整理的弊端，必须强化考古研究工作。同时提出，针对考古所科研队伍年轻的现状，以沈阳解放 60 周年（1948～2008 年）为契机，整理出版《沈阳考古发现六十年》（报告卷、出土文物卷），全面梳理沈阳解放 60 年来考古发掘及研究资料，为年轻学者提供一部翔实的沈阳考古资料，让他们更全面地了解沈阳地区考古和研究的历史，在此基础上，逐步建立并完善沈阳考古学文化序列。在姜老“学术治所”思想的主导下，2007 年 12 月《沈阳考古文集》（第 1 集）正式出版。编写期间，很多年轻同志提交的考古发掘报告，存在不同程度的问题，有的不符合出版要求。姜老都亲自把关，耳提面命，逐篇指导。2008 年出版的《沈阳考古发现六十年》（报告卷、出土文物卷），其中报告卷的“综述”，是姜老亲笔撰写的。可以说，这是姜老退休后，开展沈阳地区历史、考古学研究的初期学术成果，也是后期编写出版专著《沈阳史话》的基础。姜老在“综述”中，科学地梳理了沈阳考古历史，指明了今后沈阳考古工作的研究方向。两部学术成果的出版，实现了沈阳市文物考古研究所建所以来，学术成果出版工作零的突破，为后期全所考古研究工作打下了基础，从而使全所考古发掘资料的研究整理水平得到普遍提高。

国家田野考古发掘团体领队资质（以下简称“团体领队资质”）的有无，是地方考古所能否发展的关键条件之一。这个问题，沈阳市文物考古研究所多年没有得到解决，已经成为束缚沈阳市文物考古研究所发展的瓶颈问题。一次，我和姜老谈到这个问题，他告诉我说：“解决团体领队资质问题，有两个关键环节，一个是辽宁省文物考古研究所领导的态度，另一个是国家文物局专家的认可。”并说这是行政协调的事，做工作时别让人感觉太直白了。姜老的话，谈出了问题的关键节点。

2009 年初，新一轮申报国家团体领队资质工作开始，由当时任副所长的陈山准备申报材料，我俩一起进京拜访专家组成员。到北京后，陈山建议先去拜见吉林大学学长乔梁、杨晶先生，向他们讨教方法。两位学长热情接待了我们，并再三嘱咐：“见到先生们，只谈治学发展，不谈领队的事。”他们和姜老的思路不谋而合。在京拜访诸位专家时，我们只谈沈阳市文物考古研究所学术研究发展思路，不谈团体领队资质的事。同时我们请专家对新出版的由宿白先生题写书名的《沈阳考古文集》《沈阳考古发现六十年》提意见。这种谈话思路，效果非常好，得到了著名考古专家张忠培、徐光冀、王巍等多位先生的认同。时任中国考古学会理事长的张忠培先生，听完我们汇报后的那天晚上，亲自打电话给我，寻问我所申报团体领队资质情况。感动得我和陈山兴奋了很长一阵子，很晚才入睡。

2009 年底，沈阳市文物考古研究所顺利获得国家“田野考古团体领队资质”。回沈阳后，时任辽宁省文物考古研究所所长田立坤先生对我说，姜先生曾和他提起过此事，并嘱咐他帮忙。但直到姜老去世，都没和我提起他与田立坤先生说过这件事。这就是姜老为人处事的风格，帮助他人，不言于表。姜老不光在治学思想上影响我们，在做人、做事上，也为我们树立了楷模。

“团体领队资质”的取得，使沈阳市文物考古研究所成功跻身全国63家田野考古发掘团体领队行列，成为东北地区唯一具有国家团体领队资质的市级考古所。欣喜之余，如何进一步整体提升考古发掘和学术研究水平的问题，再次摆在全所同志们面前。在“沈阳考古大发展”业务讨论会上，姜老提出两点：第一，开展主动性考古发掘课题研究工作，逐步建立沈阳区域考古学文化序列；第二，组织编写过去发掘的新乐遗址、石台子山城等大型考古发掘报告，清理历史欠账。这两点建议，得到了大家的响应，对于初涉国家团体考古领队行列的沈阳市文物考古研究所今后的更高发展，明确了方向，推动了沈阳市文物考古研究所前行的脚步。2009～2015年，我们在主动性考古发掘课题研究工作中，与吉林大学文学院考古系合作，开展了下列田野考古发掘工作：①沈北道义郭七青铜时代遗址；②新民张家屯偏堡子遗址；③沈阳农业大学后山旧石器遗址。其中，农大后山旧石器遗址的考古发现，填补了沈阳地区没有旧石器文化的空白，使沈阳地区人类活动历史上溯到11万年前。2012年底，建所以来首部大型考古发掘报告《石台子山城》由文物出版社正式出版，迈出了清还历史欠账的第一步。沈阳市文物考古研究所在践行姜老治学思想的实践过程中，取得了初步成果。

回忆过去的10年，在和姜老相处的岁月里，最值得欣慰的是，我们在工作中的默契。我们的虚心诚恳和认真践行，也得到了他的充分认可。姜老影响和推动沈阳市文物考古研究所向更大目标发展的另一件事，就是提倡并促成了和北京大学考古文博学院的联系交往。和北大的接触，是从去蓝旗营拜访宿白先生开始的。宿白先生是沈阳人，是姜老和郭大顺先生的老师。拜访宿白先生、接触北京大学考古文博学院，是我们地方考古所十分期望的事情，也是我们接触学术前沿、拓宽视野、扩大影响、发展提高的重要途径，两位先生可谓深谋远虑，苦心孤诣。在姜老和郭先生的帮助下，我们结识了北京大学李伯谦、赵辉、杭侃等知名学者。忘不掉的是，德高望重的宿白先生亲自提笔，为沈阳市文物考古研究所题写所训：“治学存乎心，补拙莫如勤。”并为《沈阳考古文集》《沈阳考古发现六十年》题写书名，扩大了我们的影响面。拜访宿白先生、接触北京大学考古文博学院，使我们有机会与中国考古学会共同为宿白先生出版《庆祝宿白先生九十华诞文集》，承办有国家文物局、中国考古学会、北京大学考古文博学院、文物出版社、文物报领导、知名学者、业内精英参加的祝寿文集首发式。这次活动，扩大了沈阳市文物考古研究所在全国考古界高层的影响力，促进了沈阳市文物考古研究所的进一步发展。宿白先生经常关心家乡的考古事业，特别是城市考古研究方面。我们曾向宿白先生汇报了我所赵晓刚研究员“盛京城考古”的想法，宿白先生听后很感兴趣，建议我们开展专题研究，并特别提出：“要在现代图上进行实测并复原盛京城址平面。”

在宿白先生的启发下，2014年，我们和中国人民大学清史研究所共同申报了国家社科基金重大项目课题“盛京城考古与清代历史文化研究”，这一课题获得了国家哲学社科规划办公室批准，使沈阳城市考古研究工作列入正式课题之中，步入正确研究轨道。

姜老的修身与治学，影响着所内的年轻学者，他的治学精神成为大家学习的典范。在姜老的建议下，我们开始编纂《沈阳碑志》，编纂期间，从碑拓、碑文抄录、注释、校对，每个环节他都亲自来做或者过问。我经常在下班时间，还看到他在资料室里，指导年轻学者对《沈阳碑志》进行校对。那一阶段，姜老经常熬夜，眼睛是红红的，为《沈阳碑志》的出版，可谓殚精竭虑。

姜老的《辽代沈州卓望山调查记》一文，发表在《沈阳考古文集》（第 2 集）。这篇文章，体现了他严谨务实的治学理念。当时沈阳市政府南迁，对浑南桃仙镇莫子山地区进行开发。沈阳市文物考古研究所研究员李晓钟和他谈到辽沈州卓望山不在白塔堡，而在莫子山时，他突然想起 20 多年前在辽宁省博物馆当馆长时，曾见到一件“沈州卓望山无垢净光塔舍利石棺（石函）”，文物来源登记的地点是浑南白塔堡，白塔堡虽然有辽塔，却无山可寻，周围都是平地，保管登记可能有误，但因登记年代久远，无从考证，成为悬在他心中的一大疑问。李晓钟说在“二普”时曾在莫子山看到过塔基，姜老觉得这条信息很重要，有必要专门调查。调查结果证实，卓望山石函出土于莫子山。这篇调查的发表，体现了他求真求实的治学精神。他担任沈阳市文物考古研究所学术委员会副主任 10 年间，完成的专著《沈阳史话》运用考古学资料与史学文献，科学严谨的对沈阳城市史进行了全面阐述。《沈阳史话》凝聚了姜老对沈阳地区历史、考古研究的学术精华。虽然以科普的基调、角度发行面世，呈现给社会读者。但从城市史和城市考古研究的专业角度观察分析，都不失为一部经得起推敲，逻辑性、资料性科学严谨的学术力作。这种不失学术理论研究之严谨科学，又兼顾社会读者的作品，体现着姜老雄厚的学术功力。就目前国内开展火热的公共考古活动而言，姜老这部专著，已然率先践行了现今倡导的“公共考古”理念。《沈阳史话》得到了国内考古学界，特别是著名考古学家宿白先生的认可和首肯。《沈阳史话》奠定了沈阳地区历史、考古学研究的理论基础，成为年轻学者研究沈阳地区历史、考古的必读文献。

姜老给我们的印象是儒雅谦逊、和蔼可亲。但在这表象的背后，蕴涵着坚韧的毅力。当他得知自己的病情严重、危及生命之后，毅然决定不向外界透露病情，并嘱咐夫人共同保守秘密。2016 年 9 月，经过 CT 诊断后，得知病情进一步恶化，直到 12 月初，他才住院治疗。在这短暂的四个月里，他和往常一样，正常参加各种学术活动，正常参与可移动文物“一普”专家审核。并利用闲下来的时间，倾力编撰两部著作，一部是清代《流人诗僧函可》，另一部是《辽代佛教研究》（暂定名）。病魔面前，他没有退缩，在生命的最后时光里，他表现出了坚韧的毅力、强大的内心。

躺在病床上，姜老和我讨论的话题，总是离不开“盛京城考古”课题的研究角度和方法。有一次他批评我总是忙于事务，忽视了沈北榆林堡明代曹辅家族墓群的考古发掘的重要性，因此没有开展对墓葬群的全面发掘，留下了遗憾。躺在病床上，他还不忘鼓励前来探视他的年轻学者多看书，多学习。

姜老说：“他此生最大的遗憾是没有读宿白先生的研究生。”

在他生命的最后日子里，他曾委婉地提出，希望我们考古所能将他退休后在沈阳工作的10年期间，发表的有关沈阳地区的研究文章，编辑成《姜念思沈阳历史考古研究文集》。他把拟收录的文章题目，一个一个地告诉我，并叮嘱请郭大顺先生写序。他还谦逊而略带遗憾地说："文章有些少，书可能太薄。"

姜老走了，带着遗憾、带着期望。

十个春秋的谆谆教诲，十个冬夏的呕心沥血。

难忘，棋盘山"石台子山城讨论会"上姜老的身影；难忘，考察泥河湾旧石器时代遗址时姜老的身影；难忘，沈阳考古发掘现场姜老的身影；难忘，儒雅谦逊的白发学者姜老的身影。

姜老虽然走了，但他依然活着。

2017年5月15日

1. 忠和南山地点航拍

2. 忠和南山地点远景

沈阳忠和南山旧石器地点全貌

图版二

1. 石片（12GZN：6）

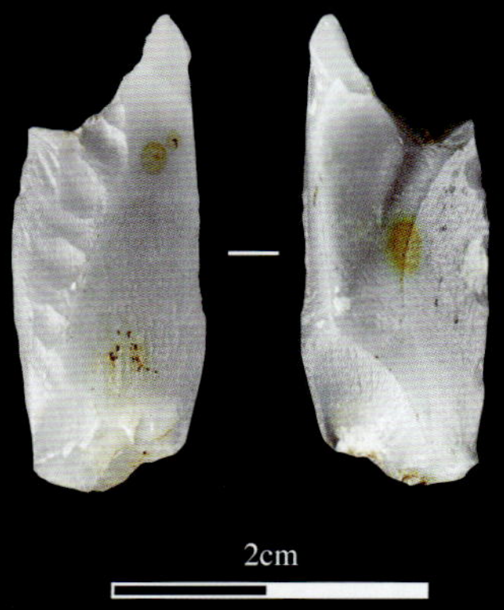

2. 雕刻器（12GZN：7）

3. 刮削器（12GZN：8）

4. 刮削器（12GZN：9）

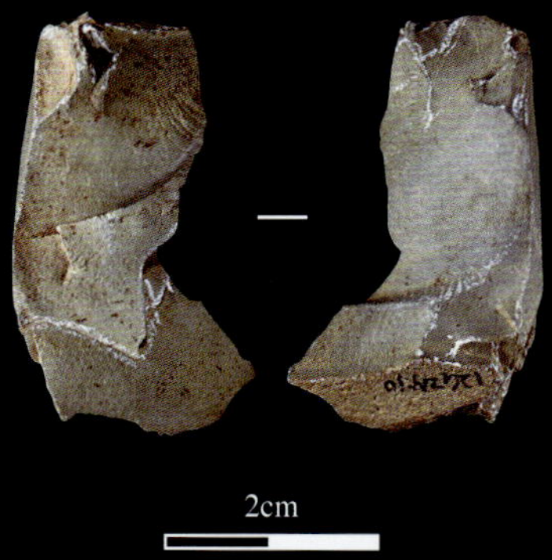

5. 石片（12GZN：10）

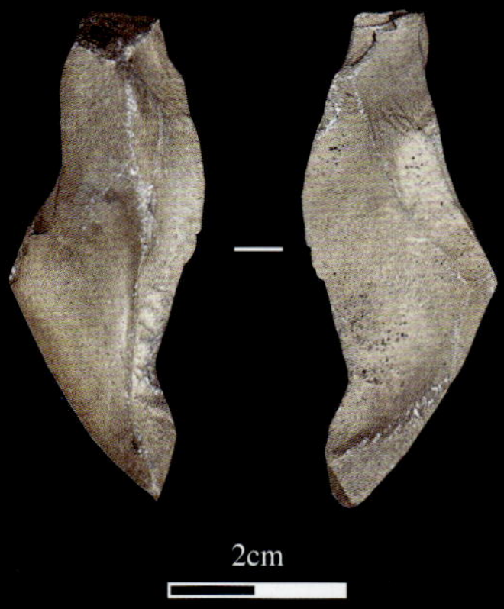

6. 石片（12GZN：12）

7. 尖刃器（12GZN：13）

8. 刮削器（12GZN：17）

沈阳忠和南山旧石器地点采集石器

1. 郝心台遗址全景（东→西）

2. F3（北→南）

3. F2（北→南）

4. M1（北→南）

郝心台遗址全景及遗迹

1. M2（北→南）

2. M6（西→东）

3. 石刀（H34：3）

4. 石钺（H10①：1）

5. 石镞（H34：1）

郝心台遗址遗迹及遗物

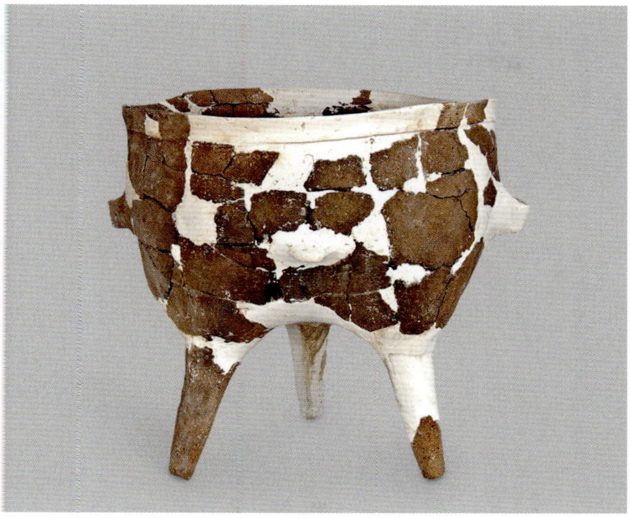

1. 陶鬲（H34：5）

2. 陶甗（H34：6）

3. 陶壶（M1：1）

4. 陶钵（M2：2）

5. 陶壶（M2：1）

6. 陶碗（H10①：12）

郝心台遗址出土遗物

图版六

1. 墓葬全景

2. 墓室北壁

3. 手印纹墓砖

法库县四家子乡王家窝堡辽墓及出土遗物

1. M1全景

2. M1墓门清理后

3. M1墓室东壁

康平张家窑柳条通辽墓群 M1

1. M2全景

2. M2墓道清理前

3. M2墓室北壁

康平张家窑柳条通辽墓群 M2

1. M3全景

2. M3墓室东壁

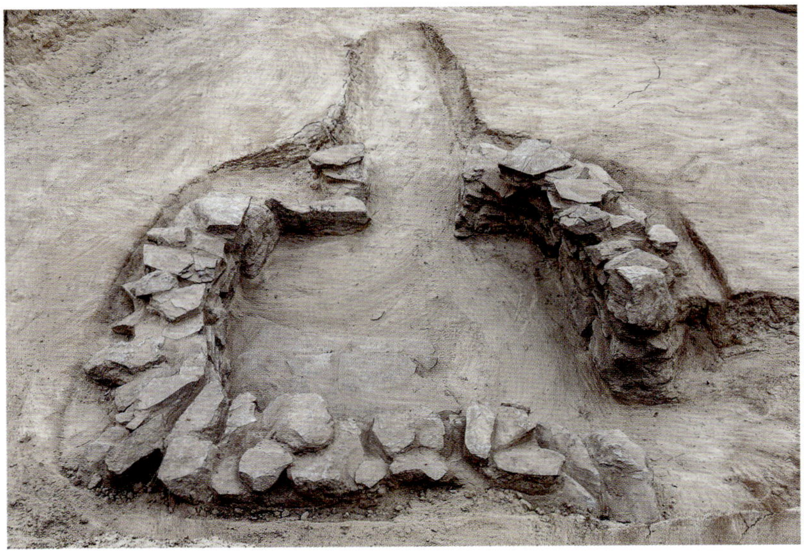

3. M4全景

康平张家窑柳条通辽墓群 M3、M4

1. M5全景

2. M6全景

3. 铁镞（M4∶5）

康平张家窑柳条通辽墓群及出土遗物

1. 篦齿纹陶壶（M4：1）

2. 篦齿纹灰陶罐（M6：2）

3. 印花白瓷碗（M6：1）

4. 印花白瓷碗（M6：1）

5. 白釉绿彩陶盆（M3：6）

6. 白釉绿彩陶盆（M3：6）

康平张家窑柳条通辽墓群出土遗物

图版一二

1. 白瓷小碗（M3：4）

2. 白瓷小碗（M3：5）

3. 绿釉提梁鸡冠壶（M3：1 ）

4. 绿釉提梁鸡冠壶（M3：2）

康平张家窑柳条通辽墓群出土遗物

1. 仰莲纹白瓷碗（M3：3）

2. 篦齿纹陶壶（M4：2）

3. 青铜双鱼佩（M1：1）

4. 鸾鸟纹铜镜（M4：3）

5. 铁镞（M4：6）

6. 臼齿（M5：1）

康平张家窑柳条通辽墓群出土遗物

1. 03SFF1全景（南→北）

2. 03SFF1北梢间（东→西）

3. 03SFF1回廊出土两件钵形琉璃器

1. 03SFF2全景

2. 03SFF2柱础（ZC2）

沈阳清福陵遗址 F2

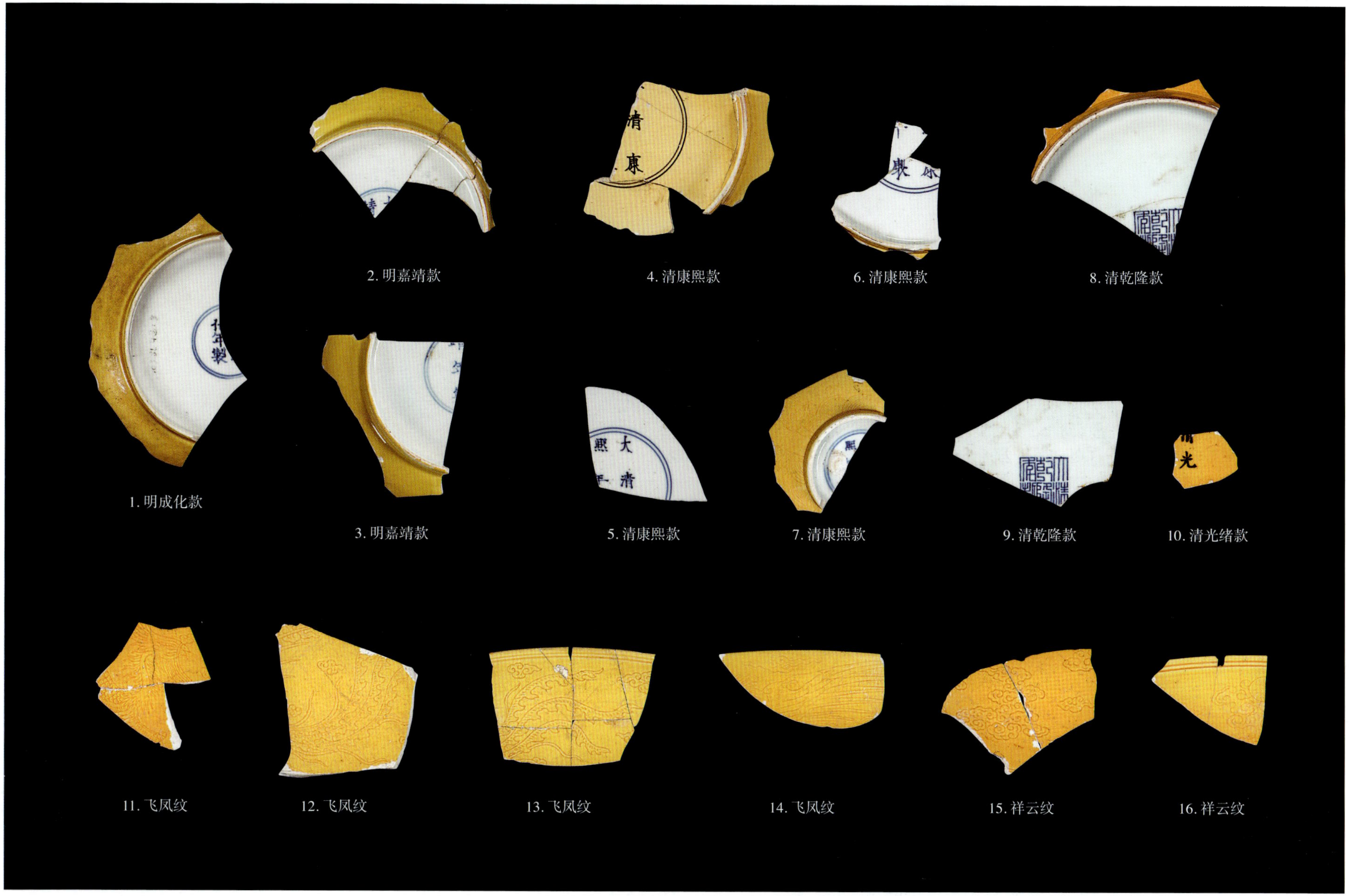

1. 明成化款　2. 明嘉靖款　3. 明嘉靖款　4. 清康熙款　5. 清康熙款　6. 清康熙款　7. 清康熙款　8. 清乾隆款　9. 清乾隆款　10. 清光绪款　11. 飞凤纹　12. 飞凤纹　13. 飞凤纹　14. 飞凤纹　15. 祥云纹　16. 祥云纹

沈阳昭陵妃园寝遗址出土纪年与刻划纹瓷片